DOMUS UNIVERSITATIS 1650

VERÖFFENTLICHUNGEN
DES INSTITUTS FÜR EUROPÄISCHE GESCHICHTE MAINZ
ABTEILUNG ABENDLÄNDISCHE RELIGIONSGESCHICHTE
HERAUSGEGEBEN VON GERHARD MAY

BAND 176

VERLAG PHILIPP VON ZABERN · MAINZ
1999

ENTSTEHUNG UND ENTFALTUNG DER THEOLOGISCHEN ENZYKLOPÄDIE

VON

LEONHARD HELL

VERLAG PHILIPP VON ZABERN · MAINZ

1999

X, 233 Seiten

Die Deutsche Bibliothek - CIP-Einheitsaufnahme

Hell, Leonhard:
Entstehung und Entfaltung der theologischen Enzyklopädie /
von Leonhard Hell. – Mainz : von Zabern, 1999
(Veröffentlichungen des Instituts für Europäische Geschichte Mainz ;
Bd. 176 : Abteilung abendländische Religionsgeschichte)
ISBN 3-8053-2532-0

INHALTSVERZEICHNIS

VORWORT

Die vorliegenden Untersuchungen stellen die geringfügig überarbeitete Fassung meiner von der Theologischen Fakultät der Albert-Ludwigs-Universität Freiburg im Breisgau im Wintersemester 1996/97 angenommenen Habilitationsschrift dar. Der Fakultät, besonders ihren Gutachtern im Habilitationsverfahren, Herrn Prof. Dr. Gisbert Greshake und Herrn Prof. Dr. Peter Walter, gilt dafür mein Dank! Letzterer war es, der die Idee zu dieser Arbeit interessiert aufnahm, ihre Ausarbeitung hilfreich begleitete und nicht allein den institutionellen Rahmen, sondern auch die Atmosphäre schuf, innerhalb derer sie entstehen und abgeschlossen werden konnte.

Für die Gesprächs- und Hilfsbereitschaft während der Abfassung bzw. Drucklegung sei vor allem Herrn Dr. Fernando Domínguez Reboiras, Freiburg, und Herrn Dr. Roland Kany, Mainz, gedankt.

Weiterer Dank gebührt Herrn Prof. Dr. Gerhard May für die Aufnahme dieser Schrift in die Religionsgeschichtliche Reihe der Veröffentlichungen des Instituts für Europäische Geschichte, Mainz, sowie deren Betreuer am Ort, Herrn Prof. Dr. Rolf Decot, dessen unermüdliche Geduld ich mehrfach in Anspruch nehmen durfte.

Bedankt seien auch die Mitarbeiter der Universitätsbibliotheken in Basel, Freiburg, Tübingen und Löwen sowie deren Kollegen der Landesbibliothek Coburg und der Königlichen Bibliothek Albert I. in Brüssel.

Brüssel, am 6. November 1999   Leonhard Hell

1. EINFÜHRUNG

Enzyklopädisches Gedankengut ist im Bereich theologischer Wissenschaft in vielfacher und ganz verschiedener Weise zur Geltung gekommen.[1] Daher ist es nützlich abzugrenzen, in welcher Bedeutung der Begriff 'Theologische Enzyklopädie' im folgenden benutzt wird: Er bezeichnet diejenige Gattung theologischer Literatur, die - unter diesem oder einem anderen Titel - die Einheit theologischer Wissenschaft in der Mehrzahl ihrer Disziplinen darstellt und begründet. Dieser Begriffsgebrauch orientiert sich somit an der ausgebildeten und vermutlich inhaltlich wie formal auch ausgeschöpften Gestalt dieser Gattung, wie sie etwa zu Beginn des 19. Jahrhunderts vorliegt und in den bekannten Werken Friedrich Schleiermachers und Johann Sebastian Dreys[2] ihre nicht mehr überbotenen Repräsentanten findet.

Der Geschichte dieser Gattung nachzugehen, bedeutet jedoch, den Rahmen derjenigen Texte zu überschreiten, die sich selbst als Theologische Enzyklopädie bezeichnen oder sich zumindest ihrem Inhalt nach als Werke zu erkennen geben, die der oben angegebenen Kurzformel entsprechen. Denn, wie sich erweisen wird, ist der Anweg zur Ausbildung dieser theologischen Literaturgattung recht verzweigt, und ihre Vorläufergestalten verfolgen von sich aus gelegentlich andere Intentionen als die mit dem Stichwort 'Theologische Enzyklopädie' solchermaßen angegebenen.

1.1 DIE 'VORZEIT' THEOLOGISCHER ENZYKLOPÄDIEN

Dennoch wird man sagen können, daß es sich hierbei um ein Projekt neuzeitlicher Theologie, ja gerade um ein spezifisches Phänomen derjenigen Komplexität (und des Versuches ihrer Reduktion) handelt, die gemeinhin eine Signatur des mit 'Neuzeit' Bezeichneten darstellt. Hiermit ist nun umgekehrt die Behauptung verknüpft, daß diese Gattung theolo-

---

[1] Die ursprüngliche Bedeutung der dem späteren Begriff 'Enzyklopädie' zugrunde liegenden griechischen Terminologie darf seit DE RIJK als geklärt gelten. Zur weiteren Geschichte vgl. DIERSE.

[2] SCHLEIERMACHER (1811/1830); DREY (1819).

gischer Literatur sowie vor allem auch das Bewußtsein von der jene hervorbringenden Problematik in der Theologie der Alten Kirche und des Mittelalters fehlen bzw. dieser sogar eigentümlich fremd sind.³ Dies hat nun zu gelten, obwohl die sachliche Grundlage dieses Problemfelds in diesen Epochen zweifellos ebenfalls gegeben war: Seit es eine geistige Bemühung um den christlichen Glauben mit dem Ziel des Erweises seiner Wahrheit gibt, die wir, gemessen an den jeweiligen zeitgenössischen Standards, getrost 'wissenschaftlich' nennen dürfen - also sicherlich seit den Zeiten des Origenes -, geht der Vollzug dieses Unternehmens in der Mehrzahl methodischer Vorgehensweisen vor sich, die man zumindest der Sache nach mit den spät erst aufgekommenen Termini 'biblische', 'dogmatische' und 'apologetische' Theologie charakterisieren könnte: Das im engeren Sinn theologische Werk des bereits genannten Origenes etwa läßt sich in historisch-philologisch wie hermeneutisch bestimmte Arbeit an Texten der Heiligen Schrift Alten und Neuen Testaments, systematische Zusammenfassung von deren Lehrgehalt nach einer theologischen Sachordnung sowie Zurückweisung unsachgemäßer, von außen kommender Kritik am christlichen Glauben gliedern.⁴ Mit dem Werk des Eusebius und seiner Nachfolger kommt schon bald die Geschichte der Kirche als weiterer Gegenstand theologischer Bearbeitung hinzu.⁵

Diese gleichsam mit der Geburtsstunde theologischer Wissenschaft gegebene Pluralität der Disziplinen bleibt auch im Mittelalter bestimmend und findet, zumal seit der Institutionalisierung im formalisierten Bildungsbetrieb der Universitäten, auch ihre wissenschaftsorganisatorische Entsprechung im akademischen Curriculum und in der Differenzierung theologischer Lehrfunktionen.⁶ Auch das theologische Œuvre eines Thomas von Aquin ließe sich *cum grano salis* nach den oben bei Origenes angewandten Unterscheidungen gliedern.⁷

Und dennoch besteht der Unterschied zwischen all diesen methodisch-disziplinären Auf- und Ausgliederungen und den entsprechenden einer späteren, eben mit dem Etikett 'neuzeitlich' zu versehenden Epoche dem Wesen, nicht nur dem Grade nach.

---

³ Das bislang Gesagte findet eine Entsprechung in den Anfangszeilen einer Rezension Dreys zu einer zeitgenössischen Theologischen Enzyklopädie: „Was man unter dem Worte Encyclopädie begriffen hat, das war zu verschiedenen Zeiten und in Beziehung auf verschiedene Wissenschaften sehr verschieden; die encyclopädische Unterweisung der Alten einstweilen beiseite lassend, bemerken wir über die *theologische Encyclopädie* folgendes. Die Scholastiker, die ersten Begründer der Theologie als einer in sich abgeschlossenen Wissenschaft des Systems christlicher Ideen, kannten sie nicht." (DREY [1835], 195)

⁴ Vgl. etwa QUASTEN, der - z.T. noch modernere Termini benutzend - bei diesem Kirchenvater textkritische, exegetische, apologetische, dogmatische und praktische Schriften unterscheidet; vgl. ebd., 2, 43 - 75.

⁵ Vgl. QUASTEN 3, 311 - 342.

⁶ Vgl. EVANS; ALBERIGO; CATTO; ASZTALOS.

⁷ Vgl. z.B. WEISHEIPL (1980), 322 - 339.

Ein erster wichtiger Beleg für diese Behauptung besteht in der Tatsache, daß die Theologie der Alten Kirche und des Mittelalters kein oder wenigstens kein reflexes, explizites und d.h. vor allem kein literarisch faßbares Bewußtsein von dieser disziplinären Pluralität ihres Tuns entwickelt hat; dies ist um so erstaunlicher, als in der antiken wie der mittelalterlichen Philosophie und Wissenschaftstheorie durchaus ein allgemein bekanntes Modell für die literarische Fassung dieses Sachverhalts zur Verfügung gestanden hätte, das jedoch - soweit ich sehe - in der Theologie nirgends Anwendung fand: dasjenige der *divisio philosophiae*.[8] Entsprechende, bis auf die klassische griechische Philosophie zurückreichende, dem Mittelalter durch verschiedenste 'enzyklopädische' Texte vermittelte und noch bis in den Enzyklopädismus der frühen Neuzeit präsente Schemata der Einteilung philosophischer Wissens- bzw. Wissenschaftszweige, die einander ihren Grundprinzipien nach äußerst ähnlich sind, haben keine theologische 'Parallelaktion' hervorgerufen. Bei einem methodologisch so scharfsinnigen Autor wie Hugo von Sankt-Viktor, der in seinem 'wissenschaftstheoretischen' Werk ein eindrucksvolles Beispiel dieses *divisio*-Modells hinterlassen hat,[9] fällt dies besonders ins Auge.

Aus dieser literargeschichtlichen Fehlanzeige kann geschlossen werden, daß sich die altkirchliche wie die mittelalterliche Theologie eben, gerade auch gegenüber allem sonstigen, *lumine rationis humanae naturali* erreichbaren Wissen, als durchaus einheitliches Unternehmen versteht, das seine Erkenntnis zuletzt vom Einheitsgrund allen Seins selbst bezieht, wenn auch im Spiegel seiner autoritativ im Wort der Heiligen Schrift gegenwärtigen Bezeugung.[10] Theologie ist demnach in allen ihren Dimensionen Auslegung dieses Gotteswortes; nur als solche hat sie ihre eigene Existenzberechtigung und - wenn auch abgeleitete - Autorität.

Dies zeigt sich im Mittelalter auch in einem äußerst geringen Maß an Möglichkeiten zur Spezialisierung theologischen Arbeitens. Nur innerhalb der Karriere theologischer Lehrer gibt es je nach Ausbildungsgrad und Status verschiedene Schwerpunkte;[11] dem *doctor theologiae* wird jedoch nicht nur die *licentia ubique docendi* erteilt, es wird von ihm auch erwartet, daß er sich im Laufe seiner bisherigen Lehrtätigkeiten zum

---

[8] Vgl. zur mittelalterlichen Gestalt dieses Modells sowie zu dessen antiken Vorläufern WEISHEIPL (1965); eine einleuchtende differenzierende Klassifikation der antiken Einteilungen der Philosophie bietet HADOT (1979), der zudem die patristische Rezeption dokumentiert (vgl. ebd., 211f., 218f.).

[9] Vgl. EVANS, 15f. Die einschlägigen Passagen finden sich in HUGOs *Didascalicon*, lib. 1 - 3; von der Verknüpfung dieser *divisio* mit der an den Schriftsinnen orientierten Strukturierung der Theologie in ebd., lib. 5f. fehlt einem modernen Leser wohl nur noch ein äußerst kleiner Schritt zur Gliederung der Theologie in einzelne Disziplinen; vgl. v.a. ebd., lib. 6, cap. 6 sowie *De sacramentis*, prol., 4. Siehe auch TAYLORs instruktive Anmerkungen in: HUGO VON SANKT-VIKTOR, 222f.

[10] Vgl. z.B. THOMAS VON AQUIN, *S.th.* I q.1.

[11] S.o. Anm. 6.

theologischen 'Generalisten' entwickelt hat. Dem entspricht der generelle
Verzicht auf das, was im heutigen universitären Lehrbetrieb 'Lehrstuhl-
umschreibung' heißen würde; zwar gibt es, gegen Ende des Mittelalters
zunehmend, die Widmung einzelner *cathedrae* an bestimmte theologische
Schulrichtungen,[12] nicht jedoch an disziplinäre Schwerpunkte; letzteres
ist wiederum eine spezifisch 'neuzeitliche' Erscheinung.

Geteilt war die Theologie somit in die verschiedenen Grundtypen ihrer sachlichen Antworten auf grundsätzliche Fragestellungen, nicht jedoch in spezialisierte Wahrnehmungen methodisch unterschiedener Zu-
gangsweisen zu diesen Fragestellungen.[13] Wenn man - wie sich im folgenden zeigen wird - die Ausdifferenzierung von biblischer und systematischer Theologie als die (wenigstens sachlich) primäre disziplinäre Auf-
spaltung wissenschaftlicher Theologie betrachten kann, so ist die ihr
zugrunde liegende Unterscheidung von biblischem Lehrgehalt und kirchlicher Lehrgestalt einer Epoche, die - zumindest was den westkirchlichen
Bereich anlangt - eine 'konfessionelle' Einheitlichkeit als selbstverständlich voraussetzen konnte, weithin fremd. Die Kirche verkündet, was die
Schrift lehrt. Das Symbolum ist nicht nur die Kurzformel kirchlichen
Glaubens, es ist auch die inhaltliche Kurzfassung biblischer Lehre.[14]

Auch die immer wieder ins Feld geführte Unterscheidung theologischer Sachbereiche in *credenda* und *agenda,* die scheinbar die spätere
Unterscheidung von Dogmatik und Moraltheologie bereits sichtbar
werden läßt, widerstreitet dem absoluten Vorrang der Einheitlichkeit der
Theologie nicht; zum einen werden beide in den einschlägigen systematischen Gesamtdarstellungen der Theologie durchweg in einem literarisch
einheitlichen Zusammenhang vorgetragen, zum anderen sind sie auch
sachlich in einen kontinuierlichen Aufbau integriert; der methodische
Zugang zu beiden Bereichen unterscheidet sich zudem ebenfalls nicht.[15]

[12] Noch die Einrichtung der theologischen Fakultät an der 1477 gegründeten Universität Tübingen oder etwa derjenigen der Reformgründung von Alcalá - beide vom Humanismus inspiriert - waren von diesem Gesichtspunkt geprägt; vgl. zu Tübingen CONRAD,
3, zu Alcalá den Art. „Alcalá de Henares" in: LThK, Bd.1 (1993), 346f.

[13] Natürlich gab es auch in anderer Hinsicht Unterscheidungen innerhalb der einen
theologia, etwa diejenigen von *theologia viatorum et caelestis, theoretica et practica, theologia*
als philosophische Disziplin (Metaphysik) und *sacra doctrina* bzw. *sacra pagina, theologia
scholastica et mystica* o.ä.; all diese Entgegensetzungen zielen jedoch nicht auf eine Auffächerung der Theologie im hier interessierenden Sinn. Ebensowenig einschlägig ist hier die
(moderne) Unterscheidung von monastischer und scholastischer Theologie, über deren
grundsätzlichen Sinn zudem debattiert wird; vgl. COLISH (1988); J. LECLERCQ.

[14] Vgl. z.B. THOMAS VON AQUIN, *S.th.* II-II q.1 a.6.

[15] Vgl. zu der in der theologischen Wissenschaftslehre des Mittelalters geläufigen Unterscheidung des *verum ut verum* vom *verum ut bonum* und der damit verbundenen
verschiedenen Zielsetzung theologischer Arbeit im Kontext der Verifikationsproblematik
die Ausführungen bei KÖPF, 194 - 210. Zur Standard-Einleitungsfrage von Sentenzenkommentaren und Summen: *Utrum sacra doctrina sit* una *scientia?,* vgl. ebd., 116 - 125.
Vgl. selbst noch Melchor Cano, der in seinen epochemachenden *Loci* in Hinblick auf die

Aber selbst zu einer Zeit, als man nicht nur in dissidenten Konventikeln, sondern in anerkannten Gelehrtenkreisen beginnt, diese Einheit zu zerreißen, und etwa die Lehre der Heiligen Schrift gegen deren kirchliche oder wenigstens theologisch gängige Auslegung zur Geltung zu bringen versucht bzw. philosophisch-theologische Argumentation und biblisch-kirchliche Lehre zumindest gelegentlich als unvermittelbar darstellt,[16] führt dies ebenfalls für relativ lange Zeit noch nicht zu wissenschaftsorganisatorischen oder auch nur terminologischen Konsequenzen innerhalb der Theologie. Die Wende in dieser Hinsicht, die sich erst im 16. Jahrhundert anbahnt, setzt daher nicht nur den von der Reformation mehr theoretisch behaupteten als wissenschaftspraktisch umgesetzten Hiatus von sich selbst auslegender Heiliger Schrift und theologischer wie kirchlicher Interpretationsbemühung voraus, sondern auch und vor allem die wohl auch der Reformation zugrunde liegende, allerdings bei weitem nicht auf sie beschränkte fundamentale Kritik humanistisch inspirierter Autoren an aller 'Scholastik'. Die Theologie im Bannkreis des Humanismus im 16. Jahrhundert bildet damit das Feld, auf dem erste Vorstufen dessen entstehen, was sich späterhin zur Theologischen Enzyklopädie ausbildet.

1.2 BEMERKUNGEN ZUR FORSCHUNGSGESCHICHTE

Aus der bisherigen Forschung zur Geschichte der Theologischen Enzyklopädie ragen drei Publikationen heraus; auf sie ist hier daher etwas näher einzugehen. Als - auch chronologisch - erste ist Abraham Kuypers monumentale *Encyclopaedie der Heilige Godgeleerdheid* zu nennen, die in ihrem Einleitungsband *De geschiedenis der theologische Encyclopaedie*, also die Geschichte dieser Literaturgattung darstellt.[17] Diese in ihrem umfassenden Charakter bislang nicht eingeholte Arbeit gliedert die Geschichte der Theologischen Enzyklopädie in drei Epochen, deren erste sich vom Beginn wissenschaftlicher christlicher Theologie bis zum Vorabend des Humanismus erstreckt. Die vorwiegend nach Autoren vorgenommene Gliederung Kuypers beginnt hier mit Origenes und endet mit Gerson

---

'dogmatischen' und 'moraltheologischen' Fragestellungen ausdrücklich zu verstehen gibt, daß sie methodisch einheitlich zu behandeln sind (CANO, *De locis,* XII, 2 [344]).

[16] Diese Phänomene ließen sich etwa in der sog. spätscholastischen Theologie, z.B. bei Occam oder Wyclif, nachweisen; vgl. COURTENAY.

[17] KUYPER, 54 - 486. Dies ist übrigens auch sonst der Ort historischer Bearbeitung dieser Gattung. Zahlreiche Theologische Enzyklopädien seit dem Ende des 18. Jahrhunderts enthalten ein entsprechendes Kapitel, wenn auch die Einordnung in die jeweilige Gliederung differiert: Während die meisten Autoren mit der Geschichte beginnen bzw. diese innerhalb eines allgemeinen Einleitungsteils behandeln (so, wie gesagt, z.B. KUYPER), bearbeiten andere diese Thematik, wenn sie die Theologische Enzyklopädie als eigene Disziplin innerhalb der akademischen Theologie vorstellen (so etwa DREY [1819], 51 - 57).

und Nicolas de Clémanges. Die zweite, von Humanismus und Reformation inspirierte Epoche hat für ihn in Roger Bacon ihren Vorläufer und reicht bis zu den Zeiten Semlers und Bahrdts. Die letzte, bis in die Gegenwart des Verfassers untersuchte Periode ist - in Zustimmung oder Ablehnung - von dem Phänomen bestimmt, das Kuyper die 'neuere Philosophie' nennt. Diese von Kant inaugurierte und vom Deutschen Idealismus verwandelt fortgeführte Bewegung prägt die Enzyklopädien bis hin zu Hagenbachs Standardwerk, dessen zwölfte Auflage Kuyper als letztes dieses historischen Durchgangs untersucht. Dabei ordnet der Verfasser diesen Zeitabschnitten auch epochale Differenzen zu: Während vor der Renaissance nur von einer „encyclopaedische *aandrift*" die Rede sein kann, liegt „encyclopaedische *wetenschap*" erst seit dem 16. Jahrhundert vor; letztere hat zunächst jedoch „meer een hodogetisch en methodologisch karakter", während sie erst unter dem Einfluß der 'neueren Philosophie' recht eigentlich zu sich selbst findet.[18] Die problematischen Eigentümlichkeiten von Kuypers Darstellung liegen nicht zuletzt in der Chronologie: So fällt hier etwa Semler in die zweite Epoche, während Autoren wie Possevino, Villavicencio, die Verfasser der *Ratio Studiorum S.J.* oder Mabillon - allerdings in einem separaten 'Catholica-Appendix' - in dieser Reihenfolge(!) in der dritten Epoche verzeichnet sind. Innerhalb der Autoren des 19. Jahrhunderts ist dann diese konfessionelle Quarantäne aufgehoben, dafür sind etwa Drey und Staudenmaier vor Schelling bzw. Hegel placiert.

Aus neuester Zeit dagegen stammen G. Hummels Artikel *Enzyklopädie* im 9. Band der *Theologischen Realenzyklopädie,* der innerhalb dieser übergreifenden Thematik auch die Theologische Enzyklopädie und deren Geschichte betrachtet,[19] sowie der meines Wissens bislang einzige monographische Versuch, sich unserem Gegenstand zu nähern, nämlich E. Farleys *Theologia. The Fragmentation and Unity of Theological Education.*[20]

Hummels komprimierter und informationsreicher Überblick kann hier nicht im einzelnen gewürdigt werden; lediglich einige Eigenheiten seiner Konzeption bedürfen der Erwähnung. Der Verfasser skizziert in seinem vergleichsweise umfangreichen Abschnitt *Zur Geschichte der theologischen Enzyklopädie* nämlich teilweise ganz andere Dinge, als dieser Titel erwarten lassen würde. So berichtet ein erstes Kapitel über die Hochschätzung, Kritik und Weiterführung der antiken *enkyklios paideia* durch christliche Autoren von Origenes bis Vinzenz von Beauvais, ein zweites widmet sich zunächst der Entstehung der mittelalterlichen Sum-

---

[18] Alle Zitate: KUYPER, 54; die grundlegende Einteilung wird ebd., 54f. dargelegt; zur Detailgliederung vgl. den Index: ebd., *Inhoud,* III - VI.

[19] Vgl. HUMMEL, 716 - 742, darin: *3. Zur Geschichte der theologischen Enzyklopädie:* ebd., 726 - 738.

[20] Das 1983 (²1989) erschienene Werk des amerikanischen Theologen hat bislang im europäischen Raum nicht die Aufmerksamkeit gefunden, die es verdient.

men, deren Erscheinen innerhalb des Themenkomplexes 'Enzyklopädie' dadurch begründet wird, daß seither die Theologie „bewußt mit dem Problem ihrer hermeneutischen Mitte" ringe.[21] Danach jedoch begibt sich der Artikel doch noch auf sein eigentliches Feld, indem er Gersons *Epistulae* zur Studienreform als „Brücke ins Zeitalter von Humanismus und Reformation"[22] charakterisiert, eine Brücke, die es dem Verfasser erlaubt, zu Erasmus, Melanchthon und Calvin überzuleiten. Während er nun mit einem gewissen Recht des Ersteren Einleitungsschriften zur griechisch-lateinischen Ausgabe des Neuen Testaments nennt, finden bei den Letzteren nur die *Loci* bzw. die *Institutio* Erwähnung. Daß von dort aus unmittelbar zu A. Hyperius und seiner Einleitung ins Studium der Theologie sowie ähnlichen Werken aus Orthodoxie und Pietismus übergegangen werden kann, verwundert ebenso wie die Tatsache, daß katholische Beiträge des 16. und 17. Jahrhunderts (von Cano bis Du Pin) nicht chronologisch eingereiht, sondern abgetrennt als Exkurs behandelt werden. Danach springt die Darstellung wieder zeitlich zurück, um die Beiträge theologischer Autoren (Andreae, Comenius) zur allgemeinen Enzyklopädie zu würdigen. Nun erst schließt sich ein Überblick über die Geschichte der Theologischen Enzyklopädie vom 18. Jahrhundert bis in die fünfziger Jahre des 20. Jahrhunderts an, in den nun auch - wenngleich recht wenige - katholische Werke eingearbeitet sind. Darin wird S. Mursinna - wohl zu Unrecht - als derjenige bezeichnet, der „nach gegenwärtigem Wissen ... als erster eine theologische Fach-Enzyklopädie verfaßt" habe,[23] und Schleiermachers *Kurze Darstellung*, der mit Recht eine epochemachende Rolle zugeschrieben wird, wird vor(!) G. J. Plancks Beiträgen zu dieser theologischen Literaturgattung eingereiht. Insgesamt leidet dieser in vielen Details wertvolle Artikel m.E. vor allem unter der unklaren Vorgabe dessen, was man sich unter 'Theologischer Enzyklopädie' vorzustellen habe: Allgemeine Propädeutiken, Realenzyklopädien, Literaturgeschichten, allgemeine wissenschaftstheoretische Werke und dogmatische Gesamtdarstellungen finden sich hier aufgereiht, ohne daß klar würde, daß diese jeweils, obwohl sie natürlich alle in irgendeinen Konnex mit dem Stichwort 'enzyklopädisch' gebracht werden können, zu meistenteils höchst verschiedenen Projekten gehören. Dadurch werden denkbare 'rote Fäden' ständig abgeschnitten, um sie an späterer Stelle, zumeist jedoch ohne Rückverweis, wieder aufzunehmen.

Farleys *Theologia* ist - und hierauf weist bereits der Untertitel hin - stark am Wandel der Konzeption theologischer *Ausbildung* orientiert: Es geht ihm also weniger um die in der theologischen Forschung aufgetretenen Zwänge, die zu internen Differenzierungen oder Umstrukturierun-

---

[21] HUMMEL, 728.
[22] HUMMEL, 728.
[23] HUMMEL, 731. Zu dieser historischen Qualifikation s.u. den Mursinna gewidmeten Abschnitt 7.2.

gen geführt haben; eher ist er dagegen an der - namentlich auch angel-
sächsisch-amerikanischen - Geschichte theologischer Bildungsprogramme
und deren Auswertung für eine gegenwärtige Kritik und Reform des
Unterrichts künftiger kirchlicher Amtsträger interessiert.[24] Den umfänglichen Mittelteil dieser Studie bildet eine Geschichte der Theologischen
Enzyklopädie, die diese in drei Hauptepochen gliedert:[25] Die erste,
nachreformatorische Epoche[26] läßt aus der vielgestaltigen *study of theology*-
Literatur allmählich die Gattung der Theologischen Enzyklopädie hervorgehen, während das unter dem Stern F. Schleiermachers stehende
encyclopedic movement[27] diese zu ihrem ersten historischen Höhepunkt
führt. Die dritte Epoche, die im Grunde bis in die Gegenwart andauert,
erlebt dann eigentlich nur noch den definitiven Durchbruch dessen, was
Farley *fourfold pattern* nennt, nämlich die innere Gliederung des theologischen Studiums in biblische, historische, systematische und praktische
Fächer. Die Stärke von Farleys Buch besteht zweifellos in der klaren
systematischen Zielsetzung seiner Untersuchung sowie in der ebenso
deutlichen wie nachvollziehbaren Gliederung der Gattungsgeschichte;
erstaunlich ist auch die Vielzahl der herangezogenen Texte; in ebendiesem Zusammenhang sind allerdings auch die Probleme dieser Monogra-
phie zu suchen: Auch hier geht die Darstellung über die Nennung und
Kurzcharakteristik zahlreicher Autoren und Werke kaum hinaus; zudem
führt die falsche Schreibung mehrerer Verfassernamen und Buchtitel
sowie die Beschreibung mancher Texte gelegentlich zu der Vermutung,
daß Farley nicht in allen Fällen die primäre Literatur vorliegen hatte.
Auch hier beherrscht die protestantische Literatur auf weite Strecken die
Szene, während Werke katholischer Autoren eher anhangweise behandelt werden.

Gemeinsam sind diesen drei, aus der Menge historischer Überblicke
herausragenden Darstellungen zunächst einmal einige Überzeugungen,
die zu Recht als Konsens der historischen Erforschung der Theologischen
Enzyklopädie gelten dürfen: Die Geschichte dieser Gattung beginnt im
16. Jahrhundert und ist durch die humanistischen und reformatorischen
Bewegungen dieser Epoche maßgeblich geformt; die Ausprägung zu einer
abgrenzbaren Literaturform vollzieht sich jedoch erst im 17. und 18.
Jahrhundert; ihren Höhe- und bislang letzten Wendepunkt erfährt die

---

[24] Vgl. v.a. das erste Kapitel (FARLEY, 1 - 26), das sich primär mit der Entwicklung
theologischer Studien an nordamerikanischen Bildungsinstitutionen befaßt, sowie das
letzte (ebd., 175 - 203), das unter der Überschrift „*Theologia* in Clergy Education" den o.a.
Problemfeldern der Gegenwart gewidmet ist. Letzterer Thematik hat Farley dann auch
ein eigenes Buch gewidmet, das den Titel trägt: *The Fragility of Knowledge. Theological
Education in the Church and the University* (Philadelphia 1988).
[25] Vgl. als Überblick den Index: FARLEY, v - vi, sowie den Textteil: ebd., 27 - 124.
[26] Treffender wäre wohl gewesen, sie als 'nachhumanistisch' zu bezeichnen.
[27] Wechselweise gebraucht der Autor den Ausdruck *encyclopedia movement;* vgl.
FARLEY, 49 u.ö.

Theologische Enzyklopädie zu Beginn des 19. Jahrhunderts, eine Epoche, die hier vor allem von Gestalt und Werk F. Schleiermachers geprägt ist.[28]

Zu lernen gilt es jedoch nicht allein aus den tragfähigen Ergebnissen bisheriger Forschung, die durch die genannten drei Publikationen in ihren prominenten Gestalten repräsentiert ist, sondern nicht zuletzt auch von den diesen gemeinsamen Defiziten: Diese liegen zunächst - namentlich bei Kuyper und Hummel - in der unspezifischen Auswahl der behandelten Texte. Wer Origenes und Isidor von Sevilla, Hugo von Sankt-Viktor und Vinzenz von Beauvais als Zeugen für eine Gattungsgeschichte benennt, die in die Theologische Enzyklopädie der Neuzeit mündet, führt den Leser potentiell von Beginn an auf den falschen Weg: Die allgemeine Entwicklung der enzyklopädischen Idee sowie die Entstehung so verschiedener literarischer Gattungen, wie dogmatischer Gesamtdarstellungen oder Realenzyklopädien, sind zweifellos erforschenswerte und für die Theologiegeschichte entscheidende Phänomene; sie stellen jedoch kaum die primären Bezugsgrößen dar für die besondere Geschichte der hier zu untersuchenden literarischen Form. Sieht man von wenigen Ausnahmen ab, so nähern sich in dieser Geschichte allgemeiner Enzyklopädie-Begriff und Theologische Enzyklopädie einander erst spät, und eben dann tritt auch erst dieser Terminus als gängiger Titel literarischer Produktionen in Erscheinung. Hieraus sollte der Schluß gezogen werden - und Farley hat dies bereits getan -, die Geschichte der Theologischen Enzyklopädie exklusiv als eine Abteilung neuzeitlicher Theologiegeschichte zu betrachten, die ihre Vorgeschichte lediglich in vereinzelten und oft wohl nicht so sehr nach vorne weisenden Äußerungen spätmittelalterlicher Theologiekritiker hat, nicht jedoch in mehr oder minder deutlich mit dem spätantiken *enkyklios-paideia*-Begriff in Zusammenhang zu bringenden Zeugnissen aus Alter Kirche und Christlichem Mittelalter.

Ein weiteres Defizit aller bisherigen Darstellungen liegt in der konfessionellen Perspektivierung der Untersuchung. Zwar ist es zweifellos nicht nur nützlich, sondern geboten, die jeweils zu untersuchenden Texte im Kontext ihrer konfessionellen Herkunft zu beleuchten: Dies liegt bei Schriften wie Heinrich Bullingers *Studiorum ratio* oder den Studienordnungen der Jesuiten sowieso auf der Hand.[29] Dennoch sollten in keiner Epoche die Abhängigkeiten von nicht der jeweiligen Konfession zugehörigen oder auch nicht-theologischen Strömungen unterschätzt werden. Gerade in solchen Fällen, die bislang als weitgehend isolierte, konfessionelle Prärogativen betrachtet wurden, wird sich eine solche Verflechtung aufweisen lassen.

---

[28] Auch hier wäre es allerdings sinnvoll, Schleiermacher weniger als einsamen, originellen Erfinder, sondern eher als eine Figur unter mehreren erscheinen zu lassen; das diesbezüglich weitverbreitete Fehlurteil ist zumeist durch den konfessionell verengten Blickwinkel bedingt.

[29] Zu diesen Texten s.u. die Abschnitte 2.2.4 u. 3.4.

Wie die genannten Untersuchungen zeigen, führt die - wenn auch noch so begrenzte - Bemühung um Vollständigkeit in der Nennung und Betrachtung textlicher Zeugen unausweichlich zu Unübersichtlichkeit, ebenso schwierigen wie fruchtlosen Problemen chronologischer Einordnung sowie einer Tendenz zu bloßem *name dropping* mit der Folge unvermittelten Nebeneinanders. Es ist deshalb sinnvoll, sich auf wenige, in ihrer epochalen Bedeutung anerkannte Autoren und Texte zu stützen und weitere Zeugnisse nur dann einzuführen, wenn von ihnen eine Erweiterung bzw. Verschiebung der bislang bestehenden historischen Rekonstruktion zu erwarten ist.

Die Vorgehensweisen der folgenden Untersuchungen ergeben sich damit weitestgehend von selbst. Zu bestimmen ist zunächst der Übergang von vermeintlichen zu tatsächlichen Vorformen und Vorbildern Theologischer Enzyklopädie sowie das erste Auftreten dieser selbst. Sowohl in der Vor- wie in der Entwicklungsgeschichte der Gattung muß, so deutlich wie eben möglich, die Parallelität und wechselseitige Bezogenheit der Entwürfe unterschiedlicher positioneller (später: konfessioneller) Provenienz herausgearbeitet werden. Dabei sollen - teils unbewußte, teils versteckte, teils ausdrückliche - Traditionsbildungen und Rezeptionsschienen sichtbar werden, die die Grenzlinien der Zugehörigkeit zu nationalen, kirchlichen und schulischen Verbänden beständig durchkreuzen. Dies alles erfordert - um sich nicht in der Unübersichtlichkeit zahlloser Einzelpositionen zu verfangen - eine verantwortbare Auswahl von Autoren und Werken; sie kann naturgemäß nicht im vorhinein gerechtfertigt werden, sondern muß ihre Legitimität und Fruchtbarkeit im Zuge der Darstellung selbst erweisen. Die anschließenden Untersuchungen verfolgen den Weg der Geschichte der Theologischen Enzyklopädie bis zum Beginn des 19. Jahrhunderts, zu demjenigen Punkt also, an dem sie an ihrem - allgemein anerkannten - konzeptionellen und gattungstheoretischen Höhepunkt angekommen ist, welchen sie bis in die Gegenwart bestenfalls hält, jedoch nicht mehr überschreitet. Hierbei soll allerdings deutlich werden, daß das Erreichen dieses Zenits nicht allein das Werk einsamer genialer Entwürfe ist, sondern durchaus im Gefälle der zeitgenössischen Beiträge, von den 'Großmeistern' der Gattung, Schleiermacher und Drey, unabhängiger, 'kleinerer Geister' zur Theologischen Enzyklopädie liegt.

2. VERMEINTLICHE VORLÄUFER DER THEOLOGISCHEN ENZYKLOPÄDIE

2.1 JEAN GERSON UND NICOLAS DE CLÉMANGES

Die Reihe der nahezu in jeder Darstellung zur Geschichte der Theologischen Enzyklopädie genannten Autoren beginnt mit zwei französischen Theologen des späten 14. und beginnenden 15. Jahrhunderts. Beide, Jean Gerson und Nicolas de Clémanges, standen zudem auch in persönlichem Kontakt.[1] Ihre direkten Verbindungen mit der in Paris gelehrten Theologie lassen sie als kenntnisreiche Zeugen einer akademischen Praxis erscheinen, die sie in eher als Gelegenheitsschriften zu charakterisierenden Publikationen einer fundamentalen Kritik unterziehen. Im Falle Gersons handelt es sich hierbei um Briefe an seinen Lehrer und Amtsvorgänger Pierre d'Ailly sowie an die Mitglieder seines eigenen ehemaligen Pariser Studienhauses, des Collège de Navarre[2], des weiteren um den Traktat *Contra curiositatem studentium*.[3] Diese Werke durchzieht eine moralisch,

---

[1] Vgl. etwa die in GERSON, *Œuvres* 2 edierten Briefe, die von engem Kontakt und vertrauensvollem Verhältnis zeugen; so z.B. bereits der erste dort abgedruckte Brief von Nicolas: ebd., 10 - 12.

[2] Es sind dies die Nummern 5 - 7 des *œuvre épistolaire* in: GERSON, *Œuvres* 2, 30 - 43, jeweils überschrieben: „Gerson aux Messieurs de Navarre"; geschrieben wurden diese Briefe zwischen April und September 1400. Zur Biographie Gersons allgemein sowie zu den Entstehungsbedingungen dieser Schriften im besonderen vgl. SMOLINSKY sowie den Art. „Gerson, Johannes", in: TRE, Bd. 12 (1984), 532 - 538; ein offenkundiger Überdruß angesichts der Pariser akademischen Umstände, der den Universitätskanzler an Rücktritt vom Amt und Rückzug aus Paris denken ließ, steht hier im Hintergrund. Zwar ist mit CAIGER, 389 Anm. 1, zu bedenken, daß ein *cancellarius ecclesiae Parisiensis* „was, and remained, primarily an ecclesiastical functionary rather than an officer of the university." Allerdings gilt es dagegen mit GLORIEUX (1956), 88f., zu beachten: „Le chancelier de Notre-Dame, en effet, à la différence du recteur de l'Université, était pris statutairement parmis les maîtres en exercice de la faculté de théologie; il [= Gerson] continuait, dans la mesure compatible avec ses fonctions, à exercer cette charge et à donner son enseignement."

[3] GERSON, *Œuvres* 3, 224 - 249. Dieser Traktat entstand aus Vorlesungen über die Schriftstelle Mk 1,15 „zu Beginn des neuen Studienjahres 1402/03" (SMOLINSKY, 277); Gerson war im September 1400 doch wieder nach Paris zurückgekehrt und führte seine Funktion weiter.

näherhin durch traditionelle Lasterkataloge bestimmte Kritik an der
zeitgenössischen Übung akademischen Theologietreibens: Originalitäts-
sucht in der Fragestellung wie in der Ausdrucksweise - hierdurch könnte
man die beiden von Gerson inkriminierten Laster der *curiositas* und
singularitas, die ihrerseits wieder Derivate der Hauptsünde *superbia* sind,
übersetzen[4] - verunstalten die eigentliche Gestalt und Aufgabe der Theologie; diese sollte ein an der Tugend der *humilitas*[5] orientiertes Nachden-
ken über die Offenbarung Gottes in der Heiligen Schrift sein, das an den
gedanklichen und sprachlichen Vorbildern der großen theologischen
Tradition Maß nimmt, nicht dagegen ein gesuchtes Übertragen der jeweils neuesten und entlegensten philosophischen Probleme und Termi-
nologien auf die Theologie, ein Verfahren, das die Theologie inhaltlich
auf nutzlose Nebengeleise führt und sie methodisch zu einer Spielerei für
egozentrische Intellektuelle, statt zu einer Hilfe für gläubiges Verstehen
und Handeln (des Einzelnen wie der Kirche) macht.[6] Wenn wir nun die
engere Fragestellung unserer Thematik verfolgen, so wird in diesen Texten namentlich an einer Stelle[7] von mehreren *partes theologiae* gesprochen, deren eine den Gegenstand der akademischen Beschäftigung bildet,
während eine zweite das moralische Verhalten dessen bessert, der sich
mit ihr befaßt; eine dritte und letzte ist für die Vorbereitung auf die
Aufgabe der Verkündigung gedacht. Wenn dies einen modernen Leser
auch dazu verleiten könnte, hierin eine Dreigliederung der Theologie in
spekulative, Moral- und Pastoraltheologie angedeutet zu finden, so darf
doch zweierlei nicht verkannt werden: Wissenschaftliche Beschäftigung
mit dem - spekulativen wie praktischen - Inhalt des christlichen Glaubens
geschieht auch für Gerson allein im zuerst genannten Teil: Als hilfreiche
Lektüre nennt er in diesem Zusammenhang in erster Linie die Sentenzenkommentare der klassischen scholastischen Autoren wie Bonaventu-

---

Da diese Texte bei HÜBENER und SMOLINSKY für unseren Zweck ebenso ausreichend wie
zutreffend beschrieben und gewürdigt sind, kann ich mich hier wie auch im Falle von
Nicolas auf die Grundgedanken beschränken. Die neueste Gesamtdarstellung zu Gerson als
Theologen widmet diesen Schriften zwei ganze Kapitel (vgl. BURGER, 40 - 55 und 110 - 143);
allerdings tragen diese Ausführungen zu unserer Fragestellung nichts Neues bei, da sie sich -
ganz im Sinne ihres Gegenstandes - auf die paränetische Seite dieser Literatur konzentrieren.
    Auf die Rezeption innerhalb der Geschichte der Theologischen Enzyklopädie geht je-
doch keine dieser Darstellungen ein, weshalb sich gelegentlich ein unscharfer Begriffsgebrauch einschleicht (vgl. etwa die Rede von „spekulativen oder praktisch-theologischen
Fragen" bei BURGER, 52).
    [4] Vgl. hierzu SMOLINSKY, 278 - 291. Weitere polemische Begriffe dieser Art sind: *phanta-
sticus, morosus, inutilis, sterilis, absurdus, supervacuus* u.v.a.m. (vgl. z.B. GERSON, *Œuvres* 2, 26
- 28. 31f. u.ö.).
    [5] Dieses Stichwort findet sich beispielsweise GERSON, *Œuvres* 2, 32. 39; 3, 224 u.ö.
    [6] Vgl. die Textbelege bei SMOLINSKY, 272 - 283.
    [7] Vgl. GERSON, *Œuvres* 2, 33.

ra, Thomas und Durandus.[8] Es ist in diesem Bereich vor allem auf eine angemessene Stoffverteilung zu achten; der Fehler zeitgenössischer Theologie besteht hiernach namentlich darin, daß man sich auf - mit der Philosophie gemeinsame - Fragen der Logik, Physik und Metaphysik stürzt und die übrigen vernachlässigt.[9] Diese, scholastisch genannte, wissenschaftliche Beschäftigung bedarf aber, zur persönlichen Formung des Theologen[10] wie zur funktionsgerechten Ausbildung des Predigers,[11] einer Ergänzung durch Lektüre diesen Bereichen entsprechender Literatur.[12] Nicht die Theologie als Wissenschaft ist demnach dreigeteilt, lediglich ist es neben seiner wissenschaftlichen Tätigkeit auch die Aufgabe des Theologen, sich persönlich, spirituell wie moralisch, zu bilden und sich auf die öffentliche Verkündigung des Gotteswortes vorzubereiten. Diese beiden nichtwissenschaftlichen Bereiche sind gerade auch innerwissenschaftlich von Bedeutung, orientieren sie doch nicht nur den Theologietreibenden, sondern unterstützen auch die inhaltliche wie methodische Selbstbegrenzung der Theologie im Sinne der genannten *humilitas*.

In die gleiche Kerbe, jedoch noch deutlicher von dem Gedanken der praktisch-pastoralen Ausrichtung geprägt, schlägt Nicolas de Clémanges in seinem etwas später entstandenen, ebenfalls als Brief abgefaßten Opuscu-

---

[8] Vgl. GERSON, *Œuvres* 2, 33; die Reihenfolge ist sicherlich absichtsvoll. Ebd., 33f. nennt er, in zweiter Linie, auch noch Heinrich von Gent sowie - *in cumulo* und nicht ohne Warnungen - neuere Autoren. Bedeutsam ist hier v.a., daß keineswegs primär auf Autoren der Alten Kirche als Vorbilder rekurriert wird; vgl. zu diesem Komplex BURGER, 49f.

[9] Vgl. GERSON, *Œuvres* 2, 34. Es geht also auch in der scholastischen Theologie, die durch die Sentenzenkommentare vertreten ist, keineswegs nur um spekulative Fragen, die dann durch „die Moraltheologie und das zur Predigt notwendige Material" zu ergänzen wären (so SMOLINSKY, 276, der entsprechend die von Gerson hier genannte Literatur, die von den genannten Sentenzenkommentaren über Werke Augustins und Gregors bis hin zu Heiligenlegenden u.ä. reicht, in einer ununterbrochenen Reihe aufführt: vgl. ebd., 276f). Nicht zutreffen dürfte auch die globale Behauptung, Gerson wende sich einfachhin „gegen ... das thomistische Vertrauen in die spekulative ratio" (so HAMM, 479); zumindest ist dies nicht einfach den behandelten Werken zu entnehmen, deren letzteres, wenigstens in der auch bei HAMM herangezogenen Ausgabe, nicht *Contra vanam curiositatem in negotio fidei* (so ebd., Anm. 38), sondern *Contra curiositatem studentium* betitelt ist (vgl. GERSON, *Œuvres* 3, 224).

[10] Vgl. GERSON, *Œuvres* 2, 33: „illa [= pars theologiae] quae legentis mores aedificet".

[11] Vgl. GERSON, *Œuvres* 2, 33: „illa quae praedicantibus congruit".

[12] Während die scholastische Literatur separat aufgeführt wurde, verzeichnet Gerson die für diese Teilbereiche geeigneten Texte nun zusammen (vgl. GERSON, *Œuvres* 2, 34). Ob hierfür die Unterscheidung von 'Hochtheologie' und 'halbakademischer Frömmigkeitstheologie' eine terminologische Hilfe darstellt (so HAMM, 492 - 492), wage ich zu bezweifeln; zumindest müßte in jedem Einzelfall genauer gefaßt werden, worin das 'Halbakademische' nun eigentlich besteht.

Insgesamt ist zu bedenken, daß der hier verstärkt geäußerte Bedarf an ekklesialer Einbindung und persönlich-spiritueller Bildung des Theologen auch von der - in ihrer Formulierung allerdings erst späteren - Ekklesiologie Gersons geprägt sein dürfte, die den Theologen ja einen bedeutsamen Platz innerhalb der Leitung der Kirche beimißt (vgl. hierzu den gesamten Artikel von CAIGER).

lum *Liber de studio theologico*.[13] „Itaque nihil est aliud studium theologicum, nisi quaedam, ut ita dicam, pastorum et praedicatorum officina, ex qua evocandi sunt atque eligendi qui artem norunt pastoriam, ut vacuis per scientiam praeficiantur ovilibus."[14] Die restlose Überordnung des *utile* über das *subtile*,[15] die als Grunddifferenz im Hintergrund steht, würde einer wissenschaftlichen Theologie, nähme man den Text in allen Teilen zum Nennwert, keinen Raum mehr lassen.[16] Allerdings darf der paränetische Charakter dieses Werkes und sein dementsprechendes Arbeiten mit krassen Alternativen nicht übersehen werden; die Ausrichtung auf Reform - nicht Destruktion - der Theologie als eines scholastischen Studiums würde sonst verkannt.[17]

Derartige Gesinnungen und Reformabsichten stehen keineswegs allein, und sie sind auch keine einsame Erscheinung der spätmittelalterlichen, den Humanismus bereits vorbereitenden Epoche. Vielmehr begleitet eine - bis in einzelne Formulierungen hinein - gleichlautende Kritik die scholastische Theologie seit ihrer Entstehung (und sie bleibt ihr bis zu ihrem Ende treu). Bernhard von Clairvaux sowie verschiedene Bischöfe und Päpste - sozusagen von außen -, aber auch Thomas, Bonaventura u.v.a.m. - nun 'von innen' - haben diese Kritik wiederholt formuliert und ihrer theologiereformerischen Wirkung zum Durchbruch zu verhelfen gesucht.[18] Gemein-

---

[13] Zur biographischen Einordnung und Datierung vgl. neben SMOLINSKY, 291 den dort nicht genannten Beitrag von GLORIEUX (1967), v.a. ebd., 299: Dieser meint das Abfassungsdatum etwas genauer, nämlich „avant juillet (1411)", bestimmen zu können. Bei BURGER wird auf Nicolas eigentümlicherweise keinerlei Bezug genommen; vgl. jedoch jetzt den von ebendiesem Autor beigesteuerten Art. „Nikolaus v. Clémanges" in: LThK, Bd. 7 (1998), 848f.

[14] NICOLAS, ed. D'ACHÉRY, 479. Dieser Abdruck im *Spicilegium,* einem der ersten großen Editionsprojekte aus der Werkstatt der Mauriner, verhalf dieser Schrift offenkundig zu einer großen Popularität bis weit in das 18. Jh. hinein; vgl. etwa die begeisterte Aufnahme bei Martin Gerbert (s.u. 6.3). Zur o.g. Stelle vgl. SMOLINSKY, 293f. Ähnlich formuliert Nicolas auch anderswo: „Non sunt ergo pastores nisi qui doctores, nec doctores vicissim habendi, nisi iidem pastores sint" (ebd., 473), sowie: „Ad theologum igitur sive praedicatorem (haec enim pro eodem habeo) in primis pertinet bene secundum deum vivere" (ebd., 474).

[15] Vgl. die Textbelege bei SMOLINSKY, 292.

[16] Vgl. im oben zitierten Abschnitt v.a. die polemische Entgegensetzung von *scientia* und *ars.* Einschränkend versichert Nicolas zwar zu Beginn des in Briefform verfaßten Werkes seinem Adressaten: „Non fuit animus ... te a libri, quem sententiarum dicunt, publica lectione graduumve aspiratione deterrere." (NICOLAS, ed. D'ACHÉRY, 473) Jedoch macht er am Ende unmißverständlich klar, daß er die universitäre Laufbahn nur als Durchgangsstation auf dem Weg zum kirchlichen Dienst akzeptiert (vgl. ebd., 480).

[17] Vgl. dazu SMOLINSKY, 293f.

[18] Vgl. die jederzeit leicht zu erweiternde Zusammenstellung von Texten bei SMOLINSKY, 283 - 290. Daß diese hochmittelalterliche Kritik an der scholastischen Theologie durchaus nicht nur der spätmittelalterlichen parallel läuft, sondern diese unmittelbar speist, dafür hat etwa HISSETTE, 90 den Beweis erbracht, wenn er - neben anderen Hinweisen auf das Fortleben der Templierschen *Syllabi* - auf einen hier besonders einschlägigen Text Gersons, gehalten als Konstanzer Konzilspredigt (GERSON, Œuvres 5, 420 - 435), verweist. Hier erinnert

sam ist diesen Mahnungen durchweg der Verweis auf die wahrhaft theologischen Quellen und Aufgaben des Forschens und Lehrens sowie die damit verbundene Aufforderung zum Verzicht auf nutzlose Subtilitäten in der Sache und selbstherrliche Brillanz in der Methode. Aufgerufen wird zu einem Bewußtsein der geistlichen Dimension aller Theologie und einem entsprechenden Leben der Theologen.[19] Nicht zuletzt steht dies im Dienst der Verdeutlichung des kirchlichen Charakters und Auftrags dieser Wissenschaft. Verknüpft ist all dies mit der nachdrücklichen Forderung, sich inhaltlich primär mit dem eigentlichen Lehrbuch der Theologie, der Heiligen Schrift, zu beschäftigen und sich im Umgang mit dieser an großen Theologen der Vergangenheit ein Beispiel zu nehmen.[20] Sämtliche angeführten Argumente werden bei den humanistischen Autoren - oft nahezu unverändert - wiederbegegnen, allerdings fungieren sie dort auf dem Hintergrund einer, zwar auch biblischen und an den Kirchenvätern geschulten, aber doch inhaltlich wie konzeptionell ganz anders verstandenen Alternative zur scholastischen Theologie. Gegenüber dem oft nur scheinbaren Konservativismus der Humanisten herrscht bei der Theologiekritik bis Nicolas de Clémanges ein konservativer Grundzug vor, der die scholastische Theologie keineswegs als ganze verdammt, sie aber auf ihre Fehler, Verformungen und Grenzen hinweisen will; auch soll die scholastische Theologie nicht ersetzt oder durch ein zweites, nun z.B. 'biblisch' oder 'praktisch' zu betreibendes Fach konterkariert werden, vielmehr soll die eine - spekulative wie praktische Fragen behandelnde und ebenso ausnahmslos wie grundsätzlich als Auslegung der Heiligen Schrift begriffene - 'scholastische', weil eben an den 'Schulen' gelehrte Theologie zu ihrer Aufgabe zurückgerufen werden. Diese Kritik lieferte der späteren Scholastikschelte humanistischer wie nachhumanistischer Zeit zwar die argumentative und manchmal auch bloß polemische Munition; sie bereitete aber gerade noch nicht selbst den Weg zu einer alternativen, einheitlichen oder in Disziplinen gespaltenen Form der Theologie.[21]

Gerson an die löbliche Pariser Praxis, bei akademischen Eidesleistungen ausdrücklich auf entsprechende Mahnungen des 13. Jahrhunderts Bezug zu nehmen (vgl. ebd., 430).

[19] Auch diese 'scholastikkritischen' Forderungen haben bereits antike Vorläufer, wie HADOT (1995) durchgängig zeigt; er versteht daher die Philosophie in der Antike, vorgängig zu allem lehrhaften Inhalt, als *mode de vie* (vgl. ebd., Reg. s.v.).

[20] Vgl. z.B. NICOLAS, ed. D'ACHÉRY, 476, wo außer der alles bestimmenden Lektüre der Heiligen Schrift und der subsidiären Konsultation von Kommentarwerken der Kirchenväter nichts weiter als zum Studium der Theologie gehörig betrachtet wird.

[21] Aus anderer Fragerichtung und aufgrund anderer Texte kommt BURROWS bezüglich Gerson zu ebendiesem Ergebnis: „Gerson is no forerunner to later Protestant exegesis and theological method, but a distinctively conservative voice: we must interpret Gerson's theological approach within the horizon of earlier medieval scholasticism which defined *theologia* largely as commentary rooted in 'tradition' upon the scriptural text *(sacra pagina).*" (BURROWS, 42) Allerdings kann auch bei Gerson bereits auf humanistische Kontakte und Interessen verwiesen werden, die einen unverkennbaren Schwerpunkt auf dem Gebiet der

2.2 THEOLOGISCHE PROGRAMMSCHRIFTEN
IM UMKREIS DES HUMANISMUS
AUS DER ERSTEN HÄLFTE DES 16. JAHRHUNDERTS

Nach den theologiekritischen Schriften des späten Mittelalters sind es vor allem einige Schriften der ersten Hälfte des 16. Jahrhunderts, die zu den regelmäßig zitierten gehören, wenn von der Geschichte der Theologischen Enzyklopädie die Rede ist: Es handelt sich hierbei um Werke von Autoren wie Erasmus von Rotterdam, Jacobus Latomus, Petrus Mosellanus, Luis de Carvajal u.a.[22] Diese gehören sämtlich in den Umkreis der humanistischen Bewegung dieser Zeit, teils durch explizite Zugehörigkeit der Autoren zu dieser Strömung (Erasmus, Petrus Mosellanus), teils aber auch durch erklärte Ablehnung (bei gleichzeitiger offenkundiger Abhängigkeit) ihr gegenüber (so etwa bei Latomus und - wenn auch differenzierter - Carvajal).

Die literarischen Gattungen der Beiträge sind - wenigstens von außen betrachtet - ebenso disparat wie die Funktionen ihrer Verfasser im intellektuellen Leben ihrer Zeit: Der 'freischaffende Humanistenfürst' steht hier neben dem ordentlichen Theologieprofessor in Löwen, der aufstrebende Rhetoriklehrer in Leipzig neben dem spanischen Franziskanertheologen und Hofprediger Kaiser Karl V.; Erasmus' *Ratio seu Methodus compendio perveniendi ad veram theologiam* von 1518 entsteht als Erweiterung einer Einleitung zu seiner griechisch-lateinischen Ausgabe des Neuen Testaments, bei Petrus Mosellanus' Beitrag handelt es sich um seine Leipziger Antrittsvorlesung desselben Jahres;[23] der *De trium linguarum, et studii theologici ratione Dialogus* des Latomus von 1519 ist eine theologische Streitschrift, die sich mit Positionen auseinandersetzt, wie sie in den vorgenannten Werken vertreten werden,[24] während Carvajals *De restituta theologia* ein kurzgefaßtes Lehrbuch der Theologie bietet, dessen Widmungsschreiben an Karl V. durchscheinen läßt, daß sich sein Projekt einer 'Wiederherstellung' auf dem Hintergrund dieser zeitgenössischen Debatten versteht.[25]

Von ihrer innersten Absicht her jedoch kann man all diese Schriften unter einem Stichwort zusammenfassen, beschäftigen sie sich doch, jede auf ihre Weise und jede nach ihren Zielsetzungen, mit Wesen, Funktion und

---

Rhetorik aufweisen; dies hat bei ihm v.a. in der Predigttheorie, nicht jedoch in der Theorie der Theologie im engeren Sinne seinen Niederschlag gefunden (vgl. hierzu BROWN, 33 - 35).

[22] Zu diesen Personen vgl. die Art. „Carvajal, Luis de", in: LThK, Bd. 2 (1994), 963f., „Erasmus, Desiderius", ebd., Bd. 3 (1995), 735ff., „Latomus, Jacobus", ebd., Bd. 6 (1997), 677, „Mosellanus (eigtl. Schade), Petrus", ebd., Bd. 7 (1998), 495f.

[23] Zu seiner *Oratio de variarum linguarum cognitione paranda,* Leipzig 1518, vgl. die LThK, Bd. 7 (1998), 495 genannte Lit.

[24] Zu Entstehung und Zusammenhang der drei genannten Beiträge vgl. GUELLUY, 52 - 68; BÉNÉ, 289 - 303; RUMMEL (1989) 1, 63 - 93 sowie die kurze Zusammenfassung bei SCHOECK (1993), 220f.

[25] Zu diesem Werk vgl. ANDRÉS (1976) 2, 400 - 403.

Gestalt der christlichen Theologie. Sie können somit als Programmschriften charakterisiert werden. Daß diese bei den humanistischen Vertretern im Kontext einer Textedition bzw. öffentlicher Lehrtätigkeit ihren Ort haben, während deren Gegner ihre Positionen in der Form von Traktaten bzw. *summulae* darbieten, darf zunächst zwar als bezeichnend gewertet werden, wobei jedoch zu berücksichtigen ist, daß Latomus hierbei die antikisierende Dialogform wählt und Carvajal schon durch die Kompaktheit seiner Darstellung dem Leser deutlich machen will, daß es sich bei seiner 'Wiederherstellung' um einen Akt der 'Reinigung' „a sophistica et barbarie" handelt.[26]

Da die von Petrus Mosellanus vertretene Position mehr als Anlaß für die Streitschrift des Latomus denn inhaltlich und wirkungsgeschichtlich von Bedeutung ist und alle wichtigen Bestandteile dieser Position von Erasmus ebenfalls und zudem ausführlicher zur Geltung gebracht werden, werden wir uns hier zur Kennzeichnung der humanistischen Position auf Erasmus beschränken (2.2.1).[27] Im 'gegnerischen Lager' ist zwar Latomus ebenfalls die deutlich beherrschende Figur (2.2.2), dennoch bedarf Carvajal der zusätzlichen Erwähnung, da bei ihm ein vermittelndes Konzept sichtbar wird (2.2.3). Abschließen soll dieses Kapitel eine Einordnung weiterer Autoren der ersten Hälfte des 16. Jahrhunderts (Bullinger, Melanchthon) in diesen so abgesteckten Diskussionsrahmen, die dessen Gültigkeit auch für Vertreter anderer 'konfessioneller' und theologischer Denominationen erweisen soll (2.2.4).

2.2.1 Theologie als Schriftauslegung nach den Gesetzen der Rhetorik: Die *Ratio verae theologiae* des Erasmus von Rotterdam[28]

„... praecipuus theologorum scopus est sapienter enarrare divinas litteras"[29]. In dieser programmatischen Formulierung ist das Konzept des

---

[26] So der Untertitel: *Opus recens aeditum, in quo lector videbis Theologiam a sophistica et barbarie magna industria repurgatam.*

[27] Gleichermaßen könnte hier - neben vielen anderen - auch Petrus Ramus Erwähnung finden, der in seinen Schriften zur Universitätsreform ebenfalls eine Abkehr von der scholastischen, von philosophischer Überfremdung bestimmten Theologie fordert, der gegenüber die „theologia theologice a theologis in theologica schola docenda est. Ergo a theologiae christianae scholis pagana illa sophistica arceatur." (*Prooemium reformandae Parisiensis Academia*, in: DERS.-A. TALAEUS, *Collectaneae praefationes, epistolae, orationes*, Marburg 1599 [Nachdr.: Hildesheim 1969], 362 - 387, hier: 385) Vgl. auch ebd., 244 - 254 die *Oratio de studiis philosophiae et eloquentiae coniungendis* von 1546.

[28] Vgl. ERASMUS, ed. HOLBORN, 175 - 305.

[29] ERASMUS, ed. HOLBORN, 193. Zur *Ratio* des Erasmus vgl. insgesamt BÉNÉ, 215 - 280; O'ROURKE BOYLE, 59 - 127 und WALTER, 96 - 102. 212 - 226 u.ö.; CHOMARAT widmet dieser Schrift eigentümlicherweise keine zusammenhängende Interpretation; vgl. jedoch bei ihm immerhin: 1, 171 - 179. Ein geraffter Überblick über die vorausgehende Forschung findet sich bei CHANTRAINE (1978), 179. Zum Sachverhalt, daß es sich bei diesem Opus um eine

Erasmus von Wesen und Aufgabe der Theologie *in nuce* enthalten; an ihr entlang kann sich die nähere Bestimmung des von ihm Beabsichtigten deshalb im folgenden auch vollziehen.

Zunächst ist es naturgemäß die Konzentration auf die Heilige Schrift, die das Theologieverständnis dieses sogenannten Bibelhumanismus kennzeichnet. Deren Lehre war zwar immer Inhalt theologischer Bemühungen, in den vergangenen Jahrhunderten hatten sich jedoch immer mehr Vermittlungsgestalten zwischen die Bibel und ihre Adressaten geschoben;[30] daher kommt es nun darauf an, nicht allein „e summulis aut elenchis aut sordidis contiunculis aut aliis id genus collectaneis iam sescenties aliunde alio confusis et refusis, sed ex ipsis fontibus"[31] das zu schöpfen, was bei Erasmus *philosophia Christi* oder *caelestis philosophia* heißt.[32] Diese ist auch nicht vorrangig auf ein Erkennen, schon gar nicht auf dasjenige sophistischer Spitzfindigkeiten hin angelegt, sondern auf eine ihr entsprechende Lebensweise.[33] Die Schüler dieser Philosophie sind darum auch nicht allein akademische Studenten der Theologie, sondern im Grunde alle Christen.[34]

Dies schließt jedoch nicht aus, daß es eine besondere, 'wissenschaftliche' Bemühung um die schriftliche Bezeugungsgestalt dieser 'himmlischen Philosophie' geben kann und muß: Ist der Zugang zu den biblischen Texten doch nicht nur durch traditionale Zwischeninstanzen verstellt, sondern setzt auch von jenen selbst her erst einmal gewisse Bemühungen voraus, die nicht jedermann zuzumuten sind. Um daher das theologische Geschäft *sapienter,* also wissend und verständig betreiben zu können, müssen gewisse Vorbedingungen erfüllt sein. Zunächst ist damit die Kenntnis der Sprachen gemeint, in denen die biblischen Texte selbst verfaßt und in der Kirche überliefert sind.[35]

---

erweiterte Form der *Methodus* handelt, die der Erstausgabe des *Novum Instrumentum* von 1516 als Einleitung beigegeben war, vgl. WALTER, 96.

[30] Vgl. ERASMUS, ed. HOLBORN, 192: „Ita qui bonam vitae partem in Bartholis ac Baldis, in Averroibus et Durandis, in Holcotis, Bricotis ac Tartaretis ... posuerunt, iis divinae litterae non sapiunt id quod sunt, sed quod illi secum afferunt." Ebd., 305: „A divinis oraculis nomen habet theologus, non ab humanis opinionibus."

[31] ERASMUS, ed. HOLBORN, 284.

[32] Vgl. ERASMUS, ed. HOLBORN, 178. 192 u.ö. Zu dieser Terminologie vgl. WALTER, 26f. sowie die allgemeiner gehaltenen Darstellungen bei AUGUSTIJN, 66 - 81, HALKIN, 319 - 323 und SCHOECK (1993), 28 - 40.

[33] Vgl. z.B. ERASMUS, ed. HOLBORN, 297: „At dices ... parum instructus fuero ad palaestram scholasticam. Neque vero nos pugilem instituimus, sed theologum, et eum theologum, qui quod profitetur malit exprimere vita quam syllogismis."

[34] Vgl. etwa die Rede von den „rudibus ac plebeis": ERASMUS, ed. HOLBORN, 178.

[35] Vgl. ERASMUS, ed. HOLBORN, 181: „Iam quod ad eas attinet litteras, quarum adminiculo commodius ad haec pertingimus, citra controversiam prima cura debetur perdiscendis tribus linguis, Latinae, Graecae et Hebraicae, quod constet omnem scripturam mysticam hisce proditam esse." Vgl. hierzu auch die gegen Latomus verfaßte *Apologia:* ERASMUS, ed. CLERICUS, 9, 79 - 106, hier: 85 n. 26 : „Nec est ulla disciplinarum quae magis pendeat a Linguis quam Theologia, si modo sacrorum Voluminum enarrationem ad Theologiam arbitramur pertinere, et pium esse judicamus in eruendis arcanae scripturae mysteriis philo-

Eine weitere Hürde auf dem Weg zu einer ebenso zeitlich wie kulturell entfernten Literatur kann und muß durch entsprechendes Realienwissen überwunden werden: Hier sind aus dem seit der Spätantike gängigen Bildungskanon die Bereiche der sachbezogenen *artes* einschlägig,[36] denn „non raro ex ipsa rei proprietate pendet intellectus mysterii."[37]

Den entscheidenden und für das Konzept des Erasmus spezifischen Schritt zur Bildung des Theologen, und das heißt: des Interpreten der Heiligen Schrift, stellt die rhetorische Schulung dar. Die *enarratio divinarum litterarum* geschieht nämlich, wie das verstehende Auslegen aller Literatur, nach allgemein gültigen hermeneutischen Regeln, die weitgehend seit der Antike bekannt sind und unter dem Titel 'Rhetorik' überliefert wurden und werden.[38] Eine so verstandene Rhetorik ist deshalb auch das methodische Grundgerüst theologischen Arbeitens, eine Wertung, die vor allem gegenüber der in der zeitgenössischen akademischen Theologie zu Unrecht dominierenden Dialektik zur Geltung zu bringen ist.[39] In diesem Zusammenhang wird das gesamte Arsenal der Kritik gängiger 'scholastischer' Theologie aufgefahren: „de fide, non de frivolis quaestionibus"[40] sollte in der Theologie gehandelt werden, und Erasmus möchte lieber als „rhetorculus" angesehen werden, denn „cum quibusdam, qui sibi plus quam homines videntur, theologus."[41]

sophari". Hierzu sowie zu dem gesamten Komplex der Voraussetzungen der eigentlichen Schriftauslegung vgl. BÉNÉ, 223 - 253, CHANTRAINE (1971), 235 - 259 sowie WALTER, 96 - 152. In diesem Zusammenhang darf auch die Bemühung um die „kritische() Herstellung des zugrundezulegenden Textes" (WALTER, 252) nicht vergessen werden, der sich Erasmus ja gerade auch mit derjenigen Edition verschrieben hat, deren 'Einleitung' die *Ratio* darstellt. Zu den Umständen der erasmischen Ausgabe des Neuen Testaments vgl. SCHOECK (1993), 175 - 193.

[36] Vgl. vor allem den Hinweis auf die *cognitio rerum naturalium* in ERASMUS, ed. HOLBORN, 184.

[37] ERASMUS, ed. HOLBORN, 185.

[38] Auch bei grundlegenden Unterschieden in der Absicht der Interpretation wird dies in der neueren Forschung einhellig so gesehen; vgl. CHOMARAT 1, 579: „Ainsi la rhétorique est aussi nécessaire que la grammaire pour comprendre l'Ecriture ... L'explication de la Bible ne diffère pas essentiellement de l'explication de textes littéraires païens." Eher noch deutlicher formuliert WALTER, 252: „Die Heilige Schrift ist für Erasmus ein Produkt gott-menschlicher Rhetorik, das nach den philologischen und hermeneutischen Grundsätzen, die letztlich für jede Art von Literatur gelten, zu interpretieren ist".

[39] Vgl. hierzu ERASMUS, ed. HOLBORN, 185f. u.ö. Daß es nur um einen Verweis der Dialektik auf den ihr zukommenden Platz und nicht um deren Ausschluß aus der Theologie geht - auch wenn manche Formulierungen aus Gründen der Polemik gelegentlich in diese Richtung zu weisen scheinen -, zeigt etwa CHOMARAT 1, 176. Zum humanistischen Hintergrund der Bevorzugung der Rhetorik gegenüber der Dialektik vgl. WALTER, 28f. Vgl. zur Haltung des Erasmus zur Dialektik auch BÉNÉ, 314 - 318.

[40] ERASMUS, ed. HOLBORN, 193. Zur Scholastikkritik des Erasmus vgl. O'ROURKE BOYLE, 96f. 106f. sowie SCHOECK (1990), 172 - 182. 196 - 205.

[41] ERASMUS, ed. HOLBORN, 193. Ob man somit der Bedeutung der Rhetorik für die Theologie gerecht wird, wenn man behauptet, sie sei hier lediglich „une discipline auxiliaire de la théologie" (CHANTRAINE [1971], 259 Anm. 571), ist zu bezweifeln.

Nachdem somit die primäre Quelle und der angemessene Umgang mit derselben feststehen, ergibt sich hieraus auch eine vom üblichen theologischen Bildungsprogramm abweichende Empfehlung, was die 'Sekundärliteratur' angeht. Nicht dort, wo die Dialektik herrscht, wo an den Haaren herbeigezogene Fragen die Debatte bestimmen und wo der biblische Text nur als Vorwand für sophistische Spitzfindigkeiten mißbraucht wird, also nicht in der 'scholastischen' Literatur der unmittelbaren Vergangenheit, ist Hilfe für das rechte Verständnis der Heiligen Schrift zu erhoffen, sondern vielmehr dort, wo eine zeitliche, sprachliche und vor allem auch geistliche Nähe zu Buchstaben und Geist des Evangeliums gegeben ist, nämlich bei den Kirchenvätern.[42] „Ex priscis illis interpretibus"[43] kann der unverstellte Sinn der Aussagen der Heiligen Schrift nicht zuletzt deshalb am ehesten erhalten werden, weil diese sich in ihren Auslegungen eben an der rhetorisch-hermeneutischen Tradition orientiert haben, die den angemessenen Zugang auch zur heiligsten Literatur darstellt. Es ist für unsere Fragestellung nicht nötig, das gesamte hier einschlägige Regelwerk zu skizzieren;[44] hervorgehoben muß jedoch eine dieser Methoden werden, die die gesamte Hermeneutik prägt und zugleich die Kritik an der gängigen Schultheologie begründet: Die Bibel ist aus ihr selbst zu interpretieren, wobei sie in ihrer Gänze in Betracht gezogen werden muß: „Audi sermonem divinum, sed totum audi."[45] Das heißt nicht nur, daß die in der Theologie gesuchten und von ihr gegebenen Antworten diejenigen der Heiligen Schrift sein müssen, es sind darüber hinaus auch der Bibel fremde, menschlicher Neugier entsprungene Fragestellungen aus der Theologie zu verbannen. Dies muß und kann jedoch nicht allein auf dem Weg biblischer Kommentare vor sich gehen, die dem jeweiligen Schrifttext entlang dessen Sinn zu erhellen suchen, vielmehr kann auch das durch die Lektüre und Interpretation der Bibel Gewonnene mit Hilfe eines Katalogs sinnvoll ausgewählter Stichworte für die Auslegung schwieriger Passagen der Heiligen Schrift, aber auch für die Entscheidung einzelner theologischer Sach- und Streitfragen, frucht-

---

[42] Vgl. ERASMUS, ed. HOLBORN, 189f.: „Illic tonant oracula veritatis aeternae, hic audis hominum commentula ... Illic recto cursu tendes ad portum veritatis euangelicae, hic inter quaestionum humanarum anfractus luctans aut illidens in Scyllam potestatis pontificiae aut in Syrtes scholasticorum dogmatum aut in Symplegadas iuris divini atque humani, nisi mavis hanc Charybdim facere. Illic solidis scripturarum fundamentis innixum aedificium surgit in altum, hic futtilibus hominum argutiis ... superstructa machina tollitur in immensum." Zwar werden die eigentlichen scholastischen Schulhäupter in diese scharfe Kritik meist nicht einbezogen, dennoch ist ein positives Wort über sie ebenso selten, wird doch deren theologische Methode - eben die dialektische - grundsätzlich von den Vorwürfen des Erasmus genauso getroffen wie diejenige der Epigonen und Kompendienverfasser. Zur Debatte um die Haltung des Erasmus zur scholastischen Theologie des Mittelalters vgl. WALTER, 4. 29. Vgl. hierzu etwa die vorsichtigen Formulierungen in der *Apologia:* ERASMUS, ed. CLERICUS, 9, 80 n. 5.

[43] ERASMUS, ed. HOLBORN, 284.

[44] Vgl. hierzu WALTER, 154 - 200.

[45] ERASMUS, ed. HOLBORN, 286.

bar gemacht werden.[46] Auch dies, und darauf hinzuweisen legt Erasmus wieder Wert, war bereits ein Verfahren, das die Kirchenväter praktizierten.[47]

Aus all dem folgt offensichtlich auch, daß mit der Heiligen Schrift, obwohl Quelle der gesamten Theologie, keineswegs das Material theologischen Forschens und Lehrens vollständig gegeben ist. Wie schon zu sehen war, sind natürlich vor allem die Kirchenvätertexte als unterstützende 'Sekundärliteratur' hier zu nennen, aber auch kirchlich-normative Texte aus nachapostolischer Zeit, unter denen die Symbola herausragen.[48]

Die sich bereits im innerbiblischen Bereich zeigende Vielstimmigkeit der Zeugnisse wird so noch vervielfacht; in ihr gerade die Einheit und Harmonie deutlich zu machen, ist die Aufgabe theologischer Auslegung.[49] Die Garantie, daß dies nicht zu harmonistischer Vergewaltigung der Texte und zu theologischer Konsequenzmacherei führt, hat sie darin, daß die genannte Vielstimmigkeit gerade gründet in der *varietas Christi,* der sich selbst gleich bleibt, obwohl und indem er allen alles wird.[50]

Daß die Doktrin von der Suffizienz und Selbstauslegung der Schrift nicht zu der unrealistischen Sicht führen muß, jeder Leser der Bibel würde auch gleich in der Differenz der Darstellungsformen die Identität der Sache erkennen, macht Erasmus durch einen Hinweis auf die studienorganisatorisch-didaktische Umsetzung seines Theologiekonzepts deutlich; denkt er doch offensichtlich an eine Art theologischen Einführungskurs, der das nachfolgende Schriftstudium orientiert: „Illud mea sententia magis ad rem pertinuerit, ut tirunculo nostro dogmata tradantur in summam ac compendium redacta, idque potissimum ex euangelicis fontibus, mox apostolorum litteris, ut ubique certos habeat scopos, ad quos ea quae legit conferat.“[51]

---

[46] Vgl. hierzu v.a. ERASMUS, ed. HOLBORN, 291f. Ebd., 292 wird besonders die Verbindung mit dem o.g. hermeneutischen Grundsatz deutlich: Durch die *loci* entsteht gerade kein der Bibel fremdes Frageraster, sie sorgen vielmehr dafür, daß sogenannte 'dunkle' Schriftstellen durch andere, 'klarere' erhellt werden können und daß so „mysticam scripturam mystica, sacra sacram exponat.“ Zur *loci*-Methode insgesamt vgl. CHOMARAT 1, 512 - 518 sowie WALTER, 189 - 194.

[47] Vgl. ERASMUS, ed. HOLBORN, 292 den Hinweis auf Origenes und Augustinus.

[48] Vgl. ERASMUS, ed. HOLBORN, 210f.; dort wird übrigens das *Nicaenum* mit dem *Apostolicum* ineins gesetzt.

[49] Vgl. ERASMUS, ed. HOLBORN, 213: „In huiusmodi varietatibus conveniet philosophari et pia curiositate divini consilii scrutari mysterium.“ Daß dies vielleicht gerade der Ausgangspunkt und die Ursache der Entstehung der von ihm vielfach geschmähten 'Dialektik' der scholastischen Theologie des Mittelalters gewesen sein könnte, wird von Erasmus nicht in Erwägung gezogen; ebensowenig fragt er sich, wie weit entfernt eigentlich Werke wie die Sentenzensammlungen und Summen von der von ihm vorgeschlagenen *loci*-Methode sind.

[50] Vgl. ERASMUS, ed. HOLBORN, 211. In einem etwas gewagten Vergleich heißt es ebd., 214: „Adeo cum nostro Christo nihil sit simplicius, tamen arcano quodam consilio Proteum quemdam repraesentat varietate vitae atque doctrinae.“ Zum Gedanken der *varietas scripturae* bzw. *Christi* vgl. WALTER, 160 - 177.

[51] ERASMUS, ed. HOLBORN, 193; wie er selbst sich dies inhaltlich vorstellt, zeigt er etwa am Beispiel von Ekklesiologie und Ethik ebd., 193 - 196. Vgl. hierzu wichtige Parallelen aus

Wenn wir nun fragen, was für die hier zu verhandelnde Problemstellung aus all dem abzuleiten ist, so fällt das Ergebnis notgedrungen dürftig aus: Erasmus schwebt offenkundig keine über den mittelalterlichen Stand hinausgehende innere Differenzierung der Theologie bzw. ihres Studiums vor. Er will kein neues theologisches Fach etablieren, sondern eine neue Theologie. Die eine Theologie, die derzeit auf abwegige Weise betrieben wird, soll erneuert, und das heißt vor allem im Geist der Kirchenväter reformiert werden. Die Heilige Schrift soll wieder ins Zentrum aller theologischen Bemühungen gerückt werden, wozu nicht zuletzt die methodische Bevorzugung der Rhetorik vor der Dialektik dient. Die Vorbedingungen der Theologie, ihre 'Hilfswissenschaften', liegen - wie bisher auch - im nicht-theologischen Bereich, nämlich auf dem Gebiet der *artes*.

Auch die formale Gestalt der *Ratio* enthält - sieht man einmal vom Titel der Schrift ab - keinerlei Hinweis auf einen Bezug zu späteren Werken der Gattung 'Theologische Enzyklopädie'. Zwar wird hiermit nicht ausgeschlossen, daß die erasmianischen Reformideen einer späteren Etablierung einer selbständigen biblisch-exegetischen Disziplin innerhalb der Theologie Vorschub geleistet haben, doch ist dies weder Gegenstand der untersuchten Erasmus-Schrift, noch hatte deren Autor dies überhaupt beabsichtigt. Ihre generell übliche Einreihung in die Geschichte der Theologischen Enzyklopädie hat daher nur einen ideengeschichtlichen, keinesfalls aber einen gattungsgeschichtlichen Sinn.

Immerhin kann dem Werk selbst der vielleicht eher unfreiwillige Hinweis abgewonnen werden, daß auch ein Begriff von Theologie, der deren Gestalt ausschließlich von der Heiligen Schrift geprägt wissen will, auf über diese selbst hinausgehende Quellen zurückgreifen muß und deren Auslegung nicht am Text allein geschehen lassen kann. Wird ersteres durch den regelmäßigen Bezug auf Traditionszeugen zumeist altkirchlicher Herkunft deutlich, so letzteres in der *loci*-Methode und in der Notwendigkeit des Ausgriffs auf die 'ganze Schrift', Vorgehensweisen, die später eben gerade in dem Bereich der Theologie beheimatet sein werden, der heute gemeinhin 'Systematische Theologie' heißt und als solcher der Schriftexegese gegenübersteht.

---

anderen Werken des Erasmus bei CHANTRAINE (1971), 260 - 268; die strukturelle Frage, die sich hieraus für die Theologie ergibt, stellt Chantraine allerdings nicht.

Auch hier könnte man natürlich fragen, ob die kursorische Sentenzenlektüre zu Beginn des üblichen scholastischen Studiums nicht - wenigstens der Intention nach - ebendieselbe Funktion hatte.

2.2.2 Vom uneinholbaren Vorsprung der Sache vor der Sprache: Der *Dialogus* des Jacobus Latomus

Der - wenigstens der Sache nach - als Antwort auf das erasmianische Programm einer „aus dem Geist der Rhetorik"[52] erneuerten Theologie gedachte *De trium linguarum, et studii theologici ratione Dialogus*,[53] den der Löwener Theologe Jacobus Latomus - vermutlich unmittelbar angeregt durch die bereits genannte Leipziger Antrittsrede des Petrus Mosellanus - im Jahre seiner Ernennung zum ordentlichen Professor verfaßt hat, spiegelt in nahezu allen Punkten die bibelhumanistische Position aus entgegengesetzter Perspektive.[54]

Ein einziger, allerdings gewichtiger Unterschied ist jedoch zu verzeichnen: Der philosophisch geschulte Verteidiger der Dialektik in der Theologie legt gleich zu Beginn und auch im weiteren Verlauf des Textes immer wieder seine erkenntnis- und sprachtheoretischen Voraussetzungen offen: Diese behaupten den strikten Vorrang des mentalen Begriffs vor dem sprachlichen Ausdruck bzw. der Sache vor der Sprache.[55] Dieser allgemeine, mit einer expressivistischen Sprachtheorie[56] verknüpfte Grundsatz gilt für Latomus uneingeschränkt auch in der Theologie. Dies wird vor allem an der Offenbarungs- und Überlieferungsgeschichte deutlich, die erkennen läßt, daß die ersten Adressaten der göttlichen Offenbarung diese nicht in sprachlicher, ja überhaupt nicht in kreatürlich vermittelter Form, sondern durch unmittelbare Mitteilung in ihren Herzen aufgenommen haben;[57] auch deren Verständnis vollzog sich nicht durch sprachliche, also der Konvention unterliegende Begriffsbildung, sondern „in conceptibus naturalis significantibus, qui sunt iidem apud omnes, et omni lingua pronunciari possunt."[58]

---

[52] So die Titelformulierung bei WALTER.

[53] Vgl. LATOMUS, ed. PIJPER, 41 - 84; die nach der Fertigstellung dieses Abschnitts erschienene umfassende Untersuchung zum Theologiebegriff des Latomus von GIELIS kommt in bezug auf die hier untersuchten Texte zu vergleichbaren Ergebnissen; aus der Perspektive der hier verhandelten Fragestellung wären höchstens Reserven anzumelden hinsichtlich der aus theologiehistorischer Sicht etwas undifferenzierten Verwendung der Begriffe 'fundamentaaltheologie', 'bijbelse en systematische theologie' u.ä. (vgl. ebd., 209. 322 u.ö.).

[54] Vgl. GUELLUY, 52 - 68.

[55] Vgl. LATOMUS, ed. PIJPER, 62 die Gegenüberstellung von *vox* und *res vocis* bzw. von *conceptus* und *vox*. Vgl. hierzu ÉTIENNE, 171f.

[56] Vgl. LATOMUS, ed. PIJPER, 62: „Qui vero rem mente comprehendit, eam sermone potest exprimere".

[57] Vgl. LATOMUS, ed. PIJPER, 64: „primi qui in corde euangelium acceperunt, in verbis nullius linguae receperunt". Vgl. auch die von den Erstzeugen bis zur Gegenwart reichende gestufte Skizze des gesamten Traditionsprozesses in ebd., 76f.: Hier ist auch von der Übergabe und Annahme der Offenbarung durch deren erste Adressaten „dei digito scribente, in cordibus eorum ... sine creaturae adminiculo" (ebd., 76) die Rede.

[58] LATOMUS, ed. PIJPER, 64.

Aus diesen erkenntnistheoretischen und offenbarungstheologischen Vorüberlegungen folgt nun jedoch keineswegs, wie man vielleicht vermuten könnte, eine skeptische Sicht der Überlieferung der Offenbarungswahrheit(en) im Sinne einer Verfallsgeschichte, die die zunehmend depravierte Weitergabe der unmittelbar vollständig gegebenen Erstwahrheit(en) unter den Bedingungen zeitlicher Entfernung und menschlich notwendiger Umwandlung von Sachgehalt in Sprachgestalt bedenkt. Zwar ist ein nicht leugbarer Abstand aller weiteren gegenüber den Erstzeugen dadurch gegeben, daß jene auf menschliche Vermittlungsgestalten unterschiedlicher Art (die *viva vox* der apostolischen Verkündigung, die apostolischen Schriften, den kirchlich rezipierten Schriftkanon, die ersten Auslegungen der Bibel, die Schriften späterer Theologen) angewiesen sind.[59] Größere zeitliche Entfernung vom Ursprung bringt hier jedoch keineswegs notwendig die Gefahr größerer Abweichung in der Sache mit sich: Dies zum einen deshalb, weil es Grundbestand christlichen Glaubens ist, daß in der Kirche „sacrae legis vera intelligentia numquam deseritur."[60] Zum anderen kann aber auch darauf verwiesen werden, daß, sobald man einmal in der Auslegung der Schrift auf irrtumsanfällige menschliche Bemühungen angewiesen ist, eher ein Fortschritt denn ein Verfall anzunehmen ist, da sich im Laufe der Zeit sowohl amtlich-kirchliche wie wissenschaftlich-theologische Klärungen vollziehen können und solche sich auch tatsächlich vollzogen haben.[61] Zudem braucht jede Zeit die ihr angemessensten Formen der Schriftauslegung,[62] so daß es zumindest eigenartig wäre, wenn dies für die Gegenwart gerade die zeitlich abständigsten sein sollten.

Aus diesen allgemeinen philosophischen und theologischen Voraussetzungen ergeben sich wie von selbst abweichende Antworten auf dieselben Fragen, die sich auch Erasmus in seiner *Ratio* gestellt hatte. Zum einen treten die Kirchenväter - trotz aller schuldigen Reverenz - in eine sekundäre Position innerhalb der Hilfsmittel zum besseren Schriftverständnis zurück;[63] die scholastischen Autoren haben nämlich - bedeutenden Anfängen zur Zeit der Alten Kirche folgend - denjenigen *modus theologiae*[64] weitergeführt und vervollkommnet, der nicht nur die grammatisch-rhetorischen, für die populäre Schriftauslegung der Prediger bedeutsamen Fragestellun-

---

[59] Zur Schrifthermeneutik des Latomus vgl. ÉTIENNE, 172 - 174.

[60] LATOMUS, ed. PIJPER, 66.

[61] Vgl. LATOMUS, ed. PIJPER, 73. 77.

[62] Vgl. LATOMUS, ed. PIJPER, 77, wo Latomus seinen ungenannten *senex*, durch den er weitestgehend seine eigene Meinung präsentiert, von den scholastischen Autoren als den „nostrae imbecillitate quodammodo magis proporcionatos" sprechen läßt.

[63] Latomus nennt es bereits in seinem Widmungsschreiben als das dem *Dialogus* zugrunde liegende eigentliche Ziel, zu zeigen, daß und warum „doctores scolastici, novitio theologo non legendi modo, sed et veteribus praelegendi sint" (LATOMUS, ed. PIJPER, 44).

[64] Latomus läßt seinen in indirekter Rede eingeführten *senex* davon sprechen, „duplicem esse theologiam, vel potius unam duobus modis tractari" (LATOMUS, ed. PIJPER, 67).

gen untersucht,[65] sondern sich in einer 'wahren Dialektik' den eigentlichen Lehrfragen, die die biblischen Schriften aufwerfen, zuwendet.[66] Diese Problemstellungen waren den biblischen Verfassern keineswegs fremd, auch wenn sie in ihrer terminologischen Differenziertheit so nicht in den Texten der Heiligen Schrift in Erscheinung treten.[67] Über diese - allerdings erschlossenen, nicht nachweisbaren - historischen Gründe für die legitime Subtilität mancher scholastischer Vorgehensweisen hinaus wird das Argument des Systemzusammenhangs dialektisch verfahrender Theologie ins Feld geführt: Bloß auf menschlicher Neugier fußend und entsprechend nutzlos würde manche der üblichen *quaestiones* nur dann erscheinen, wenn man nicht das *totum corpus artis* bedenkt und überblickt.[68]

Zu dieser *theologia subtilis* ist nun allerdings nicht allein grammatisch-rhetorische und allgemein-artistische Vorbildung hinreichend; um die Heilige Schrift nicht nur für den Predigtgebrauch auszulegen, sondern dem nachzugehen, was diese der Sache nach zu denken gibt, ist auch die Hereinnahme spezifisch philosophischer Schulung in die Theologie unumgänglich.[69] Die hierbei zu praktizierende spezifische Methode ist nun eben die Dialektik, deren schlechter Ruf daher zu korrigieren ist: „Verbi causa dialecticae finis est et scopus non adversarium illaqueare, sed veritatem asserere, a falsitate discernere, et verae argumentationis naturam rectis praeceptis demonstrare".[70] So unverzichtbar die Dialektik also in der Theologie ist, sowenig macht sie diese doch aus: „Senex dicebat ipsam theologiam neque dialecticam, neque grammaticam, neque rhetoricam, neque aliam partem esse humanitus inventae philosophiae, sed scientiis omnibus uti ut ancillis, et instrumentis."[71] Auch für denjenigen, der sich somit in methodisch bewußter Weise der Philosophie allgemein und der Dialektik

[65] Dies ist die eine Art der Theologie; der *senex* charakterisiert sie als „crassam veluti corporalem communem, ac popularem ... Crassam illam turbis et populis tradebat [vid. Christus] incorporatam parabolis" (LATOMUS, ed. PIJPER, 67). Chrysostomus gilt ihm als ihr Ahnherr in der Geschichte der Alten Kirche. „Et hac legitima forma praeparatur futurus euangelicus concionator" (ebd., 69). Diese 'Theologie für das Volk' ist natürlich in Latomus' Augen genau das (Zerr-)Bild dessen, was Erasmus sich unter rechter Theologie vorstellt. Vgl. auch den Hinweis auf die besondere Bedeutung von sprachlichen, rhetorischen und poetologischen Kenntnissen für diesen *modus theologiae* in ebd., 68f.
[66] Dieser zweite Modus wird gekennzeichnet als hochstehend, geistlich, nur Wenigen und Weisen offenstehend und auf philosophischer Vorbildung fußend: vgl. LATOMUS, ed. PIJPER, 67 - 69; von Christus selbst wird gesagt, er habe auf beide Arten gelehrt; Augustinus sei dann in altkirchlicher Zeit derjenige, der beide *modi* in hervorragender Weise aufgegriffen habe: vgl. ebd., 67f. Der Begriff der *vera dialectica* fällt ebd., 69.
[67] Vgl. dazu etwa die Vermutungen des Latomus bezüglich der theologischen Bildung und Terminologie in der Verteidigung des Glaubens an die Menschwerdung des Gotteswortes durch die Apostel: LATOMUS, ed. PIJPER, 73.
[68] Vgl. LATOMUS, ed. PIJPER, 74; dort finden sich auch entsprechende Beispiele.
[69] Vgl. LATOMUS, ed. PIJPER, 75f.; hier folgen die scholastischen Theologen nur großen Vorbildern wie etwa Augustinus.
[70] LATOMUS, ed. PIJPER, 78.
[71] LATOMUS, ed. PIJPER, 82.

im besonderen bedient, bleibt die Heilige Schrift die eine Quelle seiner Untersuchungen, und allein diesem Umstand ist es zu verdanken, daß die Theologie nicht eine Wissenschaft neben anderen ist, sondern „omnium artium apex, caput et summitas".[72]

Aus dieser Verteidigung der nun schon althergebrachten Rolle der Dialektik in der und für die Theologie ergibt sich dann auch eine völlig andere Gewichtung der für Erasmus so wichtigen methodischen Bereiche, der Grammatik und der Rhetorik: Ihr neuerliches Wiederaufleben kann zwar rückhaltlos begrüßt werden, es darf jedoch nicht - wie dies die Humanisten wollen - zu einem Rollentausch kommen.[73] Sprach- und textbezogene Bemühungen sind nötig, aber nur als Anweg zu den eigentlichen, den sachbezogenen Studien.[74] Deren Vorrang, verbunden mit der innertheologischen Führungsrolle der bewährten scholastischen Autoren darf nicht in Frage gestellt werden. Hierfür gibt es verschieden gelagerte Argumente: Ebenso wie die Erkenntnis generell als der Sprache vorausliegend gedacht werden muß, ist auch festzuhalten, daß Gott seine ewige Wahrheit nicht an eine bestimmte Sprachgestalt gebunden hat.[75] *A posteriori* und zugleich *e negativo* läßt sich ergänzen: Die jüdischen Schriftgelehrten wie die arianischen Theologen waren zweifellos zuverlässige Philologen; dennoch haben sie die Sache der ihnen gleichermaßen vorliegenden Schrift nicht erfaßt.[76]

Latomus' Auffassung von der richtigen Ordnung theologischer Studien gipfelt in der - reichlich gewagten - Anwendung der paulinischen Charismenlehre auf diese Fragestellung: „Ametur donum linguarum, sed preferatur interpretatio, utrumque precedat prophetia, et sermo scientiae".[77]

Wie schon Erasmus, so kennt auch Latomus, obwohl auch er die wissenschaftliche Theologie als eine, nun aber als scholastische Disziplin betrachtet, eine gewisse innere Strukturierung des Theologiestudiums. Auch er denkt an einen Einführungskurs, der jedoch mit der traditionellen kursorischen Sentenzenlektüre o.ä. zusammenfällt.[78] Weiterhin empfiehlt er dem Studenten der Theologie eine tägliche, sein Studium begleitende Lektüre der Heiligen Schrift.[79] Auch innerhalb des eigentlichen theologischen

---

[72] LATOMUS, ed. PIJPER, 82f.

[73] Vgl. LATOMUS, ed. PIJPER, 43f.

[74] In diesem Kontext werden die humanistischen Argumente spiegelverkehrt zurückgegeben: Man solle nicht über den sprachbezogenen Studien alt werden, sondern baldmöglichst zu den eigentlichen Fragen übergehen etc. Sehr weise wird auch der antischolastische Standardvorwurf der nutzlosen Sophisterei repliziert: „Dicebat [= senex] eos qui dialecticam putant esse sophisticam errare ... Neque sola dialectica suos habet sophistas, sed omnis omnino professio, medici, legales, oratores, theologici." (LATOMUS, ed. PIJPER, 78)

[75] Vgl. LATOMUS, ed. PIJPER, 56.

[76] Vgl. LATOMUS, ed. PIJPER, 56.

[77] LATOMUS, ed. PIJPER, 66.

[78] Vgl. LATOMUS, ed. PIJPER, 75.

[79] Vgl. LATOMUS, ed. PIJPER, 69. Bei auftauchenden Fragen rät er, nicht ohne antihumanistische Spitze, allerdings, man möge sich mit Kommentaren scholastischer Autoren behelfen, bevor man sich mit Übersetzungen oder philologischen Studien quält.

Lehrplanes kann er sich eine gestufte, der Fassungskraft der Adepten angemessene Anordnung des Stoffes denken.[80] Er verkennt auch keineswegs,
daß es sich in der Theologie um verschiedene Schritte wissenschaftlichen
Vorgehens[81] und um verschiedene Perspektiven dialektischer Erörterung
handelt.[82] An keiner Stelle jedoch läßt Latomus erkennen, daß er sich die
Theologie als in Disziplinen unterteilt denkt. Es ist ganz im Gegenteil
gerade sein Anliegen, zu zeigen, daß es - zumindest auf wissenschaftlichem
Niveau - nur eine Theologie gibt, eben die mit dialektischer Methode auf
sachgerechte Auslegung der Heiligen Schrift ausgerichtete und in angemes-
sener Weise von den *scolastici doctores* betriebene. Was es für die Studenten
dieser Wissenschaft ansonsten noch zu lernen gibt, ist Handwerkszeug und
Hilfswissenschaft, nicht jedoch integraler Teil dieser Disziplin selbst. Letzteres stünde im Widerspruch zur spezifischen Würde des Faches.[83]

Für unsere Fragestellung läßt sich somit auch hier lediglich ein vorwiegend negatives Ergebnis erzielen: Latomus tritt - ähnlich wie seine Vorgänger und Zeitgenossen, nur unter umgekehrten Vorzeichen - einer nach
seiner Meinung auf dem Vormarsch befindlichen Verzeichnung von Inhalt,
Aufgabe und Methode der Theologie entgegen. Weder bekämpft er jedoch
dabei ein Konzept einer in Einzeldisziplinen aufgespaltenen Theologie
noch propagiert er selbst ein solches. Der Gedanke einer Theologie in und
aus theologischen Fächern ist ihm ebenso fremd wie seinen humanistischen
Gegnern. Wichtig ist ihm dagegen die Weiterführung einer methodisch an
der Wahrheitsfrage orientierten scholastischen Theologie, die, wie er meint,
dadurch *eo ipso* an die Dialektik als primäres Verfahren gebunden bleibt.
Daß die Theologie so zugleich und wesensmäßig Auslegung der in der
Schrift als *vox verbi* enthaltenen *res* bleibt, ändert hieran nichts, da mit der
unaufhebbaren Kontingenz aller Sprachgestalt deren letzte Zweitrangigkeit
gegeben ist, so daß für Latomus eine auf der sprachlich-literarischen Ebene
verbleibende Auslegung - und als solche allein vermag er die Theologie
seiner humanistischen Gegner zu erkennen - noch gar nicht den Rang
wahrer Theologie erreicht.

---

[80] Vgl. LATOMUS, ed. PIJPER, 83. Interessant ist etwa die mit Verweis auf Aristoteles vorgetragene Vorordnung abstrakt-spekulativer vor konkret-praktische Gegenstände, da letztere
erfahrungsbezogen und damit für fortgeschrittenere Studenten geeigneter seien.

[81] Auch er plädiert - hier wieder ganz im Kontext seiner Epoche - für die *loci*-Methode,
sieht diese aber - und hier zeigt sich wieder der traditionelle Theologe - bereits in der Sachordnung etwa der Sentenzensammlung des Petrus Lombardus gegeben; vgl. LATOMUS, ed.
PIJPER, 71f.

[82] So geht es in der Theologie teilweise um Fragen, die „citra fidei et morum periculum"
debattiert werden können, teilweise um früher offene, mittlerweile aber kirchlich definierte
Lehrbestände, darüber hinaus aber auch um zwischen der Philosophie und der Theologie
strittige Themen; vgl. LATOMUS, ed. PIJPER, 72f.

[83] Vgl. LATOMUS, ed. PIJPER, 82f.

2.2.3 Die Wiedergewinnung der Theologie
zwischen Humanismus und Scholastizismus:
Luis de Carvajals *De restituta theologia*

Die im Zusammenhang der Geschichte der Theologischen Enzyklopädie immer wieder genannte Schrift des spanischen Franziskanertheologen Carvajal gehört, nimmt man sie als ganze, nun endgültig nicht mehr in diesen Kontext. Sie stellt vielmehr ein kurzgefaßtes Lehrbuch der systematischen Gotteslehre dar, dem ein Einleitungskapitel vorangestellt ist, das man - mit einem späteren Begriff - als an die einleitenden Quaestionen scholastischer Sentenzenbücher und Summen angelehnte, aber schon auf nachfolgende Umformungen vorausweisende Prolegomena zur Theologie bezeichnen könnte.[84]

Derjenige Teil des Buches, der dennoch eine Behandlung im Rahmen unserer Fragestellung verdient, ist sein Vorwort, ein Widmungsbrief an Kaiser Karl V.[85] Hier gibt der Autor in einer theologiegeschichtlichen Skizze zu erkennen, daß er sich in seinem Unternehmen der Erneuerung der Theologie als Nachfahre der frühen Sentenzenliteratur fühlt, die es nach einer längeren Verfallszeit „vetustiorum doctorum adminiculo" erfolgreich unternommen hat, die Theologie „pro illius temporis penuria" wiederherzustellen.[86] Unter deren Nachfolgern befanden sich zunächst solche, die unter ausgewogener Anwendung der dialektischen Methode die Sentenzensammlungen fruchtbar erweiterten und vertieften. Jedoch wurde auf diese Weise dem Eindringen eines Denkens die Tür geöffnet, das sich nur noch auf philosophische Autoritäten stützte, die Heilige Schrift nahezu völlig außer acht ließ und sich in der Behandlung überflüssiger Fragestellungen hervortat.[87] Es gilt jedoch nicht nur, diesen scholastizistischen Wildwuchs zu beseitigen, vielmehr müssen - namentlich in apologetischer

---

[84] Vgl. CARVAJAL, cap. 4 - 22; außergewöhnlich ist dabei, daß der Autor mit einer philosophischen Gotteslehre beginnt (cap. 1 - 3) und nach der darin vollzogenen Erkenntnis, daß das Wesen Gottes philosophisch unerreichbar ist, zur Theologie - d.h. eben zunächst zu deren Einleitungsfragen nach Wesen (cap. 4 - 11) und Quellen (cap. 12 - 22) derselben - übergeht, bevor er die eigentliche theologische Gotteslehre behandelt. Der zweite Teil der Prolegomena stellt dabei bereits einen regelrechten *tractatus de sacra scriptura* dar. Die Charakterisierung der gesamten Schrift als „methodical inventory of the sources of Christian belief from revelation, followed by a synopsis of Catholic dogma" des Art. „Carvajal, Luis de", in: ContEras, Bd. 1 (1985), 275, die sich vollinhaltlich auf BATAILLON (1966), 506 stützt, dürfte also nur sehr eingeschränkt zutreffen. Vgl. dagegen die zusammenfassende Darstellung und Würdigung bei ANDRÉS (1976) 2, 400 - 403.

[85] Vgl. CARVAJAL, *ii(r) - *v(v). Carvajal war zur Zeit der Abfassung seiner Schrift Theologe und Prediger am Hofe Karl V. in den Niederlanden und wurde in der Folge Konzilstheologe der ersten Trienter Konzilsperiode; vgl. Art. „Carvajal, Luis de", in: LThK, Bd. 2 (1994), 963f.

[86] CARVAJAL, *ii(v).Vgl. auch den Titel der Zweitauflage: *Theologicarum sententiarum liber unus* (Antwerpen 1548).

[87] Vgl. CARVAJAL, *ii(v).

Hinsicht - auch zeitgenössische theologische Fragestellungen aufgenommen werden, die kaum oder gar nicht ins Blickfeld der scholastischen Autoren des Mittelalters geraten sind, ermahnen uns doch bereits die Apostel, zur rationalen Verteidigung des Glaubens bereit zu sein.[88]

Die hierzu geeignete theologische Bildung muß gleichermaßen rhetorische wie dialektische Studien umfassen, ohne den diesen beiden Disziplinen eigenen Exzessen zu huldigen.[89] Deren angemessene Anwendung auf die Lektüre der Heiligen Schrift führt zu einer Theologie, die allen scholastischen Parteiungen ebenso abhold ist wie einer bloßen Ablehnung aller Scholastik, verbunden mit einem alleinigen Vertrauen auf sprachbezogene Methoden.[90]

Auch Carvajals Programm der Wiederherstellung der Theologie denkt an keiner Stelle an eine Pluralität theologischer Fächer; sie behauptet aber die Legitimität beider im Streit zwischen Humanismus und Scholastizismus mit jeweiligem Allein- oder zumindest eindeutigem Vorrecht versehenen sprach- bzw. sachbezogenen Methodengruppen in ihrer Anwendung auf die Bibel. Die Autorität der Schrift, die christozentrische Bestimmung ihres Inhalts und die letzthin praktische Ausrichtung der gesamten theologischen Wissenschaft sichern und begrenzen dabei zugleich die Geltung nichttheologischen Wissens und Verfahrens.[91] Es handelt sich - bei aller sonstigen Humanismus- und gerade auch Erasmus-Kritik des Autors[92] - hier also um eine Art Vermittlungsmodell zwischen den einseitig Position beziehenden Entwürfen von Erasmus und Latomus. Ob dieser Versuch ein gesamtes theologisches Programm trägt, ist angesichts der schmalen Textbasis schwer zu entscheiden. Jedenfalls wird deutlich, daß auch ein Konzept, das entgegen den festgelegten und klar konkurrierenden methodischen Bestimmungen der einen Theologie die Pluralität eines Methodenkanons befürwortet, keineswegs von der disziplinär einlinigen Fassung dieser Theologie abrückt.

2.2.4 Weitere Entwürfe: Heinrich Bullingers *Studiorum ratio* und Philipp Melanchthons akademische Reformschriften

Nachdem bislang - und dies obgleich es um eine Diskussion im Rahmen des europäischen Humanismus ging - nur Autoren zu Wort kamen, die der Reformation reserviert oder sogar kämpferisch ablehnend gegenüber-

---

[88] Vgl. CARVAJAL, *iii. Für diese apologetischen Fragestellungen verweist Carvajal ebd. auf eine spätere, vermutlich aber nicht mehr entstandene Schrift, während er im vorliegenden Buch nur „de Deo, quatenus Deus est" handeln will.

[89] Vgl. CARVAJAL, *iv(r). Dies ist vor allem deshalb angemessen und möglich, weil die Heiligen Schriften bereits selber das rechte Maß an Rhetorik und Dialektik *enthalten* bzw. dieses *ein*halten.

[90] Vgl. CARVAJAL, *iv(v) - *v(r).

[91] Vgl. ebd.

[92] Vgl. RUMMEL (1989) 2, 98 - 103.

standen, sollen nun noch solche Erwähnung finden, die stellvertretend für die aufkommenden kirchlichen Strömungen innerhalb der Reformation stehen, so der Schweizer reformierte Theologe und Nachfolger Zwinglis in Zürich, Heinrich Bullinger, und die prägende Gestalt des sich formierenden Luthertums, Philipp Melanchthon.

Bullingers *Studiorum ratio*[93] stellt ebenfalls keineswegs eine Theologische Enzyklopädie oder deren unmittelbare Vorform dar; vielmehr handelt es sich um eine allgemeine Einleitung in das 'Studium', das sich der Verfasser ausschließlich als gewinnbringende Lektüre klassischer Texte denkt.[94] Nicht einmal steht ausschließlich der professionelle Akademiker oder der angehende Theologe im Blickpunkt, vielmehr können sich alle des Lesens Kundigen und nach Bildung Strebenden angesprochen fühlen.[95]

Was für die Bildung allgemein gilt, gilt gleichermaßen für die Theologie: Auch sie ist „im wesentlichen Lektüre".[96] Dieser humanistische Gemeinplatz beinhaltet auch die methodische Absicht, „die - allgemeinen und gattungsgebundenen - Regeln literarischer Hermeneutik auf die biblischen Schriften zu übertragen." Dies zeigt sich vor allem in der „Anwendung des feinen Begriffsinstrumentariums der Rhetorik auf die biblischen Texte."[97]

[93] Vgl. die vorzügliche, von P. Stotz im Rahmen der *Werke* Bullingers als Sonderband edierte Ausgabe: HEINRICH BULLINGER, *Studiorum ratio - Studienanleitung*, 2 Teilbde., Zürich 1987, die im 1. Teilbd. einen kritischen Text mit gegenübergestellter deutscher Übersetzung bietet, während der 2. Teilbd. einen ausführlichen Kommentar des Herausgebers enthält. Das ursprünglich 1527/28 als private Schrift „ad Wernherum Lithonium presbyterum" (ebd., 1, 10) entstandene und 1594 von Zwinglis Sohn zum Druck gebrachte Werk trägt den Titel: *Studiorum ratio sive Hominis addicti studiis institutio*. Zu Entstehung und Verbreitung vgl. ebd., 2, 21 - 49. Dort finden sich auch ausführliche Hinweise zum humanistischen Hintergrund und Umfeld von Verfasser und Schrift.
[94] Dies ist BULLINGER, ed. STOTZ 2, 30 klar herausgearbeitet: Bullinger macht die „Voraussetzung, daß alle geistige Tätigkeit durch das Medium der schriftlich niedergelegten Gedankenarbeit anderer, insbesondere der Menschen des Altertums, hindurchzugehen habe. Einfacher ausgedrückt: Denken geschieht durch Lesen ... Ein ausgesprochen humanistischer Zug in Bullingers bildungstheoretischen Anschauungen ist die Gewißheit ..., daß alles Wissen sich unmittelbar aus dem Autorenstudium gewinnen lasse, und zwar weitgehend schon aus der Lektüre der Literatur im engern Sinne, unter Zurücksetzung der Fachschriftsteller."
[95] Noch weitergehende Behauptungen wie: „Das Werk richtet sich an christliche Gebildete, die nicht Träger eines Kirchenamtes sind", oder: „Die 'Studiorum ratio' ist aber gerade nicht für Geistliche bestimmt, im Gegenteil" (so BULLINGER, ed. STOTZ 2, 26), scheinen vom Text her zumindest nicht geboten und vom ursprünglichen Widmungsträger her als nicht angezeigt. Vgl. Stotz' eigene vorsichtigere und mithin treffendere Bemerkungen hierzu ebd., 2, 156.
[96] BULLINGER, ed. STOTZ 2, 31. Hinter dieser Auffassung steht der formaltheologische Grundgedanke der „Offenbarungsüberlieferung als eines literarischen Vorganges." (Ebd.)
[97] BULLINGER, ed. STOTZ 2, 32. Zur mangelnden Originalität bzw. zur eindeutigen Abhängigkeit der Schrift Bullingers von Erasmus vgl. ebd., 2, 34f. Der Kommentar von Stotz zum Terminus der *philosophia* als „Oberbegriff geistiger Bemühung", dieser würde „die spekulative Seite der Theologie ins Blickfeld rück(en)", und dies wiederum stehe „in einem gewissen Spannungsverhältnis zu der Auffassung der theologischen Arbeit als Bibelstudium, als Lektüre" (ebd., 2, 51), verwundert daher, weil es sich hier ja ebenso deutlich um eine von

Neben diesem hermeneutischen Arsenal wird als mnemotechnisches Hilfsmittel - auch dies ist ja schon geläufig - die *loci*-Methode anempfohlen.[98] Eine formale oder materiale innere Gliederung der Theologie, die daraus hervorgehen könnte, wird bei Bullinger jedoch an keiner Stelle sichtbar.[99] Zwar weist er auf profane Bildung im Sinne einer Vorbedingung des Theologietreibens hin,[100] anerkennt auch sekundäre literarische Hilfsmittel - wie altkirchliche und neueste Schriftkommentare[101] - und weiß durchaus um verschiedene, schon traditionelle Gattungen theologischer Produktion;[102] dies alles aber steht im Dienst der einzigen wahren Form theologischen Studiums, eben der Lektüre und Auslegung der Heiligen Schrift.

Obwohl auch Melanchthon stets in historischen Darstellungen zur Theologischen Enzyklopädie genannt wird, ist es in seinem Fall kaum noch möglich, ein einzelnes Werk zu nennen, das in diesem Zusammenhang in Anschlag gebracht werden könnte. Angeführt werden zumeist verstreute Bemerkungen in Werken höchst verschiedener Bedeutung und Gestalt, so etwa die *Brevis discendae theologiae ratio,* eine in der Form eines Privatbriefes verfaßte Anleitung zu persönlicher theologischer Bildung,[103] die trotz ihrer Kürze an Bullingers Schrift erinnert, die - von Justus Jonas gehaltene, aber von Melanchthon verfaßte - Rede *De studiis theologicis,*[104] die

den Kirchenvätern geprägte und von Erasmus aufgenommene Wendung handelt. Bullinger bringt daher diesen Begriff auch zunächst als Augustinus-Zitat (ebd., 1, 10) und am Schluß des Werkes (ebd., 1, 138) in der von Erasmus her geläufigen Zusammenfügung *caelestis philosophia.*

[98] Vgl. BULLINGER, ed. STOTZ 1, 110 - 136, namentlich die spezifisch theologischen *loci:* ebd., 1, 128 - 136. Dabei handelt es sich teilweise um *loci* im formalen Sinne Canos - *scriptura, traditio, concilia, patres* etc. (vgl. ebd., 1, 128) -, teilweise um inhaltliche Gliederungsgesichtspunkte im Sinne des humanistischen Konzepts.

[99] Vgl. BULLINGER, ed. STOTZ 2, 31.

[100] Vgl. BULLINGER, ed. STOTZ 1, 58.

[101] Vgl. BULLINGER, ed. STOTZ 1, 108/110.

[102] Vgl. die spätere *epitome* der *Studiorum ratio: De ratione studii ad Berchtoldum Hallerum,* in: BULLINGER, ed. STOTZ 1, 144 - 151, hier: 148, wo Bullinger von den Kirchenvätern handelt und unter ihnen die *philosophi Christiani* hervorhebt, „hoc est: qui extra scripturas, id est: non interpretando scripturas, capita philosophiae Christianae tractarunt." Das Werk Tertullians und Schriften des Augustinus werden als besonders lesenswerte Beispiele genannt. Vgl. auch die parallele Stelle der *Studiorum ratio,* BULLINGER, ed. STOTZ 1, 109: „Inter eos autem qui *libere neque in sacros libros* commenti sunt, primas tenet Tertullianus" (meine Hervorhebung). Diese Form der Theologie, wenn auch unter Anführungszeichen, als ‚systematische' zu bezeichnen, wie Stotz dies in seinem Kommentar z. St. (ebd., 2, 272) tut, ist wohl ein Anachronismus.

[103] Vgl. MELANCHTHON, *Opera* 2, 455 - 461; sie ist dort zu Recht unter die Briefe eingereiht und wird vom Herausgeber in das Jahr 1530 datiert. BAYER (1990), der ebd., 226 - 232 von dieser Schrift handelt, nennt sie treffend einen „Lese- und Lociplan" (ebd., 227 sowie DERS. [1994], 137).

[104] Vgl. MELANCHTHON, *Opera* 11, 41 - 50; gehalten wurde diese Rede in Wittenberg, jedoch nicht - wie hier angegeben - 1521, sondern 1538 (vgl. SCHEIBLE, 247 sowie BAYER [1994], 143 Anm. 85).

auf ihn zurückgehenden Wittenbergischen *Statuta collegii facultatis theologi-cae*,[105] einzelne Passagen allgemein pädagogischer Schriften,[106] einleitende Gedanken zu der ersten Fassung der *Loci* von 1521[107] oder auch Nebenbe-merkungen aus den rhetorischen und dialektischen Lehrwerken.[108]

Zwar wird meist die erste der genannten Schriften als Vorläufer enzy-klopädisch-theologischer Werke genannt. Eine Untersuchung des knappen Textes belehrt jedoch darüber, daß es sich hier ebenfalls lediglich um eine Leseanleitung für die private theologische Bildung handelt, die die sinnvolle Reihung biblischer wie nichtbiblischer Lektüre und die diesbezügliche Nutzung einer *loci*-Systematik umreißt.[109] Auch aus der oben erwähnten Rede ist für unsere Fragestellung nichts zu gewinnen, während sich in den pädagogischen Reformschriften, wenn auch keine explizite thematische Auseinandersetzung, so doch wenigstens ein auffälliger Begriffsgebrauch findet, der zumindest implizit die unmittelbare Auslegung der Bibel von einem *explicatio ecclesiasticae doctrinae* o.ä. genannten Vorgehen unter-scheidet, in dem die normativen Zeugen der Überlieferung des Glaubens in der Kirche - vor allem die Bekenntnisformulierungen vom Apostolikum bis zur *Confessio Augustana* - eine wie auch immer geartete besondere Be-deutung haben.[110] Andererseits werden an gleicher Stelle Theologie und

[105] Vgl. MELANCHTHON, *Opera* 10, 1001 - 1008, v.a. 1002f. Nach *Urkundenbuch,* 261 - 265 (Nr. 272), wo dieser Text ebenfalls abgedruckt ist, handelt es sich um eine Ende 1545 ent-standene Fassung; eine etwas frühere, aber weitgehend gleichlautende, findet sich ebd., 154 - 158 (Nr. 171); diese stammt bereits von 1533.

[106] Vgl. *De corrigendis adolescentiae studiis* von 1518, MELANCHTHON, ed. STUPPERICH 3, 29 - 42, und *De restituendis scholis* von 1540, ebd., 3, 105 - 114. Einen ausgezeichneten Ge-samtüberblick zu „Melanchthons Bildungsprogramm" bietet der gleichnamige Beitrag von SCHEIBLE.

[107] Vgl. MELANCHTHON, ed. STUPPERICH 2/1, 3 - 8.

[108] Vgl. *Elementa rhetorices:* MELANCHTHON, *Opera* 13, 417 - 423, bes.: 422f., sowie *Ero-temata dialectices:* ebd., 513 - 517, bes.: 517.

[109] Daß es eine teilweise Übereinstimmung zwischen dieser Lektüreanleitung und der spä-teren Wittenberger Studienordnung gibt (s.u. Anm. 110), ist natürlich nicht zufällig; den-noch läßt sich daraus nicht schon ableiten, daß es sich auch bei diesem Opusculum bereits um eine im Hinblick auf akademisches Studium abgefaßte Leseordnung handelt. Interessant ist zweifellos die kontroverstheologische Grundrichtung des implizierten Theologiebegriffs: Daß etwa die altsprachlichen Kenntnisse folgendermaßen begründet werden: „Est etiam ad perfecte intelligendas scripturas et refutandos haereticos cognitione linguarum opus" (ME-LANCHTHON, *Opera* 2, 460), steht in großer Nähe zu dem - zeitlich allerdings späteren - Konzept der jesuitischen Studienordnung (s.u. 3.4).

[110] Vgl. MELANCHTHON, ed. STUPPERICH 3, 106. 108. 112. Zur Bedeutung von *doctrina* vgl. HAENDLER, 211 - 278, v.a. 215 - 235. In diesem Kontext ist natürlich auch auf den von Melanchthon geprägten theologischen Lehrplan in Wittenberg hinzuweisen, der - im Gegen-satz zu manchen anderen reformatorischen Studienordnungen (Genf, Straßburg, Leiden: vgl. hierzu *Le Livre du Recteur,* 67 - 77, v.a. 73; SCHINDLING, 341 - 377, v.a. 341f.; DE JONGE, 113. 123 Anm. 6f.) - schon sehr früh neben der Kommentierung biblischer Schriften auch Vorle-sungen über lehrhafte Traditionstexte enthielt. Vgl. MELANCHTHON, *Opera* 10, 1003, wonach neben den vier regulären biblischen Vorlesungen wenigstens gelegentlich *(interdum)* auch solche zu halten seien, die durch die Auslegung des *Symbolum Nicenum* die Hörer mit

Schrift derart ineins gesetzt, daß die Begründung, „cum theologia partim Hebraica, partim Graeca sit",[111] für die Notwendigkeit altsprachlichen Studiums angeführt werden kann. Die Lehrschriften zur Rhetorik und Dialektik führen zu ihrer eigenen Grundlegung die Bedeutung beider Disziplinen für die Theologie an, wobei der Dialektik, der es mehr um die *res* als um die *verba* geht und die die Kunst der - gerade auch theologisch unumgänglichen - Unterscheidung darstellt, ein gewisser Vorrang eingeräumt wird.[112] Dies setzt den unzweifelhaft humanistischen Autor in eine eigentümliche Nähe zu den genannten, ebenso antihumanistisch wie antireformatorisch eingestellten Autoren.[113] Ein weiterer hier anzuführender Hinweis ist den einleitenden Bemerkungen zu den *Loci* von 1521 zu entnehmen, die deutlich machen, daß diese - als nach einer sachlichen, nicht den biblischen Texten folgenden Ordnung gegliederte Schrift - keineswegs den unmittelbaren Zugang zur Heiligen Schrift ersetzen oder gar verbauen wollen; vielmehr betrachten sie sich als Eröffnung des rechten Zugangs zum Verständnis derselben, sind im Kontext theologischer Studien also als Einleitungsschrift anzusehen.[114] Eine ähnliche Begründung für theologische

---

dem Gesamt kirchlicher Lehre bekannt machen - vgl. zwei Ausführungen dieses Vorhabens in MELANCHTHON, *Opera* 23, 197 - 346 bzw. 355 - 583 - und ihnen durch die Interpretation von Augustins *De spiritu et littera* die Übereinstimmung der gegenwärtigen Lehre mit derjenigen der Alten Kirche beweisen sollen. Später wurden auch Melanchthons eigene *Loci* Gegenstand solcher Lehrveranstaltungen (vgl. SCHINDLING, 341f.). Allerdings ist hierzu einschränkend festzuhalten, daß Luther selbst in seiner Zeit als Lehrer der Theologie in Wittenberg nur Vorlesungen über Bücher der Heiligen Schrift gehalten hat (vgl. GROSSMANN, 76 - 85, v.a. 78) sowie daß der Hinweis auf die Auslegung des *Nicaenum* in der früheren Fassung der *Statuta* (vgl. *Urkundenbuch*, 155) fehlt. Was die *Loci* als Lehrbuch angeht, so kommen hier nur spätere *aetates*, nicht jedoch schon die erste Fassung in Frage, da dort ja nicht eine umfassende Darstellung christlicher Lehre, sondern lediglich eine solche kontroverser Lehrstücke geboten wird.

[111] MELANCHTHON, ed. STUPPERICH 3, 40.

[112] Vgl. MELANCHTHON, *Opera* 13, 419 - 421. 515 - 517. Zum komplexen Problem des Verhältnisses von Rhetorik und Dialektik im Werk Melanchthons vgl. KNAPE, 5 - 10.

[113] Daß die Kirche 'liberale Erudition', also die Vermittlung grundlegender Kenntnisse aus den *artes liberales* braucht (vgl. BAYER [1990]), wird bei Melanchthon auch gelegentlich in 'enzyklopädischer' Begrifflichkeit formuliert: „ecclesiae opus est toto illo doctrinarum orbe" (MELANCHTHON, *Opera* 11, 281; vgl. SCHEIBLE, 247). Allerdings findet diese Terminologie natürlich allein in bezug auf die *artes*, nicht aber innerhalb der Theologie Verwendung.

[114] Vgl. MELANCHTHON, ed. STUPPERICH 2/1, 4 („Non hoc ago, ut ad obscuras aliquas et impeditas disputationes a scripturis avocem studiosos, sed ut, si quos queam, ad scripturas invitem.") sowie die Wiederaufnahme des gleichen Gedankens am Ende der Schrift (ebd., 163). Vgl. hierzu WIEDENHOFER 1, 315 - 318 sowie zu den entsprechenden Passagen der späteren *aetates*, die für unseren Zusammenhang inhaltlich nichts Neues bieten: ebd., 1, 319 - 325. Sachlich richtig, wenn auch sprachlich ein wenig salopp, formuliert es BAYER (1990), 224: „Er schreibt seine *theologischen* Loci communes, damit einem beim Lesen und Auslegen der Bibel etwas einfällt - genauer, damit einem das Richtige auffällt". (Vgl. die identische Formulierung in DERS. [1994], 133). Die allzu kurzschlüssige Verknüpfung von Theologie, Verkündigung und Katechese, die Bayers Interpretation mit dieser Feststellung verbindet (vgl. BAYER [1990], ebd. sowie ebd., 241), kann ich in den entsprechenden Schriften Melanchthons nicht entdecken; allenfalls könnte man von einem analogen Verhältnis von

Projekte, die nicht direkte Auslegung der Bibel sind, findet sich, das sei hier ergänzend bemerkt, etwa auch zu Beginn von Calvins *Institutio*,[115] aber auch schon im *prooemium* der *Summa theologiae* des Thomas von Aquin.[116]

Aus diesen verstreuten Bemerkungen ist leicht zu ersehen, daß auch Melanchthon keinesfalls an eine multidisziplinäre Theologie gedacht hat, und dies nicht einmal, obwohl er zumindest eine methodisch zweigeteilte Theologie kennt und auch selbst betreibt, denn: „Weder terminologisch noch grundsätzlich-sachlich unterscheidet Melanchthon im allgemeinen zwischen dem, was nach modernem Sprachgebrauch eine biblisch-theologische Aussage, und dem, was eine systematisch-theologische Aussage ist. Ja, er kennt, genau genommen, nicht ein eigenständiges Genus systematischer (dogmatischer) Theologie, in dem etwas anderes gesagt werden könnte als in der biblischen Theologie oder doch, wenn dasselbe gesagt wird, dieses in einem anderen Modus ... gesagt wird: Die Theologie (und nicht nur die biblische Theologie) ist 'in Euangelio Dei proposita'."[117] Auch wenn er, was

Katechismus und Verkündigung einerseits und *Loci* und Theologie andererseits sprechen. In diesem Zusammenhang findet sich auch der einzige andeutende Hinweis Bayers auf unsere Problematik: „Die Dogmatik dient der Schriftauslegung; sie beherrscht sie nicht. Dogmatik ist Hilfswissenschaft." (DERS. [1994], 135) Abgesehen von der anachronistischen Sprechweise ist hier aber anzumerken, daß Melanchthon gerade diese Unterscheidung in zwei Disziplinen, deren eine keine Schriftauslegung wäre, gänzlich fremd ist; umgekehrt wäre für ihn eine 'nicht-dogmatische' Auslegung der Schrift ebensowenig denkbar. Zutreffender faßt es dagegen SCHNEIDER - vielleicht das wichtigste Werk der letzten Jahre zu Melanchthons Theologiebegriff, das dennoch bei BAYER an keiner Stelle auch nur genannt ist: „He wished to outfit students with a sort of 'index' for learning the 'nomenclature' of Christian theology, a guide to those wandering through the biblical landscape without proper direction. It was not to be a *summa* of the faith, but an index to show on what 'the *summa* of Christian doctrine depends'. His was thus a hermeneutical work, an exercise in proper method, which for him meant proper invention of topics." (Ebd., 208)

[115] Vgl. CALVIN, ed. BARTH-NIESEL 3, 6: „Porro hoc mihi in isto labore propositum fuit, sacrae Theologiae candidatos ad divini verbi lectionem ita praeparare et instruere, ut et facilem ad eam aditum habere, et inoffenso in ea gradu pergere queant." Ebd. im Anschluß finden sich die üblichen antischolastischen Invektiven.

[116] Vgl. THOMAS VON AQUIN, *S.th.* I, *prooemium*. Übrigens finden sich Termini wie *summa, compendium* u.ä. in allen diesen Texten.

[117] HAENDLER, 215f. Daß unsere Problematik in der Forschungsliteratur nur selten oder lediglich am Rande berührt wird, ist kein Versäumnis, sondern im - fehlenden - Sachverhalt begründet; selbst bei WIEDENHOFER, wo ja der Theologiebegriff des frühen sowie des reifen Melanchthon den thematischen Schwerpunkt bildet, wird dieses Thema nur an wenigen Stellen gestreift (vgl. ebd., 1, 332. 384. 407f. i.V.m. 2, 332 Anm. 464): Allerdings kommt er - und dies ist, wie die zugehörige Anmerkung zur letzteren Textstelle ausweist, ausdrücklich gegen die gerade zitierte Ansicht Haendlers gerichtet - zum nahezu gegenteiligen Ergebnis: Nach einigen Zugeständnissen an Haendlers Position behauptet er, „daß man hier (wenn auch nur in Ansätzen) die *Unterscheidung zwischen Exegese und Systematik* wiederfinden kann." (Ebd., 1, 408; ähnlich: 1, 332) Begründet wird dies mit der „*Applikation der Dialektik-Rhetorik-Methode* auf die Theologie", woraus ein „zweigestaltiger Theologiebegriff" hervorgehe. (Ebd., 1, 408) Dabei wird jedoch weder beachtet, daß es sich hierbei lediglich um eine faktische Unterscheidung handelt - dies ist theologiegeschichtlich somit auch nichts Neues -, noch wird in Betracht gezogen, daß Melanchthon die von ihm möglicherweise mitangesto-

kaum zu bezweifeln sein wird, faktisch durch das Gewicht seiner Autorität und die Verbreitung seiner *Loci* zu der späteren Unterscheidung theologischer Fächer wie der genannten erheblich beigetragen haben dürfte, ist er doch selbst, sowohl wegen des Fehlens eines Werkes, das der hier untersuchten Gattung nahekommt, als auch aus den erwähnten sachlichen Gründen nicht unter die Vorläufer der 'enzyklopädischen Bewegung' innerhalb der Theologie zu rechnen.

2.3 ZWISCHENERGEBNIS

Wie der letzte Abschnitt endet auch dieses gesamte Kapitel mit einem weithin negativen Ergebnis für unsere Thematik. Die in der bisherigen, und in dieser Hinsicht nahezu durchgängig so bezeugten Darstellung der Geschichte der Theologischen Enzyklopädie als frühe Hauptzeugen genannten Werke aus der Zeit von Spätmittelalter, Humanismus und Reformation haben mit dieser Gattung theologischer Literatur, sieht man einmal von auffälligen Ähnlichkeiten in der Gestaltung der Titel und dem grundlegenden Interesse an Begriff und Betrieb theologischer Wissenschaft ab, nicht nur nichts gemein, sie vertreten vielmehr - bei allen, zum Teil erheblichen Unterschieden in der inhaltlichen Bestimmung - ein der späteren Theologischen Enzyklopädie eben gerade abhanden gekommenes Konzept der Theologie als einheitlicher Disziplin. Ihre Kritik an der jeweils abgelehnten Position speist sich ja gerade und begründet sich allein aus der gemeinsam geteilten Annahme einer disziplinären Einheit theologischer Wissenschaft, auch wenn keiner der genannten Autoren verkennt, daß diese über verschiedenartige Quellen und methodische Instrumentarien verfügt.

Bedacht werden muß an dieser Stelle jedoch noch, worin nun genau der epochale Unterschied der sachlich und bis in die Formulierung hinein gelegentlich nahezu identischen Positionen mittelalterlicher Scholastikkritik gegenüber denjenigen der beginnenden Neuzeit liegt. Dies muß auch dann geschehen, wenn man dazu neigt, die Position des Erasmus in dieser

---

ßene spätere Differenzierung selbst gerade nicht begründen wollte. Zudem wird zur Stützung der Argumentation ebd., 1, 332 eine Textstelle herangezogen (vgl. ebd., 2, 277 Anm. 110), die sich zunächst einmal auf die zwei Arten von *doctrina* in der kirchlichen Verkündigung bezieht, nicht jedoch unmittelbar in der Theologie; vor allem aber hat Wiedenhofer an dieser Stelle verkannt, daß hier nun eben nicht allein das erste der beiden *genera doctrinae*, also die *summa, methodus* oder *catechesis* der von der *loci*-Methode geprägten späteren Dogmatik entspräche, sondern gerade auch die *interpretatio scripturae*, von der hier gefordert wird, „ut referat interpres singulas partes ad praecipuos locos seu articulos doctrinae Christianae" (MELANCHTHON, *Supplementa* 5/2, 35). Ich denke also, daß Haendler hier gegenüber seinem Kritiker recht behält. BAYER (1990), der ebd., 241 sowohl auf die gleiche Textstelle als auch auf Wiedenhofers Interpretation verweist, untersucht diese Problematik selbst nicht; dies gilt im übrigen auch für: DERS. (1994).

Frage eher als rückwärtsgewandt und konservativ einzuschätzen; dies legen nicht nur die genannten Übereinstimmungen nahe, sondern es entspräche auch der humanistischen Selbstdarstellung. Dennoch ist unverkennbar, daß die Ausrichtung - und hier gibt es zweifellos wieder eine große Nähe zwischen Humanismus und Reformation - auf eine Überschreitung der professionellen Grenzen akademisch-klerikaler Theologie durch Befähigung aller gebildeten Christenmenschen zu selbständiger und nur allgemein-hermeneutischer Methodik unterliegender Lektüre der Heiligen Schrift so noch keineswegs im Horizont hoch- und spätmittelalterlicher Theologiekritik lag. Gerade auch die dem individuellen Leser hierdurch eröffnete kritische Distanz zu Leben, Struktur und Lehre der zeitgenössischen Kirche geht offenkundig einen Schritt über alles Vorherige hinaus. Im Rahmen dieses emanzipatorischen Interesses spielt daher die Wiederentdeckung des philologisch-rhetorischen Methodenkanons der Antike und seiner am Vorbild der Kirchenväter orientierten Fruchtbarmachung für die Theologie eine tragende Rolle; auch dies war für Autoren wie Gerson oder Nicolas de Clémanges noch keineswegs der Fall. All diese in der Tat epochalen Unterschiede dürfen jedoch die für unsere Thematik zentrale Übereinstimmung, die etwa Gerson mit Erasmus verbindet, nicht verdecken: Wir befinden uns mit ihnen in der, wenn auch letzten, 'vorenzyklopädischen' Phase der Theologiegeschichte. Ihre Werke weisen mehr auf die unbefragte Einheit aller Theologie zurück, als daß sie auf das Wissen um die problematische Einheit in Pluralität vorauswiesen.

Wenn sie nun trotzdem, über die Auseinandersetzung mit der gängigen Darstellung hinaus, ein gewisses eigenständiges Interesse für unsere Fragestellung verdienen, so aufgrund einiger, mehr unterschwelliger Zusammenhänge zwischen ihnen und ihren vermeintlichen Nachfolgern.

Zunächst einmal verbindet sie die (übrigens auch schon der inkriminierten scholastischen Theologie geläufige) Erkenntnis, daß, bei aller Konzentration auf die Schrift als alleinige Quelle, der Student der Theologie über die Lektüre der Bibel selbst hinaus noch weiterer Hilfestellungen bedarf, die nicht allein im rein methodologischen Bereich von Grammatik, Rhetorik oder Dialektik zu finden sind. Offenkundig sind zum rechten Verständnis der heiligen Texte auch sachbezogene hermeneutische Anleitungen vonnöten. Ob diese nun am besten nur aus biblischen Quellen geschöpft werden oder sich auch auf anderes, vor allem normativen Zeugnissen der kirchlichen Tradition entnommenes Material stützen, ist dabei nicht so bedeutsam wie die Tatsache, daß sowohl Erasmus wie auch Melanchthon und Calvin in dieser Hinsicht an eine Art theologischen Grundkurs denken, der nicht der literarischen Abfolge der biblischen Texte, sondern einer wie auch immer zustande kommenden sachlichen Ordnung unterliegt. Diese kann sich ebenso auf die traditionale Gestalt altkirchlicher Symbola stützen wie auf eine vom jeweiligen Autor erdachte, mnemotechnisch ausgerichtete Struktur. Auch eine Verbindung beider Modelle scheint denkbar. Allerdings darf hierin nicht sogleich eine Neuerung vermutet werden; vielmehr muß - trotz aller Unterschiede in der Ausführung - die Übereinstimmung mit den propädeutischen Teilen des traditionellen akademischen Curriculums und vor allem dessen kursorischer Sentenzenlektüre berücksichtigt werden.[118]

Eine zweite vage Verbindungslinie läßt sich in der Tatsache erkennen, daß von seiten humanistischer Autoren eine Theologie entworfen wurde, die nach ihrer Zielsetzung keine Ergänzung, sondern eine Alternative zur etablierten Universitätstheologie darstellen sollte. Auch gab es bereits Institutionen, die dieses Projekt zwar nicht offen realisierten, ihm aber doch im akademischen Leben zu einer gewissen Präsenz verhalfen, so das Pariser Collège Royal und das Löwener Collegium Trilingue. Es ist jedoch durchaus nicht ausgeschlossen, daß es eine Rezeption dieser humanistischen Reformideen gab, die - entgegen der erklärten Absicht ihrer Urheber - in ihnen eine Möglichkeit sah, die übliche scholastische durch eine grammatisch-rhetorisch orientierte Schriftauslegung zu erweitern oder zu ergänzen, eine Rezeption, die auf längere Sicht zu einer disziplinären Binnendifferenzierung der Theologie führen konnte.[119] Allerdings ist darauf hinzuweisen, daß dies nicht schon durch diejenigen Theologen geschah, die - wie oben zu erkennen war - in mancherlei Hinsicht, etwa was die Bedeutung der Dialektik in der Theologie angeht, eine gewisse Kompromißhaltung zwischen den von Erasmus und Latomus errichteten Fronten an den Tag legten, wie z.B. Carvajal und Melanchthon.

Um die Bedeutung der besprochenen Texte und ihrer Verfasser für die Geschichte der Theologischen Enzyklopädie auf den Punkt zu bringen: Keine dieser Schriften stellt selbst eine solche dar oder ist als Vorbild oder Vorläufer dieser literarischen Gattung zu betrachten; keiner ihrer Verfasser neigte zu einer Theologie mit einer Pluralität von Disziplinen. Gleichwohl ist nicht auszuschließen, daß gewisse Ideen langfristig und entgegen der ursprünglichen Intention ihrer Schöpfer in der späteren Ausdifferenzierung der Theologie und deren Grundlegung in enzyklopädischen Werken wirksam wurden.

---

[118] So verweist etwa Melanchthon selbst auf die Vergleichbarkeit in der intendierten Funktion seiner *Loci* mit den systematischen Darstellungen von Johannes Damascenus und Petrus Lombardus: vgl. MELANCHTHON, ed. STUPPERICH 2/1, 5. Gerade die hier implizierte, der späteren Unterscheidung von Exegese und Dogmatik entgegengesetzte Reihenfolge verweist auf den nicht zu überschätzenden Abstand zwischen beiden Konzeptionen; eine Tatsache, die etwa bei Wiedenhofers Beurteilung (s.o. Anm. 117) nicht ausreichend bedacht ist.

[119] Vgl. etwa die Vorstellungen von Juan de Maldonado S.J. und ihre Wirkungen auf die jesuitische *Ratio studiorum* (s.u. 3.4.5).

3. TATSÄCHLICHE VORLÄUFER DER THEOLOGISCHEN ENZYKLOPÄDIE SEIT DER MITTE DES 16. JAHRHUNDERTS

3.1 EIN FOLGENREICHES MODELL: ANDREAS HYPERIUS[1]

Zwei Gründe sind es vor allem, die in der bisherigen Erforschung der Theologischen Enzyklopädie Andreas Hyperius mit seinem Werk *De recte formando Theologiae studio* von 1556 einen hervorragenden Platz einnehmen ließen: Zum einen gilt er, wenn schon nicht als Erfinder, so doch als früher Vorläufer des von Farley mit Recht so genannten *fourfold pattern*, also der Gliederung der Theologie in biblische, historische, systematische und praktische Teilbereiche,[2] zum anderen wird er immer

---

[1] Vgl. Art. „Hyperius, Andreas", in: TRE, Bd. 15 (1986), 778 - 781.

[2] Vgl. FARLEY, 49: „This fourfold pattern, anticipated as early as Hyperius (1556), actually originated ... in the second half of the eighteenth century." Zu Hyperius' Schrift als Vorläufer weiterer ähnlicher Werke im lutherischen und reformierten Bereich vgl. ebd., 50f. Noch deutlicher ist HUMMEL, 728f.: Nach dem Vorgang Melanchthons und Calvins „führt A. Hyperius, die theologisch-hermeneutischen Ansätze von Luthertum und Calvinismus miteinander verbindend, die Entwicklung der theologischen Wissenschaft zu einem enzyklopädischen Ganzen einen wichtigen Schritt weiter. In *De recte formando Theologiae studio* (Basel 1556, ²1562 unter dem Titel: *De Theologo, seu de ratione studii Theologici*) entwirft er deren Gliederung und Ordnung erstmals als Abfolge von den exegetischen und dogmatischen zu den historischen und praktischen Sachverhalten." Erheblich vorsichtiger dagegen, aber dennoch grundsätzlich auf der gleichen Interpretationslinie verbleibend, hatte der bedeutendste Hyperius-Forscher, G. Krause, formuliert, Hyperius habe in *De recte formando* „nicht Disziplinen im heutigen Sinne, sondern vier aufeinanderfolgende Abschnitte des Theologiestudiums einführend beschrieben, nämlich 1. außertheologische humanistische Vorstudien, 2. Bibelstudium, 3. Studium der christlichen Lehre als *Loci communes*, 4. Studium derjenigen Schriften, *quae complectuntur Ecclesiarum institutionem sive práxeis, atque ad gubernationem Ecclesiasticam animos informant.*" (KRAUSE [1969], 306) Krauses differenzierende Einsichten scheinen allerdings weder Hummel noch Farley bekannt gewesen zu sein. Zu einem Überblick über die Publikations- und Rezeptionsgeschichte der Hyperius-Schrift bis in die Gegenwart vgl. KRAUSE (1977), 139f.

wieder als Urheber des Namens und Schöpfer der Gestalt des letzten dieser Bereiche, der *theologia practica,* genannt.[3]

Untersucht man die genannte Schrift etwas näher, so erscheint Farleys Inhaltsangabe zwar als weitgehend zutreffend,[4] die üblicherweise daraus abgeleitete und auch von ihm wieder behauptete Vorläuferrolle des Hyperius dadurch allerdings keineswegs als erwiesen. Dies gilt für die als biblisch, historisch und systematisch gedeuteten Teile der Theologie und *a fortiori* für die Frage der Begründung einer 'Praktischen Theologie' durch Hyperius.

Zunächst ist die, an die bereits behandelten Autoren anschließende und im humanistischen Kontext weithin selbstverständliche, durchgängige Orientierung an (Aus-)Bildung als Lektüre von entscheidender Bedeutung. Nicht Teilabschnitte akademischen Studiums oder gar Einzeldisziplinen theologischer Wissenschaft werden hier aufgeführt, sondern auf dem Wege gezielten Lesens zu erwerbende Kenntnisse methodischer wie inhaltlicher Art aus allen für theologische Erkenntnis einschlägigen Bereichen.[5] Dies führt den ebenso vom Humanismus wie von der Reformation inspirierten Autor, nach einigen Überlegungen zum Standardprogramm philosophisch-philologischer Propädeutik (Buch 1), zur Frage der Heiligen Schrift und ihrer Auslegung (Buch 2); diese wird in zwei Abschnitten vorgetragen, gegliedert einerseits nach eher formalen, allgemein-hermeneutischen,[6] andererseits nach inhaltsorientierten Gesichtspunkten.[7] Der letztere Teil dieser Schrifthermeneutik bildet dabei, indem er Materialien zum biblischen Sprachgebrauch bezüglich wichtiger theologischer Begriffe sammelt, gerade keine eigenständige Biblische Theologie, vielmehr bereitet er nur der in Buch 3 präsentierten systematischen

---

[3] Vgl. FARLEY, 67 Anm. 6; sein Ruf als 'Vater der praktischen Theologie' wird hier auf den Schlußteil von *De recte formando* sowie auf seine Schrift *De formandis concionibus sacris* von 1555 zurückgeführt. Letzteres kann kaum zutreffen, da es gerade in dieser Literaturgattung zahlreiche Vorläufer gibt; man denke nur etwa an Bullingers Schrift *De propheta* von 1525 (vgl. zu ihr BULLINGER, ed. STOTZ 2, 35). Vgl. zum Forschungsstand den Art. „Hyperius, Andreas", in: TRE, Bd. 15 (1986), 778 - 781, wo bereits erhebliche Einschränkungen gemacht werden. Auch zu diesem Komplex liegen - wenn auch noch nicht hinreichende - differenzierende Einsichten von Krause vor: vgl. DERS. (1969), 286. 304. 308f.

[4] Vgl. FARLEY, 67 Anm. 6: „This is a lengthy work, divided into four books. Book 1 treats of preparatory studies such as philosophy, mathematics, physics, history, and languages. The remaining three books divide the study of theology into what later became the fourfold pattern. This work is distinguished by an extensive description of hermeneutics and what is involved in reading and interpreting Scripture, by the inclusion of church history (in book 4), and by the inclusion of studies pertaining to church governance."

[5] Schon die jeweiligen Überschriften lassen dies erkennen: Immer handelt Hyperius *de legendis* oder *de evolvendis libris;* vgl. HYPERIUS, *De recte formando,* 425. 561 u.ö.

[6] Vgl. HYPERIUS, *De recte formando,* 80 - 185 sowie ebd., 263 - 269 die abschließenden *observationes incerti ordinis.*

[7] Vgl. HYPERIUS, *De recte formando,* 185 - 263.

Zusammenfassung der Schriftlehre nach der *loci*-Methode den Boden; dies geschieht wiederum in zweierlei Hinsicht: zum einen, indem, was in der Schrift selbst an verstreutem Ort aufgefunden und bereits unter gewissen lexematischen Aspekten gesammelt wurde, nun vom Leser selbst nach einer sachlichen, auf die wesentlichen Gehalte christlicher Lehre reduzierten Ordnung gegliedert werden kann; dies dient nicht zuletzt apologetisch-polemischen Zwecken.[8] Zum anderen aber hat der enge Zusammenhang derart geordneter Bibellektüre mit der *loci*-Theologie auch die kritische Bewandtnis, daß der Leser von Sentenzensammlungen, Summen oder zeitgenössischer *loci-theologici*-Literatur den Vorrang der Schrift zur Geltung bringen kann, indem er das theologische Konstrukt immer wieder mit dem in der Bibel allein zuverlässig und irrtumsfrei bezeugten Wort Gottes konfrontiert.[9] Dennoch geht Hyperius offenkundig davon aus, daß auch der theologische Leser der Heiligen Schrift nicht gänzlich auf den Gebrauch systematischer Gesamtdarstellungen verzichten kann: Vielmehr bedarf er, wie der Adept aller anderen Wissenschaften auch, eines begrifflichen Gerüstes, das ihm eine geordnete und zielführende Lektüre der einschlägigen Literatur, hier eben namentlich der Heiligen Schrift, ermöglicht.[10] Gestützt auf das intensive Studium solcher systematischer Hilfsmittel kann der angehende Theologe dann zum Aufbau einer eigenen *loci*-Sammlung, angereichert mit allen erreichbaren Belegstellen aus Schrift und theologischer Tradition, übergehen.[11] Bei den literarischen Vorbildern wie bei der Suche nach Quellen für Traditionsbelege wird übrigens ohne jede konfessionell bestimmte Polemik gleichermaßen auf Augustinus verwiesen wie auf Johannes Damascenus oder Petrus Lombardus.[12]

Wenn nun auf diesem Hintergrund nach einer möglichen inneren Aufgliederung der Theologie gefragt wird, so ist die Antwort des Hype-

---

[8] Vgl. HYPERIUS, *De recte formando*, 425f.: „quo assuescas singula quae in sacris libris sparsim occurrunt, prudenter distinguere, necnon ad certa doctrinae religionis capita apte reducere: quo insuper interrogatus de fide tua, aut de quibuscumque theologicis argumentis, semper in promptu habeas accommodas sententias, quibus in respondendo utaris: quo denique de omnibus ecclesiae dogmatibus verbo Dei aperte confirmatis perspicua oratione, et sine erroris offensionisque periculo, quotiescunque opus fuerit disseras". Insgesamt stellt dies eine geradezu klassisch zu nennende Darstellung des Konzepts der *dicta probantia* dar, und dies aus der Feder eines humanistischen und der Reformation zugehörigen Autors!

[9] Vgl. HYPERIUS, *De recte formando*, 433: „perleges omnia, sed ita, ut memineris te in scriptis versari humanis, id est errori obnoxiis. Quamobrem mentis aciem defigere semper oportet ad expressum in sacris utriusque Testamenti libris verbum Domini, quod revera est norma sive amussis, ad quam debent omnes hominum sententiae exigi."

[10] Vgl. HYPERIUS, *De recte formando*, 426f.

[11] Vgl. HYPERIUS, *De recte formando*, 439 - 445, ein Abschnitt, der überschrieben ist: „Quod unumquemque sibi suapte industria locos communes colligere oporteat" (ebd., 439).

[12] Vgl. HYPERIUS, *De recte formando*, 447 - 453.

rius eindeutig: Es gibt nur eine *universa doctrina religionis Christianae,* eine *philosophia caelestis,* eine *universa theologia;*[13] sie entsteht zwar individuell in verschiedenen methodischen Schritten, die den angehenden Theologen vom Erwerb nötiger allgemeiner Vorkenntnisse über biblische Hermeneutik und eigene Schriftlektüre bis hin zur Erstellung eines theologischen *loci*-Verzeichnisses führen, das dann sowohl die Beteiligung am theologischen Disput wie die weitere persönliche Erforschung des Wortes Gottes unterstützt. Die Theologie bleibt dabei eine einzige, die ihre Binnengliederung lediglich nach inhaltlichen Aspekten vollzieht: So gibt es *capita generalissima* oder *loci generales,* die aus sich in der Form weiterer Aufteilungen und Unterscheidungen die übrigen *loci theologici* entlassen.[14] Die eine Theologie ist also nach Sachfragen unterteilt, methodisch vollzieht sie sich jedoch als ein einheitlicher Vorgang, der die einzelnen Themenbereiche nach Maßgabe des in der Heiligen Schrift bezeugten Gotteswortes darstellt und erhellt. Zum rechten Verständnis der biblischen Texte können außertheologische Hilfsmittel ebenso herangezogen werden wie Zeugnisse der theologischen Tradition: Eigenständige theologische Autorität besitzen diese Bereiche aber nicht.

Nachdem dies für die Frage des Zusammenhangs und der ungetrennten Einheit von 'biblischer' und 'systematischer Theologie' geklärt ist, stellt sich nun die theologiegeschichtlich vielfach aufgeworfene Frage nach Einheit und Unterschiedenheit von 'theoretischer' und 'praktischer Theologie'. Voranzuschicken ist hier, daß es sich bei all diesen Begrifflichkeiten natürlich um spätere Prägungen handelt; gerade was die praktische Theologie angeht, so muß einer Verwechslungsgefahr gewehrt werden:[15] Der Begriff existiert zur Zeit des Hyperius durchaus, und dies sogar

---

[13] Vgl. HYPERIUS, *De recte formando,* 455 bzw. 445f.

[14] Vgl. HYPERIUS, *De recte formando,* 455f. Diese Hauptartikel der Theologie lassen sich in einer heilsgeschichtlichen 'Kurzformel des Glaubens' zusammenfassen: „Universae igitur doctrinae religionis ... summa est: Deus condidit mundum, et in eo homines, ut ex his constitueretur ecclesia: in qua ipse secundum doctrinam legis et evangelii, atque usu signorum sive sacramentorum pure coleretur, ad saeculi usque consummationem." (Ebd., 455) Hingewiesen soll hier bereits werden auf den überraschend dominierenden Kirchenbegriff sowie auf die Tatsache, daß die Themen Ekklesiologie, Moral und Sakramentenlehre durchaus im von Schöpfung und Vollendung umfaßten einen theologischen Rahmen dargestellt werden. Beides, die ekklesiologische Ausrichtung wie die Zugehörigkeit auch dieser Sachbereiche zur *universa theologia* wird bei der Behandlung dessen von Bedeutung sein, worin manche die Vorprägung 'Praktischer Theologie' durch Hyperius gesehen haben. Erwähnenswert bleibt noch, daß sich die Herausbildung des späteren Prolegomena-Kapitels (vgl. ebd., 456: „Ponatur igitur vestibuli vice locus separatus.") ebenfalls schon andeutet: Hyperius denkt hier - wohl im Anschluß an Melanchthon - an einen *locus de sacra scriptura* (vgl. ebd., 456), der allerdings auch Unterpunkte enthält, wie: „Utrum ecclesia, sive concilium generale, possit dogma, vel aliquid ut dogma recipiendum, definire, quod literis sacris non est expressum?" (Ebd., 464)

[15] Als besonders krasses Beispiel des ständigen unreflektierten Springens zwischen den verschiedenen Ebenen kann FRIELINGHAUS, 121 - 140 gelten. Allerdings ist auch VAN 'T SPIJKER, 37 nicht frei von solchen Verwechslungen.

in zwei verschiedenen Bedeutungen: Zum einen gibt es die kontroverse
Bestimmung der Theologie als theoretischer oder als praktischer Wissenschaft; im 16. Jahrhundert ist diese alte scholastische Streitfrage übrigens
immer noch offen, auch auf der Seite der katholischen Theologie; trotz
deren ansonsten festzustellender Neigung, sich in Zweifelsfällen stärker
an thomistische Lösungen anzuschließen, gilt dies gerade für den Bereich
der theologischen Wissenschaftstheorie nicht durchweg: Vermutlich
würde man sogar einen gewissen statistischen Überhang zugunsten der
Bestimmung der Theologie als *scientia practica* konstatieren können;[16]
letzteres gilt in jedem Falle für Anhänger der Reformation, obgleich
selbst hier die Antworten nicht einhellig ausfallen. Äußerlich dem heute
gängigen Terminus zum Verwechseln ähnlich ist dagegen die zweite
Bedeutung des Epitheton *practica* in seiner Anwendung auf die Theologie: Ob bereits Gratian eine angeblich von ihm als Wissenschaft begründete Kanonistik als *theologia practica externa*[17] verstanden hat, kann hier
dahingestellt bleiben, jedenfalls war diese Terminologie in der Mitte des
16. Jahrhunderts durchaus geläufig.[18]

Wie steht es nun bei Hyperius selbst mit dem Begriff des 'Praktischen'
in bezug auf die Theologie? Auf die Spur gesetzt wurden einige Forscher
durch den vielzitierten Titel des vierten Buches von *De recte formando;* er
lautet: „Evolvenda esse diversa scripta, quibus continentur Ecclesiarum
πραξεις, quaeque ad gubernationem Ecclesiasticam instruant".[19] Schon
Krause hat jedoch deutlich gemacht, daß zunächst einmal der Begriff
theologia practica hier keinerlei Rolle spielt, und daraus gefolgert, daß
Hyperius an „dem durch die Aristotelesrenaissancen ... bestimmten
Begriff 'theologia practica', wie an seiner kirchenrechtlichen Modifikati-

---

[16] Vgl. etwa den Stand der Debatte, wie er selbst bei einem Autor wie Maldonado
(Textedition bei TELLECHEA, 251), der sich hier selbst als Anhänger der thomistischen
Antwort erweist, gekennzeichnet wird: „In eo etiam recte sentit D. THOMAS, quod putat
magis speculativam quam practicam, quamvis eius ratio merito non probetur omnibus."
[17] So wenigstens KRAUSE (1969), 312, der sich hier wohl auf den Konsens der älteren
Literatur zur Geschichte der Kanonistik stützen konnte; dies muß hier nicht im einzelnen
belegt werden; lediglich ist darauf zu verweisen, daß sich der Terminus bei Gratian selbst
nicht findet. Zu einer heutigen Sicht der Entstehung der Kanonistik vgl. KALB.
[18] So bezeugt etwa der Basler Rechtsprofessor Surgant einen ganz ähnlichen Wortgebrauch: Die „juris canonici scientia" habe ihren Platz „sub umbra latissima sacrae theologiae" und würde deshalb üblicherweise „practicata theologia" genannt. Diese Wissenschaft
nehme ihren Stoff aus Konzilsbeschlüssen, päpstlichen Dekreten, Texten heiliger Autoren
etc. (vgl. die entsprechenden Zitate bei KISCH, 327 - 329). Ebenso findet sich im Kontext
einer Auseinandersetzung um die Pariser rechtswissenschaftliche Fakultät im 16. Jahrhundert in der Stellungnahme der Universitätsleitung folgende Formulierung: „Car on
sçait que la medecine est la pratique de la physique, et *ad idem,* le droit canon la pratique
de la theologie" (zit. BULAEUS, 136). Selbst viel später noch ist dieser Begriffsgebrauch
geläufig: So spricht Martin Gerbert in seinem *Apparatus* davon, „ut haud injuria a multis
canonum doctrina, *theologiae practicae* nomen acceperit". (GERBERT, 65)
[19] HYPERIUS, *De recte formando*, 561.

on ... offenbar ganz uninteressiert" sei.[20] Er hat zudem darauf hingewiesen, daß es sich bei dem benutzten Terminus offenkundig um eine - wenn auch nicht geläufige - Anspielung auf den griechischen Titel der neutestamentlichen Apostelgeschichte handelt,[21] und die schon ältere Einsicht wiederholt, „daß Hyperius zu diesem Studiengebiet der Theologie Homiletik und Katechetik nicht rechnete".[22] Dennoch macht Krause denjenigen, die Hyperius zum 'Vater der Praktischen Theologie' erheben wollen, ein nicht unerhebliches - und m.E. durchaus unnötiges - Zugeständnis, wenn er zusammenfassend formuliert, man würde „doch vermuten dürfen, daß der skizzierte Ansatz das Studium der práxeis mehr im Sinne des Pastoralethos und der Pastoraltheologie präformierte als im Sinne der heutigen Praktischen Theologie."[23]

Betrachtet man Titel und Inhalt des vierten Buchs von *De recte formando* nochmals genauer, so wird deutlich, daß die Anspielung auf die Apostelgeschichte von weitreichenderer Bedeutung ist, als bislang bedacht: Wie man aus diesem biblischen Buch erfährt, was zur Ordnung und Leitung der Kirche in apostolischer Zeit als nötig erachtet wurde, so erfährt man aus den übrigen *acta et res gestae ecclesiarum,* was in späteren Zeiten diesbezüglich gegolten hat.[24] Derjenige Wissenschaftszweig, der sich *ex officio* mit den kirchengeschichtlichen Zeugnissen in der Absicht, die Ordnung und Leitung der Kirche zu regeln, beschäftigt, ist nun keineswegs eine neu zu gestaltende Pastoraltheologie, sondern der schon seit Jahrhunderten existierende kirchliche Zweig der Rechtswissenschaft. Kirchlich relevantes Wissen teilt sich traditionell in theologisches, also die lehrhafte Seite des christlichen Glaubens betreffendes, und kanonistisches, also die Bereiche der Ordnung kirchlichen Lebens angehendes Wissen; unter den zusammenfassenden Darstellungen dieses Wissens ragen daher die Werke zweier klassischer Autoren heraus: „alter videlicet Petrus Lombardus, qui tractavit quae spectant ad dogmata, et locos communes universae Theologiae: alter Gratianus, qui delegit laborem colligendi quae tradunt gubernationem ecclesiasticam".[25] Hyperius deutet an

---

[20] KRAUSE (1969), 312. Zum einen ist hier anzumerken, daß der auf die Kanonistik angewandte Terminus keineswegs eine 'Modifikation' des wissenschaftstheoretischen darstellt (s.o.); zum anderen wird man sagen müssen, daß das Desinteresse des Hyperius an letzterer Bedeutung nur für das letzte der vier Bücher von *De recte formando* gilt, nicht dagegen für seine Behandlung des Theologiebegriffs überhaupt.

[21] Vgl. KRAUSE (1969), 312.

[22] KRAUSE (1969), 304 mit Verweis auf Untersuchungen von Achelis. Um so eigenartiger nimmt sich daher Frielinghausens Deutung aus, die gerade diese Bereiche ins Zentrum des 'Praktischen' bei Hyperius stellt: vgl. FRIELINGHAUSEN, 133f.

[23] KRAUSE (1969), 312; undiskutiert mag hier die Frage bleiben, wo genau der behauptete entscheidende Unterschied zwischen diesen Bereichen liegen sollte.

[24] Vgl. HYPERIUS, *De recte formando,* 561f. u.ö.

[25] HYPERIUS, *De recte formando,* 625. Hinzu kommt die zunehmende Weigerung zeitgenössischer Juristen, den kanonistischen Teil ihres Faches weiterhin zu betreiben und so der Theologie gewisse Aufsichtsrechte über ihr Fach einzuräumen; zu den spezifischen

keiner Stelle auch nur an, daß er diese überkommene Aufgaben- und Fächerverteilung zu ändern gedächte. Daher sind die Erkenntnisquellen, die er als für den Bereich der *gubernatio ecclesiae* einschlägig anführt, eben auch exakt diejenigen, die die Kanonistik üblicherweise als die ihrigen betrachtete und unter dem spezifisch kirchenordnenden Aspekt auswertete.[26]

Andreas Hyperius ist mit seiner Schrift *De recte formando* - wenigstens was die theologische Fächergliederung angeht - somit keineswegs der 'Vater' irgendeines 'Neugeborenen', er hält hier vielmehr, in einem für einen humanistisch wie reformatorisch inspirierten Autor erstaunlichen Ausmaß, an Überkommenem fest. Auch im Hinblick auf die literarische Darbietungsweise bleibt er traditionellen Mustern verhaftet, skizziert er doch nicht, von der Unterscheidung theologischer und kanonistischer Disziplin einmal abgesehen, einen differenzierten Studienbetrieb in der Vielfalt seiner Fächer, sondern umschreibt lediglich, in der Form einer Übersicht und Anweisung zu einschlägiger Lektüre, das Feld theologischer Bildung. Nicht einmal ein unmittelbarer und durchgängiger Zusammenhang mit dem akademischen Bereich ist gegeben.[27] Von Bedeutung ist Hyperius für die Geschichte der Theologischen Enzyklopädie dennoch; mit *De recte formando* hat er ein Muster geschaffen, in dem spätere Autoren durchaus unterschiedliche Ideen explizieren konnten; sie verbanden dies damit, daß sie diese zugleich inhaltlich in das literarische Vorbild projizierten und dieses Werk so zu einem frühen Kronzeugen einer theologischen Literaturgattung und eines diese prägenden Theologiebegriffes werden ließen, der dem Autor nicht nur fremd war, sondern seinen Zielen ausdrücklich widersprach.

3.2 LORENZO DE VILLAVICENCIOS KATHOLISIERTE NEU-AUFLAGE VON HYPERIUS' *DE RECTE FORMANDO*

Wenn hier im Anschluß an die Schrift des Hyperius auf ein wenig später erschienenes gleichnamiges Werk eines katholischen Autors verwiesen wird, so nicht allein des konfessionellen Proporzes wegen, sondern hauptsächlich um ein für unseren Zusammenhang bedeutsames Kuriosum der Theologiegeschichte zur Sprache zu bringen: 1565 erschien eine

---

Marburger Problemen der Theologen und besonders des Hyperius mit Kollegen aus der rechtswissenschaftlichen Fakultät vgl. DERS., *Briefe*, 22 - 25.

[26] Vgl. etwa wieder die summarischen Angaben bei Surgant, zit. KISCH, 327 - 329. Es zeigt sich hier zudem, daß es sich nicht um den „praktisch karakter van de theologie" (VAN 'T SPIJKER, 37) handelt, sondern um eine andere Abteilung der Ausbildung zum kirchenleitenden Amt.

[27] Vgl. HYPERIUS, *De recte formando*, 444.

von dem spanischen Augustinertheologen Lorenzo de Villavicencio[28] inhaltlich geringfügig bearbeitete und lediglich mit seinem Namen gezeichnete Ausgabe der oben besprochenen Hyperius-Schrift.[29] Es besteht hier keinerlei Anlaß zu polemischem oder apologetischem Moralisieren angesichts des offenkundigen Plagiates.[30] Von Bedeutung ist allein, inwiefern Villavicencio das ihm vorliegende Original bearbeitet und was er mit der Publikation unter seinem Namen beabsichtigt hat. Ist zur ersten Fragestellung zu sagen, daß die Eingriffe in den Text äußerst geringfügig waren[31] und daß vor allem der systematische Aufbau des Werkes unverändert blieb, so wird man im Falle der zweiten mit Vermutungen auskommen müssen.[32] Angesichts der Offenkundigkeit der Übereinstimmung, verbunden mit gelegentlicher Nennung des Namens des Hyperius im Text, bleibt m.E. nur die Version denkbar, daß Villavicencio die Gesamtanlage der theologischen Studien, wie Hyperius sie vorgeschlagen hatte, als auch für den Bereich katholischer Theologie sinnvoll und gültig betrachtete und keine andere Möglichkeit sah, die Verbreitung dieses

[28] Vgl. Art. „Villavicencio, Lorenzo de", in: DHEE, Bd. 4 (1975), 2765f.

[29] Noch zu Lebzeiten des Bearbeiters erlebte das zuerst in Antwerpen verlegte Werk eine zweite Auflage (Köln 1575); eine dritte Auflage ist - hg. v. E. FLÓREZ - 1768 in Madrid erschienen; vgl. dort die ausführliche Einleitung des Herausgebers. Vgl. ANDRÉS (1976) 2, 407 - 409, der jedoch mit keinem Wort die wahren Verfasserschaftsverhältnisse anspricht. Lediglich am Ende der Darstellung findet sich ein versteckter Hinweis: „Villavicencio trabajó en los Países Bajos (1558 - 1560) y conoció las preocupaciones metodológicas de calvinistas y luteranos. Qué interesante resultaría compararlas!" (Ebd., 409)

[30] Zu diesem Problemfeld vgl. KRAUSE (1977), 140f. Immerhin ist zu erwähnen, daß Villavicencio selbst in der Titelei lediglich von *restitutio*, nicht von eigener Verfasserschaft sprach. Insgesamt wird es weder sinnvoll noch möglich sein, die eindeutigen Abhängigkeitsverhältnisse herunterzuspielen (so FOLGADO FLÓREZ) oder sie gar nicht erst anzusprechen (so Art. „Villavicencio, Laurent de", in: DSp, Bd. 16 [1994], 780f.); ein abgewogenes, dennoch eindeutiges Urteil zu dieser Frage bietet - zusammen mit der teilweise äußerst entlegenen Literatur - DOMÍNGUEZ REBOIRAS, 346 - 351, v.a.: 349f.

[31] Nur solche Passagen wurden abgeändert, die für katholische Leser allzu anstößig gewesen wären, so etwa die zur Fehlbarkeit auch der ökumenischen Konzilien (vgl. HYPERIUS, *De recte formando*, 599 mit VILLAVICENCIO, *De recte formando*, 463; dort sich die einleitende Bemerkung: „tantum abest ut verum sit quod Hyperius dixit", ein Hinweis, der übrigens in der 2. Aufl. getilgt ist; vgl. dort: 599) oder die Aufzählung der Konzilien (HYPERIUS, ebd., 605 verfolgt diese von Nizäa bis Basel, während VILLAVICENCIO, ebd., 474f. letzteres in Florenz enden läßt; für nicht nötig hat er es dagegen offenkundig erachtet, die Liste durch das Lateranense V und das Tridentinum zu ergänzen; auch in der 2. Aufl. von 1575 geschieht dies nicht; vgl. dort: 605).

[32] Hilfreich zu wissen ist immerhin, daß Villavicencio noch weitere Werke protestantischer Autoren bearbeitet und herausgegeben hat, die auch im Titel als solche gekennzeichnet waren; vgl. Art. „Villavicencio, Lorenzo de", in: DHEE, Bd. 4 (1975), 2765f. Auch im Falle des hier beschäftigenden Werkes hat Villavicencio sich, wie gesagt, nicht explizit als Autor ausgegeben: Spricht er in der Titelei der Erstausgabe von einer *restitutio*, so in der Zweitauflage von *collectio et restitutio*.

Buches im katholischen Raum zu fördern, als eben die beschriebene Weise.[33]

Auf die inhaltlichen Aspekte des Buches ist in diesem Falle natürlich nicht nochmals einzugehen; bedenkenswert bleibt jedoch, daß hier ein Werk, das eine konfessionell ausgerichtete Theologiegeschichtsschreibung bis in die Gegenwart als wichtigen Baustein der Entwicklung und Entfaltung protestantisch-theologischer Methodologie reklamiert[34], im Jahre nach dem Tod seines Verfassers und in einer Epoche konfessioneller Abgrenzung und Konfrontation als Publikation eines durchaus gegenreformatorisch gesinnten katholischen Theologen erscheinen und auf dem katholischen Buchmarkt Erfolg haben konnte. Zudem hat im Verlauf der Geschichte der Theologischen Enzyklopädie auf katholischer Seite Villavicencio eine vergleichbare Funktion eingenommen wie Hyperius auf evangelischer.[35]

3.3 DIE ENZYKLOPÄDISCHE BIBLIOTHEKSORDNUNG ALS STRUKTURIERENDES VORBILD: CONRAD GESNER

Eine der vielseitigsten Gestalten des Humanismus im deutschsprachigen Raum, der Schweizer Arzt und Polyhistor Conrad Gesner, ist der Wissenschaftsgeschichte neben zahlreichen biologisch-medizinischen Werken vor allem durch seine *Bibliotheca universalis* bekannt.[36] In ihr trägt er

[33] Daß Villavicencio sich der Hindernisse bewußt war, darf bei einem Mitarbeiter der Inquisition vorausgesetzt werden.

[34] Vgl. zuletzt HUMMEL, 728f. sowie FARLEY, 50f.; dort wird Villavicencio im Catholica-Anhang (68 Anm. 12) zwischen Latomus und Canisius eingereiht, ein Hinweis auf den Zusammenhang mit Hyperius erfolgt nicht; dieser hätte ja wohl auch die einleitende Wertung zu allen drei Autoren („As we would expect, there is in the sixteenth and seventeenth centuries a Roman Catholic literature of the study of theology. It tends to continue the medieval criticism of scholasticism.") in Frage gestellt.

[35] Martin Gerbert, der also bereits vor der klärenden Einleitung zur 3. Aufl. des Werkes um die Verfasserverhältnisse wußte, schreibt etwa im Zusammenhang der Bedeutsamkeit kirchenhistorischer Studien für die Theologie von einer „monitio, quam LAURENTIUS A VILLAVICENCIO post HYPERIUM dedit." (GERBERT, 109) Seine diesbezüglichen Kenntnisse könnten evtl. durch Du Pin vermittelt sein (zu dessen Haltung zu Hyperius und Villavicencio s.u. 6.2).

[36] Als neueste, die ältere Forschung weitgehend zusammenfassende Literatur ist hier ZEDELMAIER zu nennen, eine Dissertation, die - so der Untertitel - „Das Problem der Ordnung des gelehrten Wissens in der frühen Neuzeit" an der idealtypischen Entgegensetzung von *Bibliotheca universalis* (Gesner) und *Bibliotheca selecta* (Possevino) untersucht. Die dort erhellten literargeschichtlichen Zusammenhänge (*De-viris-illustribus*-Traditionen, mittelalterliche Enzyklopädien etc.) und methodisch-terminologischen Fragen (*loci communes, tituli, partes* etc.) müssen hier daher nicht mehr im einzelnen angegangen werden. Eigentümlich fremd bleiben Zedelmaier jedoch theologische Fragestellungen; auch ist der bei MILT gegebene bahnbrechende Hinweis auf Gesners Bedeutung für die Theologische Enzyklopädie nicht berücksichtigt. Kurz vor Zedelmaiers Schrift (und für

nach teils gängigen, teils von ihm selbst erfundenen enzyklopädischen
Ordnungsprinzipien die gesamte, ihm direkt oder indirekt erreichbare
Literatur in Form einer Universalbibliographie zusammen. Während er
in einem ersten Band, der eigentlichen *Bibliotheca*, der alphabetischen
Reihenfolge der Autorennamen folgt, stellt deren zweiter Band, der den
Titel *Pandectarum sive partitionum universalium libri XXI* trägt, Gesners
primäre, über die reine Sammlertätigkeit hinausgehende originäre Lei-
stung dar.[37] Bereits auf dem Titelblatt gibt er in einem Grußwort *ad
lectores* die diesem Werk zugrunde liegende Konzeption zu erkennen:
„Secundus hic Bibliothecae nostrae tomus est, totius philosophiae et
omnium bonarum artium atque studiorum locos communes et ordines
universales simul et particulares complectens ... ut quisque sibi pro studiorum suorum usu id acommodet. Licebit enim studiosis quicquid us-
quam memoratu dignum legendo occurret, facile huc in suos quasi nidos
recondere, unde suo tempore rursus depromant."[38] Mit der von ihm
derart strukturierten Bibliographie will der Verfasser also nicht nur einschlägige literarische Hinweise zu jedem ihm denkbaren wissenschaftlichen Thema geben, er will den Leser zugleich zu eigener Weiterarbeit
aufgrund der so vorstrukturierten 'Bibliothek' animieren. Zu eigenen
Studien sind nach Gesner nicht nur „vocabularia et indices"[39] hilfreich;
diese entfalten ihren Nutzen ja nur dann, wenn der Benutzer bereits
bedeutsame Begriffe und einschlägige Autoren kennt. Wer sich aber
innerhalb eines Wissensgebietes erst einmal zu orientieren beabsichtigt,
dem tut eine nach Sachbereichen geordnete Bibliographie not.[40] Bei deren
Erstellung kann Gesner auf eine bis auf die Antike zurückreichende
enzyklopädische Tradition ausgreifen, die das gesamte Gebiet des arti-
stisch oder szientifisch Erfaßbaren in - oft auch graphische - Schemata
gliederte, wie etwa die *arbores scientiarum*.[41] Dieses in seiner einzelnen

ihn daher leider nicht mehr benutzbar) erschien das diese Lücke schließende Werk von
LEU, *Conrad Gesner als Theologe*, das wiederum nicht den allgemein-literargeschichtlichen
Horizont von Zedelmaiers Untersuchung aufweisen kann. Als neueste Gesamtdarstellung
der Geschichte der Bibliographie ist SERRAI zu nennen, der Gesner ein Kapitel monogra-
phischen Ausmaßes widmet (vgl. ebd., 2, 209 - 404); auch seine Untersuchungen sind
offenbar parallel zu den zuvor genannten entstanden; hier findet sich auch eine Abteilung
zum theologischen Teil der *Pandectae*, die jedoch - wie auch der größte Teil der sonstigen
Darstellung - lediglich den Inhalt referiert (vgl. ebd., 2, 392 - 403).

[37] Der Einfachheit halber wird hier der Kurztitel *Bibliotheca* für den ersten, 1545 erschienenen Band und *Pandectae* für den zweiten, 1548 erschienenen, benutzt. Der die
Theologie betreffende Teil der *Pandectae*, also deren *Liber XXI*, erschien 1549 separat
unter dem Titel *Partitiones Theologicae;* er wird hier nach dieser Separatausgabe zitiert.

[38] GESNER, *Pandectae*, Titelblatt.

[39] GESNER, *Pandectae*, *3(r) (= praefatio).

[40] Allerdings heißt das nicht, daß Gesner mit seinem Werk absolute Anfänger im wissenschaftlichen Geschäft im Auge hätte: vgl. hierzu die ausdrückliche gegenteilige Äußerung in GESNER, *Pandectae*, *4(v).

[41] Vgl. WEISHEIPL (1965).

Ausführung oftmals recht unterschiedlich geformte, seiner Idee nach aber einheitliche Modell einer differenzierten Einheit allen Wissens hatte jedoch bislang - und dies gilt auch für dessen Fortführung durch mittelalterliche, oftmals theologische Schriftsteller - keine Anwendung auf die christliche Theologie gefunden. Diese stand nach allgemeiner Auffassung diesem einheitlichen, meist mit dem Sammelbegriff 'Philosophie' belegten Wissensbereich deutlich abgehoben gegenüber: Ihre aus göttlicher Offenbarung stammende Erkenntnis widerstand gerade dem universalen Systemzusammenhang philosophischen, also der Anstrengung autonomer menschlicher Nachforschung entstammenden Wissens. Conrad Gesner ist, soweit ich sehe, in der Tat der erste, der die Theologie zum einen in dieses alte enzyklopädische Schema einfügt[42] und sie zum anderen selbst als einzelnen Wissensbereich nach Maßgabe dieses Modells aufgliedert. Daß Gesner sich der Ungewohntheit dieses Vorgehens durchaus bewußt ist, belegt schon die Einführung seiner „ad lectorem praefatio, in qua docetur quid theologia cum aliis artibus ac philosophia commune habeat: et quod hic liber a praecedentibus novendecim separari non debeat."[43]

Die interne Gliederung theologischen Wissens erfolgt nun zunächst durch eine Zweiteilung in einen zusammenfassenden Begriff theologischen Studiums *(theologiae integrae studium),* der in methodischer Hinsicht eine propädeutische *(isagogicum)* und eine biblische Abteilung unterscheidet, sowie eine Betrachtung einzelner Sach- oder Gegenstandsbereiche der Theologie *(theologiae studium per partes).* Letztere beinhaltet der Reihe nach metaphysische, ethische, ekklesiologische, kontroverstheologische und historische Fragestellungen sowie einen Anhang zu sonstigen, nicht einzeln klassifizierten Gebieten.[44] Um naheliegende Fehlschlüsse zu

[42] Dies allein wäre noch nicht revolutionär; klar unterschieden und intern ungeteilt tauchte die christliche Theologie auch vorher schon in enzyklopädischen Schemata auf; dies gilt übrigens bereits für die nicht-biblische, meist *theologia philosophica, theologia gentilium* u.ä. genannte Teildisziplin der Metaphysik: Auch sie erfuhr in diesen enzyklopädischen Texten keine weitere Aufgliederung.

[43] GESNER, *Partitiones theologicae,* a3(r). Der unumschränkte Vorrang der Theologie wird ebd. dennoch ausdrücklich gelehrt: „Frustra igitur philosophantur, quicunque vel absque theologia nostra (sic illam appello ut a philosophica discernam) ad rerum contemplationem quamvis accedunt"; von der Theologie könne daher gesagt werden, „eam permultam habere communia cum scientiis caeteris, a quibus tamen ipsa nihil accipit, sed de suo communicat." In der Gliederung des Werkes bildet die Theologie zwar den krönenden Abschluß; dies darf allerdings nicht so gedacht werden, daß sie sachlich oder methodisch auf die übrigen Wissenschaften angewiesen wäre. Die Wertung dieser Versicherungen dürfte im einzelnen nicht leichtfallen: Es ist jedenfalls nicht ausgeschlossen, daß es sich hierbei um Salvationsklauseln handelt, die dem übergreifenden enzyklopädischen Wissensbegriff und seiner uniformen Wissenschaftsschematik kaum entsprechen.

[44] Vgl. die Übersicht in GESNER, *Partitiones theologicae,* a5(r-v); zumindest in der Reihung der ersten Sachbereiche wird deutlich, daß sich die Gliederung erneut am überkommenen, von Aristoteles inspirierten Schema der Enzyklopädien orientiert, das die Philosophie in einen theoretischen und einen praktischen Teil sowie diesen wiederum in einen ethischen und einen politischen untergliederte. Vgl. zu Gesners eigener Rezeption

vermeiden, sollte hier gleich zu Beginn darauf geachtet werden, daß die
biblische 'Abteilung' der Theologie nicht als von deren 'dogmatischen'
oder 'praktischen' Teilen unterschiedene Einzeldisziplin eingeführt wird,
sondern als methodische Charakteristik der gesamten eigentlich theologischen Arbeit, die lediglich von der Einführung in die Theologie abgehoben wird.[45] Dem widerstreitet nicht die Tatsache, daß Gesner diesem
theologiae studium biblicum durchaus eigene Inhalte zuweist: Diese sind
eben methodisch-hermeneutischer Art und entsprechen nach heutigem
Wortgebrauch am ehesten der sog. Biblischen Einleitung. Das schließt
jedoch gerade ein, daß die gesamte, später nach Sachbereichen untergliederte Theologie aufgrund - hermeneutisch erhobener und geläuterter -
biblischer Kenntnisse betrieben werden muß. Um es nochmals auf unsere
Fragestellung zugespitzt zu formulieren: Es gibt bei Gesner keine *theologia biblica* als eigenständiges theologisches Fach neben anderen Disziplinen; vielmehr beinhaltet die von ihm umrissene biblische Abteilung
seiner Gliederung hermeneutische und literargeschichtliche Einleitungsfragen einer Theologie, die als ganze biblisch zu sein hat.

Diese biblische Theologie, die als solche mit christlicher Theologie,
also der *theologia nostra* als ganzer zusammenfällt, kann in ihrem nun
nicht mehr methoden- sondern sachbezogenen Hauptteil nach thematischen Einzelbereichen untergliedert werden; die Übernahme des bereits
genannten aristotelischen Modells bietet hierbei zunächst einmal die
Möglichkeit, auch in der Theologie metaphysische, ethische und auf das
Gemeinwesen bezogene, hier somit ekklesiologische Fragestellungen zu
unterscheiden. Eine weitere, wiederum an Aristoteles orientierte Distink-
tion ordnet die Gegenstände des ersteren Bereichs nach dem Maß ihrer
Geistigkeit: So kommen Gott, die Engel und die Menschen zur Sprache.
Die Anlage der Ethik primär als Tugend- und Lasterlehre sowie des
studium ecclesiasticum als Abfolge von ekklesiologischen, sakramententheologischen, liturgischen und staatskirchenrechtlichen Themen bieten
in unserem Kontext keine neuartigen Gesichtspunkte. Daß die anschließende Häresien- und Schismenkunde der kirchengeschichtlichen Abteilung vorangestellt wird, darf dagegen erstaunen.[46] Die *Partitiones theologicae* enden mit einem unspezifizierten Abschnitt, der, nach literarischen

---

dieses Schemas seine zwischen dem Index und dem eigentlichen Textbeginn auf einem
unpaginierten Blatt abgedruckte Übersicht zur Gesamtanlage der *Partitiones*, v.a. die der
Bucheinteilung entsprechenden nn. 15 - 18 (= Metaphysik - Politik) sowie die dort ebenfalls vollzogene grundsätzliche Zweiteilung in *artes vel scientias praeparantes et substan-
tiales.*

[45] Gegenstand dieser Propädeutik sind nach Gesner Fragen nach einem allgemeinen
Begriff von Theologie, Religion und Glaube sowie nach zusammenfassenden Darstellungen des Glaubensinhaltes in Form von Summen und Sentenzen - namentlich derjenigen
des Petrus Lombardus und der sich auf sie stützenden Kommentarliteratur -, aber auch
Katechismen und Glaubensbekenntnissen; vgl. GESNER, *Partitiones theologicae,* a5(r).

[46] Von ihr wird daher unten noch die Rede sein.

Gattungen geordnet, in die obige Systematik nicht recht einzuordnende Schriften verzeichnet.

Mit letzterem kommen wir auf einen für die Beurteilung von Gesners erstaunlichem Werk äußerst bedeutsamen Gesichtspunkt zurück: Zwar handeln die genannten Abschnitte jeweils von einer Abteilung theologischen Studiums, dieses *studium* selbst ist jedoch durch und durch charakterisiert als Aufnahme vorhandenen Bildungsgutes in der Form eigener Lektüre. Die Sammlung Gesners zielt keineswegs auf ein Curriculum akademisch-theologischer Ausbildung, sondern auf einen geordneten bibliothekarischen Zugriff auf für jeweils bestimmte Fragen einschlägige Literatur; deren Anordnung wird weitgehend von außertheologischen Gliederungssystematiken übernommen; diese Übernahme geschieht zwar bewußt, ist jedoch an keiner Stelle mit der Entfaltung eines spezifischen Theologiebegriffs verbunden, der eine besondere Aufteilung nach Fach- und Sachbereichen von sich aus erfordern würde: Gesner ist eben doch kein Theologe, sondern ein - allerdings höchst gebildeter und origineller - Bibliothekar (auch) theologischer Literatur.

Einzugehen ist nun noch kurz auf einen Sachverhalt, der in der Forschung zu Recht hervorgehoben, m.E. jedoch in seiner Bedeutung falsch beurteilt wird: Gesner nennt unter der von ihm verzeichneten Literatur häufig und ohne jeden abwertenden Beigeschmack die Sentenzen des Petrus Lombardus;[47] dies ist für einen Zürcher Autor reformierten Bekenntnisses im 16. Jahrhundert in der Tat erstaunlich. Allerdings geht die gelegentlich diagnostizierte Übereinstimmung mit diesem Klassiker der Scholastik keinesfalls so weit, daß man sagen könnte, das Schema der Gliederung theologischer Sachbereiche gehe auf dieses Vorbild zurück:[48] Ein Vergleich zeigt, daß lediglich ein Aspekt der Grobgliederung, nämlich derjenige der Nachordnung der Lehre über die Kirche und die Sakramente gegenüber der Ethik, dem vermeintlichen Ahnherrn folgt, ein Aspekt, der jedoch keineswegs ein Spezifikum der Stoffanordnung des Petrus Lombardus darstellt: Solche Spezifika jedoch - z.B. die Lehre von den Engeln am Beginn der Schöpfungslehre, der Anschluß der Ethik an die Christologie oder die Schlußstellung der Eschatologie - sind bei Gesner gerade nicht übernommen.

Bevor nun Gesners Begriff von der Gestalt der Theologie abschließend nochmals kurz zusammengefaßt wird, ist eine im Werk selbst an eher marginaler Stelle auftauchende Unterscheidung zu erwähnen, die hierfür hilfreich sein dürfte: An der Nahtstelle von *studium theologiae polemicum* und *studium theologiae historicum* findet sich ein Hinweis, der geeignet ist, die eher eigentümliche Vorrangstellung der Polemik zu begründen:

---

[47] Vgl. etwa GESNER, *Partitiones theologicae*, 43*(v)*. 44*(v)* u.ö.

[48] Vgl. die entsprechende Behauptung in zurückhaltender Form bei MILT, 584 - 586, sowie deren Aufnahme und erweiterte Fassung bei LEU, 229 - 231. Zur Stoffanordnung in den *IV libri sententiarum* vgl. COLISH (1994) 1, 77 - 84.

Hier vollzieht Gesner nämlich eine grundlegende Trennung derjenigen Bereiche, die in das eigentliche Lehrgebäude der Theologie gehören, das er hier denn auch „didacticam theologiae partem"[49] nennt, von denjenigen, eben primär durch die kirchengeschichtlichen Quellenwerke und Forschungen repräsentierten, die seiner Ansicht nach nicht zur inhaltlichen Bestimmung theologischer Sachfragen, sondern lediglich zu deren Veranschaulichung beitragen können.[50]

Nochmals sei vorausgeschickt: Gesner ist im strengen Sinn kein Theologe, und seine *Partitiones theologicae* stellen von ihrer Absicht her keinen Beitrag zur theologischen Methodologie dar, sondern wollen lediglich die vorhandene Bücherfülle, die nun eben auch theologische Werke einschließt, so ordnen, daß Bildungshungrigen der Weg zu einschlägigen Schriften abgekürzt und ihnen zugleich ein Raster angeboten wird, in den sie selbst entdeckte weitere Literatur eintragen können. Dennoch stehen hinter diesen überaus technischen Absichten Gesners ein die Theologie vereinnahmender Wissens- bzw. Wissenschaftsbegriff sowie eine Vorstellung von der inneren Gliederung der Theologie, die vermutlich eher am theologischen Bücherangebot als an der akademischen Wissenschaftspraxis gewonnen wurden, die jedoch im bisherigen methodologischen Schrifttum so noch nicht präsent waren. Deren Grundzüge bestehen in der Überzeugung, daß sich die eingeführte enzyklopädische Schematik der Differenzierung in einzelne Wissensbereiche und diesen zugeordnete Disziplinen nutzbringend auch auf die Theologie anwenden läßt, daß etwa innerhalb einer Grobgliederung in einen methodisch-formalen Einleitungs- und einen materialen Hauptteil weitere Differenzierungen nach Vorbild der philosophischen Fächer möglich sind sowie daß unter den Quellen der Theologie die biblischen die gesamte Theologie zu prägen haben, die historischen dagegen lediglich zu erläuternd-illustrativen Zwecken herangezogen werden können. Die eigentliche theologische Arbeit besteht jedoch in der, nach dem Vorbild mittelalterlicher Sentenzensammlungen und Summen sowie zeitgenössischen *Loci-theologici*-Modellen geordneten, Bearbeitung der christlichen Lehre in ihren Sachgebieten, entweder als zusammenfassende Darstellung oder als Verteidigung gegenüber deren Bestreitern. Nimmt man diese zuletzt genannten Elemente für sich, so ließen sie sich mühelos bei anderen, teils erheblich früheren Autoren ebenfalls belegen. Im Kontext einer systematischen Gesamtordnung theologischen Wissens und Forschens sind sie in der Theologiegeschichte vor Gesner, soweit ich sehe, noch nicht begegnet. Nicht einmal die Zeitgenossen, auch nicht die in persönlichem Umgang mit dem Verfasser stehenden, scheinen diese Novität wahrgenom-

---

[49] Der Terminus *pars* wird hier also sehr unspezifisch gebraucht.
[50] Vgl. GESNER, *Partitiones theologicae*, 136(r): „Hactenus didacticam theologiae partem tractavimus ... Nunc historicam aggredimur, quae et ipsa exemplorum ratione doctrinae nonnihil continet."

men zu haben: Bullinger etwa war mit Gesner befreundet, Hyperius wußte zumindest um dessen Existenz.[51] Vermutlich wurde die potentielle methodologische Tragweite eines durch einen Naturwissenschaftler angefertigten reinen Schriftenverzeichnisses nicht einmal erahnt.

„Vielleicht das einzige, sicher aber das erste Werk, das damals [= Zeitalter des Humanismus] von protestantischer Seite über systematische-theologische Enzyklopädie erschienen ist, stammt merkwürdiger Weise nicht von einem Theologen, sondern von einem vor allem als Naturforscher und Bibliographen hervorgetretenen Polyhistor, dem Zürcher Conrad Geßner".[52] Machen wir einige Abstriche - weder kann von einem Werk 'über' Enzyklopädie die Rede sein noch gar von einem 'systematisch-theologischen' -, so trifft diese Wertung, die Milt bereits 1948 in der theologiegeschichtlich zweifellos einschlägigen Zeitschrift *Zwingliana* veröffentlichte, sicherlich den Sachverhalt. Allerdings darf man sich dadurch nicht verleiten lassen, die Übereinstimmung mit späteren Theologiemodellen als allzu groß zu betrachten: So kann man nicht sagen, daß Gesner hier „die Theologie in fünf Hauptabteilungen ein(teilt): 1. Bibelexegese, 2. spekulative Theologie, 3. praktische Theologie, 4. polemische Theologie und 5. historische Theologie".[53] Wie schon gezeigt, ist das *studium theologiae biblicum* bei Gesner eben keine eigene *pars theologiae*, sondern eine integrale Bestimmung der Theologie, die lediglich hermeneutische Kenntnisse erfordert, die man in einer Art theologischer Grundausbildung erwirbt. Bei der hier als 'praktische Theologie' angesprochenen Abteilung handelt es sich um einen Oberbegriff für die Fragen der Ethik, der Ekklesiologie, der Sakramente u.v.a.m. Zwar besteht diese Zusammenfassung zu Recht, insofern Gesner die Anordnung der genannten Stoffbereiche dem praktischen Teil der Philosophie parallelisiert und, wie dieser in Ethik und Politik gegliedert ist, die Lehre von der Kirche und ihren Sakramenten als Theologie des kirchlichen Gemeinwesens der Theologie des Handelns eines christlichen Individuums folgen läßt; allerdings verzichtet Gesner in seiner Gliederung auffallenderweise auf den derart zu erwartenden Gebrauch dieses Oberbegriffs des 'Praktischen' für die genannten Bereiche.[54] Zudem müßte bezüglich des heutigen Begriffsgebrauchs hinzugefügt werden, daß sich die lange später entstandene 'Praktische Theologie' eben nicht auf dieses Gebiet des (nach Aristoteles) 'Praktischen' insgesamt, sondern lediglich auf den Bereich kirchlichen Handelns bezieht. Der erstere, ethische Teil dagegen wird vielmehr

---

[51] Vgl. LEU, 46. 227f. u.ö. Übrigens erwähnt auch Gesner Bullingers Schrift zum Theologiestudium, die er durch diesen persönlichen Kontakt hätte kennen können, nicht; umgekehrt gibt es etwa in *De recte formando* des Hyperius keinerlei Verweis auf Gesner.

[52] MILT, 577. In den genannten Darstellungen bei HUMMEL und FARLEY wird auf Gesner mit keinem Wort hingewiesen.

[53] MILT, 582.

[54] Vgl. GESNER, *Partitiones theologicae*, a5(r-v).

durchweg der Systematischen Theologie zugeordnet.[55] Zwar entspricht die Aufgabenverteilung nach zusammenhängender Darstellung christlicher Lehre über Glaube und - individuelles wie kirchliches - Leben und deren nach außen gerichtete Verteidigung gegen Anders- und Ungläubige durchaus altehrwürdigen Vorbildern,[56] die klar gegliederte Trennung in verschiedene *partes theologiae* geht, trotz weitgehend sich deckender sachlicher Fragestellungen, deutlich über das Bisherige hinaus und reflektiert offenkundig die kirchengeschichtlichen Zeitumstände.[57]

Wieweit Gesner hiermit eigene Ideen der Theologiereform verbunden oder überhaupt bewußt das theologische Wissen einer ihm so noch nicht vorliegenden Neustrukturierung unterzogen hat, kann hier nicht geklärt werden. Immerhin läßt sich darauf verweisen, daß er - nachdem die Erstausgabe des zweiten Bandes seiner *Bibliotheca universalis* aus arbeitstechnischen Gründen die letzten beiden Bücher (Medizin und Theologie) noch nicht enthalten hatte - zunächst das letzte, die theologische Literatur betreffende Buch anging, eine Tatsache, die die eigentümliche Spätfolge hatte, daß das Buch über die Medizin - Gesners eigenes Fach - nie mehr zustande kam. Der rezeptionsgeschichtliche Befund, daß selbst Autoren, die nachweislich um Gesners Person und Werk wußten, sich in keiner Weise auf das von ihm vorausgesetzte Theologiekonzept beziehen, mahnt jedoch zur Vorsicht: Gesner könnte selbst die von ihm geschaffene oder übernommene, jedenfalls benutzte Ordnung im Feld literarisch zuhandenen theologischen Wissens lediglich als bibliothekarische Systematik betrachtet haben; diese Sicht der Dinge dürfte zumindest bei seinen Lesern vorgeherrscht haben. Eine weiterreichende Wirkungsgeschichte der *Partitiones theologicae* ist nur schwer auszumachen;[58] so gehört dieser Text in keiner konfessionellen Gruppe zu den immer wieder aufgeführten Traditionszeugen, wenn es um die Geschichte der Theologischen Enzyklopädie geht, ein Umstand, der sich bis in die Gegenwart durchgehalten hat. Wenn dennoch nach einer für diese Geschichte bleibenden Bedeutung dieses Werkes gesucht werden soll, dann in dem bloßen Faktum, daß man bereits um die Mitte des 16. Jahrhunderts und noch dazu im reformierten Kontext das theologische *Wissen* einer ebenso außertheologischen wie formalen Systematik unterwerfen konnte, die einer erst später aufgebrachten Differenzierung des theologischen *Studiums* schon äußerst ähnlich sah, diese aber dennoch nicht unmittelbar inspiriert zu haben scheint. Die Gültigkeit seiner Systematik selbst entnahm denn auch Gesner nicht dem theologischen Studienbetrieb seiner Zeit, vielmehr hielt er die Übertragung eines philosophisch-enzyklopädischen

---

[55] So auch MILT, 582, der allerdings einschränkend bemerkt: „Es ist aber nicht unbedingt sicher, daß hier gegenüber Geßner wirklich ein Fortschritt erzielt worden ist."

[56] Vgl. etwa THOMAS VON AQUIN, *S.th.* I q.1 a.8.

[57] Ähnliches wird unten 3.4.6 zur jesuitischen *Ratio studiorum* zu sagen sein.

[58] Zu einem versprengten Rezeptionszeugnis s.u. 6.2 im Abschnitt über Du Pin.

Gliederungsschemas auf die Theologie angesichts seiner offenkundigen Anwendbarkeit auf die vorliegende theologische Literatur für legitim. Bedeutsam ist nicht zuletzt, daß hier auch einer der wenigen Schnittpunkte allgemein-enzyklopädischer Tradition mit der Geschichte Theologischer Enzyklopädie zu verzeichnen ist; um so eigentümlicher ist das Ausbleiben einer literarisch nachweisbaren Wirkung dieses Zusammentreffens zweier formell getrennter, aber quasi unterirdisch verknüpfter Projekte. Daß sich Autor und Werk außerhalb fachtheologischer Zusammenhänge bewegen, dürfte für ersteres symptomatisch und für letzteres verantwortlich sein.

3.4 DIFFERENZIERTE THEOLOGENAUSBILDUNG ZWISCHEN KATHOLISCHER REFORM UND GEGENREFORMATION: DIE *RATIO STUDIORUM* DER GESELLSCHAFT JESU

Unter den hier zu behandelnden Texten ist derjenige, dem wir uns nun zuwenden, zweifellos der wirkungsgeschichtlich bedeutsamste und bildungsgeschichtlich erfolgreichste: Der in mehreren Phasen von Entwurf, Kritik und Neufassung erarbeitete und 1599 verabschiedete Text einer für alle Ausbildungsstätten der *Societas Jesu* gültigen und alle dort gelehrten Fachrichtungen umfassenden Studienordnung bestimmte - von wenigen Änderungen abgesehen - den Lehrbetrieb der jesuitischen Bildungsanstalten im 17. und 18. Jahrhundert bis zur Aufhebung des Ordens. Hinzu kommt, daß die Jesuiten nicht nur selbst einen wesentlichen Teil namentlich der universitären Bildungseinrichtungen katholischer Gebiete personell besetzten, sondern durch diese beherrschende Position auch Ausbildungspläne und -institutionen nichtjesuitischer Provenienz beeinflußten, zumal auch im bildungspolitischen Umfeld alles Jesuitische sich als mit unmittelbarer päpstlicher Billigung, wenn nicht Befürwortung, präsentieren konnte. Dies alles gilt verstärkt für den spezifisch theologischen Bereich innerhalb dieser Studienordnung: Kein anderes Konzept vor den theresianisch-josephinischen Studienreformen des späten 18. Jahrhunderts kann für sich in Anspruch nehmen, die Organisation katholischer Theologenausbildung ähnlich einschneidend und erfolgreich geprägt zu haben, wie dies für die jesuitische *Ratio* zutrifft. Völlig konkurrenzlos steht dieses Unternehmen zudem in der zeitlichen Erstreckung seines Einflusses da. Lediglich der vorneuzeitlichen, in ihrer Allgemeinheit mit den detailgenauen Bestimmungen der jesuitischen jedoch kaum vergleichbaren Studienordnung der Pariser theologischen Fakultät kann ein ähnlicher Rang innerhalb der Theologiegeschichte zugesprochen werden. Letzteres gilt wohl sogar unter Einbeziehung der Ausbildungspläne im evangelisch-theologischen Bereich.

3.4.1 Einführende Hinweise zur Entstehung und Entwicklung

Zwar ist hier nicht der Ort, die äußerst verflochtenen Linien, die zur endgültigen Fassung einer *Ratio atque institutio studiorum societatis Iesu* geführt haben, auch nur zu skizzieren. Es muß hier lediglich auf Aspekte hingewiesen werden, die unsere Fragestellung berühren.[59] Hierzu gehört vor allem der grundlegende Wandel in der literarischen Gattung, den die entsprechenden Texte von ihrer ersten offiziösen Version (1586) bis zu ihrer definitiven Verabschiedung (1599) durchlaufen haben.[60] Während nämlich die erste, als Grundlage einer Befragung im gesamten Orden beschlossene und versandte Fassung die einzelnen Fächer und deren Abteilungen in zusammenhängenden Texten nach Zielsetzung und Ausformung beschreibt, geht die auf die Rückmeldungen aus den Provinzen eingehende *Ratio* von 1591 zu einer Textgestalt über, die in ihrer Gliederung nicht mehr primär an den Fächern und Fachabteilungen, sondern nun an der ordensinternen Funktionsverteilung innerhalb des Studienbetriebs orientiert ist. Nutzt man die im Titel aller drei Versionen enthaltenen beiden Elemente zu einer Unterscheidung, so könnte man sagen, daß die erste Fassung mehr den Aspekt der *ratio,* die nachfolgenden Fassungen mehr den der *institutio studiorum* im Auge haben.[61] Dies führt inhaltlich zu einer wesentlichen Reduktion programmatischer Äußerungen, ein Sachverhalt, der die Gewichtung von Verschiebungen und die Interpretation namentlich der späteren Fassungen erschwert; deren rechtliche Gestalt läßt den konzeptionellen Hintergrund weitgehend im Dunkeln. Umgekehrt veranlaßt manche vollmundig-programmatische Formulierung der Version von 1586 - gerade auf dem Hintergrund der nachfolgenden Fassungen - zu Vermutungen über tiefgreifende Wandlungen in

---

[59] Sieht man von dem Sammelband von BRIZZI ab, so enthält die umfangreiche, durch die Jubiläen der vergangenen Jahre in ihrer Produktion noch angeheizte Sekundärliteratur zur Geschichte und Pädagogik der Jesuiten allgemein keine neuen Einsichten zur hier verhandelten Fragestellung; dies gilt - um nur Werke aus den letzten Jahren zu nennen - etwa für O'MALLEY; GIARD (1995); DIES./ DE VAUCELLE (1996).

[60] Benutzt wird die maßgebliche Textausgabe im 5. Band der *Monumenta Paedagogica Societatis Iesu* (= MPSI), der die von L. LUKÁCS neu erstellte kritische Edition der Textfassungen von 1586, 1591 und 1599 enthält. Dort finden sich auch eine Bibliographie (ebd., XXV - XXVI) und eine entstehungsgeschichtliche Einführung (ebd., 1* - 34*). Im folgenden werden für die o.a. Versionen die Kürzel R 1586, R 1591 und R 1599 benutzt; die jeweilige Seitenzahl in der Edition von LUKÁCS wird hinzugefügt. Die beiden folgenden Bände der o.g. Reihe (MPSI 6 u. 7) enthalten wichtige Dokumente zur Entstehung und Rezeption der *Ratio* aus der Zeit von 1582 - 1616, die Bände MPSI 1 - 4 solche aus der Vorbereitungsphase 1540 - 1580. Texte aus diesen Werken werden mit Reihenkürzel, Band- und Seitenangabe zitiert. Zu diesen Fassungen und deren Vorformen vgl. die materialreichen Studien von MANCIA (1985; 1992). Informative Überblicke zur Entstehung der *Ratio* bieten außerdem LABRADOR HERRAIZ' Einleitung zur Edition von GIL: *Sistema Educativo,* 17 - 58, sowie ZANARDI.

[61] Der Untertitel des Beitrags von ANSELMI: „dalla 'pedagogia' al 'governo'", skizziert, aus etwas anderer Perspektive, ebendiesen Wandel.

der studienorganisierenden Absicht, die so vermutlich gar nicht stattge-
habt haben. Insgesamt ist für unsere Fragestellung der internen Gliederung der einen Theologie in verschiedene Disziplinen festzuhalten, daß,
trotz des geschilderten literarischen Wandels sowie trotz einiger nicht
unerheblicher Verlagerungen in der Akzentsetzung, die grundlegende
Struktur des theologischen Studiums, oder besser gesagt: der theologischen Ausbildung, in allen drei Fassungen die gleiche bleibt. Die Darstellung kann sich daher hier gleichermaßen auf die wirkungsgeschichtlich
bedeutsamste Endfassung stützen wie auf die programmatisch ausführlichere Erstfassung. Die dazwischenliegende Version wird dagegen nur
gelegentlich herangezogen, da sie primär entstehungsgeschichtlich von
Bedeutung ist.

3.4.2 Die Gliederung des Theologiestudiums

Innerhalb der das theologische Studium betreffenden Abschnitte der
Ratio werden regelmäßig drei Abteilungen behandelt, und diese in
gleichbleibender Reihenfolge: *De scripturis, De scholastica theologia* sowie
De casibus conscientiae. Zwei weitere Abteilungen finden entweder nicht
durchweg Erwähnung *(De controversiis)* oder werden an unterschiedlichen Stellen genannt *(De lingua hebraea).*[62] Der hierdurch bei späteren
Lesern erweckte Eindruck, es handele sich bei diesem Konzept um die
Gliederung der einen Theologie in biblische, dogmatische, moral- und
kontroverstheologische Disziplinen,[63] täuscht jedoch. Zunächst ist festzuhalten, daß nicht alle einer hier strukturierten theologischen Ausbildung Unterworfenen all diese Fächer studieren: Während manche etwa
nicht an den scholastisch-theologischen Lehrveranstaltungen teilnehmen,
hören andere beispielsweise keine kontroverstheologischen Vorlesungen.
Grundsätzlich müssen zwei Gruppen, oder besser: Klassen von Studenten
unterschieden werden, die mit den gelegentlich gebrauchten Termini
scholastici[64] und *positivi*[65] gekennzeichnet werden können.[66] Während die -

---

[62] Während z.B. R 1586 folgendermaßen reiht: *De scripturis, De scholastica theologia, De
controversiis, De casibus conscientiae, De lingua hebraea* (vgl. ebd., 43 - 94), fällt ab R 1591
De controversiis aus der allgemeingültigen Studienordnung heraus; die entsprechenden
Vorlesungen sind nur noch für Studenten solcher Länder vorgesehen, die unmittelbar mit
aus der Reformation hervorgegangenen Konfessionen konfrontiert sind (vgl. ebd., 334 -
337). *De lingua hebraea* wird später - allerdings erst in R 1599 - am sinnvolleren Ort, also
im Anschluß an *De scripturis* gehandelt (vgl. R 1599, 358).
[63] So etwa noch MANCIA (1985), 28: „Restringendo l'analisi alla normativa per gli studi
teologici, la Ratio tratta di essi in quattro sezioni, una per ognuna delle discipline di cui
essi constano: Scrittura, teologia scolastica, controversie, casi di coscienza (teologia morale)."
[64] Vgl. z.B. R 1599, 442, ein Terminus, der noch heute im Jesuitenorden in Gebrauch ist.
[65] Vgl. R 1586, 85.

durch herausragende Leistungen in den philosophischen Vorstudien hervorgetretenen - ersteren allein ein vollständiges Theologiestudium absolvieren, das sich in allen Fällen mit der Heiligen Schrift und der *Summa theologiae* des Thomas von Aquin befaßt, begnügen sich die übrigen[67] mit einer für die pastorale Tätigkeit unabdingbaren Kenntnis in biblischen und konkreten moralischen Fragen.[68] Eventuell können die biblische Unterweisung sowie die kasuistische Schulung für beide Gruppen gemeinsam durchgeführt werden.[69] Diese Zweiteilung beruht jedoch auf einer tieferliegenden Unterscheidung zwischen pastoraler Ausbildung und theologischem Studium. Zur pastoralen Ausbildung gehören eben Kenntnisse, die für die Kanzel und den Beichtstuhl vonnöten sind. Diese Kenntnisse müssen daher von allen künftigen Priestern gefordert werden. Der Theologie selbst jedoch wenden sich nur die Begabteren zu; im entsprechenden Studium werden sie vor allem zu künftigen theologischen Lehrern und Schriftstellern ausgebildet. Zu diesem eigentlich theologischen Studium gehört daher nicht die Kasuistik, wohl aber der sich mit Fragen menschlichen Handelns befassende Teil der scholastischen Theologie; ebenso zählt hierzu nicht die vorwiegend praktisch orientierte kontroverstheologische Grundausbildung; vielmehr werden die zwischen den Konfessionen strittigen Lehren auch innerhalb der scholastischen Theologie behandelt. Dies alles aber bedeutet, daß die Auffächerung des theologischen Studiums, wie sie in der *Ratio* vorliegt, sich weitgehend mit dessen traditioneller Gestalt zur Deckung bringen läßt: Auch hier werden nur die Heilige Schrift und - als uniformierende Auswahl aus den lehrhaft-systematischen Darstellungen theologischer Sachfragen - die *Summa* des Thomas behandelt. Spekulative und praktische Fragen bleiben im Zusammenhang und auch am Leitfaden der Gliederung der *theo-*

---

[66] Zur Gliederung und Unterscheidung der beiden Studiengänge vgl. insgesamt THEINER, *passim;* die von ihm benutzte Terminologie (*cursus minor* bzw. *maior:* vgl. ebd., 110) scheint in der Gesellschaft Jesu zwar gebräuchlich, der *Ratio* aber noch nicht zeitgenössisch zu sein; hinsichtlich der Funktion der Moraltheologie in beiden Ausbildungsformen vgl. zudem ANGELOZZI.

[67] Vgl. R 1599, 360: Wer sich im Philosophiestudium als lediglich mittelmäßige Begabung erweist, wird anschließend nicht zur Theologie zugelassen, sondern *ad casus* geschickt.

[68] Vgl. R 1586, 85. In beiden Fällen kommt für die *transalpini* oder *ultramontani* eine kontroverstheologische Schulung hinzu. Vgl. auch R 1591, 335 - 337; die endgültige Fassung R 1599 nennt keine eigene kontroverstheologische Abteilung mehr, vermutlich deshalb, weil sie keine Regelungen aufnehmen wollte, die nicht für die ganze *Societas Jesu* gelten.

[69] Vgl. R 1591, 278 sowie R 1599, 359. R 1586 schrieb dagegen vor, daß die Scholastiker „nihil de casibus, nisi quae audiunt in scholastica" (ebd., 85) hören sollten. Auch der biblische Teil des Studiums in R 1586 scheint kaum für *positivi* geeignet (vgl. ebd., 43 - 47).

logia tripartita des thomanischen Werks vereint.[70] Von den ideologischen Voraussetzungen des mittelalterlichen Theologiestudiums hebt sich die *Ratio* jedoch insofern ab, als sie - was in der akademischen Praxis wohl weithin auch früher schon der Fall war - nun die Identität von eigentlicher Theologie und Auslegung scholastisch-theologischer Texte weitgehend festschreibt. Das begleitende Schriftstudium wird - nach anfänglichem, humanistisch inspiriertem Überschwang - nahezu völlig auf eine bloße Kenntnis der biblischen Texte und Aussagen reduziert, während deren theologische Relevanz erst bei der Behandlung der einzelnen Quaestionen bedacht wird. Setzt man das Theologiestudium nach dem Begriff der jesuitischen *Ratio* in ein unmittelbar ableitendes Verhältnis zum mittelalterlichen, bis Anfang des 16. Jahrhunderts etwa in Paris praktizierten,[71] so könnte man sagen, daß jene das einstmalige theologische Grundstudium - dieses bestand ja aus der Lektüre von Heiliger Schrift und Sentenzen, welche von noch nicht promovierten Theologen geleitet wurde - nun zum Hauptstudium erhebt.[72] Dies ist sicherlich im Kontext

---

[70] Vgl. R 1586 (überarb. Fassung), 168; dieser Terminus meint hier weder die klassische, seit der Spätantike geläufige Einteilung noch eine Unterteilung der Theologie in separate Disziplinen; er bezeichnet hier lediglich die drei *partes* der *Summa* des Thomas.

[71] Vgl. FARGE (1985), 7 - 54.

[72] Eine parallele Entwicklung ist universitätsgeschichtlich in Löwen nachweisbar, wo ab 1546 zwei von Philipp II. zusätzlich zum vorhandenen Lehrpersonal eingesetzte *professores regii* nun die Bibel- und Sentenzen-Vorlesungen zu halten haben. Auch hier handelt es sich nicht, wie DE JONGH, 226 meint, um eine Aufhebung des „savoir encyclopédique" im Bereich theologischer Lehre, vielmehr werden die bisher von 'Doktoranden' gehaltenen Lehrveranstaltungen nun von fest bestallten Professoren übernommen. Daß dies ähnliche Hintergründe hat wie in der jesuitischen *Ratio,* wird durch die Tatsache verdeutlicht, daß derselbe König 1567 zudem einen *professor regius* für Katechese sowie 1596 einen weiteren für die Auslegung der thomanischen *Summa* ernennt. Ab 1617 liest in Löwen der *senior* der Professoren der scholastischen Theologie über die *partes* I und III der *Summa,* die pars II wird von deren *junior* vertreten (vgl. zu den genannten Daten: *Université de Louvain,* 118); letztere Regelung weist dann bereits auf die nächste Epoche der Binnendifferenzierung des Theologiestudiums voraus. Vorbilder für eine Einrichtung von Bibellehrstühlen im Unterschied von solchen der scholastischen Theologie gibt es allerdings in Spanien, namentlich in Salamanca (vgl. ANDRÉS [1976] 1, 29f.); dabei ist jedoch darauf hinzuweisen, daß es sich hier ebenfalls um eine erst im 15. Jahrhundert wirklich nachweisbare Einrichtung handelt, die an anderen spanischen Fakultäten kaum Nachahmung fand; selbst in Alcalá, wo die Bibelphilologie besonders gepflegt wurde, sah deren Gründer Cisneros gerade keinen eigenen Bibellehrstuhl vor, wohl aber je einen für die drei großen scholastischen Schulrichtungen (vgl. ebd., 1, 36; so waren die Verhältnisse noch zu der Zeit, als Ignatius dort studierte; vgl. hierzu auch die umfangreiche Cisneros-Biographie von GARCÍA ORO 2, 233 - 501, v.a.: 357f. 434 - 438, die jedoch in den hier interessierenden Fragen keine neuen Perspektiven eröffnet); auch in Salamanca selbst wurde das Lehrpersonal keineswegs um Vertreter weiterer theologischer Disziplinen erweitert, sondern um Repräsentanten dieser Schulen, hinter denen v.a. bestimmte Ordensgemeinschaften standen (vgl. ANDRÉS [1976] 1, 30). All dies läßt erkennen, daß man in den Lehrstühlen und ihrem Lehrangebot nicht theologische Fächer umschreiben, sondern lediglich verschiedene autoritative Zeugnisse aus Schrift und Tradition repräsentiert sehen wollte. Wenn Pozo bei der Aufteilung in „due cattedre, Prima e Vespri, per la

dessen zu sehen, daß allgemein im Bereich katholischer Reform eine
sachlich reduzierte und methodisch konzentrierte Theologenausbildung
gefordert wird, die nicht mehr nur eine wissenschaftsinterne Diskussion,
sondern eine auf weitere kirchliche Kreise wirksame Stärkung kirchlicher
Lehre befördern können soll.[73] Dies geschieht einerseits durch eine Erweiterung und 'Theologisierung' der Ausbildung des Seelsorgsklerus,
andererseits durch eine Straffung und stärkere pastorale Orientierung der
Schulung professioneller Theologen.

3.4.3 Die einzelnen theologischen Fächer

3.4.3.1 De scholastica theologia

Zunächst ist hier einschränkend zu sagen, daß es auch für die jesuitische *Ratio* im strengen Sinn nur ein einziges theologisches Fach, eine
einzige Theologie, nämlich die scholastische gibt. Für sie allein kann
daher auch der absolute Begriff *theologia* wechselweise gebraucht werden.[74] Sie wird - dies hatte sich in den langwierigen Debatten während der
Entstehung der *Ratio* herauskristallisiert - in enger, wenn auch nicht
sklavischer Anlehnung[75] an Methode, Aufbau und Inhalt der *Summa* des
Thomas unterrichtet und ist innerhalb eines vierjährigen Studiums zu
absolvieren. Somit umfaßt sie alle inhaltlichen, spekulativen wie praktischen Fragen der Theologie, zumindest soweit letztere nicht die konkrete
Kasuistik betreffen. Ihre Zielsetzung besteht darin, „solidam disputandi
subtilitatem ita cum orthodoxa fide ac pietate coniungere, ut huic in
primis illa deserviat."[76]
    Wenn daher, wie schon gesagt, in der scholastischen Theologie sich die
eigentliche Aufgabe des Theologen erfüllt, so wird dennoch verschiedentlich deutlich, daß hiermit das theologische Geschäft noch nicht hinreichend erfaßt ist. Ausgegangen wird hier von einer, wenn schon nicht

teologia con un'altra cattedra diversa per la Sacra Scrittura" als „lo schema medievale di
organizzazione accademica ben conosciuto e documentato" spricht (POZO, 18), so trifft
dies weder den Sachverhalt im allgemeinen, noch die unmittelbaren Vorbilder jesuitischer
Studienordnung - Alcalá und Paris - im besonderen. Zu Alcalá und Paris zur Studienzeit
des Ignatius vgl. GARCÍA VILLOSLADA (1986), 270 - 342 sowie die Beiträge von SUQUIA,
FARGE und MARGOLIN in: PLAZAOLA.
    [73] Vgl. z.B. die Hinweise auf die Trienter Reformbeschlüsse bei THEINER, 67 - 71 und
VEREECKE, 495 - 508.
    [74] Vgl. R 1586, 48; R 1599, 358 u.ö., wo Ausdrücke wie *tota theologia, theologia* sowie
Derivate hiervon auf die scholastische Theologie synonym angewandt werden.
    [75] Vgl. die Rede vom *doctor proprius* sowie die ausnahmsweisen Abweichungen von
seinem Vorbild in R 1599, 386. Zur aus späterer Sicht doch recht kontroversen Debatte
um den Thomismus während der Abfassung der *Ratio* vgl. MANCIA (1985; 1992), *passim*
sowie ANDRÉS [1976] 1, 189 - 192.
    [76] R 1599, 386.

notwendigen, so doch höchst sinnvollen Arbeitsteilung, die sich in der
Form weiterer theologischer oder wenigstens theologienaher Fächer
realisiert. Die Vertreter der scholastischen Theologie werden daher angewiesen, Fragestellungen, die in solchen weiteren Disziplinen hinreichend abgehandelt werden können, im eigenen Lehrbetrieb zurückzustel-
len; hierzu gehören die unmittelbar textbezogene Kommentierung der
Heiligen Schrift, spezifisch kontroverstheologische Probleme, soweit sie
nicht notwendigerweise in der Thomas-Kommentierung angesprochen
werden müssen und rein philosophische wie kasuistische Fragen.[77] Daraus
ergibt sich der Kanon der übrigen Fächer im Gebiet theologisch-
pastoraler Ausbildung: Während die Philosophie generell zu den Vorstudien gehört, verbleiben hier die Bereiche *De scripturis, De controversiis*
und *De casibus conscientiae.*

3.4.3.2 De scripturis

„Omni sane contentione conandum videtur, ut divinarum Scripturarum studium, quod apud nostros parum viget, excitetur atque efflore-
scat. Ad id enim nos hortantur exempla sanctorum patrum, qui semper
utilius atque honestius esse putarunt in Scripturas, quam in tot quaestiones incumbere; et Deum audire loquentem per prophetas et apostolos
suos, quam in nostris cogitationibus ac speculationibus consenescere."[78]
Diese gleichermaßen schwungvolle wie selbstkritische Passage, die vollinhaltlich sowie bis in die Formulierung hinein auch bei einem eras-
misch geprägten Autor stehen könnte, leitete in der ersten Fassung der
Ratio den Abschnitt *De scripturis* ein. Sie war zugleich eine der ersten
Formulierungen, die der Überarbeitung weitgehend zum Opfer fielen.[79]
Aber auch in der ursprünglichen Fassung war das Schriftstudium trotz
der Vollmundigkeit dieser Ankündigung nicht als selbständiges, der
scholastischen Theologie autonom oder gar kritisch gegenüberstehendes
Unternehmen konzipiert. Seine Bedeutung ergab sich allein in Ausrichtung auf diese hin: „Ex iis [= scripturis] enim desumendae sunt veritates,
in quibus explicandis scholastici versantur".[80] Dennoch scheint der im
engeren Sinn theologische Anteil am biblischen Unterricht zunächst
etwas großzügiger bemessen gewesen zu sein.[81] Zunehmend aber geht es
den Verfassern der *Ratio* darum, jede theologische Eigenständigkeit der

---

[77] Vgl. R 1599, 387f.

[78] R 1586, 43.

[79] Vgl. bereits R 1586 (überarb. Fassung), 163, die allerdings immer noch, wenn auch
leisere, scholastikkritische Anmerkungen enthält (vgl. ebd.). Durch den Wechsel in der
literarischen Gattung konnten derartige programmatische Formulierungen in den weiteren Fassungen nahezu völlig übergangen werden.

[80] R 1586, 43.

[81] R 1586, 44 - 46; allerdings wird auch hier schon einschränkend gesagt, der *interpres
Scripturae* dürfe nur „breve et non more scholastico" die sich ihm ergebenden Fragestellungen behandeln (ebd., 46).

exegetischen Abteilung zu verhindern. Hiermit verbunden ist die Beschränkung auf den Literalsinn; dieser darf der in der kirchlichen Lehre
üblichen Interpretation ebensowenig widersprechen wie dem offenkundigen Sinn, „quem vulgata editio latina reddit evidenter."[82] Die endgültige
Fassung, der generell an einer klaren Aufgabentrennung viel zu liegen
scheint, schreibt dies fest und verstärkt diesen Eindruck noch: So wird
der *professor Sacrae Scripturae* ausdrücklich angewiesen, seine Fragestellungen „non scholastico more" anzugehen, überhaupt bei einzelnen
Schriftstellen nicht zu lange zu verweilen und eventuell auftretende
kontroverstheologische Probleme höchstens darstellen, nicht aber selbst
lösen zu wollen. Alles soll jedenfalls so geschehen, „ut instituti sui me-
mor nihil aliud, quam Sacras Litteras docere videatur."[83] Etwas zurückzu-
treten scheint auch - bei allem bleibenden gegenreformatorischen Impetus
der gesamten *Ratio* - die Motivation der Schriftstudien aus dem Wettstreit
mit der reformatorischen Theologie: War die erhöhte Notwendigkeit
eigener biblischer Studien sowie deren Ausbau und Vertiefung in der
Fassung von 1586 ausdrücklich mit dem Geist der Zeit begründet worden, der die Gläubigen, von der scholastischen Theologie weg, hin zur
Schrift rufe und dem man somit eine eigene, aus der Bibel selbst erhobene, zeitgemäße Antwort entgegenzusetzen habe,[84] so reduziert sich die
antireformatorische Aufgabe des Bibelinterpreten zusehends auf den
bloßen Nachweis der Möglichkeit der traditionellen kirchlichen Auslegung.[85]

Zu beachten bleibt - trotz dieser Abtrennung und theologischen Mar-
ginalisierung der Bibelexegese - dennoch die Tatsache, daß gerade für die
Vertretung dieses Faches eine herausragende Qualifikation gefordert
wird: In den *regulae* für den Provinzial wird diesem in Erinnerung gerufen, daß er für das Amt des Lehrers der Heiligen Schrift nur solche Kan-
didaten auswählen solle, von denen gesagt werden kann, sie seien „non
solum linguarum peritos (id enim maxime necessarium est), sed etiam in
theologia scholastica, ceterisque scientiis, in historia, variaque eruditione
et, quoad eius fieri potest, in eloquentia bene versatos."[86] Angesichts der
in theologischer Hinsicht recht reduzierten Aufgabe des Unterrichts in
der Heiligen Schrift sind dies erstaunlich hohe Anforderungen. Sie treten
zu dem bereits genannten Faktum hinzu, daß es sich bei dieser Lehrauf-

---

[82] So schon R 1591, 326 mit Hinweis auf das entsprechende Trienter Dekret. Vgl.
ebenso: R 1599, 383f.

[83] R 1599, 384. Einen anderen als den buchstäblichen Sinn einer Stelle soll er nur erwähnen, wenn dieser offenkundig ist; ansonsten genüge der Verweis auf die Auslegung
der Kirchenväter.

[84] Vgl. R 1586, 43.

[85] Vgl. z.B. die eigentümliche Formulierung: „Quin etiam, si quod est fidei dogma,
quod fere quamplurimi patres aut theologi e Scripturis probare contendunt, id ipse
probari inde posse non neget." (R 1599, 384)

[86] R 1599, 357. Vgl. auch unten 3.4.5 die von Maldonado gestellten Forderungen.

gabe nicht mehr, wie dies an den Universitäten im Mittelalter der Fall war, um eine Durchgangsstufe auf dem Weg zum eigentlichen theologischen *magisterium*, sondern um eine dauerhaft von einem Spezialisten zu vertretende Funktion handelt.[87] Zwei verschiedene Strömungen können hier als Hintergrund vermutet werden: Zum einen erfordert es die gegenreformatorische Stoßrichtung des gesamten Projektes, daß man gerade im biblischen Bereich, der ja als am meisten umkämpft erscheinen muß, auf die kompetentesten und zuverlässigsten Kräfte zurückgreift; zum anderen kann hierin aber auch ein nicht völlig ausgeglichener Restbestand des ursprünglich deutlich humanistisch inspirierten Ansatzes gesehen werden - zwei Hypothesen, die sich, angesichts des vielfach von Kompromissen geprägten Textes, wechselseitig nicht ausschließen müssen.[88]

3.4.3.3 De casibus conscientiae

Die im herkömmlichen Sinne 'praktischen' Fragestellungen der Theologie, also diejenigen, die nicht so sehr auf das Erkennen, sondern auf das Handeln des Menschen bezogen sind, wurden in der kirchlichen Ausbildung schon seit langem unterschiedlich und in verschiedenen Abteilungen behandelt:[89] Zum einen innerhalb der 'scholastischen' Gesamtdarstellungen der Theologie selbst, die sich ja, wenn auch an unterschiedlichen Stellen ihres Aufbaus, immer auch mit den nächsten und letzten Zielen menschlichen Handelns sowie mit den Mitteln befaßte, jene zu erreichen. Ein zweiter Ort der Beschäftigung mit menschlichem Handeln im Kontext von christlicher Religion und Kirche war das kanonische Recht. Seit es sich zu einem eigenen, wenn auch nicht völlig von der Theologie unabhängigen Bereich akademischen Wissens entfaltet hatte, versuchte es, den äußeren und öffentlichen Bereich des Handelns der Christen zu bedenken und zu regeln. Hierdurch grenzte es einerseits an den allgemeinen Bereich juristischer Wissenschaft, andererseits an die Theologie,

---

[87] Dieser Sachverhalt unterscheidet dieses Konzept auch von der durch die reformatorische Konkurrenz hervorgerufenen stärkeren, v.a. auch stärker institutionalisierten Präsenz biblischer Vorlesungen durch *magistri* (z.B. in Paris) seit den dreißiger Jahren des 16. Jahrhunderts; vgl. FARGE (1985), 52.

[88] Auch in R 1586 waren ja beide Elemente bereits eng miteinander verknüpft: vgl. ebd., 43. Nicht völlig ausgeschlossen muß dabei das Vorbild etwa Salamancas werden, das - allerdings unabhängig von diesen die *Ratio* prägenden Zeitströmungen - eine Zweiteilung von Bibel- und scholastischen Lehrstühlen kannte (s.o. Anm. 72). Jedoch weist die sonstige Prägung der jesuitischen Studienordnung durch Vorbilder, wie etwa Alcalá und Paris, gerade nicht in Richtung Salamanca.

[89] Vgl. den hilfreichen Überblick bei THEINER, 37 - 96. Gegenüber seiner grundlegenden Unterscheidung von 'spekulativer' und 'praktischer Moraltheologie' (vgl. ebd., 39 - 55) ist allerdings die von ihm offenbar parallel gebrauchte von 'wissenschaftlicher' und 'mehr volkstümlicher Sittlichkeitslehre' (vgl. ebd., 43 Anm. 23) vorzuziehen, da nach mittelalterlichem Theologieverständnis die Theologie als Wissenschaft selbst entweder als ganze oder doch zumindest teilweise 'praktisch' genannt wird. Eine 'spekulative Moraltheologie' wäre für diesen durchgängigen Begriffsgebrauch somit ein hölzernes Eisen.

namentlich deren ekklesiologische und sakramententheologische Sachbereiche. Ein drittes Feld der Normierung oder Beurteilung menschlichen Handelns in der Kirche, das sich zwischen dem kanonistischen und dem theologischen Bereich entfaltete und der Sache nach Anteil an beiden Disziplinen hatte, bildete sich im Rahmen der sakramentalen Buß- und kirchlichen Rechtsprechungspraxis: Hier entstanden zunächst die Bußbücher, später dann die Pönitential-Summen, die die entsprechende pastorale Praxis bestimmen sollten. Letztere waren naturgemäß primär auf konkrete Fälle menschlichen und kirchlichen Handelns hin orientiert.

Die Studienordnung der Jesuiten weicht in dieser Hinsicht nur wenig vom Herkömmlichen ab: Sie sieht vor, daß die grundlegenden Fragen der Begründung und Bestimmung christlicher Moral im Rahmen der scholastischen Theologie, näherhin bei der Behandlung der *secunda secundae* der thomanischen Summe angegangen und beantwortet werden. Hier hören die Studenten von den „praecipua fundamenta moralium".[90] Klar davon unterschieden wird diejenige Abteilung der Ausbildung, die sich mit den „casus particulares"[91] befaßt; sie wird demnach *de casibus conscientiae* betitelt, ihre Lehrer - aber auch ihre Hörer - werden *casistae* genannt.[92] Zwar ist auch in diesem Zusammenhang des öfteren von einer Wissenschaft bzw. einem Studium die Rede;[93] dennoch ist damit keineswegs gesagt, es handele sich hierbei um einen Teil des *Theologie*studiums oder der Theologie als Wissenschaft.[94] Schon die erste Fassung, die, wie gezeigt, immer noch am deutlichsten bemüht ist, die verschiedenen Sparten der Ausbildung zueinander in Beziehung zu setzen, trennt hier bereits klar: Die *casus*-Professoren sollen sich davor hüten, in den Bereich scholastischer Fragestellungen einzudringen; ihr Ziel soll es sein, „ut confessari-

---

[90] R 1586, 52; vgl. auch R 1599, 388: Hier ist die Rede von den „rerum moralium principiis, de quibus disputari theologico more solet."

[91] R 1586, 52; vgl. R 1599, 388. Moore unterscheidet daher sachlich richtig, allerdings terminologisch anachronistisch zwischen *moral especulativa y prática* (vgl. MOORE, 231f.).

[92] Vgl. R 1586, 52; R 1591, 277. Zu beachten ist hierbei, daß - wie ja der Terminus *casus* schon sagt - das gesamte Gebiet eher in der Nähe des Kirchenrechts als der Theologie anzusiedeln ist: Da jedoch - auch hier waren wohl spanische, wiederum jedoch 'antisalmantizensische' Vorbilder, wie Alcalá, prägend (vgl. ANDRÉS [1976] 1, 23) - das jesuitische Ausbildungsprogramm insgesamt auf einen juristischen Zweig verzichtete, kanonistische Kenntnisse für den künftigen Seelsorger aber als unumgänglich erschienen, mußte eine quasi-kirchenrechtliche, streng pastoral orientierte Ersatz- und Zusatzausbildung geschaffen werden. Die Parallele zu Hyperius' 'praktischer Theologie' (s.o. 3.1) liegt auf der Hand.

[93] Vgl. z.B. R 1586, 89.

[94] Vgl. hierzu die programmatischen Äußerungen bei ANGELOZZI, 123: „cercheremo di dimostrare che tale articolazione della produzione teologico morale dei Gesuiti in un modello scolastico-speculativo ed in un modello casistico-pratico fu funzionale alle diverse esigenze dei *cursus maior* e *minor* ... , per rispondere ai peculiari problemi posti dalla formazione dei professi da una parte e da quella dei coadiutori spirituali e dei sacerdoti secolari educati nei seminari gestiti dalla Compagnia, dall'altra."

us informetur, non theologus."[95] Die ganz auf die pastorale, namentlich die Beichtpraxis ausgerichtete Schulung ergänzt zwar die allgemeinen moraltheologischen Fragestellungen der scholastischen Theologie durch die Behandlung konkreter Anwendungsfälle; dennoch ist sie nicht einmal primär für die *scholastici* gedacht. Alle, die in der Gesellschaft Jesu einen priesterlichen Dienst ausüben wollen, müssen sich dieser Ausbildung unterziehen,[96] vor allem aber ist an diejenigen gedacht, die - weil sie später ausschließlich auf pastoralem Gebiet eingesetzt werden sollen - überhaupt nicht im eigentlichen Sinne Theologie studieren.[97] Bei den parallel zu den Vorlesungen stattfindenden Repetitionen sind im übrigen auch die im Kolleg wohnenden, bereits amtierenden Priester zur Teilnahme aufgefordert, da die pastorale Tätigkeit einer begleitenden Weiterbildung bedarf.[98]

3.4.3.4 De controversiis

Daß die *Ratio* hier - bei aller durchgängigen antiprotestantischen Ausrichtung - nicht an einen integralen Bestandteil des Theologiestudiums denkt, wird schon dadurch deutlich, daß die Vorlesungen dieser Abteilung von Beginn an nur für diejenigen bestimmt waren, die aus Ländern stammten bzw. in solchen zum Einsatz kommen sollten, deren Kirche konfessionell gespalten war.[99] Zudem war dieses Fach nicht einmal für alle Studenten aus diesen Gegenden in gleicher Weise bestimmt: Während die nur mittelmäßig Begabten, die ja keine scholastische Theologie hörten, die entsprechenden Vorlesungen ihre gesamte vierjährige Ausbildung hindurch zu hören hatten, mußten die *scholastici* erst in der zweiten Hälfte ihrer Ausbildung an diesen Veranstaltungen teilnehmen.[100] Dies erklärt sich nicht zuletzt von daher, daß dieser Teil des Studiums nicht als wissenschaftlich-theologische Disziplin, sondern als gezielte Vorbereitung für gegenreformatorisch wirkende Prediger gedacht war.[101]

Es ist angesichts dieser für die Gesellschaft Jesu lediglich partikularen Bedeutung dieser Thematik auch nicht weiter verwunderlich, daß die Anweisungen für den Unterricht in Kontroversfragen in den späteren Fassungen zunehmend in den Hintergrund treten: In der *Ratio* von 1591 werden sie in einen separaten Teil, der nur für die *ultramontani* Gültigkeit hat, ausgegliedert,[102] die definitive Fassung scheint gelegentlich einen

---

[95] R 1586, 91; vgl. R 1599, 277.

[96] Es ist daher nicht völlig zutreffend, zu sagen: „Lo studio dei casi come insegnamento istituzionale è ormai riservato ai casisti" (ANGELOZZI, 158).

[97] Vgl. dazu unten den Exkurs (3.4.4).

[98] Vgl. R 1591, 277; R 1599, 359.

[99] Vgl. R 1586, 85: „Retineatur haec lectio Romae pro ultramontanis." Vgl. ebd. Anm. 2: „Hoc est, pro alumnis Collegii Germanici et Anglorum."

[100] Vgl. R 1586, 85.

[101] Vgl. R 1586, 86.

[102] Vgl. R 1591, 334 - 337.

solchen Unterricht zwar ebenfalls vorauszusetzen, beschreibt ihn selbst jedoch nicht mehr.[103]

3.4.4 Exkurs: *positivi* und *theologia positiva*

Es ist hier nicht der Ort, die Suche nach Herkunft und Bedeutung des Terminus *theologia positiva* und seiner Derivate auch nur ansatzweise aufzunehmen; dennoch kann für die künftige Untersuchung dieser Begrifflichkeit zumindest soviel beigetragen werden, wie die Texte der jesuitischen *Ratio studiorum* selbst sowie solche aus deren unmittelbarer Umgebung es erlauben. Zweifellos ist nämlich der entsprechende Begriffsgebrauch dort prominent, und die Kenner der Texte scheinen sich auf eine - wie ich meine, unzutreffende - Bestimmung von dessen Bedeutung festgelegt zu haben.

Theologia positiva wird sowohl in Anmerkungen zur kritischen Edition der Texte der *Ratio* als auch in neueren bedeutsamen Untersuchungen zu diesen Dokumenten als eine Sparte der einen Theologie verstanden, die unter Rückgriff auf Heilige Schrift und kirchliche Tradition diejenigen Grundlagen legt, von denen die spekulative oder scholastische Sparte dann ausgeht und die sie weiter rational zu durchdringen sucht.[104] Dies mag ein eventuell schon im 16. Jahrhundert existierendes, späterhin

---

[103] Vgl. z.B. R 1599, 384. 387. Sofern in der scholastischen Theologie nach dem durch die thomanische Summe vorgegebenen Stoffplan kontroverstheologische Fragen auftreten, sind diese natürlich zu behandeln, wobei der theologische Lehrer „scholasticam potius, quam historicam rationem" (ebd., 387) in Anschlag bringen soll. Ob dies bedeutet, daß die *historica ratio* - wie immer diese näher zu fassen wäre - die dem Fach *De controversiis* eigene Argumentationsgestalt ist, wird hier leider nicht deutlich.

[104] Vgl. z.B. die Erklärung im *Index rerum*, s.v.: „*Theologia positiva* - complectitur studium S. Scripturae, conciliorum, controversiarum et canonum." (Ebd., 466) Am Ort, auf den in diesem Kontext verwiesen wird (R 1599, 444), ist zwar von einem solchen Studium die Rede, der entsprechende Terminus fällt aber gerade nicht. Vgl. ebensolche Blindverweise in MPSI 7, 695 auf ebd., 395 oder MPSI 1, 281 Anm. 4 auf ebd., 299. Eine ähnliche, von der vorherigen jedoch leicht abweichende Bedeutung setzt MANCIA (1992) voraus: Nach ihr teilt sich die eine Theologie „nel modo seguente: teologia scolastica, Sacra scrittura e teologia positiva" (ebd., 13, ohne Textverweise); noch etwas deutlicher formuliert sie ebd., 68: „Gli studi teologici sono anch'essi, al loro interno, un corpo complesso, che risulta dall'interazione di tre forze, o se si preferisce, dalle tre diverse componenti della tradizione: biblica e patristica; scolastica; positiva (Chiesa, Concili, Papa)." Die 'klassische' Position wird etwa bei Pozo sichtbar: „si dovrebbe fare in primo luogo la trattazione positiva come base, sulla quali si costruira la riflessione speculativa." (POZO, 19) Allerdings erfassen ihn doch leichte Zweifel: „Nondimeno la terminologia non è ancora completamente stabile" (ebd., 20); ähnlich hatte dies auch THEINER, 106f. gesehen: „Die 'Positive Theologie' war zu dieser Zeit anscheinend ein stofflich nicht genau abgegrenztes Fach." (Ebd., 111 Anm. 34) Konsequenzen daraus ziehen beide jedoch nicht.

Als Überblicksskizze zu Entstehung und Entwicklung des Terminus vgl. meinen Art. „Positive (Théologie)", in: *Dictionnaire critique de théologie*, hg. v. J.-Y. LACOSTE, Paris 1998, 914ff.

jedenfalls gängiges Verständnis spiegeln, in der *Ratio* selbst und in ihrer nächsten Umgebung läßt sich dieser Gebrauch des Begriffs jedenfalls nicht nachweisen; vielmehr ist dort deutlich eine andere Bedeutung vorausgesetzt. Bevor wir diese näher erläutern, muß auf eine berühmte Stelle aus der Feder des Ordensgründers hingewiesen werden, die in diesem Kontext immer wieder angeführt wird und die die oben skizzierte (Fehl-) Interpretation der *Ratio*-Texte vermutlich inspiriert: In der elften der *Regulae* „Ad certe et vere sentiendum in Ecclesia militanti"[105] seiner *Exercitia spiritualia* unterscheidet Ignatius von Loyola zwar nicht zwischen positiver und scholastischer Theologie, jedoch zwischen positiver und scholastischer *doctrina* bzw. entsprechenden *doctores;* beide - so Ignatius - seien zu loben.[106] Während er einerseits angibt, wer zu der jeweiligen Gruppe von Lehrern zu rechnen sei, bestimmt er andererseits die spezifischen Ziele und Wirkungen der beiden Lehrarten: Wirke die erstere - also etwa die eines Augustinus, Hieronymus oder Gregor - vor allem auf die affektiven Vermögen des Menschen, so die letztere - z.B. durch Thomas, Bonaventura oder Petrus Lombardus vertretene - auf dessen kognitive Kräfte.[107] Diese Wirkungen auf den Intellekt werden noch näher spezifiziert: „diffinire res necessarias ad salutem eternam, et impugnare et propalare omnem falsitatem et erroneam doctrinam".[108] Hierzu bedienten sich diese 'scholastisch' genannten Lehrer nicht nur der Heiligen Schrift und der Lehren der genannten Kirchenväter,[109] sondern auch konziliarer und anderer kirchlicher Dokumente. Es ist also keineswegs so, daß es nach diesem ignatianischen Text zwei unterschiedliche Abteilungen wissenschaftlicher Theologie gäbe, eine positive, die die Lehren der Bezeugungsinstanzen der Offenbarung darstellte, und eine scholastische, die ausgehend von diesem lehrhaften Gehalt weitere Denk- und Verstehensanstrengungen unternähme; vielmehr gibt es eine Art von Lehre, die vor allem die Absicht hat, „ad amorem et cultum Dei amplectendum animos movere",[110] während die andere, 'schulmäßige' Lehrart vor allem auf Bestimmung und Abgrenzung des rechten Glaubens nach seiner lehrhaften Seite zielt. Ersteres, so ist dieser Text wohl zu verstehen, ist naturge-

---

[105] *Monumenta Historica Societatis Iesu* (= MHSI) 100, 405 n. 352.

[106] Vgl. MHSI 100, 410f. n. 363.

[107] Dies wird herausgearbeitet bei MANCIA (1992), 4. Nicht verwiesen wird dort auf die weit zurückreichende Tradition: So liegt etwa bei Raimundus Lullus eine gleichsinnige Unterscheidung zwischen *theologia positiva et demonstrativa* vor, die darüber hinaus vermutlich auf arabisch-islamische Wurzeln zurückführt: vgl. LOHR, 24 - 27, unter Verweis auf eigene Studien sowie die vorangehende Untersuchung von S. Garcías Palou.

[108] MHSI 100, 411: So die Versionen von 1541 und 1547; etwas abweichend heißt es in der *Versio vulgata:* „dogmata ad salutem necessaria exactius tradere atque definire, prout convenit suis temporibus et posteris ad errores haeresum confutandos" (ebd., 410).

[109] Diese werden in den Versionen von 1541 und 1547 - in Aufnahme des vorigen - *doctores positivi,* in der *Versio vulgata veteres auctores* genannt: Im Autograph steht „positiuos y sanctos doctores": MHSI 100, 410f.

[110] MHSI 100, 410 *(Versio vulgata).*

mäß eher die Aufgabe der Predigt, während letzteres die spezifisch theologische Aufgabe umschreibt.[111] Auch geht aus dem Abschnitt klar hervor, daß die Beschäftigung mit der gesamten Breite der in Schriftform
vorhandenen Glaubenszeugnisse Aufgabe gerade der 'scholastischen'
Lehre ist, so daß hieraus keinesfalls geschlossen werden kann, deren
Inhalte seien nur der Ausgangspunkt, von dem aus dann mit Hilfe der
Vernunft weitere Schlüsse gezogen würden.[112]

Dieser Text - übrigens die einzige Stelle in den *Exercitia spiritualia,* an
der diese Begrifflichkeit auftaucht[113] - kann gut die spätere, in der jesuitischen *Ratio* gebrauchte Terminologie inspiriert haben.[114] Dort sind es
nämlich die für die Predigt und die Pastoral allgemein Auszubildenden
bzw. die entsprechende Ausbildung selbst, die mit dem Adjektiv *positivus*
gekennzeichnet werden, während die in wissenschaftlicher Weise Theologie Studierenden *scholastici* genannt werden.[115]

Auf eine ganz ähnliche Spur führen auch die zwischen diesem ignati-
anischen Text und der Ausarbeitung der *Ratio* entstandenen *Constitutio-
nes* der Gesellschaft Jesu.[116] Dort ist eine dreifache Unterscheidung gängig:
Das Studium der scholastischen Theologie wird einerseits von dem der
Heiligen Schrift, andererseits von dem der *theologia positiva* abgehoben.[117]
Wenn von Zeugnissen aus Schrift und Tradition die Rede ist, so werden

---

[111] So, wenigstens andeutungsweise, ANDRÉS (1976) 1, 181 - 187, der immer wieder auf
den auf Verkündigung und Seelsorge ausgerichteten Charakter der *theologia positiva*
hinweist; allerdings vermeidet er es, sich klar von der gängigen Interpretation der Terminologie abzusetzen, obwohl dies eindeutig im Gefälle seiner Interpretation läge. Zudem
kann er auf literarische Zeugnisse verweisen, die die hier vorgetragene Deutung stützen:
vgl. ebd., 184f. das Zitat aus dem anonymen Werk *Viaje de Turquía,* das die positive
Theologie von der scholastischen unterscheidet und erstere als „principalmente para
predicatores" kennzeichnet. Zu dieser Schrift sowie ihrer Zuweisung an Andrés Laguna
vgl. BATAILLON (1958).
[112] Gerade auch der scholastische Umgang mit den kirchlichen Glaubenszeugnissen
geschieht nach Ignatius „cum influxu divini luminis" (MHSI 100, 410).
[113] Vgl. den entsprechenden Index: MHSI 100, 773.
[114] Eine unmittelbare literarische und semantische Abhängigkeit ist wohl dennoch
kaum nachzuweisen.
[115] Vgl. z.B. R 1586, 85.
[116] Der Einfachheit halber beziehe ich mich im folgenden auf die *Capita selecta de studiis in Constitutionibus Societatis Iesu,* wie sie in Bd. 1 der MPSI vorliegen.
[117] Vgl. MPSI 1, 217. 281 u.ö. Die Reihung der Abteilungen ist unterschiedlich. Deswegen ist es zwar richtig, aber nicht aufschlußreich, wenn MANCIA (1992), 14 feststellt:
„Mentre infatti Sant'Ignazio negli Esercizi faceva precedere la teologia positiva ... e poi la
scolastica ... , nelle Costituzioni segue un ordine inverso." Sachlich einschlägig wäre dies
nur unter der (von Mancia allerdings gemachten) Voraussetzung, daß beide 'Arten' von
Theologie aufeinander aufbauen; daß dies nicht der Fall ist, zeigen die angeführten und
noch zu nennenden Texte allerdings deutlich. Von der üblichen Deutung abweichend, der
Sache nach aber noch weniger zutreffend, ist die Interpretation, die neuerdings Giard dem
in den Konstitutionen geschilderten Studienaufbau gibt: „Il faudra suivre une progression,
du latin au cycle des arts, des arts à la théologie scolastique, de celle-ci à la théologie
positive" (GIARD [1993], 145).

diese nirgends als spezifischer Gegenstand der positiven Theologie, durchweg jedoch als Grundlagen der scholastischen Theologie genannt.[118] Diese wird - hier ist bereits eine wesentliche Einengung gegenüber dem oben genannten Ignatius-Text vollzogen - ganz an Thomas von Aquin orientiert.[119] Zwar wird die positive Theologie nach Methode und Gegenstand nie eigens definiert, aus den jeweiligen Kontexten geht jedoch hervor, daß sie eben andere *auctores* zur Grundlage hat als die gerade genannten der scholastischen Theologie.[120]

In dieselbe Richtung weist auch ein Text aus der unmittelbaren Nachgeschichte der Diskussion um die *Ratio*.[121] Pedro Ximénez definiert im Jahre 1608 den dreijährigen Kurs der *theologia positiva* ausdrücklich als Veranstaltung „eorum qui scholasticam non audiunt"; dann erläutert er auch den Inhalt dieser Studien näher: „primo ... biennio audiant duas lectiones casuum cum tertia scripturae; tertio autem anno duas controversiarum cum tertia similiter scripturae."[122]

Nachdem wir so die Texte der *Ratio* selbst in Hinblick auf die *theologia positiva* gleichsam eingekreist haben, können wir uns diesen nun direkt zuwenden. Sie geben - wie nicht anders zu erwarten - dieselbe Auskunft: Wer unter den Studenten der 'gymnasialen' Klassen keine überdurchschnittliche Begabung zeigt, wird nicht zur Theologie im eigentlichen Sinne, sondern lediglich „ad casus"[123] zugelassen. Diese Ab-

---

[118] Vgl. etwa MPSI 1, 217. 299. An diesen Stellen wird die Lektüre von Kirchenvätern, Konzilien etc. als notwendiges Fundament scholastischen Theologietreibens beschrieben; dies wird jedoch nirgends mit der positiven Theologie in Verbindung gebracht, die auch sonst nie als Fundament, immer aber als Alternative der scholastischen Theologie erscheint.

[119] Eine Ausnahme bildet MPSI 1, 297, wo der *Magister sententiarum* sowie ein möglicher zukünftiger *alius auctor* als Verfasser einschlägiger Lehrbücher genannt sind. Zur langwierigen Debatte und zur letztendlichen Durchsetzung des thomistischen Monopols innerhalb der scholastischen Theologie der Gesellschaft Jesu vgl. die erhellenden Ausführungen und interessanten Textbelege bei MANCIA (1985), *passim*.

[120] Vgl. MPSI 1, 297. Die in dieser Edition zur Stützung einer anderen als der hier vorgetragenen Interpretation beigebrachten Zitate aus Schriften von Beteiligten an der Abfassung der Konstitutionen weisen m.E. ebenfalls offenkundig in diese Richtung: Vgl. den Hinweis auf Polanco ebd., 281 Anm. 4, wo v.a. die *casus conscientiae*, garniert mit praktischen kirchenrechtlichen Fragen ins Spiel gebracht werden, sowie ebd., 296 Anm. 7, wo ein Zitat von Nadal zeigt, daß die positive Theologie aus *controversiae* und *casus* besteht. In dem Text desselben Autors ebd., 217 Anm. 6, wo von der Lektüre von Schrift und Traditionszeugen (neben Thomas) als Gegenstand der scholastischen Theologie gesprochen wird, fällt dagegen der Terminus *theologia positiva* gerade nicht.

[121] Solche Texte sind in den Bdn. 6 und 7 der MPSI gesammelt; der *Index rerum* für Bd. 7 (ebd., 677 - 695) weist dabei drei Eintragungen zum Stichwort *theologia positiva* aus: Während am ersten und letzten Verweisort (ebd., 395. 655f.) weder das entsprechende Stichwort fällt, noch von dem zugehörigen Sachverhalt die Rede ist, gibt der zweite Verweis hinreichend Auskunft (s.u.).

[122] Beide Zitate: MPSI 7, 653. Die Hörer dieses Fachs werden ebd. als *mediocres, simpliciores* und *mere positivi* bezeichnet.

[123] R 1599, 360. Vgl. zu den Auswahlkriterien THEINER, 210 - 213.

kürzung, die sich von der für alle Priesteramtskandidaten obligatorischen Ausbildung in der Beichtkasuistik ableitet, bedeutet ein theologisches Studium 'zweiter Klasse', das neben jener auf jeden Fall auch für die künftigen Prediger unumgängliche biblische Vorlesungen sowie für von konfessionellen Auseinandersetzungen Betroffene Unterricht in kontroverstheologischen Fragen umfaßt.[124] Die Studenten dieser klar pastoral orientierten Ausbildung werden in den Texten der *Ratio*, die sie meistens nur nebenbei erwähnt, gewöhnlich *casistae*,[125] gelegentlich aber auch *positivi*[126] genannt.

Zusammenfassend kann also gesagt werden, daß es sich bei der *theologia positiva* um einen gängigen, jedoch nicht unbedingt zentralen Begriff im Umfeld der jesuitischen *Ratio* handelt, der eine praktisch orientierte Prediger- und Beichtväter-Ausbildung meint und der eigentlichen, nämlich scholastischen Theologie nicht begründend unter-, sondern alternativ zugeordnet ist. In ihr werden diejenigen Studenten ausgebildet, die keine Befähigung für die wissenschaftliche Theologie erhoffen lassen. Der für deren künftige Tätigkeitsfelder notwendige Unterricht in Auslegung der Heiligen Schrift und Umgang mit konkreten Fällen menschlichen Wohl- und (vor allem) Fehlverhaltens wird in vom Protestantismus 'betroffenen' Regionen durch das Fach *De controversiis* ergänzt. Wie es von diesem hier festgestellten Begriffsgebrauch zu der späteren Bedeutung desselben Terminus kommt, wäre eigener Nachforschung wert, übersteigt aber den Rahmen unserer Untersuchung.[127]

---

[124] Vgl. R 1586, 85. Die einzige etwas abweichende Bestimmung, die zumal die Kontroversfragen von der *theologia positiva* selbst abzuheben scheint, liegt in dem Gutachten von B. Sardi (vgl. MPSI 6, 11f.) vor; dieses ist jedoch terminologisch äußerst unklar und enthält namentlich nicht die erklärenden Hinweise, die MANCIA (1985), 40 Anm. 176, in das Zitat dieser Stelle ohne weitere Kennzeichnung eingefügt hat. Die grundsätzliche Trennung der Ausbildungszweige in *scholastici* und *positivi* steht allerdings auch hier nicht in Frage.

[125] Vgl. R 1586, 90; R 1591, 277f.; R 1599, 359 u.ö.

[126] Vgl. R 1586, 85. Hierbei handelt es sich um den deutlichsten Beleg; der *Index rerum* ebd., 466 enthält zwar ein Stichwort *Theologia positiva*, verweist dort jedoch nicht auf diese Stelle, sondern auf eine andere (R 1599, 444), an der weder der Begriff noch die Sache auftaucht. Daher sei hier die ganze Stelle zitiert: Der Text handelt von den *ultramontani* unter den Studenten: „Quorum duo fiant ordines: unus positivorum, qui quadriennio audiant controversias, casus conscientiae et Scripturam; alter scholasticorum, qui audiant duas scholasticas lectiones, tertiam Scripturae primo biennio, controversiarum in secundo, nihil de casibus, nisi quae audiunt in scholastica."

[127] Ein Hinweis könnte, wie bereits kurz angesprochen, darin bestehen, daß namentlich die kontroverstheologischen Fragen einer in besonderem Maße historischen Bearbeitung bedürfen.

3.4.5 Ein alternativer Entwurf jesuitischer Studienordnung: Juan de Maldonado

Wie schon bei den Konstitutionen, so ging auch bei Abfassung der *Ratio studiorum* der Gesellschaft Jesu der endgültigen Verabschiedung ein umfangreicher Prozeß der Befragung und Debatte voraus. Zahlreiche Korporationen und Einzelpersonen des Ordens trugen hierzu mit Gutachten und Stellungnahmen bei. Diese reichen von Vorschlägen zur Detailkorrektur bis hin zu genereller Kontestation aus dem Geist des Bibelhumanismus.[128] Andere Jesuitentheologen waren in zweifacher Weise am Geschehen beteiligt: Zum einen hatten sie bereits im Vorfeld der Abfassung mit eigenen Entwürfen zur Diskussion beigetragen, anderseits nahmen sie als Kommissionsmitglieder auf die Ausarbeitung der *Ratio* selbst Einfluß. Der bedeutendste unter diesen dürfte der spanische, jedoch überwiegend in Frankreich[129] tätige Theologe Juan de Maldonado sein, der die letzten Jahre seines Lebens in Rom verbrachte.[130]

Schriften, die in diesem Zusammenhang von Bedeutung sind, umfassen Reden zur Eröffnung des Studienjahres, eine kleine Schrift *De constitutione theologiae*[131] - beides Ergebnisse seiner Pariser Lehrtätigkeit in den sechziger und siebziger Jahren des 16. Jahrhunderts - sowie den offenbar im Kontext der Entstehung der ersten offiziellen Fassung der *Ratio* verfaßten Entwurf *De ratione theologiae docendae*.[132]

---

[128] Vgl. etwa die eindrucksvollen Einlassungen von J. Balmes in: MPSI 6, 224f. sowie die entsprechende Darstellung bei THEINER, 160 - 164.

[129] Hier sind vor allem seine Lehrtätigkeit in Paris - allerdings nicht an der Sorbonne, wie MANCIA (1985), 20 behauptet, sondern am um Aufnahme in die Universität kämpfenden Collège de Clermont - sowie seine verschiedenen Aktivitäten für den Orden in Poitiers, Bourges und Pont-à-Mousson zu nennen (vgl. PRAT, *passim*).

[130] Vgl. zu Person und Werk v.a. PRAT sowie SCHMITT, der allerdings kaum über PRAT hinausweist. Für die einschlägigen Texte vgl. MALDONADO, ed. GALDOS und TELLECHEA. Die wichtige Textedition von Galdos scheint bei MANCIA (1985), 19 - 24 und THEINER, 110 - 116 unberücksichtigt geblieben zu sein; letzterer hat auch Tellecheas grundlegenden Beitrag sowie dessen Edition nicht einbezogen. Ähnlich steht es bei Schmitt: Er führt die Edition von Galdos zwar in seinem Literaturverzeichnis auf, benutzt sie selbst aber nicht, und dies, obwohl er ausdrücklich auf den unkritischen Charakter von Prats Ausgabe der *Orationes* Bezug nimmt (vgl. ebd., 296). Tellecheas Artikel sowie der darin edierte Text findet bei ihm keine Erwähnung. POZO, 21 nennt Maldonado „il grande teorico del metodo teologico gesuitico".

[131] Diese vier *Orationes* sind MALDONADO, ed. GALDOS, 49 - 130 zugänglich, *De constitutione* bei TELLECHEA, 226 - 255.

[132] Diese Schrift findet sich wiederum MALDONADO, ed. GALDOS, 134 - 141. MANCIA (1985) bezieht sich zwar mehrfach auf diesen Text sowie auf Tellecheas Artikel, in der Einordnung scheint sie - mangels Hinzuziehung der jetzt einschlägigen Ausgabe von Galdos sowie der historischen Einführung bei Tellechea - beide Texte zu verwechseln. Während nämlich *De constitutione* - als eine Art Kommentar zu *S.th.* I, 1 - gut in den Kontext der Pariser Lehrtätigkeit Anfang der siebziger Jahre paßt (vgl. TELLECHEA, 185 - 196), gehört *De ratione* offenkundig in die Zeit der unmittelbaren Vorarbeiten zur jesuiti-

Ohne nun auf die genannten Schriften und die Unterschiede zwischen ihnen[133] im einzelnen eingehen zu wollen, kann hier doch die Entstehung eines Konzeptes theologischer Ausbildung verfolgt werden, das auf die spätere *Ratio* zuläuft, dennoch signifikante Abweichungen enthält. Dies wird besonders deutlich in der Rolle, die die Heilige Schrift innerhalb der theologischen Ausbildung spielt. Dies soll zunächst an den früheren Werken untersucht werden. Während die *Orationes* auf dem Hintergrund des gängigen Pariser Modus eine einheitliche scholastische Theologie konzipieren, die die beiden Sachbereiche christlicher Glaubenswissenschaft - *religio* und *mores*, d.h. Glaubenslehre und -praxis[134] - in einem einzigen, methodisch geschlossenen Projekt vereint, wobei auf eine spezifisch akademische Art des Erwerbs biblischer Kenntnisse nicht eingegangen wird,[135] kommt der humanistische Impuls dennoch bereits hier zum Tragen: Die scholastische Theologie soll derart unter den bestimmenden Einfluß biblischer Orientierung geraten, daß deutlich wird, daß man sich in ihr auf wahrhaft theologische Quellen und nicht zuerst auf heidnische Philosophen bezieht;[136] auch die Beschäftigung mit den scholastischen Autoren der Vergangenheit darf weder den Zugang zur Heiligen Schrift als „omnis theologiae fons"[137] verstellen, noch einer zeitgemäßen Gestalt

---

schen *Ratio,* also etwa Anfang der achtziger Jahre (vgl. MALDONADO, ed. GALDOS, 133). Die Manuskriptlage weist in dieselbe Richtung (vgl. ebd., 133f.; TELLECHEA, 193f.).

[133] Diese liegen wohl v.a. im unterschiedlichen biographischen Kontext: Lehrte der Verfasser der erstgenannten Schriften scholastische Theologie im weitgehenden Anschluß an die thomanische Summe, so ist die letzte Schrift das Werk eines Gelehrten, der sich vom Vorlesungsbetrieb zurückgezogen und ganz auf exegetische Studien verlegt hat.

[134] Vgl. zu diesem Begriffsgebrauch MALDONADO, ed. GALDOS, 75. 80f. u.ö.

[135] Es wird lediglich die - offenbar private - Schriftlesung in den Originalsprachen gefordert: vgl. MALDONADO, ed. GALDOS, 97f. Im Pariser akademischen Kontext kann jedoch durchaus der übliche biblische *cursus* vorausgesetzt sein.

[136] In diesem Zusammenhang kann der (in doppeltem Sinne) ʼKuriositätʼ halber darauf hingewiesen werden, daß MALDONADO hier das Stichwort *cyclopaedia* fallen läßt: Er übt beißende Kritik an Studenten, die in ihrem Studium „omnes simul artes devorare volunt": „Sonat suaviter eorum auribus nescio quod nomen *cyclopaediae,* quod multorum mea sententia studia pervertit." Zwar gilt durchaus: „Copulandae sunt omnes, quasi vinculo quodam artes, sed singillatim copulandae, et suo quaeque nodo" (MALDONADO, ed. GALDOS, 105f.; vgl. zur Lesart „singillatim" ebd. Anm. 2). Hier scheint die (berechtigte) Sorge im Hintergrund zu stehen, daß der enzyklopädische Geist, ausgehend von einem universalen Wissens- und Wissenschaftsbegriff, sich die Glaubenswissenschaft einverleibt und unterordnet. Der unmittelbar angezielte Gegner könnte also durchaus der Pariser ʼKollegeʼ Petrus Ramus sein, den etwa PRAT, *passim* hinter zahlreichen Polemiken Maldonados vermutet. Schmitt spricht, auch hier auf Prats Spuren, von Ramus als „son adversaire" (SCHMITT, 262). Die hinter diesen Vermutungen stehende Konkurrenz von umfassender Aristoteles-Kritik und geläutertem Aristotelismus reicht wohl noch nicht aus, um einen derart unmittelbaren Zusammenhang zu konstruieren; hierfür wären eindeutigere Quellenbelege vonnöten; der oben angegebene findet - soweit ich sehe - bei keinem der beiden Autoren Beachtung.

[137] MALDONADO, ed. GALDOS, 97; zum vorherigen vgl. ebd., 64f. 126f.

der Theologie im Wege sein.[138] Vor einem von der Kirchenlehre unge-
steuerten Schriftstudium wird allerdings ausdrücklich gewarnt: Dies sei
die „studendi ratio haereticorum"[139], die auf dem subjektivistischen Irrtum beruhe, man brauche die Kirche nicht, um die Heilige Schrift recht
zu verstehen. Die kirchliche Schriftauslegung, an der sich der Theologe
zu orientieren hat, ist in historischen Bezeugungsgestalten verschiedener
Art und Autorität, *genera* oder *loci argumentorum* genannt, greifbar.[140]
Die Untersuchung dieser verschiedenen Autoritätsgestalten begründet
jedoch ebensowenig eine multidisziplinäre Theologie wie deren Bezugnahme auf theoretische und praktische Sachverhalte.[141] Eine Unterscheidung in verschiedene Arten von Theologie im engeren Sinne wird bei
Maldonado daher auch nicht an diese Sachverhalte geknüpft, sondern an
die als gebräuchlich vorausgesetzte „Theologiae distributio ... in Theologiam scholasticam et positivam."[142] Während der ersteren der privilegierte
Rang zukommt, allein die eigentliche, wahre, verläßliche und vollkommene Theologie zu sein,[143] wird der positiven Theologie eine nachgeordnete Stellung zugewiesen. Diese Begrifflichkeit, so Maldonado, gehe auf
Aristoteles' Unterscheidung von akroamatischer und exoterischer Lehre
zurück sowie auf dessen Rede von der 'Thesis'.[144] Sie differenziere nicht
nach Sachbereichen oder Quellen, denn Schrift, Tradition, Dekrete,
Konzilien, Lehren früherer Theologen etc. sind in weitgehend identischer
Aufzählung[145] gleichermaßen die Ausgangspunkte beider Modi von Theologie; vielmehr trennen sie der institutionelle Rahmen und die entsprechenden Adressatenkreise: Vollzieht sich die eine *in scholis* und somit auf

---

[138] Vgl. hierzu MALDONADO, ed. GALDOS, 64f. Die wiederholt angemahnte Zeitge-
mäßheit scheint - wie noch zu zeigen sein wird - vor allem in der kontroverstheologischen
Ausrichtung zu bestehen.

[139] MALDONADO, ed. GALDOS, 104.

[140] Vgl. TELLECHEA, 239. Die Aufzählung erinnert sehr an Canos Zusammenstellung,
auch wenn gewisse Unterschiede bleiben; zur möglichen Abhängigkeit vgl. TELLECHEA,
204. 223 u.ö.

[141] Diese im klaren Anschluß an Thomas gemachte Feststellung der Einheit der Theologie gilt für Maldonado ebenso wie für Cano. Die Unterscheidung von verschiedenen
theologischen *loci* begründet generell keine vielfältige Theologie aus mehreren Disziplinen; sie ist von Beginn an im Gegenteil auf einen methodisch einheitlichen Zugriff auf alle
Arten theologischer Fragen aus, der nur als 'dogmatisch' gekennzeichnet werden kann
(s.u. 6. die gerade in diese Richtung zielende Rezeption Canos bei Mabillon, Du Pin und
Gerbert).

[142] TELLECHEA, 251.

[143] Vgl. TELLECHEA, 251.

[144] Vgl. TELLECHEA, 254 mit Textverweisen. Marranzini behauptet übrigens, daß -
nachdem Autoren wie Ignatius den Namen und solche wie Cano die Sache der 'positiven'
Theologie aufgebracht hätten - Maldonado nun als „primus inter theologos et rem et
nomen tradidit theologiam positivam a scholastica clare distinguendo" (MARRANZINI,
135); so klar kann dies jedoch auch nicht gewesen sein, denn der Autor identifiziert -
gegen Maldonado - die positive Theologie nach dem herkömmlichen Modell (s.o. 3.4.4).

[145] Vgl. TELLECHEA, 253f.

die Weise wissenschaftlicher Disputation, so ist der Platz der anderen *extra scholam;* richtet sich die erste an die wenigen, des philosophisch und philologisch geschulten Nachdenkens Fähigen, so richtet sich die letztere, positive, schlicht an alle, wie eben auch das Evangelium an alle gerichtet war.[146] Die positive Theologie ist damit nicht der erste Teil wissenschaftlicher Beschäftigung mit dem Glauben der Kirche, auf dem dann der zweite, scholastisch-philosophische Teil aufruhen würde,[147] vielmehr ist sie diejenige „(pars) Theologiae popularis", die allen Christen zuzumuten sei, während nur wenige sich schulmäßig - eben als Theologen im eigentlichen Sinne - mit der christlichen Religion befassen.[148]

Während somit diese früheren Werke zwar alle möglichen gängigen Unterscheidungen innerhalb der Theologie - spekulativ vs praktisch, verschiedene Quellen- und Gegenstandsbereiche, scholastische vs positive Theologie etc. - aufnehmen und kommentieren, kommt es hierdurch noch nicht zu einer Ausfaltung des theologischen Studiums in Einzeldisziplinen; dies geschieht erst dort, wo der praktische Studienverlauf, seine Anforderungen und Zielvorstellungen skizziert werden müssen: im Textentwurf für eine kommende jesuitische Studienordnung. Hier wird auch von Beginn an nicht mehr auf den durch die erste *quaestio* der thomanischen Summe vorgegebenen Fragenkatalog oder die Reihe der inner- und außertheologischen *loci* Bezug genommen, sondern auf die Studienpraxis in der Gesellschaft Jesu: „Triplicem in Societate theologiam tradendam esse Constitutiones dicunt: Scholasticam, Scripturam et Moralem, quam positivam vocant. Est autem non unus omnibus, sed suus cuique tradendae modus accommodatus."[149] Diesem Ansatz entsprechend teilt Maldonado seine weitere Darstellung in drei Kapitel, die die Anforderungen, Aufgaben und Ziele für Lehrer und Studenten der scholastischen Theologie, der Heiligen Schrift und der *casus conscientiae* umschreiben.[150] Was sich in den *Orationes* und in *De constitutione* bereits abzeichnete, wird nun zur alles bestimmenden Charakteristik der Theologie: Die apologetische Haltung, die kontroverstheologische Prägung wird zum durchgängigen Grundzug allen theologischen Forschens und

---

[146] Vgl. TELLECHEA, 254. ANDRÉS (1976) 2, 395 nennt dies „una curiosa explicación del título teología positiva."

[147] So fälschlicherweise sowohl PRAT, 71 wie TELLECHEA, 219.

[148] MALDONADO, ed. GALDOS, 82; *theologia popularis* ist der in der zweiten *Oratio* gebrauchte Terminus, der sachlich dem der *theologia positiva* in *De constitutione* völlig entspricht.

[149] MALDONADO, ed. GALDOS, 134. Die Gleichsetzung von *theologia moralis* und *theologia positiva,* die die Interpreten meist etwas ratlos erscheinen läßt (vgl. THEINER, 111 Anm. 34; MANCIA [1985], 19 - 24 läßt diese klare Synonymie unerwähnt, spricht aber weiter im herkömmlichen Sinn von positiver Theologie bei Maldonado), fügt sich genau in das oben (3.4.4) zu diesem Begriff Angemerkte.

[150] Vgl. MALDONADO, ed. GALDOS, 134. 137. 140. Dies war ja dann auch der Typus von Studienordnung, wie er sich in der ersten Fassung der *Ratio* von 1586 präsentierte.

Lehrens; Verteidigung des Glaubens und Widerlegung seiner Gegner[151] - so werden die Ziele der Theologie vorgängig beschrieben.[152] Dieses generelle Kennzeichen aller Theologie gilt nun in besonderer Weise für diejenige Abteilung theologischer Ausbildung, die diesen Namen im eigentlichen Sinne verdient: die scholastische. Deren Zielbestimmung beginnt entsprechend: „Finis autem theologiae scholasticae est religionem defendere, haereses refutare"; allerdings ist deren Aufgabe damit noch nicht erschöpft: Als weitere Felder werden genannt: „bonos mores formare, pravos corrigere, de divino deque ecclesiastico iure consulentibus dare responsa, concionari, confessiones audire."[153] Der Unterricht in scholastischer Theologie ist somit eine einheitliche und umfassende theologische Ausbildung für künftige Priester.

An dieser Stelle läßt sich sinnvoll das über die *casus conscientiae* zu sagende anschließen, bevor über das biblische Studium gehandelt wird. Maldonado, der entweder keine zweiklassige Gliederung der theologischen Ausbildung im Sinne der späteren Studienordnung kennt oder diese jedenfalls hier nicht beschreiben möchte, sieht in den *casus* eine - außerhalb des täglichen Vorlesungsbetriebs stehende - praktische Zusatzausbildung für künftige sowie gleichzeitig eine Fortbildungsveranstaltung für ausübende Priester.[154] Ziel, Hörerkreis und zugrunde gelegte Literatur[155] der entsprechenden Vorträge lassen dieses am Beginn des Textes als positive oder Moraltheologie gekennzeichnete Fachgebiet[156] als im strengen Sinn außertheologischen Teil pastoralen Trainings erkennen.

In mehrfacher Hinsicht stellen die Passagen *De scriptura* das Herzstück von Maldonados Entwurf einer Studienordnung dar. Sie finden sich nicht nur eingereiht zwischen diejenigen zur scholastischen Theologie und zur Kasuistik, sie sind dem Verfasser, der sich mittlerweile ja ganz auf biblische Studien konzentriert hatte, erkennbar am wichtigsten. Dem Lehrer der Bibelstudien werden daher auch die höchsten Qualifikationen abverlangt: Er muß dem Professor der scholastischen Theologie in allem gleichkommen, ihn jedoch an philologisch-historischen Kenntnissen und Fähigkeiten deutlich übertreffen.[157] Für die Heilige Schrift werden zwei

---

[151] Vgl. MALDONADO, ed. GALDOS, 134f.; vgl. auch ebd., 139. Insgesamt ist in diesem Zusammenhang eine reichlich martialische Metaphorik zu vermerken; vgl. ebd., 62. 123 u.ö.

[152] Dieser kontroverstheologische Grundzug aller Theologie erübrigt dann wohl auch ein eigenes Fach *De controversiis*.

[153] MALDONADO, ed. GALDOS, 135.

[154] Vgl. MALDONADO, ed. GALDOS, 141.

[155] Vgl. MALDONADO, ed. GALDOS, 140 sowie THEINER, 79f.

[156] S.o. Anm. 149.

[157] Vgl. MALDONADO, ed. GALDOS, 137f. Die kritische humanistische Spitze wird der Bibelexegese allerdings bereits hier abgebrochen: „Illud etiam est maxime necessarium, ut cum sit graecus et hebraicus lingua, sit animo latinus, id est, non graecorum et hebraeorum admirator ... alii nimia earundem admiratione in Scripturis interpretandis errare solent." (Ebd., 138)

solchermaßen ausgebildete Lehrer gefordert, die während der gesamten vierjährigen Studiendauer eine Stunde täglich vortragen, damit das gesamte Neue und erhebliche Teile des Alten Testaments zur Auslegung kommen können.[158] Die vom Bibelhumanismus der Zeit gesetzten Standards - Textkritik, Übersetzungskritik, eindeutiger Schwerpunkt auf der Auslegung nach dem Literalsinn, Kontextbezogenheit der Exegese, Blick auf die 'ganze Schrift', praktischer Bezug - dürfen nicht unterschritten werden; dennoch sind gleichzeitig die Vorrangigkeit der Vulgata und die Stützung der kirchlichen Lehre durch die Schriftauslegung nachzuweisen.[159] Deutlich werden soll auch die Abgrenzung zur scholastischen Theologie einerseits und zur praktisch-pastoralen Ausbildung andererseits.[160] Überraschende Ausführungen sind jedoch im abschließenden Teil zu finden, der, wie schon bei den beiden anderen Abteilungen der theologischen Ausbildung, den Hörerkreis der jeweiligen Lehrveranstaltungen umschreibt: „Auditores magis idoneos, ut Scripturam quam ut scholasticam theologiam audire possunt, esse oportet. Nam et meliore iudicio, et aetate provectiores, et in scholastica theologia magis versati sint, necesse est, et ut maiorem linguarum et aliarum rerum cognitionem habeant."[161] Die erhöhten Anforderungen werden hier also nicht nur an die Lehrer,[162] sondern gleichermaßen auch an die Hörer biblischer Exegese gestellt. Wenn es auch nicht explizit gesagt wird, so wird doch andeutungsweise erkennbar, daß zu diesem Fach nicht einmal alle Studenten zugelassen werden sollen. Dieses Schriftstudium wird so zu einer wissenschaftlichen Zusatzausbildung für die Elite.[163]

3.4.6 Grundzüge des theologischen Studienkonzeptes der jesuitischen Ratio

Nun soll nicht noch einmal zusammengefaßt werden, was oben bereits ausgebreitet wurde; es stellt sich lediglich die Aufgabe, die entscheidenden Beiträge zu formaler Gestalt und inhaltlicher Ausformung der Umschreibung eines Theologiestudiums zu skizzieren, die die jesuitische *Ratio* bietet und wodurch sie sich als epochemachend in das unmittelbare Vorfeld der Geschichte der Theologischen Enzyklopädie einträgt.

---

[158] Vgl. MALDONADO, ed. GALDOS, 138.

[159] Vgl. MALDONADO, ed. GALDOS, 139.

[160] Vgl. MALDONADO, ed. GALDOS, 139: „fugiat vulgare vitium, ne ad quaerendas allegorias vel scholasticas subtilitates vel ad concionandum evagetur; sed haereat semper in loco et in sensu litterali".

[161] MALDONADO, ed. GALDOS, 140. Hinter diesen Kriterien scheint ebenfalls wieder der kontroverstheologische Grundzug des gesamten Konzepts zu stehen, ist doch gerade die Schriftauslegung der Hauptaustragungsort aller interkonfessionellen Dispute.

[162] Dies hatte ja auch die jesuitische *Ratio* später übernommen: s.o. 3.4.3.2.

[163] Hierin ist die Gesellschaft Jesu Maldonado nicht gefolgt.

Von herausragender Bedeutung scheint mir hierbei zu sein, daß erstmalig in einer solchen Präzision und Konsequenz Abteilungen theologischer Ausbildung abgegrenzt werden, denen eindeutige Zielsetzungen und Methoden zugeschrieben sowie Lehrer wie Hörer mit spezifischen Qualifikationen zugeteilt werden. Dies steht zudem in einem Kontext, der die Gesamtsituation akademischer Theologie seit dem 16. Jahrhundert - aber eben *erst* seit dieser Zeit - prägt, nämlich deren klare In-Bezug-Setzung zur Ausbildung für einen bestimmten Beruf in der Kirche. Allerdings hat m.E. erst die jesuitische *Ratio* klare Konsequenzen aus diesem Sachverhalt gezogen, die auf professionelle Spezialisierung hinauslaufen. Deutliche Umschreibungen von kirchlichen Berufsfeldern verlangen somit nach eindeutig auf diese berufliche Zukunft hin maßgeschneiderten Ausbildungskonzepten. Hinzu kommt die von katholischen Reformbewegungen geforderte und von der Reformation erzwungene Verbesserung der Ausbildung des Klerus. Auf diese Lage antwortet die *Ratio* mit einem grundsätzlich zweigeteilten Studienbetrieb, der neben dem ordentlichen, 'scholastischen' Theologiestudium eine weitere Ebene pastoraler Ausbildung institutionalisiert. Während im scholastischen Zweig die Vorlesungen der theologischen Grundausbildung an mittelalterlichen Universitäten - Heilige Schrift und Sentenzen - zum Vorbild eines zweidisziplinären, auf das Notwendige reduzierten Theologiestudiums werden, nimmt die pastorale Ausbildung an den besonderen späteren Einsatzfeldern ihrer Zöglinge Maß: Predigt und Bußsakrament. Erstere erfordert daher eine biblische Grundbildung und - im Falle eines 'transalpinen' Einsatzortes - eine Gewandtheit in zwischen den Konfessionen strittigen Fragen. Die sachgemäße Verwaltung des Bußsakraments verlangt dagegen einen kenntnisreichen und verständnisvollen, in jedem Fall aber detailgerechten Umgang mit konkreten Fällen menschlichen Handelns: Hierzu dient die Kasuistik. Verklammert werden beide Ebenen der Ausbildung dadurch, daß auch die *scholastici* eindeutig als künftige Priester gesehen werden, wodurch auch ihnen wenigstens gewisse Teile der pastoralen Ausbildung nötig sind.

Zu warnen ist jedoch vor einer Übertreibung in der Beurteilung des Innovations- und Modernitätsgehaltes der jesuitischen *Ratio*: Zwar bietet sie für später eigenständige theologische Disziplinen spezifische fachliche und personale Umschreibungen und stellt so das Theologiestudium - vermutlich erstmalig - als differenzierten Betrieb in verschiedenen Fächern und auf verschiedenen Ebenen dar; zu beachten bleibt aber doch, daß sich innerhalb des eigentlichen Theologiestudiums diese Differenzierung auf zwei Fächer, Schrift und scholastische Theologie, reduziert, eine Aufteilung, die man seit dem 13. Jahrhundert schon kannte. Neu ist hier nur, daß man Grund- und Hauptstudium zu einem Studiengang verschmolz und beiden Lehrgegenständen spezialisierte Professuren und klar gegeneinander abgesetzte Methoden und Zielvorstellungen zuwies. Die als theologisches Einzelfach institutionalisierte Schriftauslegung wird dadurch zur bloßen Zuarbeiterin der scholastischen Theologie; ihre Abtrennung vom zentralen theologischen Geschäft führt also, wenigstens vom Grundgedanken her, keineswegs zu einer Aufwertung einer biblischen Theologie, die dann gar noch in kritischem Gegenüber zur herkömmlichen, scholastischen zu sehen wäre. Hier blieb der ursprüngliche, auch in der Gesellschaft Jesu virulente humanistische Antrieb nicht nur stecken, er verkehrte sich m.E. letztendlich in sein Gegenteil.

Ähnliches gilt auch für den Bereich praktischer Fragestellungen innerhalb der Theologie: Der entscheidende Anstoß zur „Entwicklung der Moraltheologie zur eigenständigen Disziplin"[164] wird, zumindest auf katholischem Gebiet, gemeinhin der Studienordnung der Gesellschaft Jesu zugeschrieben. Auch hier kann zunächst zustimmend gesagt werden, daß durch jene ein eigenes Lehrfach *De casibus conscientiae* geschaffen, dessen Ziel und Methode spezifisch bestimmt und entsprechendes Lehrpersonal bestellt wurde.[165] Damit sind zweifellos bedeutsame Weichen für die spätere Entstehung des Faches Moraltheologie gestellt. Es gilt jedoch auch hier, wichtige Einschränkungen zu machen: Zum einen darf nicht übersehen werden, daß das neu eingerichtete Fach nicht auf der Ebene des Theologiestudiums, sondern lediglich auf der pastoraler Ausbildung angesiedelt wurde. Das im strengen Sinn theologische Fach, das sich mit Fragen menschlichen Handelns befaßt, ist und bleibt auch nach der *Ratio* der Jesuiten die scholastische Theologie; innerhalb ihrer wird an der von der thomanischen Summe vorgegebenen Stelle *more theologico* von Fragen der Moral gehandelt. Die literarisch bereits seit Jahrhunderten greifbare Zweiteilung der Behandlung ethischer Fragen aus theologischer Sicht - einerseits in den Sentenzen- bzw. Summenkommentaren, andererseits in den Pönitentialsummen und ähnlichen Werken - wird nun unmittelbar auf die Ebene theologischer Ausbildung übertragen.[166] Das Fach Moraltheologie als eigenständige Disziplin lebt jedoch gerade davon, daß es allgemeine und spezielle Moral, wie dies später heißen wird, in sich vereinigt. Von der Ausprägung einer derartigen theologischen Disziplin kann im Falle der jesuitischen *Ratio* noch keineswegs die Rede sein.[167]

---

[164] THEINER, Titel. Die These dieses Buches besteht gerade darin, daß diese Entwicklung mit der jesuitischen *Ratio* erstmals deutlich greifbar ist.

[165] Damit wird nicht behauptet, daß es nicht auch außerhalb der Gesellschaft Jesu und ebenfalls inspiriert von den Forderungen des Trienter Konzils bereits gleichzeitig Bestrebungen gab, ein solches Fach zu etablieren; hier geht es jedoch um die programmatische Grundlegung; diese wurde erstmals von der jesuitischen *Ratio* geleistet. Vgl. hierzu insg. VEREECKE, 495 - 508.

[166] Sie existierte dort, wie erwähnt, freilich in gewisser Weise schon lange als Zweiteilung von Theologie und kanonischem Recht.

[167] Vgl. hierzu das durchaus differenzierende Schlußwort bei THEINER, 343 - 359, v.a. 355f.

Zuletzt sind die gleichen Probleme bezüglich des Faches *De controversiis* anzusprechen; auch hier gilt die Gesellschaft Jesu - namentlich vertreten durch ihr herausragendes Mitglied Robert Bellarmin[168] - als Vorreiter bei der Schaffung einer theologischen Disziplin, die die Behandlung interkonfessionell kontroverser Fragestellungen zu ihrer Aufgabe hatte und so die spätere Entstehung weiterer theologischer Disziplinen (Polemik, Symbolik, Apologetik) vorbereiten half. Auch hier ist zustimmend zu sagen: als ordentliches Lehrfach gibt es dies vorher nicht. Gleichfalls ist aber einschränkend zu vermerken, daß dieser Lehrgegenstand nicht Teil der eigentlich theologischen, vielmehr der pastoralen Ausbildung ist; zudem befassen sich mit ihm nur diejenigen Studenten, deren berufliche Zukunft mit interkonfessionellen Auseinandersetzungen behaftet sein könnte. Von einer neuen Disziplin als echtem und wesentlichem Bestandteil theologischen Studiums ist man also auch hier weit entfernt. Als nicht unerhebliche Illustration dieses Sachverhalts darf gelten, daß nach Bellarmins Beendigung seiner entsprechenden Lehrtätigkeit lange Zeit kein Nachfolger bestellt wurde, der dieses Fach am Collegium Romanum *pro ultramontanis* unterrichtet hätte.[169]

Insgesamt ist anzumerken, daß der jesuitischen *Ratio* außer der eher äußerlichen Prägung durch die grundsätzliche antireformatorische Grundhaltung und der starken Ausrichtung auf die berufliche pastorale Zukunft der Studenten ein einheitlicher Begriff der Theologie mangelt.[170] Der Aufbau ihres Studiums ist in der Folge lediglich ein Kompromiß aus altehrwürdiger, nicht auf die Klerusausbildung ausgerichteter akademisch-theologischer Tradition und Reaktion auf zeitgenössische Zwänge in der Schulung eines der an ihn gerichteten Anforderungen gewachsenen Priesterstandes. Die gegenüber der ursprünglichen literarischen Form des programmatischen Aufrisses der Theologie später gewählte einer Sammlung von Handlungsanweisungen für einzelne Funktionsträger ist offenkundig besser geeignet, diese konzeptionellen Unausgeglichenheiten zu verdecken.

---

[168] Vgl. MANCIA (1990), 271 - 281.

[169] Vgl. GARCÍA VILLOSLADA, 325, der in der Liste der *controversiae*-Professoren eine Lücke zwischen 1587 und 1660 verzeichnet.

[170] Allerdings könnte im Vorblick - etwa auf Schleiermacher - gesagt werden, daß auch spätere Generationen trotz eines erheblichen Aufwandes an Reflexion hier nicht viel weiter gekommen sind.

4. ELEMENTE THEOLOGISCHER ENZYKLOPÄ-DIK IM 17. JAHRHUNDERT

4.1 PROTESTANTISCHE EINLEITUNGEN IN DIE THEOLOGIE VOR UND NEBEN CALIXTS *APPARATUS*

Die Epochengliederung nach Jahrhunderten hat in jeder Hinsicht zwei-fellos zufälligen Charakter; abgesehen davon, daß sie dennoch ein in der historischen Wissenschaft eingeführtes und nach wie vor geübtes Schema darstellt, läßt sich durch sie auch hier - zumindest was die Wende vom 16. zum 17. Jahrhundert angeht - ein sachlich motivierter Einschnitt markieren: Was den Bereich der katholischen akademischen Theologie betrifft, so waren die humanistisch orientierten Reformbewegungen an ein Ende gekommen, und der unmittelbar vor der Jahrhundertwende definitiv formulierte jesuitische Entwurf einer Studienordnung stellte nicht nur für die Gesellschaft Jesu selbst, sondern zusehends auch für den katholischen Studienbetrieb insgesamt eine, zwar immer wieder anzupas-sende, in den Grundzügen aber doch unverändert bestehen bleibende Norm für nahezu zwei Jahrhunderte dar: So weist - soweit ich sehe - das gesamte frühe und mittlere 17. Jahrhundert keinen einzigen bedeutsamen oder eigenständigen Entwurf eines Werkes der hier zu untersuchenden Gattung auf, der aus katholischer Feder stammte. Dies bedeutet - wie zu zeigen sein wird - jedoch nicht, daß katholische Vorbilder in terminologi-scher wie inhaltlicher Hinsicht nicht dennoch eine wichtige Rolle in der weiteren Entwicklungsgeschichte der Theologischen Enzyklopädie spie-len konnten. Diese Entwicklung selbst jedoch spielt sich nahezu aus-schließlich auf dem Gebiet protestantischer Theologie ab, die sich nun zwar in ihren Lehrgehalten wie in der Bestimmung des Theologiebegriffs zunehmend in konfessionell gegeneinander abgeschotteten Einzeltradi-tionen formiert, während sie die Frage der Organisation der Theologie und ihres Studiums etwas offener und grenzüberschreitender anzugehen vermochte.

Die Hauptfigur dieser Epoche stellt in diesem Zusammenhang denn auch der trotz klarer lutherischer Konfessionszugehörigkeit deutlich

irenisch gesinnte - von böswilligen Zeitgenossen formuliert: des Synkretismus verdächtige - Georg Calixt mit seinem Werk *Apparatus sive introductio in studium et disciplinam sanctae theologiae* dar; es soll daher der
zentrale Gegenstand dieses Kapitels sein. Darüber hinaus ist jedoch auf
das Vor- und Umfeld dieses Autors einzugehen: Auch wenn unter den
hier zu behandelnden Theologen nur im Falle von Crocius und Calov
eine direkte Beziehung zu Calixt auszumachen ist, liegt die Bedeutung
Keckermanns und Alsteds für den deutschen Raum reformierter Theologie sowie die Johann Gerhards für denjenigen des Luthertums dieser Zeit
auf der Hand.[1]

Gleich vorweg kann eine gattungsgeschichtlich nicht unbedeutende
Feststellung getroffen werden, die für die entsprechenden Werke all der
eben genannten Autoren gilt und auch für die weitere Entwicklung der
Theologischen Enzyklopädie bestimmend bleibt: Die Frage nach den
Disziplinen innerhalb der einen Theologie wird literarisch verknüpft mit
den überkommenen Fragen nach Wesen und Möglichkeit der Theologie
als Wissenschaft. Dies bedeutet, daß jene ihren Ort innerhalb der Prolegomena, also der theologischen Propädeutik erhält.[2] Somit fließen hier
die jeweils zu Beginn der theologischen Gesamtdarstellungen des Mittelalters verhandelten systematischen Grundlegungsfragen mit den Organi-
sations- und Methodenfragen der Studienordnungsliteratur des 16. Jahrhunderts zu einer neuen Gattung theologischer Literatur zusammen.
Dies hat nicht zuletzt zur Folge, daß die Frage nach den theologischen
Fächern zugleich diejenige nach einer möglichen neuen Bestimmung der
Einheit der Theologie aufwirft. Das damit gegebene faktische, wenn auch
nicht ausdrücklich reflektierte Verschwinden der *quaestio de unitate
scientiae*, das die genannten Entwürfe kennzeichnet, führt jedoch noch

---

[1] Um so mehr verwundert es, daß die Beiträge der genannten Theologen zur Frage der
inneren Gliederung der Theologie kaum untersucht sind; noch erstaunlicher ist dies
angesichts der Tatsache, daß die bedeutsamsten Studien zu diesen Denkern sich primär
gerade mit deren Theologiebegriff auseinandersetzen. Dies gilt gleichermaßen für die
einschlägigen Schriften von ALTHAUS, WALLMANN (1961) und PANNENBERG: Diese sind
sämtlich präokkupiert von den traditionellen - von der aristotelischen Wissenschaftstheorie und ihrer mittelalterlichen wie frühneuzeitlichen Rezeption vorgegebenen - theologischen Einleitungsfragen, namentlich derjenigen nach dem theoretischen oder praktischen
Charakter der Theologie. Auch wenn die betrachteten Autoren hier klare Antworten
geben, die die jeweilige konfessionelle Position in dieser Frage geprägt haben, so scheint
mir die Bedeutung dieser Unterscheidung noch kaum hinreichend geklärt zu sein: Weder
die Theologen des 17. Jahrhunderts noch ihre heutigen Interpreten konnten bislang so
recht sichtbar machen, was die Entscheidung für eine der beiden bzw. für eine gemischte
Position für die weitere Struktur ihrer Theologie über eine äußerliche Schematik hinaus
oder gar für inhaltliche Fragen ihrer Lehre austrägt. Für die hier interessierende Fragestellung bleibt dies - angesichts gleichgerichteter Lösungen der 'enzyklopädischen' bei unterschiedlicher Beantwortung der theologietheoretischen Problematik und umgekehrt -
erneut ohne entscheidende Bedeutung.
[2] Hierfür steht auch die Wahl der entsprechenden Buchtitel: *Methodus, Apparatus, Introductio* u.ä.

nicht zu einem expliziten Versuch, einen aus der übergreifenden Einheit der einzelnen theologischen Fächer, oder vielleicht vorsichtiger gesagt: aus dem Zusammenspiel der Dimensionen theologischen Studiums hervorgehenden Begriff vom einen Ganzen der Theologie zu entwickeln.[3]

4.1.1 Johann Gerhards *Methodus studii theologici*

Die in ein *prooemium* zum Theologiebegriff und drei höchst unterschiedlich umfangreiche *partes* zu den Erfordernissen sowie zur Struktur des theologischen Studiums geteilte Schrift[4] geht - nach eigenem Bekunden des Verfassers[5] - auf Jenenser Vorlesungen des Jahres 1617 zurück. Die für unser Thema besonders einschlägige *Pars tertia: De cursu studii theologici feliciter absolvendo* erweist sich daher schon quantitativ als der eigentliche Schwerpunkt des Textes. Dessen fünf *sectiones* spiegeln exakt den auf ebenso viele Jahre berechneten Studiengang: Während sich das Studium methodisch durchgängig auf eigene Lektüre, Besuch von Vorlesungen und zunächst passive, ab dem zweiten Jahr aktive Teilnahme an scholastischen Disputationen stützt,[6] gliedert es sich inhaltlich in eine erste, eher theoretisch, d.h. an dem zu erwerbenden Wissen des Studenten orientierte, eine zweite, eher praktisch, d.h. auf das spätere Kirchenamt

---

[3] In gewisser Hinsicht paradox erscheint von hier aus die Lösung der *Ratio studiorum* der Jesuiten, die sich mit der Themen- und Lösungsvorgabe durch die thomanische *Summa* die Frage, *utrum sit una scientia?*, ebenso zu eigen machte wie deren positive Beantwortung und dennoch gleichzeitig einen klar nach Fächern getrennten theologischen Studienaufbau vorschrieb. Die einzige Lösung - und diese bleibt in der weiteren Geschichte der Theologie bis heute die zumeist gebotene - scheint hier diejenige zu sein, daß sich der Theologiebegriff im strengen Sinne nur auf einen Teilbereich des Fächerkanons, zumeist den später 'systematisch' genannten, bezieht.

[4] Während die Einleitung zusammen mit den beiden ersten Teilen zu den allgemeinen (subjektiven) und speziellen, nämlich Sprachen- und Philosophiestudium umfassenden Erfordernissen eines theologischen Studiums die Seiten 1 - 137 umfaßt, erstreckt sich der dritte, dem detaillierten Ablauf des Studiums gewidmete Teil über die Seiten 138 - 320. Ein knappes Schlußwort (ebd., 321 - 328) über die dritte lutherische Bestimmung der Theologie, die *tentatio*, beendet die Schrift; *pars* I sollte der *oratio*, *partes* II/III der *meditatio* korrespondieren (vgl. ebd., 13).

[5] Der Untertitel des Werkes lautet: *Publicis praelectionibus in academia Jenensi anno 1617*. Daß das Thema des theologischen Studiums und seiner Teile nun nicht mehr nur Gegenstand akademischer Reden oder programmatischer Schriften, sondern bereits Bestandteil des universitären Lehrprogrammes selbst sein kann, ist ausdrücklicher Erwähnung wert. Jedoch darf daraus noch nicht unmittelbar geschlossen werden, daß es sich hier um die Abbildung tatsächlicher Studienpraxis handelt, zumal die Vorlesung bereits im zweiten Jahr von Gerhards nach langem Hin und Her 1616 angetretenen Jenenser Professur gehalten wurde; hierzu sowie zu Leben und Werk dieses Autors (1582 - 1637) insgesamt vgl. den Art. „Gerhard, Johann" in: TRE, Bd. 12 (1984), 448 - 453.

[6] Allerdings bleibt im Detail zumeist unklar, welche Kenntnisse durch privates Lesen, welche durch öffentliche Vorlesungen erworben werden sollen; s.u. 4.1.3 die parallele Dreiteilung sowie die ähnliche Problematik bei Crocius.

oder eine eventuelle theologische Lehrtätigkeit hin zugeschnittene sowie eine dritte, an kirchen- und theologiegeschichtlicher Erudition interessierte Phase. Die ersten beiden Jahre widmen sich sonach dem Schrift- und *loci*-Studium in zunächst kursorischer, mit dem Inhalt überblickshaft vertraut machender,[7] später in analytisch wie synthetisch tiefer eindringender Weise.[8] Das dritte Jahr vollendet diese Grundausbildung, beginnt zugleich jedoch mit der anwendungsorientierten Kontroverstheologie;[9] diese wiederum wird im vierten Jahr fortgesetzt, wobei nebenher eine praktische Predigtausbildung einsetzt.[10] Das abschließende fünfte Jahr soll dann der Erweiterung des historischen Horizontes durch die Beschäftigung mit der Kirchengeschichte, den Schriften Luthers und den Werken der Kirchenväter dienen.[11] Die durch Luthers Verdikt getroffenen Theologen der mittelalterlichen Scholastik sollen zwar nicht erneut in den Lehr- oder Leseplan aufgenommen werden;[12] dennoch wird in einem abschließenden Kapitel eine Art kritische Geschichte dieser Epoche geboten.[13]

Neben der bereits angesprochenen Unklarheit, inwieweit die einzelnen Gehalte dieses Lehrplans durch privates Studium oder öffentliche Lehrveranstaltungen abgedeckt werden sollen, ergibt sich eine weitere: Gerhard läßt nicht klar erkennen, ob alle Teile seiner Studienordnung als für jeden zukünftigen Pfarrer verpflichtend gedacht sind; zwar deutet die strikte Einteilung in einen klar zeitlich gegliederten Plan in diese Richtung, andererseits läßt der Anhangscharakter der kirchen- und theologiehistorischen Studien hier Zweifel aufkommen; dies nicht zuletzt deshalb,

---

[7] Diese kursorische Schriftlektüre geschieht anhand volkssprachlicher oder lateinischer Übersetzungen; die „synoptica theologicorum locorum cognitio()" (GERHARD, *Methodus,* 163) soll „ex libello quodam methodico" (ebd.) erhalten und kann daher auch „theologia catechetica" (ebd.) genannt werden.

[8] Die „lectio() scripturae accurata" (GERHARD, *Methodus,* 157) zieht daher nicht nur den Urtext, sondern auch traditionelle wie zeitgenössische Kommentarwerke heran (vgl. ebd., 157 - 163); die „accuratior() locorum theologicorum cognitio()" (ebd., 168) vollzieht sich nach einer im lutherischen Bereich üblichen Traktatenfolge, wobei 'dogmatische' und 'moraltheologische' Themenbereiche nicht voneinander abgesetzt werden; empfohlen wird das Lehrwerk von M. Chemnitz (vgl. ebd., 169 - 175).

[9] Vgl. GERHARD, *Methodus,* 195 - 201; kontroverstheologisch werden hier *peculiariter* (vgl. ebd., 195) die Lehrdifferenzen mit der römischen Kirche angegangen, diejenigen gegenüber den Reformierten und Orthodoxen sind dann Gegenstand des folgenden Studienjahres: vgl. ebd., 202 - 204.

[10] Vgl. GERHARD, *Methodus,* 201. Dieser vergleichsweise umfangreiche Abschnitt (ebd., 204 - 236) enthält übrigens unter der Überschrift *De concionandi exercitio* eine ausgebaute Rhetorik nach klassischem Muster.

[11] Vgl. GERHARD, *Methodus,* 203 - 298. Bei der Kirchenväterlektüre ist darauf zu achten, daß deutlich bleibt, daß die Schrift allein „norma veritatis in Ecclesia" (ebd., 244) ist; jedoch gilt zugleich: „Patrum scripta non sunt ex Ecclesia eliminanda" (ebd., 255); sind sie nicht „judices" der Glaubenslehre, so „testes tamen atque indices" (ebd., 256).

[12] Vgl. GERHARD, *Methodus,* 298.

[13] Vgl. GERHARD, *Methodus,* 299 - 320.

weil ja bereits im vorangegangenen Studienjahr die unmittelbar auf ge-
meindliche Praxis bezogene Homiletik absolviert wurde.

4.1.2 Johann Heinrich Alsteds Theologische Enzyklopädie im universalenzyklopädischen Kontext[14]

4.1.2.1 Alsteds 'Lehrer' Bartholomäus Keckermann

Keckermann ist hier zu erwähnen, insofern er als der Begründer einer
deutsch-reformierten theologischen Schultradition mit besonderen philosophischen Vorentscheidungen gelten kann.[15] Ansonsten hat er selbst
zwar kein Werk verfaßt, das der hier untersuchten Gattung entspräche,
jedoch hat er gelegentlich Bemerkungen zur Gliederung der Theologie
gemacht, die zumindest als interessante Folie gelten können, auf deren
Hintergrund sich die einschlägigen Schriften Alsteds und die in ihnen
vorgenommenen Unterscheidungen klarer abheben. Letzterer war zwar
kein unmittelbarer Schüler Keckermanns, hat diesen jedoch selbst als
seinen Lehrer betrachtet.[16]

Zunächst ist hier die von spätmittelalterlicher Erkenntnistheorie inspirierte, unmittelbar jedoch an deren frühneuzeitlicher Umprägung orientierte radikale Auffassung zu nennen, daß alles Kontingente, somit auch
das Handeln Gottes zur Erschaffung, Erlösung und Vollendung von
Mensch und Welt, keiner ihrer Struktur nach notwendigen Erkenntnis
fähig ist. Schon allein daher, nicht erst aus der finalen Bestimmung des
menschlichen Heiles, ist die Theologie, wenn sie denn überhaupt eine
Wissenschaft sein kann, in den Bereich praktischen Wissens einzuordnen,
wo von denjenigen Dingen gehandelt wird, die auch anders sein könnten
als sie tatsächlich sind. Verbunden wird dies von Keckermann, aber in
erkenntnistheoretischer Hinsicht ebenfalls schon bei seinen philosophischen Vorgängern, mit der Entscheidung für die praktischer Wissenschaft[17] allein angemessene analytische Methode, die vorgängig das anzu-
strebende Ziel *(finis)* bestimmt, dann das spezifische Handlungssubjekt
benennt und zuletzt die jenem entsprechenden Mittel *(media)* beschreibt
bzw. die entsprechenden Anordnungen *(praecepta)* trifft, damit mit Hilfe

---

[14] Vgl. zu Keckermann (1572 - 1609) und Alsted (1588 - 1638) insgesamt: SCHMIDT-
BIGGEMANN, 89 - 139, LEINSLE 1, 271 - 287. 369 - 393 sowie, als erste Information, die Art.
„Keckermann, Barthold [!]", in: EPhU, Bd. 3/1, 1245 und „Alsted, Johann Heinrich", ebd.,
920f.

[15] Vgl. ALTHAUS, 9 - 72.

[16] Vgl. zum 'Schülerverhältnis' Alsteds zu Keckermann: LEINSLE 1, 372. 2, 755 Anm.
201. 2, 757 Anm. 232.

[17] Um genau zu sein, wird allerdings nicht von *scientia*, jedoch auch nicht von *ars*, sondern von *prudentia* bzw. von *disciplina operatrix* gesprochen: vgl. *Systema ss. theologiae*, in:
KECKERMANN, *Opera* 2, 68.

der gegebenen Mittel das gesetzte Ziel erreicht werden kann.[18] Dies hat jedoch zur eigentümlichen Konsequenz, daß nur das Heil des Menschen selbst sowie die unmittelbar auf dieses Heil ausgerichteten Gehalte des Glaubens eigentlicher Gegenstand der Theologie sein können; was diesem Heil begründend vorausliegt, das ewige Wesen Gottes als Voraussetzung seines Handelns nach außen, ist - und auch hier tritt die entsprechende philosophische Tradition wieder deutlich zutage - zwar nicht eigentlich theologischer, aber durchaus theoretischer Erkenntnis fähig, selbst wenn es mehr als den klassischen Bezirk rein philosophischer Gotteslehre umfaßt.[19] Wenn hier auch der Sache nach die klassische Unterscheidung von *theologia* und *oeconomia* im Hintergrund steht, so hat Keckermann für den ersteren Bereich, der seiner Ansicht nach sowohl der philosophischen Metaphysik wie der theologischen Heilslehre übergeordnet ist, den Terminus *theosophia* gewählt,[20] während er dem letzteren den mittlerweile angenommenen Namen *theologia* beläßt.[21] Um

---

[18] So z.B. *Systema ss. theologiae*, in: KECKERMANN, *Opera* 2, 67 - 69, bes.: ebd., 68, wo die *methodus analytica seu resolutiva* bestimmt wird als eine, „quae procedit a fine ad investiganda media pro fine assequendo conducentia: finis autem praecognoscitur tum quod sit, tum quia sit, tum denique quaenam sunt prima eius principia, a quibus tum ipse, tum media eius pendent." Vgl. grundsätzlich zur analytischen Methode sowie zu deren Tradition in der Paduaner Schule den Art. „Analyse/Synthese", in: HWP 1 (1971), 232 - 248; zu dieser die wissenschaftstheoretische Diskussion der Zeit maßgeblich bestimmenden Schule vgl. H. MIKKELI, *An Aristotelian Response to Renaissance Humanism. Jacopo Zabarella and the Nature of Arts and Sciences*, Helsinki 1992; zu der reformiert-theologischen Rezeption ihrer wissenschaftstheoretischen Ideen vgl. ALTHAUS, 26 - 55.

[19] Vgl. *Systema ss. theologiae*, in: KECKERMANN, *Opera* 2, 69: „De Deo igitur hic in primo systematis limine non agitur: tanquam de subiecto contemplationis, ut multi putant: sic enim metaphysica de Deo tractat (...) sed consideratur hic Deus, ut est principium quodam primum et summum, a quo tum ipse finis, tum media etiam theologiae necessario dependent." So gehört etwa selbst die Trinitätslehre in den eher philosophischen als theologischen Bezirk (vgl. *Consilium logicum*, in: KECKERMANN, *Opera* 2, 229).

[20] Es ist jedoch gegenüber dem in der Literatur üblichen (vgl. z.B. ALTHAUS, 28f.; VAN ZUYLEN, 46 - 48 u.ö.; MULLER, 346 - 350), etwas großzügigen Verweis zu betonen, daß weder das *Systema ss. theologiae* noch die *Praecognitiones philosophici* diesen Begriffsgebrauch beinhalten; vielmehr taucht dieser erst im *Consilium logicum* auf, wird hier dann allerdings ausdrücklich auf die verschiedenen Teile des *Systema* angewandt (vgl. KECKERMANN, *Opera* 2, 233). In klarer Anlehnung an das aristotelische Subordinationskonzept wird die eigentliche Theologie dann als dieser 'Theosophie' untergeordnet und bezüglich ihrer Prinzipien von ihr abhängig bezeichnet (vgl. ebd., 229). Diese hier neu gewonnene Terminologie hat gegenüber der alten, noch im *Systema* herrschenden, den Vorteil, daß nicht mehr nur zwischen Theologie und Philosophie unterschieden werden kann, was letzterer einen ungebührlichen Rang zuordnen müßte; Theologie und Metaphysik hängen nun gleichermaßen von ein und derselben übergeordneten *prima sapientia* (vgl. ebd.) ab.

[21] Für den Verzicht auf eine Übernahme der klassischen Terminologie wird wohl verantwortlich sein, daß der Begriff der Ökonomie bei ihm - wiederum aus aristotelischer Tradition - anderweitig belegt war. (Vgl. *Consilium logicum*, in: KECKERMANN, *Opera* 2, 233) Daß Keckermann, obwohl er für den 'theologischen' Teil den seiner Ansicht nach sogar besseren Terminus *sotirologia* zur Verfügung gehabt hätte (vgl. ebd., 229), dennoch nicht die grundlegende Wissenschaft von Gott *theologia* nannte, sondern zu dem später ganz anders

es in anachronistischer Terminologie zu fassen: die klare Trennung von theoretischem und praktischem Wissen im Bereich christlicher Glaubenslehre entspricht für ihn keineswegs derjenigen von Dogmatik und Ethik oder gar von Systematischer und Praktischer Theologie: Vielmehr kommt der Graben zwischen *scientia contemplativa* und *disciplina vel prudentia practica* innerhalb der Dogmatik selbst zu liegen, einer Dogmatik freilich, die die Moraltheologie (wie bisher) enthält.

4.1.2.2 Alsteds Anatomie der Theologie

Noch einmal kommt - nach C. Gesner - ein Autor zur Sprache, der im doppelten Sinn des Wortes als Enzyklopädist zu bezeichnen ist, der also sowohl in der Geschichte universalenzyklopädischer wie formalwissenschaftlicher Entwürfe einen herausragenden Platz einnimmt. Es ist dies der vermutlich bedeutendste und um den Nachruhm des Lehrers am engagiertesten bemühte 'Schüler' Keckermanns: Johann Heinrich Alsted.

Wilhelm Schmidt-Biggemann, dem wir nicht nur die neuesten umfassenden Untersuchungen zu Alsted, sondern auch die Veranstaltung eines beachtlichen Editionsprojektes in Form des Nachdrucks von dessen Hauptwerk, der *Encyclopaedia* von 1630 verdanken, faßt deren der Theologie gewidmeten Teil in der Einleitung dieses Reprints wie folgt zusammen: „Obgleich er [= Alsted] seit 1618 den Herborner Lehrstuhl für Theologie innehatte, obgleich er zahlreiche Lehrbücher zu allen Bereichen der Theologie geschrieben hat, ist in der Enzyklopädie der Lehrstoff der *Theologie* auf das wesentlichste zusammengedrängt: Auf die Theologia naturalis, eine calvinistische Spezialität, die cognitio und cultus Dei (...), die göttlichen Attribute, die proprietates naturae et hominis behandelt; auf Katechetik, die die Glaubensbekenntnisse, den Dekalog, Sonntagspredigt, Taufe und Abendmahl zum Thema hat; auf Theologia didactica, die die dogmatischen loci communes incl. Providentia Dei und Praedestinatio darstellt; auf einen Abschnitt über Föderaltheologie, auf Theologia Polemica, Prophetica und Moralis."[22] Gehen wir die angesprochenen Punkte der Reihe nach durch, so ist zunächst zu sagen, daß die Theologie nicht trotz, sondern vielmehr wegen der anderwärtigen Gelegenheiten zur mündlichen wie schriftlichen Darstellung an dieser Stelle auf das Nötigste reduziert werden kann; des weiteren ist die Unterscheidung einer *theologia naturalis* von einer aus übernatürlichen Quellen gespeisten Lehre alles andere als eine „calvinistische Spezialität"; es handelt sich im Gegensatz dazu gerade um ein in der reformierten wie der lutherischen Theologie des 17. Jahrhunderts weithin repristiniertes Modell vorrefor-

---

belegten Namen *theosophia* griff, darf als begriffsgeschichtliche Kuriosität gelten; immerhin jedoch deutet er in seiner Zusammensetzung seinen Philosophie und Theologie übergreifenden Charakter an.

[22] ALSTED, *Encyclopaedia* 1, Vorwort, XIII. Die Einzelnachweise zu den folgenden kritischen Anmerkungen s.u.

matorisch-scholastischen Ursprungs; ferner werden in der katechetischen Theologie - nicht „Katechetik"! - nicht „die Glaubensbekenntnisse" dargestellt, sondern eine Zusammenfassung christlicher Grundlehren - wie üblich - anhand *des* (apostolischen) Glaubensbekenntnisses geboten; bei der von Schmidt-Biggemann identifizierten „Sonntagspredigt" handelt es sich um das Herrengebet *(oratio dominica),* also das Vaterunser, das zusammen mit dem Symbol, dem Dekalog und den Sakramenten zum inhaltlichen Grundbestand jedes Katechismus in reformatorischer Tradition gehört. Die Lehren von Vorsehung, Praedestination und Bund sind selbstredend keine Zusätze zur reformierten *loci*-Theologie oder gar eigene Abteilungen der Theologie, sondern integraler Bestandteil derselben. Nicht hingewiesen wird hingegen auf den Sachverhalt, daß es außer in dem speziell der Theologie gewidmeten Teil in diesem Werk weitere, wissenschaftstheoretisch grundlegende Passagen gibt, die ausdrücklich der Theologie gewidmet sind. Die angesprochenen Defizite der Schmidt-Biggemannschen Charakteristik dürften somit gravierend genug sein, um die gesamte Schematik Alsteds in Hinblick auf die Theologie erneut zur Darstellung zu bringen. Hier soll allerdings nicht diejenige der Enzyklopädie von 1630 im Vordergrund stehen, vielmehr wird als Leittext die in den Jahren 1614 - 1622 in acht Bänden erschienene *Methodus sacrosanctae theologiae* gewählt, die die inhaltlich ausgereifteste und terminologisch klarste Fassung der Entwürfe Alsteds zur Theologischen Enzyklopädie bietet.[23]

Der Beschreibung der einzelnen theologischen Fächer geht in der *Methodus* ein umfangreicher Einleitungsteil voraus, der neben der Aufnahme der klassischen Themenstellungen zu Aufgabe, Begriff und Charakter der Theologie bereits eine Übersicht über das theologische Studium und seine Teile bietet.[24] Dies allein wäre jedoch noch nichts Neues; originell

[23] Hier ist auf den eigentümlichen Umstand hinzuweisen, daß Alsted eine frühere Fassung dieses Werkes, der die formal-enzyklopädisch besonders einschlägigen *Praecognitorum theologicorum libri duo* (= Bde. 1 u. 2 von ALSTED, *Methodus*) noch fehlten, auch nach Erscheinen der erheblich erweiterten Fassung immer noch drucken ließ: vgl. ALSTED, *Encyclopaedia* 1, Bibliographie, XX, A 09. 01 - 03; andererseits hat er auch die von der Enzyklopädie etwas abweichende Terminologie in den weiteren Auflagen der neuen Fassung der *Methodus* nicht jener angepaßt: vgl. ebd., XXII, A 18. 01 - 03. Es wird daher im folgenden von der *Methodus* ausgegangen, wobei die signifikanten Abweichungen in der *Encyclopaedia* ergänzend herangezogen werden.
[24] Daher auch der Titel: *Praecognitorum theologicorum libri duo, naturam theologiae explicantes, et rationem studii illius plenissime monstrantes.* Diese *Praecognita* sind in den ersten beiden Bänden der *Methodus* enthalten und Frankfurt/M. 1615 erschienen, nicht 1614, wie meist behauptet wird: vgl. etwa ALSTED, *Encyclopaedia* 1, Bibliographie, XXII, A 18. 01; diese Jahreszahl gilt nur für das das Gesamtwerk ankündigende Vorwort. Allerdings ist auch hier noch zu vermerken, daß innerhalb dieser theologischen Prolegomena der enzyklopädische Teil nur einen von insgesamt neunzehn Abschnitten des ersten Bandes ausmacht: cap. XVIII (ebd., 1, 135 - 144) ist überschrieben: *Theologia supernaturalis in subiecto;* ergänzend hinzu tritt dann noch das cap. CXXIX des zweiten Bandes (ebd., 2, 679 - 681), das den äußeren Ablauf des Studiums skizziert. Die Auskunft: „J. H. Alsteds views are found in

ist nun aber der sachliche Ausgriff der Einteilung der einen Theologie in Einzeldisziplinen auf die Bestimmung des Theologiebegriffs überhaupt. Nach der oben bereits angesprochenen Schematik von *finis, subiectum et media* kommt Alsted im Zusammenhang der zweiten dieser Bestimmungen auf die innere Gliederung der Theologie zu sprechen; dies ist kein Zufall, ist deren eigentlicher Grund eben gerade hier zu suchen: Die einzelnen Fächer ergeben sich „secundum subiecta aedificabilia, seu secundum subiectum informationis, quod est homo" oder, wie der Autor an anderer Stelle formuliert, „pro varietate subiecti recipientis".[25] Aus der Differenz der Rezipienten, die - wie noch zu zeigen sein wird - in unterschiedlichen Ausbildungsstufen ein und desselben 'Subjekts' oder aber auch in der Zugehörigkeit zu unterschiedlichen kirchlichen Gruppen begründet sein kann, ergeben sich somit die Teile der Theologie. Von *partes*, nicht von *species* der Theologie ist hier zu sprechen,[26] woraus sich ein Bild der Theologie „ut totum integrale, vel si ita placet, collectivum"[27] ergibt. Aufgrund allgemeiner wissenschaftstheoretischer Voraussetzungen handelt es sich folglich um einen „Wissenschafts*komplex,* ein aggregatum oder collectivum, das daher keine aristotelisch-schulgerechte Definition, sondern nur eine Deskription zuläßt."[28] Dies wiederum hat einschneidende Konsequenzen für die Beantwortung der klassischen Frage nach dem theoretischen oder praktischen Charakter der Theologie, insofern jene nun keine eindeutige Entscheidung mehr zuläßt: Zwar sind nach Alsted alle Teildisziplinen der Theologie in gewisser Hinsicht sowohl theoretisch als auch praktisch;[29] die beiden hauptsächlichen Fächergruppen sind jedoch gerade durch ein spezifisches Übergewicht der einen oder anderen Dimension gekennzeichnet: So stehen eher theoretische - wechselweise auch als kontemplativ, kognitiv oder spekulativ bezeichnete - eher praktisch bzw. operativ oder aktiv orientierten Disziplinen gegenüber.[30] Nicht mehr wie bei Keckermann wird also um den Preis eines Auseinanderfallens in die separaten Bereiche von *theosophia* und *theologia* ein einheitlicher Begriff einer praktischen, weil auf das Heil des Menschen ausgerichteten Disziplin gewonnen: Hier steht ein zusammen-

book 2 of his *Theologia praecognita* (1614)" (FARLEY, 67 Anm. 7), ist somit in allen Teilen zu korrigieren. Der Titelei des Vorworts von 1614 folgend werden hier die einzelnen anschließend selbständig erschienenen Teile der *Methodus* als solche durchgezählt.

[25] ALSTED, *Methodus* 1, 141. 143.

[26] Vgl. ALSTED, *Methodus* 1, 141; 4, 6 u.a.

[27] ALSTED, *Methodus* 1, 140.

[28] ALTHAUS, 23f., dort jedoch in Hinblick auf Keckermanns Philosophiebegriff formuliert.

[29] Hierin sieht er sich in ausdrücklicher Übereinstimmung mit Thomas von Aquin: vgl. ALSTED, *Encyclopaedia* 3, 1556.

[30] Vgl. ALSTED, *Methodus* 1, 140; DERS., *Encyclopaedia* 3, 1556. Alsted steht daher auch nicht an, die Theologie teils als *sapientia* oder *scientia*, teils als *prudentia* zu betrachten: vgl. ebd. u.ö.

gesetztes Ganzes vor Augen, das entsprechend den Charakter einer *disciplina mixta* hat.[31]

Wie zu erkennen war, stellt der Hinblick auf den Rezipienten das entscheidende Kriterium zur Differenzierung der Disziplinen zur Verfügung: Dies gilt zunächst für die Trennung in 'vorwissenschaftliche', nämlich katechetische, und wissenschaftliche Theologie,[32] dann aber gleichermaßen für die interne Gliederung der wissenschaftlichen Theologie selbst. Diese scheidet sich nämlich, sofern sie den nach Wissen strebenden Studenten zufriedenstellt, in eine scholastische sowie, sofern sie den künftigen kirchlichen Amtsträger orientiert, eine ekklesiastische Theologie, eine Gliederung, die wiederum der in theoretische und praktische Fächergruppen entspricht.[33]

Wenn man nun die einzelnen Fächer und ihre Beschreibungen Revue passieren läßt, so fällt auf, daß keine der Disziplinen eine spezifische Kunde der Heiligen Schrift vermittelt. Zwar erwähnt Alsted im Kontext der Bestimmung der *theologia scholastica* deren überkommene Unterscheidung[34] von einer *theologia positiva,* die er mit der Heiligen Schrift schlechthin identifiziert;[35] er nennt letztere dann sogar „universae theolo-

---

[31] Vgl. MICHEL, 175 Anm. 38. Dies zeigt sich nicht zuletzt auch in der ausdrücklich synonymen Verwendung von 'Theosophie' und 'Theologie' bei Alsted (vgl. ALSTED, *Encyclopaedia* 3, 1555), die klar dem Begriffsgebrauch Keckermanns entgegensteht.

[32] Daher die Bestimmung in ALSTED, *Methodus* 1, 141: „Theologia initiatorum, seu catechetica, est sapientia rerum divinarum, quatenus illae a tyrone sunt cognoscibiles." Von dieser, strukturell der überwiegend theoretischen Fächergruppe zugeordneten und deshalb als *sapientia* angesprochenen katechetischen Theologie wird dann die *theologia confirmatorum vel perfectior* abgehoben: vgl. ebd.

[33] Vgl. ALSTED, *Methodus* 1, 142f. Wichtig scheint mir auch hier der Akzent zu sein, daß sich die Fächergruppen nicht durch ihre Gegenstände - etwa solche theoretischer oder praktischer Erkenntnis - unterscheiden, sondern durch ihre Orientierung auf die in das Subjekt zu introduzierenden Zielvorstellungen. 'Subjekt' ist hier natürlich ein dynamisch zu verstehender Terminus: Es kann sich bei allen bislang angesprochenen Teilen der Theologie insofern durchaus um dieselbe Person als Adressaten handeln: Ein und derselbe kann als jugendlicher Anfänger Rezipient der Katechese sein, als fortgeschrittener Student Hörer der scholastischen sowie als künftiger Pfarrer Adept der praktisch-ekklesialen Fächer. Dennoch bleibt die exklusive Ausrichtung auf die Vermögen oder Interessen des 'Subjekts' das ausschlaggebende Moment; dies wird m.E. verkannt, wenn behauptet wird, die Abweichung von der Bestimmung der gesamten Theologie als praktischer Disziplin geschehe bei Alsted deshalb, „weil offenbar der Begriff des Praktischen für ihn den engeren Sinn des Praxisbezugs von Ethik und Kasuallehre hatte." (PANNENBERG, 236)

[34] Hier zitiert Alsted eine seiner Meinung nach gängige innere Gliederung der Theologie: „Usitata est in scholis distinctio theologiae, in positivam, scholasticam, in practicam, et in controversiam." (ALSTED, *Methodus* 1, 142) Dieses Schema stellt wohl eher eine Melange aus mehreren Konzepten als ein direktes Zitat dar; zumindest wäre es, trotz jeweils einzelner deutlicher Anklänge, so weder in der jesuitischen *Ratio* - dieser verdankt es wohl noch das meiste - noch bei Hyperius, Gerhard oder Keckermann zu finden.

[35] ALSTED, *Methodus* 1, 142: „Positivam theologiam appellant ipsam sacram scripturam. Dicitur autem *theologia positiva;* quia legibus ratiocinationum, definitionum ac divisionum non coarctatur ... *Theologia scholastica* est, quae positiones sacrae scripturae, seu theologiae positivae in methodum redigit, et conclusiones rationibus petitis inprimis e sacris literis

giae ... basis et fundamentum", versteht darunter jedoch nicht eine histo-
risch-philologische Bemühung um den Schrifttext, sondern lediglich eine
auf den jeweiligen *locus theologicus* bezogene Sammlung von *dicta probantia.*[36] Ein Schriftstudium scheint nur als private Lektüre, nicht als öffentliche Vorlesung und somit als theologisches Fach vorgesehen zu sein.[37]
Wie immer es sich hiermit auch in der Alsted bekannten oder von ihm
geprägten akademischen Praxis verhalten haben mag, so liegt diese
scheinbare Lücke doch in der Konsequenz des wissenschaftstheoretischen
Konzeptes: Für die Lektüre der Heiligen Schrift ist - gerade auch nach
reformatorischer Lehre - kein anderes *subiectum* anzugeben und keine
andere *finis* als für die katechetische Theologie im Falle der Anfänger
bzw. für die scholastische oder didaktische Theologie im Falle der fortgeschrittenen Hörer. Die Synonyma, die Alsted für diese beiden Abteilungen der Theologie anbietet - *parva* bzw. *magna biblia*[38] -, weisen ebenfalls
in diese Richtung; sie zeigen aber auch, daß diese Termini selbst zur
spezifischen Bestimmung dieser Abteilungen nicht geeignet sind, da sie
gerade die Differenz im Adressaten nicht ausreichend zur Sprache bringen. Die Erkenntnis der systemimmanenten Folgerichtigkeit soll jedoch
das Faktum nicht verdecken, daß dieses System zur Abgrenzung eines
spezifisch exegetischen Faches offenkundig nicht in der Lage ist, und dies
obgleich sich der Autor - dies zeigt der Hinweis auf die *theologia positiva*
klar - des Unterschieds 'exegetischen' und 'dogmatischen' Vorgehens
durchaus bewußt ist; das System vereinnahmt notwendig die biblische
Auslegung für die Dogmatik nach der *loci*-Methode.

Folgen wir nun weiter der Entfaltung der Gliederung theologischer
Fächer, so unterscheidet Alsted auf der Seite des schwerpunktmäßig
theoretisch orientierten Bereiches grundsätzlich - wie schon gezeigt -
solche für Anfänger *(theologia catechetica)* und Fortgeschrittene *(theologia*

---

probat." Ganz ähnlich lautet die Unterscheidung in DERS., *Encyclopaedia* 3, 1576: „Scriptura
sacra in scholis appellatur *theologia positiva;* quod tradat varias positiones, id est, principia
simpliciter posita; quibus oportet nos assentiri. Hinc *regulas positivas* hoc loco appellare
libuit, quibus ista principia continentur. Regulis hisce positivis adjeci *regulas didacticas,* id est,
illustrantes, confirmantes et refutantes." (Der Leitbegriff ist in der Enzyklopädie der der
didaktischen, nicht der der scholastischen Theologie; allerdings wird zwischen beiden weder
hier noch dort inhaltlich unterschieden; vgl. jedoch Anm. 40) Vgl. ebd., 1576 - 1638 die
entsprechende Verfahrensweise in der materialen Darstellung christlicher Lehrgehalte.

[36] Alsted kommt hiermit dem später und wohl bis heute gängigen Gebrauch des Terminus 'positive Theologie' sehr nahe; leider verweist er in diesem Zusammenhang nicht auf
Texte, die diese Begriffsbestimmung überliefern. Calixt, der hier ebenfalls eingefahrene
Gleise zu beschreiten behauptet, präsentiert jedenfalls einen anderen Bedeutungsgehalt: s.u.
4.2; PANNENBERG, 243f. spricht daher zu Recht von einer unterschiedlichen Rezeption
dieser „katholische(n) Unterscheidung" durch Alsted und Calixt; warum er jedoch meint,
letztere habe sich durchgesetzt (vgl. ebd., 244), bleibt unklar.

[37] Vgl. dazu im allgemein-didaktischen Teil der *Encyclopaedia* den der Theologie gewidmeten Abschnitt: ebd., 1, 121 - 123.

[38] Vgl. ALSTED, *Encyclopaedia* 3, 1565 sowie die Titelei von Buch 3 der *Methodus;* siehe
auch MICHEL, 178.

scholastica), innerhalb letzterer dann nochmals zwischen der lehrhaft die zusammenhängende Reihe der *loci* abschreitenden *theologia didactica*[39] und der die eigene konfessionelle Lehre gegen alle Arten von Abweichlern verteidigende *theologia polemica.*[40]

Während nun die *Methodus* in ihrem Einleitungsteil, den *praecognita,* dem von Alsted zitierten, angeblich gängigen Schema der *partes theologiae* folgend, entgegen der systematischen Anlage die moraltheologische Kasuistik zwischen die beiden Teile der theoretisch-scholastischen Theologie geschoben hatte, gliedert deren ausgeführte Fassung wie später auch die Enzyklopädie nun klar nach Alsteds eigener Vorgabe, zudem eine gewisse Symmetrie befolgend: Nach den drei theoretisch ausgerichteten Fächern bildet die - wenigstens gemäß der Enzyklopädie - potentiell ebenso theoretisch wie praktisch ausführbare Polemik das Mittelglied, dem nun wiederum drei praktisch orientierte Fächer folgen: Zwei davon, *theologia casuum* und *theologia prophetica,* sind allen drei Entwürfen in Umriß wie Terminologie gemeinsam;[41] während jedoch die *Methodus* mit der Skizze einer höchst eigentümlichen *theologia acroamatica* endet, beschließt in der *Encyclopaedia* eine *theologia moralis* den Reigen der Disziplinen.[42] Drei Grundzüge sind es, die all diesen Fächern gemeinsam

[39] Vgl. v.a. das vierte Buch von ALSTED, *Methodus,* das die Vorgehensweise so charakterisiert: „Theologia scholastica didactica, exhibens locos communes theologicos methodo scholastica." (Ebd., Titel) Die interne Gliederung der *loci theologici* folgt dann einem spezifisch reformierten Gedanken, indem sie in vier *sectiones* zunächst von Gottes Wort sowie seinem einen und dreifaltigen Wesen, dann von Gottes (Vorsehung übenden und prädestinierenden) Handeln 'nach innen', zuletzt in zwei Abteilungen von den diesen internen Handlungen Gottes entsprechenden Operationen *(executiones)* 'nach außen' handelt: vgl. ebd., Index, o.S.

[40] „Theologiae scholasticae partes duae sunt: una didactica, polemica altera." (ALSTED, *Methodus* 5, 1); vgl. ebd., 8 auch die sachlich identische, terminologisch etwas abweichende Unterscheidung in *theologia didactica et elenctica.* Die ausgeführte Polemik im siebten Buch der *Methodus* zeigt dann deren Anordnung, die übergeordnet nach den jeweiligen Gegnern - genannt werden, sozusagen von außen nach innen, Juden, Mohammedaner, Arianer, Ostkirchen, römische Katholiken sowie innerreformatorische Gegner -, innerhalb dieser Abschnitte dann wieder nach den oben erwähnten *loci* gegliedert ist. Dieser Band trägt den Titel: „Theologia polemica, exhibens praecipuas huius aevi in religionis negotio controversias". Eine interessante zusätzliche Unterscheidung bietet hier ALSTED, *Encyclopaedia* 3, 1640, indem sie bereits eingeführte Differenzierungen an dieser Stelle gleichsam kombiniert zur Anwendung bringt: So kennt sie sowohl eine für den einfacheren Hörer *methodo prudentiae* gefaßte Polemik, die von der *cathedra ecclesiastica* zu übernehmen sei, als auch eine solche, die, *methodo sapientiae* konstruiert, Aufgabe der *cathedra scholastica* ist. Sachlich stehen diese Zuweisungen denjenigen der kontroverstheologischen Fragestellungen in der *Ratio studiorum* der Jesuiten zur positiven oder scholastischen Theologie nicht fern; eine schwerpunktmäßige Verlagerung der Polemik von der wissenschaftlichen Theologie weg hin zur pastoralpraktischen Ausbildung scheint Alsted dagegen nicht im Auge gehabt zu haben.

[41] Vgl. ALSTED, *Methodus* 1, 143, deren sechstes bis achtes Buch sowie DERS., *Encyclopaedia* 3, 1662. 1674.

[42] Vgl. ALSTED, *Methodus* 1, 143 bzw. *Methodus* 8 im Gegensatz zu *Encyclopaedia* 3, 1684.

sind: Generell die praktische Ausrichtung,[43] speziell der ekklesiale Bezug[44] und methodisch die auf Divulgation ausgerichtete Gestalt.[45]

Eine erste Zweiteilung ergibt sich durch den unmittelbar angesprochenen Hörer der jeweiligen Lehre: „Estque [= theologia ecclesiastica seu practica] vel communis, vel propria."[46] Als „Theologia casuum, exhibens anatomen conscientiae et scholam tentationum"[47], richtet sie sich, zumindest der Idee nach, an alle Christen;[48] dieser Allgemeinheit des Publikums entsprechend und somit an vergleichbarer Stelle unter den praktischen Fächern wie die katechetische Theologie unter den theoretischen werden auch ihre Inhalte, die Gewissensfälle, parallel zu dieser angeordnet.[49] Gemäß dem praktisch-prudentialen Charakter wird nun auch die analytische Methodik wieder deutlich sichtbar: *finis* des Unternehmens ist die *conscientiae tranquillitas,*[50] *subjectum* daher die *conscientia hominis.*[51] Nun scheint es zwar, gerade auch wegen der Parallele zur katechetischen Theologie, so zu sein, als ob diese Kasuistik unmittelbar an das hörende Kirchenvolk gerichtet wäre; dies würde einen Unterschied zur katholischen Konzeption des Faches gleichen Namens bedeuten, das ja die praktisch-pastorale Ausbildung künftiger Beichtväter zum Ziel hat; allerdings ist dies auch bei Alsted nicht so vermittlungslos gedacht: Ganz entsprechend der Terminologie in der Tradition etwa der jesuitischen Studienordnung nennt er den eigentlichen, unmittelbaren 'Betreiber' dieser kasuistischen Theologie *casista.*[52]

---

[43] Alsted nennt diese Gruppe „theologia ecclesiastica, seu practica" (ALSTED, *Methodus* 1, 143), „magis practica" (ebd., 142), „magis propter actionem" (ebd., 143), „prudentia" (DERS., *Encyclopaedia* 3, 1556).

[44] Vgl. neben dem allgemeinen Epitheton *ecclesiastica* die wiederholten Hinweise in ALSTED, *Methodus* 1, 143; 8, 1; 8, 954 u.a.

[45] Vgl. ALSTED, *Methodus* 1, 143 den Hinweis, daß die praktische Theologie im Grunde das gleiche lehre wie die theoretische, „sed populariter": Das 'Volk' ist - unmittelbar oder vermittelt durch seine Lehrer - der letzte Adressat dieser Abteilungen der Theologie.

[46] ALSTED, *Methodus* 1, 143.

[47] ALSTED, *Methodus* 6, Titel. Diese Kasuistik wird - nach Alsted jedenfalls üblicherweise - als *theologia practica* im engeren Sinn verstanden (vgl. ALSTED, *Methodus* 1, 142), während die spezifisch ekklesialen Fächer erst von einem weiteren Begriffsgebrauch miterfaßt werden. Daß die Gleichsetzung von *theologia practica* und *theologia casuum* eine Anlehnung an die Lehre der Dordrechter Synode, an der Alsted beteiligt war, sei, wie PANNENBERG, 428 behauptet, setzt voraus, daß das enzyklopädische Konzept Alsteds von 1623 stammt, eine Fehlinformation, die Pannenberg von ALTHAUS, 37 u.ö. übernimmt. Eher könnte umgekehrt eine Beeinflussung des synodalen Begriffsgebrauchs durch Alsted vermutet werden.

[48] Dies läßt auf ein im Grunde bereits anachronistisches Bewußtsein von einem prinzipiell christlichen Publikum schließen, das in einer Kirche als Hörergemeinschaft einer derartigen moralischen Lehre vorgestellt wird.

[49] Vgl. den entsprechenden Index in ALSTED, *Methodus* 6, o.S., der die einzelnen *casus* nach ihrer Hinsicht auf die Artikel des Glaubensbekenntnisses, die Gebote des Dekalogs, die Bitten des Vaterunser sowie die beiden Sakramente - Taufe und Abendmahl - reiht.

[50] Vgl. ALSTED, *Methodus* 6, 2.

[51] Vgl. ALSTED, *Methodus* 6, 6.

[52] Vgl. ALSTED, *Methodus* 6, 2 u.ö.

Daß ein ausdrücklich als Kasuistik gekennzeichnetes Fach im Rahmen einer reformierten Enzyklopädie erscheint, mag in heutigen Ohren seltsam genug klingen;[53] noch erstaunlicher ist nun aber der Wechselbegriff, den Alsted in offenkundiger Abweichung von dem bei Keckermann bezeugten Begriffsgebrauch für diese Disziplin anbietet: Nannte jener die gesamte auf die biblisch-kirchliche Bezeugung christlicher Lehre gestützte Theologie wechselweise auch *sotirologia,* ein Terminus, der dort entsprechend dem heilsorientiert-praktischen Charakter dieser Wissenschaft gewählt wurde, so gebraucht Alsted denselben Terminus[54] nun für die *theologia casuum.* Daß die Lehre von den Gewissensfällen ausdrücklich als 'Heilslehre' bezeichnet und begriffen wird, ist zwar im Rahmen reformierter Theologie noch eine Spur denkbarer, als dies in lutherischem Kontext der Fall wäre; dennoch bleibt es überraschend genug.[55]

Der zweite Teil der praktischen Theologie bezieht sich nun in je spezifischer Weise auf die beiden klar geschiedenen Gruppen von Kirchengliedern: die Lehrenden und die Hörenden.[56] Da die *doctores vel pastores ecclesiae* - wie dies besonders reformierter Ekklesiologie geläufig ist - in erster Linie ein prophetisches, also öffentlich verkündigendes Amt ausüben, heißt die ihrer Tätigkeit zugeordnete Ausbildung *theologia prophetica.*[57] Sie ist allerdings weniger, wie dies im älteren reformierten Verständnis dieses Terminus wohl mitgegeben war, auf die inhaltliche Seite von Schriftverständnis und Schriftauslegung bezogen,[58] sondern einzig und allein auf die pastoralen Techniken von Predigt und kirchlicher Amtsführung: „prudentia enarrans officium doctoris ecclesiae",[59] „exhi-

---

[53] Weitere Beispiele, die zeigen, daß ein solches Fach unter ebendiesem Titel in der evangelischen Theologie selbstverständliches Heimatrecht hatte, werden unten folgen.

[54] Zu verzeichnen ist lediglich die geringfügig abweichende Schreibweise *soterologia.* Wegen des tiefgreifenden Unterschieds zur heutigen Bedeutung dieses Terminus hat es keinen Sinn, dies kommentarlos mit 'Soteriologie' zu übertragen, wie dies etwa im Art. „Alsted, Johann Heinrich", in: TRE, Bd. 2 (1978), 299 - 303, hier: 300 geschieht; zudem war sich der Verfasser dieses Artikels offenkundig nicht bewußt, daß hiermit eben genau die theologisch-ethische Disziplin benannt ist, die er anschließend unabhängig davon aufführt.

[55] Von daher trifft es keineswegs zu, wenn MICHEL, 178 behauptet: „Bei Alsted steht das Heil des Menschen nur in der Theologia catechetica im Vordergrund." Eher schon kann man sich Althaus anschließen, der rätselt, warum die ausdrücklich auf die *salus hominis* bezogene katechetische Theologie gerade auf die Seite der überwiegend theoretischen Fächer geschlagen wird (vgl. ALTHAUS, 51 Anm. 1).

[56] Diese gemeinhin wohl eher der nachtridentinischen katholischen Ekklesiologie zugeordnete Dichotomie in *doctores* und *auditores* gibt hier jeweils die Definition des die praktische Wissenschaft bestimmenden *subiectum* ab: vgl. ALSTED, *Methodus* 1, 143; auch hier ist allerdings wieder hinzuzufügen, daß sich beide Wissenschaften als Teil theologischer Ausbildung unmittelbar an den zukünftigen Amtsträger wenden, im ersten Fall aber im Hinblick auf diesen selbst, im zweiten in der Perspektive auf die hörende Gemeinde.

[57] Vgl. ALSTED, *Methodus* 1, 142 sowie die Darstellung dieser Disziplin in ebd. 7.

[58] Auch hier ist also kein in spezifischer Hinsicht auf Bibelauslegung hingeordnetes Fach auszumachen.

[59] ALSTED, *Methodus* 7, 1.

bens I. *Rhetoricam ecclesiasticam,* in qua proponitur ars concionandi, et illustratur promptuario concionum locupletissimo. II. *Politiam ecclesiasticam.*"[60] Das *proprium* der auf diese Predigt hörenden und dieser Kirchenleitung gehorchenden Gemeinde wird nun abschließend bedacht in einem eigentümlichen, nur annäherungsweise in heutige Terminologie übersetzbaren Ausbildungsteil, den Alsted - wie so oft in idiosynkratischem Begriffsgebrauch - *theologia acroamatica* nennt.[61] Im Blickpunkt dieser Disziplin steht somit die Wirkung kirchlichen Amtshandelns in seinen beiden Hauptdimensionen auf die kirchliche Öffentlichkeit; man könnte versuchsweise von einer Art Rezeptionspsychologie kirchlicher Lehre und Leitung sprechen.[62] Alternativ zu dieser akroamatischen Theologie schließt die Gliederung der Theologie in der Enzyklopädie von 1630 mit einem anderen Fach, der *theologia moralis.* Vor einer vorschnellen Begriffsübertragung muß gewarnt werden: 'Moraltheologie' ist für Alsted Kasuistik; zwar ist auch hier die Rede von den *mores hominum,* von einer *ethica sacra;*[63] gemeint ist aber eher eine spirituelle Theologie, die nicht zuletzt in einer geistlichen Ständelehre besteht[64] und sich literarisch an Werken von Tauler oder Thomas a Kempis orientiert.[65] Wenn also schon ein herkömmlicher Begriff bemüht werden soll, dann ist es wohl der der 'mystischen Theologie' in der Nachfolge spätmittelalterlicher Werke.

An dieser Stelle ist kurz zu resümieren, was nun speziell Alsted - über die am Ende dieses Kapitels zu bilanzierenden Neuerungen der gesamten theologiegeschichtlichen Epoche, der er angehört, hinaus - mit seinem in verschiedenen Fassungen vorgelegten theologisch-enzyklopädischen Entwurf zur Geschichte der hier untersuchten Gattung beigetragen hat. Zu beginnen ist dabei mit einigen eher negativen Elementen: Obwohl er - manchmal durch ausdrückliches, wenn auch nicht immer spezifiziertes Zitat, manchmal durch nicht gekennzeichnete Anspielung - auf zurückliegende wie zeitgenössische Tendenzen Bezug nimmt, und zwar sowohl

---

[60] ALSTED, *Methodus 7,* Titel; DERS., *Encyclopaedia 3,* 1674 wird die prophetische Theologie definiert als „doctrina de officio prophetae, id est, pastoris ecclesiae. Eius partes duae sunt, rhetorica et politia ecclesiastica."

[61] In ihr wird das christliche Volk gelehrt, „ut recte se gerat quantum ad conciones et politiam sacram." (ALSTED, *Methodus 8,* 962) Auch hier ist wieder die Kautele einzuführen, daß das Kirchenvolk zwar *subiectum,* nicht aber unmittelbarer Adressat der *doctrina* ist. Zum ansonsten üblichen Gebrauch des Terminus 'akroamatisch' vgl. den Art. „Akroamatisch", in: LThK, Bd. 1 (1993), 294f.

[62] Es ist jedoch darauf hinzuweisen, daß es sich in Alsteds Darstellung lediglich um einen Anhang von wenigen Seiten im Anschluß an die *theologia prophetica* handelt, keineswegs also um eine entfaltete, eigenständige Disziplin.

[63] Vgl. ALSTED, *Encyclopaedia 3,* 1684.

[64] In Analogie zur gängigen philosophischen Unterteilung der Ethik kommt im 'ökonomischen' Teil eher der Innenbereich der Spiritualität zum Tragen, während der 'politische' Teil auf die Ständelehre zielt: vgl. ebd.

[65] Vgl. ALSTED, *Methodus 1,* 122.

in terminologischer Hinsicht wie im Hinblick auf die Bestimmung und Umschreibung einzelner theologischer Disziplinen, so trägt er dadurch doch in kaum einem Fall zur Festigung oder Präzisierung dieser Tendenzen bei; vielmehr unterlegt er die übernommenen Termini - so etwa *theosophia, soterologia, theologia moralis, acroamatica* etc. - oft mit neuen, lediglich seinem System eigenen Bedeutungen. Das ist nicht zuletzt deshalb etwas verwirrend, weil er gerade nicht, wie viele seiner Vorgänger und Nachfolger auf dem Gebiet der Theologischen Enzyklopädie, zu Neologismen neigt.[66] Es ist zudem erstaunlich, insofern sich dieser Bedeutungswandel in vielen Fällen insbesondere auch auf die ausdrücklich von seinem verehrten Lehrer Keckermann benutzten oder neu eingeführten Termini bezieht. Des weiteren ist zu bemerken, daß bei Alsted selbst, trotz mehrerer sich mit diesem Gebiet beschäftigender Werke, keine selbständige Theologische Enzyklopädie im Sinne der literarischen Gattung vorliegt: Bietet er im Rahmen der theologischen Prolegomena lediglich einen knappen Abriß, so in der *Methodus* als ganzer einen eher inhaltlich-zusammenfassenden als formal-abgrenzenden Durchgang durch die theologischen Disziplinen; dies gilt ebenso für die theologischen Abschnitte der Enzyklopädie von 1630; zudem treten diese dort zumindest nicht formell eigenständig auf, sondern nur im Gesamtkontext der Darstellung universal-enzyklopädischen Wissens.

Hier geht nun die eher negative Bewertung unmittelbar in die positive über, wobei sich noch einmal - nach Gesner - die Frage nach dem Zusammenhang von allgemeinem Enzyklopädismus und Theologischer Enzyklopädie stellt. Noch deutlicher als bei dem Zürcher Gelehrten des 16. Jahrhunderts wird die Theologie bei Alsted in den strukturellen Gesamtrahmen eines enzyklopädischen Werkes eingebaut; zudem steht unvergleichlich stärker als bei jenem ein einheitliches Verständnis von Wissen und Wissenschaft im Hintergrund des Unternehmens. Auch liegt ein - aus unterschiedlichen Quellen gespeistes - wissenschaftstheoretisches Grundkonzept der jeweiligen Präsentation einer Einzelwissenschaft voraus. Dies alles führt u.a. dazu, daß einschlägige Bestimmungen zur Gliederung der Theologie sowie zur Ordnung ihres Studiums keineswegs allein im spezifisch der Theologie gewidmeten Teil der Enzyklopädie zu finden sind; vielmehr gibt es solche auch in denjenigen Partien, die der Beschreibung der Einzelwissenschaften begründend und strukturierend vorangehen. Dies alles darf m.E. jedoch nicht überinterpretiert werden: Zum einen war die vorausgehende Annahme eines wissenschaftstheoretischen Rasters sowohl in der mittelalterlichen wie frühneuzeitlichen Vergangenheit als auch in der keineswegs enzyklopädisch orientierten Zeitgenossenschaft des 17. Jahrhunderts ebenso gängig wie bei Alsted: Auch Thomas von Aquin oder Johann Gerhard kamen ohne solche

---

[66] Dies übrigens sehr im Unterschied zu den allgemein-enzyklopädischen Teilen seines Werkes.

Vorbedingungen nicht aus, ohne auch nur im entferntesten eine Theologie konzipieren zu wollen, die den ein- und untergeordneten Teil eines Gesamtsystems von (menschlichem!) Wissen und Wissenschaft ausmacht. Zudem stellt sich diese Ein- und Unterordnung, die die Theologie bei Alsted nicht mehr so einfach - wie etwa noch bei Gesner - als Fundament und/oder Aufgipfelung allen Wissens erkennen läßt, bei näherem Zusehen als gar nicht so strikt in einen alles bestimmenden pansophischen Strukturrahmen eingespannt dar, wie dies zunächst erscheinen mag: Der Ort der Theologie - wie auch der von Rechtswissenschaft und Medizin - ergibt sich nämlich keinesfalls einfachhin aus dem wissenschaftstheoretischen Entwurf und seinen immanenten Systemstellen; er ist vielmehr primär eine Konsequenz der (historisch-kontingenten) Gegebenheiten des Aufbaus und der Rangordnungen der Universität: Hier folgen die sogenannten höheren Fakultäten, gleichsam als spezialisierende Hauptstudiumsbereiche, dem philosophischen Grundstudium, und die Theologie ist traditionell die erste unter ihnen. Eine weitere Beobachtung stützt diese eher zurückhaltende Deutung des Zusammenhangs von Universalenzyklopädie und Theologischer Enzyklopädie: Zwar haben im Werk Alsteds sowohl die erstere wie die letztere nicht unerhebliche Umstrukturierungen und Überarbeitungen erfahren. Die bereits skizzierte Editionsgeschichte seiner theologischen Werke wie auch ihre internen Veränderungen zeigen jedoch keinerlei erkennbaren Zusammenhang mit den Modifikationen der universalenzyklopädischen Konzeption.[67] Zwar ist die Theologie notwendiger Teil allen verfügbaren Wissens und hat daher ihren Ort nicht nur am Rande oder gar im Gegenüber, sondern durchaus im Zentrum von dessen umfassender Darstellung; sie ist aber deswegen weder nach ihren besonderen Inhalten noch nach ihrem internen Aufbau als Wissenschaft aus Wissenschaften unmittelbar aus übergeordneten materialen oder formalen Prinzipien zu erfassen.

Dagegen besteht nun kein Anlaß, die Wirkungen des 'enzyklopädischen Geistes' dieses Autors gerade auch auf die Darstellung der Theologie und ihrer Zweige zu unterschätzen. Hauptsächlich dürften sie in der Tatsache zu sehen sein, daß er - m.W. als erster - einen expliziten und einheitlichen Begriff für denjenigen Sachverhalt sucht und findet, der notwendig zu Differenzierungen innerhalb der einen Theologie führt und diese zudem - wenn auch in je nach Entwurf wechselnder Weise - abgrenzend erfassen läßt. Gerade die hiermit verbundene Translation der überkommenen Unterscheidung von theoretisch-spekulativer und praktisch-zielorientierter Dimension, hier zusätzlich verknüpft mit dem Methodenpaar von Synthese und Analyse, von der Bestimmung der Theologie als ganzer hin zu der unterscheidenden Erfassung von Fächergruppen im Innenraum der Theologie liegt zwar nicht jenseits der faktischen Wissenschaftspraxis der traditionellen wie zeitgenössischen Theo-

---

[67] Vgl. hierzu LEINSLE 1, 373 - 385.

logie, sie weist jedoch hinsichtlich Begrifflichkeit und Problembewußt-
sein ein Niveau auf, das alles bislang untersuchte (und auch manches
nachfolgende!) deutlich hinter sich läßt.

4.1.3 Ludwig Crocius: Ein unmittelbarer Zeitgenosse Calixts

Unmittelbar in der Epoche Calixts, dazu noch in seinem persönlichen
wie geistigen Umkreis hält man sich auf, wenn man L. Crocius' *Instructio
de ratione studii theologici* heranzieht.[68] Zudem stellt er in mancher terminologischer, namentlich aber auch in konfessioneller Hinsicht ein gewisses Bindeglied zwischen Alsted und Calixt dar.[69]

Crocius' *Instructio* gibt sich an vielen Stellen einen humanistischen
Anstrich: Schon der Titel weist in diese Richtung, vor allem aber der
eindeutige Schwerpunkt auf der Lektüredimension des Studiums.[70] Noch
deutlicher belegt dies die Unterscheidung der beiden Früchte, die diese
Lektüre - so sie sinnvoll geschehen ist - zeitigen soll: Als inhaltliche
Kenntnis soll sie dem so Gebildeten ein *armarium*, als Erfahrung im
Umgang mit Texten ein *iudicium* erwerben.[71] Auch dem gesamten Aufbau nach ist dieses Werk weniger an etwaigen Disziplinen orientiert,
sondern vor allem an einer Methodologie,[72] die dem angehenden Studen-

---

[68] Eine selbständige Ausgabe dieses Werkes konnte ich nicht ermitteln; dennoch scheint
sein Bekanntheitsgrad nicht unbeträchtlich gewesen zu sein: So findet es sich in dem von
dem renommierten Verlag Elzevier 1645 in Amsterdam veröffentlichten Sammelband *H.
Grotii et aliorum dissertationes de studiis instituendis*, hier zudem als einziger theologisch
einschlägiger Beitrag (ebd., 491 - 558; nach dieser Ausgabe wird im folgenden zitiert); in einer
weiteren, hiervon offenkundig unabhängigen Sammlung, *Gerardi Jo. Vossii et aliorum
dissertationes de studiis bene instituendis* (Utrecht 1658), ist es ebenfalls enthalten. Durch die
Ausgabe bei Elzevier ergibt sich zumindest ein *terminus ante quem;* Crocius selbst verweist
ebd., 493 auf Calixts *Epitome*, nicht jedoch auf dessen *Apparatus*. Somit wird für die ursprüngliche Publikation dieses Werkes ein Zeitraum um die Mitte der zwanziger Jahre des
17. Jahrhunderts wahrscheinlich. Die einschlägigen Lexika nennen - dem Alphabet wie der
Rangordnung nach - vor Ludwig Crocius (1586 - 1655) dessen jüngeren Bruder Johann (vgl.
z.B. Art. „Crocius", in: RGG, Bd. 1 [1957], 1883f.); zumindest bei diesem ist ein unmittelbarer persönlicher Kontakt zu Calixt nachweisbar; im Hinblick auf unseren Autor gibt zwar
die monumentale Calixt-Biographie HENKEs keine nähere Auskunft, während der vom
selben Autor verfaßte Art. „Crocius, Johann", in: RE, Bd. 4 (1898), 331ff., hier: 333 eine
freundschaftliche Verbindung zwischen Ludwig Crocius und Calixt behauptet.
[69] Zu begrifflichen Übereinstimmungen bzw. Abweichungen s.u.; konfessionell entstammt der Bremische Professor der Theologie und Pastor an St. Martini dem reformierten
Lager, stimmt mit Calixt jedoch deutlich in einer grundsätzlich irenischen Ausrichtung
überein. Art. „Crocius", in: RGG, Bd. 1 (1957), 1884 kennzeichnet ihn als „maßgeblichen(n)
Vertreter der deutschen ref(ormierten) Theologie, die sich durch ihren melanchthonischen
Ursprung von der calvinistischen wie von der luth(erischen) Orthodoxie unterscheidet."
[70] Vgl. CROCIUS, *Instructio*, v.a. 496. 523 - 550, wo die Teile und Stufen des theologischen
Studiums durchgängig als *lectiones* präsentiert werden.
[71] Vgl. CROCIUS, *Instructio*, 525f. 531.
[72] Crocius gebraucht hierfür den Terminus *technologia* (vgl. CROCIUS, *Instructio*, 497).

ten mit Ratschlägen zu einem geordneten Aufbau seiner privaten Lektüre zur Seite stehen sowie einen Überblick über die innere Organisation akademischer Theologie bieten will. Besteht erstere Dimension namentlich aus einer theologischen Quellenkunde etwa im Sinne der *loci* Canos,[73] so werden die akademischen Veranstaltungen primär nach deren jeweiligem Forum in „*domestica, collegialia, aut publica*" unterteilt.[74]

Insgesamt wird auf die rechte Anordnung der Abteilungen des Studiums Wert gelegt, da dessen primäre Behinderung in der *confusio* besteht.[75] In diesem Zusammenhang zeigt sich dann aber auch deutlich, daß sich diese Schrift trotz allen humanistischen Anstrichs doch mitten im Kontext der theologischen Grundlegungsfragen ihrer Zeit befindet: Neben der schon erwähnten *confusio,* die durch die *diversitas studiorum, librorum, vel temporum* zustande kommt,[76] steht auch und vor allem eine solche „*diversarum cuiusque studii partium*"[77] einem geordneten und zielführenden Studium im Wege. Insbesondere ist es der Drang der Studenten, sich, ohne ausreichende Grundlagen erworben zu haben, auf die intra- oder interkonfessionellen Lehrstreitigkeiten zu stürzen. Hiergegen wirkt nun - bei allen Christen - eine *theologia catechetica*, insofern in ihr „certa minimeque controversa veritas continetur, ex ipsissimis scripturae textibus et symbolo Apostolorum".[78] Dieser katechetischen Theologie im Bereich der *theologia ecclesiastica*, die „ad popularem institutionem"[79] orientiert ist, entspricht als Grundlagenfach im scholastisch-theologischen, also akademischen Bereich, der „ad eruditae juventutis informationem"[80] ausgerichtet ist, die Darlegung eines theologischen Lehrsystems in Form der *loci communes*.[81] Erst wenn diese *fundamenta* gelegt sind, kann

---

[73] Gehört deren inhaltliche Kenntnis nach Crocius nun wiederum in den Bereich des *armarium,* so vollzieht sich ihr wertender Gebrauch nach bestimmten „*regulae criticae sive judiciariae*" (CROCIUS, *Instructio,* 531). Aufgeführt werden, der Reihe nach, Schrift, gesamtkirchlicher Konsens der ersten Jahrhunderte (Symbola, Konzilien), Kirchenväter, scholastische Autoren, kirchengeschichtliche Darstellungen sowie theologische Lehrmeinungen generell (vgl. ebd., 531 - 539).

[74] CROCIUS, *Instructio,* 551; im ersten Falle verstärkt sich nochmals der o.g. Eindruck: Der häusliche Umgang mit Schrift, Kommentaren, *loci*-Kompendien u.ä. soll sich nach den klassischen Schritten rhetorischer Hermeneutik *(dispositio, inventio, judicium, amplificatio, etc.)* vollziehen (vgl. ebd.). Ist bei den Kollegveranstaltungen offenbar an eine bedarfsorientierte Mischung von Seminar- und Vorlesungsstil gedacht (vgl. ebd., 552), so besteht der 'öffentliche' Bereich des Studiums aus Vorlesungen und Disputationen (vgl. ebd., 553). Diese Dreiteilung der Ebenen steht derjenigen bei Gerhard (s.o. 4.1.1) nahe.

[75] Diese wird zusammen mit *impietas et socordia* als hauptsächliches *impedimentum* genannt (vgl. CROCIUS, *Instructio,* 493 - 500).

[76] Vgl. CROCIUS, *Instructio,* 495.

[77] CROCIUS, *Instructio,* 495.

[78] CROCIUS, *Instructio,* 496. Vgl. auch ebd., 525f.

[79] CROCIUS, *Instructio,* 525.

[80] CROCIUS, *Instructio,* 525.

[81] Vgl. CROCIUS, *Instructio,* 496: „qua universum theologiae corpus e sacra scriptura delineatur".

zu den *controversiae* übergegangen werden.[82] Nach diesen theoretischen Teilen bilden zwei praktisch orientierte den Abschluß der theologischen Ausbildung: *casus conscientiae* und *concionatoria*.[83] Allerdings ist darauf hinzuweisen, daß Crocius hier weder den Gegensatz von Theorie und Praxis einführt, noch daß er diese beiden Disziplinen überhaupt unter einen Begriff bringt.

Ein gewisses Problem bietet in diesem Kontext der Status der Kirchengeschichte: Zwar bildet sie dem von Crocius gebotenen Gesamtüberblick gemäß eine eigene Abteilung im theologischen Fächerkanon,[84] allerdings tritt diese, wenn von Lehrveranstaltungen und sonstiger akademischer Praxis die Rede ist, nicht mehr in Erscheinung: Sie scheint somit lediglich dem häuslichen Studium, der privaten Lektüre empfohlen, nicht jedoch als eines der an theologischen Lehranstalten zu vertretenden bzw. zu hörenden Fächer verstanden zu sein.

Noch schwieriger hingegen ist es, die biblischen Studien in diesem Entwurf theologischer Ausbildung richtig zu verorten. Zwar ist es Crocius - nicht zuletzt aufgrund konfessioneller Zugehörigkeit - selbstverständlich, daß die Bibel die primäre und grundsätzlich suffiziente Quelle aller theologischen Inhalte ist sowie daß die theologische Wissenschaft allem voran als Auslegung der Heiligen Schrift verstanden und betrieben werden muß;[85] weiterhin ist wissenschaftliches Schriftstudium[86] nicht lediglich als Materialbeschaffung für die *loci*-Theologie, sondern ausdrücklich als spezifisch unterschiedene akademische Aktivität nicht nur auf der Ebene der *domestica,* sondern ebenso auf der der *collegialia* vorgesehen;[87] allerdings erscheint weder ein spezifischer Begriff für diesen Teil der Theologie, noch wird explizit methodisch wie sachlich abzugrenzen versucht, worin nun genau der Unterschied zwischen einer an theologischen Problemstellungen orientierten Bibellektüre und einer Vorgehensweise nach der *loci*-Methode besteht. Zudem wird nicht recht deutlich, an welcher Stelle des theologischen Bildungsganges dieses biblische Fach einzuordnen ist: Am ehesten scheint die Vorstellung so zu sein, daß alle

[82] Zu diesem Begriffspaar vgl. CROCIUS, *Instructio,* 538; ihm entspricht dasjenige von *dogmatica* und *polemica* (vgl. ebd., 527). Beide sind übrigens, so Crocius, nach dem gesamten *armarium* und *judicium* der theologischen Quellen zu traktieren: vgl. ebd., 527f.

[83] Vgl. CROCIUS, *Instructio,* 526. 528. 530. 553.

[84] „De theologia revelata legi debent catechetica, dogmatica, polemica, ... casus conscientiae, historica et concionatoria." (CROCIUS, *Instructio,* 526)

[85] Vgl. z.B. CROCIUS, *Instructio,* 496. 524. 531.

[86] Um den wissenschaftlichen Charakter herauszustreichen, gebraucht Crocius die Termini *lectio gnostica, seu epistemonica* (vgl. CROCIUS, *Instructio,* 539).

[87] Vgl. CROCIUS, *Instructio,* 551 - 553, hier 553: „*Collegium* biblicum *est, in quo praeses libros biblicos analytice enarrat, et ad singula cuiusque libri capita quaestiones maxime necessarias movet et determinat."* Als solches wird es von den anderen drei *collegia (peirasticum, elenchicum et problematicum)* abgehoben; deren erstes stellt das gesamte *corpus doctrinae* nach der *loci*-Methode dar, im zweiten werden die interkonfessionellen, im dritten die innerkonfessionellen Problemstellungen erörtert (vgl. ebd.).

vier Formen theologischer *collegia* jeweils nebeneinander, insgesamt aber nach Klassen gegliedert abzuhalten sind.[88] Diese Ordnung würde allerdings weder der durchgängig angemahnten Vorordnung der *fundamenta* vor den *controversiae,* noch der Grundlagenfunktion der Heiligen Schrift entsprechen.[89]

Ohne eine Abhängigkeit diagnostizieren zu wollen, ist hier doch eine nicht unerhebliche Nähe zu jesuitischen Positionen gegeben: Das Schriftstudium ist wohl am ehesten als in sich abgeschlossene, keine übergreifenden bibeltheologischen Fragestellungen entwickelnde Analyse biblischer Texte zu begreifen; in die gleiche Richtung deutet zudem die Zweiteilung theologischer Studien in solche für *theologi* sowie für *ministerii sacri candidati.*[90] Nur die ersteren beschäftigen sich mit all den angesprochenen Bereichen in wissenschaftlicher Weise, während für letztere eine Beschränkung auf Schrift, Kirchengeschichte und die „principia sive catechesin Christianae religionis"[91] vorgesehen ist. Inwieweit sich nun die akademischen Veranstaltungen für beide Gruppen überschneiden, wird nicht klar ersichtlich. Lediglich der Terminus *catechesis* weist in die Richtung, daß die ursprünglich eingeführte Unterscheidung von ekklesiastischer und scholastischer Theologie nicht nur den Sinn einer Trennung nach Lehre für alle Christen und für die Theologen unter ihnen hat, sondern auch den einer Parallelführung zweier Ausbildungsgänge, für religiöse Volkslehrer einerseits und den akademisch-theologischen Binnenraum andererseits.

Ein Resümee des Entwurfes von L. Crocius kann sonach - trotz zahlreicher Unausgewogenheiten in dessen Konzeption wie Darstellung - doch auf folgende Grundzüge hinweisen: Das Studium der Theologie ist berufsorientiert gestaltet: Daher gliedert es sich in eine Ausbildung für Pfarrer und einen Bildungsgang für theologische Wissenschaftler. In beiden Fällen gibt es identische grundlegende Komponenten, wie die Kenntnis von Heiliger Schrift und kirchlicher Tradition, zusammenfassende und thematisch orientierte Darstellung der Inhalte kirchlicher Lehre sowie praktische, auf den Erwerb von Techniken und Fähigkeiten zur Vermittlung dieser Kenntnisse ausgerichtete Disziplinen. Beide Ausbildungsgänge unterscheiden sich dann weniger dem Wesen, sondern

---

[88] Die Mitglieder dieser Klassenstufen werden als *tyrones, veterani et candidati* bezeichnet (vgl. CROCIUS, *Instructio,* 551. 553). Die praktischen Fächer kommen erst im *stadium candidatorum* hinzu (vgl. ebd., 553f.).

[89] Dabei mag es Zufall sein, daß in der Reihe der *collegia* das biblische zuletzt genannt und beschrieben wird; eigenartig ist es immerhin; fast scheint es in eine ähnliche Richtung zu deuten wie die oben (3.4.5) skizzierte Auffassung Maldonados, der ja die wissenschaftliche Bibelexegese als krönenden Abschluß des Studiums betrachtet wissen wollte; dies wäre dann, neben den im folgenden anzusprechenden, eine weitere Übereinstimmung mit jesuitischen Entwürfen.

[90] Vgl. CROCIUS, *Instructio,* 538. 550.

[91] CROCIUS, *Instructio,* 538.

eher dem Grade der methodischen und inhaltlichen Vertiefung nach. Eigentümlich blaß bleibt die Bestimmung der biblischen Abteilung des Studiums, und dies sowohl in terminologischer wie in materialer Hinsicht. Was die Gattungsgeschichte der Theologischen Enzyklopädie angeht, so bleibt die *Instructio* in einer gewissen Schwebe zwischen den humanistisch inspirierten Lektüreanleitungen des 16. Jahrhunderts und den bereits klar auf den Fächerkanon ausgerichteten Darstellungen mancher Zeitgenossen. Zu vermerken ist immerhin die in der Herauskristallisierung der definitiven Formgebung einer Theologischen Enzyklopädie immer wieder virulente Problematik der Kombination oder Trennung von enzyklopädischen und methodologischen Fragestellungen, die in Crocius' Schrift in besonderem Maße sichtbar wird.

4.2 GEORG CALIXT: EIN THEOLOGIETHEORETIKER ZWISCHEN DEN FRONTEN

Die Einordnung Calixts in die vorgestanzten Modelle der Kirchen- und Theologiegeschichtsschreibung fällt überaus schwer;[92] selbst wenn man ihn „im Spannungsfeld von lutherischer Orthodoxie, späthumanistischer Philosophie und frühpietistischer Frömmigkeit" ansiedelt, ohne ihn einer „jener drei genannten Größen" direkt zuzuordnen,[93] hat man noch nicht alle Einflüsse erfaßt, unter denen sein theologisches Werk entsteht;[94] hierzu ist es unumgänglich, über den Rand des konfessionellen Horizontes hinauszublicken, und dies nicht nur - wie allenthalben geschehen - in Hinblick auf die Übernahme wissenschaftstheoretischer oder metaphysi-

---

[92] Vielleicht ist dies auch der Grund dafür, daß Calixts Beitrag bei HUMMEL völlig übergangen und bei FARLEY, 51 lediglich en passant mit bloßer Namensnennung bedacht wird. Bei KUYPER ist ihm zwar ein eigener Abschnitt gewidmet (vgl. ebd., 1, 241 - 255), jedoch wird dieser chronologisch eigenartig - weit entfernt von J. Gerhard und nach A. Calov - eingeordnet.

[93] WALLMANN (1995), 70. Die wichtigste Literatur zu Calixt als Theologen verdanken wir neben diesem Autor vor allem INGE MAGER, die sich zudem als Editorin der für uns einschlägigen Bände 1 u. 3 der *Werke* verdient gemacht hat. Nicht genannt ist hier die umfangreiche Forschungsliteratur, die sich mit der lehrgeschichtlichen Bedeutung Calixts befaßt; vgl. hierzu den Art „Calixt, Georg" in: TRE, Bd. 7 (1981), 532 - 559. Unter den neueren Calixt gewidmeten Monographien ist für unseren Zusammenhang allerdings diejenige ENGELS von Bedeutung; CHR. BÖTTIGHEIMER, *Zwischen Polemik und Irenik. Die Theologie der einen Kirche bei Georg Calixt*, Münster 1996 (vgl. auch DERS., *Auf der Suche nach der endgültigen Lehre. Theologische Grundlagenreflexion im Dienste der Irenik bei Georg Calixt*, in: Kerygma und Dogma 44 [1998], 219 - 235), stützt sich in den unsere Thematik berührenden Passagen (vgl. v.a. 117 - 148) auf die o.a. Lit.

[94] 'Zwischen den Fronten' befand sich Calixt auch in einem ganz unmetaphorischen Sinn; von 1614 bis zu seinem Tod im Jahre 1656 lehrte er an der Universität Helmstedt, auch zu Zeiten, als die meisten seiner Kollegen wegen der kriegerischen Auseinandersetzungen die Universitätsstadt verlassen hatten; vgl. den Lebenslauf in MAGERs Einleitung zu CALIXT, *Werke* 1: ebd., 29 - 32.

scher Konzepte, sondern auch und gerade in bezug auf den Theologiebegriff und die Darstellung des theologischen Studiums. Der erklärte Ireni-
ker war nicht nur mit katholischen Theologen, etwa aus dem Jesuitenorden, persönlich bekannt, er rezipierte auch zeitgenössische katholische
Theologie. Ist dies etwa im Falle der kirchenhistorischen Werke des
Baronius und seiner Nachfolger direkt belegbar,[95] so wäre nun ein indirekter Nachweis gerade in dem hier interessierenden theologieorganisie-
renden Kontext zu führen. Dies könnte dann als weiteres Beispiel dafür
gelten, daß keine Geschichte der Theologischen Enzyklopädie, nicht
einmal deren das sogenannte konfessionelle Zeitalter betreffender Abschnitt, angemessen geschrieben werden kann, wenn man die konfessionellen Theologien als in sich geschlossene Einheiten betrachtet.

Im Falle Calixts sind es vor allem zwei Schriften, die ihm einen Platz
in den Annalen der Theologischen Enzyklopädie sichern, wobei nur die
erste, der *Apparatus sive introductio in studium et disciplinam sanctae
theologiae* (1628/1656),[96] gattungsmäßig in diesen Zusammenhang gehört;
ein zweites Hauptwerk Calixts, die *Epitome theologiae moralis* (1634),[97] ist
in unserem Kontext mehr als Faktum denn inhaltlich von Interesse, wird
sie doch allgemein als „der erstmals von einem Lutheraner unternomme-
ne Versuch" gehandelt, „eine von der Dogmatik getrennte, selbständige
theologische Ethik ... entworfen zu haben."[98]

Wenn Calixts *Apparatus* gemeinhin als „enzyklopädische Einführung
in die Theologie" gilt,[99] so trifft dies vor allem in Hinblick auf den zentralen 8. Abschnitt des Werkes zu, der unter der Überschrift „Quomodo
studia theologica partiri oportet"[100] den Aufbau des theologischen Studiums mit dessen einzelnen Zweigen schildert.[101] Hierbei führt Calixt eine -

[95] Vgl. CALIXT, *Werke* 1, 276 - 268. Zu den Kontakten Calixts mit katholischen Theologen, wie etwa Becanus und Turrianus, vgl. HENKE 1, 124f. 136 - 139. 163 - 170 u.a.

[96] CALIXT, *Werke* 1, 48 - 364; zur Entstehung des 1628 teilweise edierten, später von
Calixt erweiterten, jedoch erst 1656 posthum nochmals gedruckten, unvollendet gebliebenen Werkes vgl. CALIXT, *Werke* 1, 37 - 45. Eine weitere Auflage erschien 1661. Zur
Übereinstimmung des hier geschilderten Studienbetriebes mit den Statuten der Universität Helmstedt vgl. HENKE 1, 31f. u. ENGEL, 89f.

[97] CALIXT, *Werke* 3, 25 - 142; auch dieses Werk blieb unvollendet; vgl. die Einleitung
ebd., 25f.

[98] CALIXT, *Werke* 1, 25 (= Einleitung v. I. MAGER).

[99] CALIXT, *Werke* 1, 37 (Einl.). Wenn HENKE von der „*Real*encyclopädie des ganzen
theologischen Studiums" spricht (ebd., 1, 421; meine Hervorhebung), so trägt dies eher
zur Begriffsverwirrung bei.

[100] CALIXT, *Werke* 1, 250 (= Titel des Abschnittes ebd., 250 - 289).

[101] Auf die philosophisch-philologische Vorbildung, die bereits in den vorherigen Abschnitten ausführlich gewürdigt worden ist, geht Calixt auch hier nochmals ein; er nennt
die Disziplinen, „quae ad ἐγκυκλοπαιδείαν pertinent"; ihr Studium sei unumgänglich,
„etsi pars ipsius disciplinae theologicae non sunt nec eam intrinsece constituunt" (CALIXT,
Werke 1, 251). Der Hinweis mag hier angebracht sein, daß der Terminus 'Enzyklopädie'
sich nach wie vor strikt auf Außertheologisches bezieht und daß gegenüber der hiermit
angedeuteten Vielfalt von Disziplinen die Theologie als eine einzige *disciplina* erscheint.

im Text zwar erst nachträglich vollzogene, den Gedankengang jedoch von Beginn an strukturierende - Differenzierung ein: Die Theologie an sich wird unterschieden von der Theologie als Studium, als Ensemble von Argumentationsgängen und deren materialen Voraussetzungen.[102] Die wesentliche Aufgabe der Theologie besteht in dem immer wieder eingeschärften - und auf der klassischen Tradition der Scholastik ohne expliziten Verweis der Sache nach aufruhenden - Ternar von *explicatio, probatio* und *defensio* der „capita religionis nostrae".[103] Da die Darstellung der Lehre primär als systematische Zusammenfassung der Einzelgehalte in ihrem inneren Konnex geschieht, der Nachweis von deren Zugehörigkeit zum christlichen Glauben und ihre Verteidigung gegen alle Arten der Bestreitung sich zuerst durch Ableitung aus der Heiligen Schrift vollzieht, subsidiär aber auch „per legitimam traditionem sive per testimonium venerandae antiquitatis et consensum priscae citra controversiam orthodoxae eiusque doctorum",[104] ergeben sich die Grundbestandteile des theologischen Studiums entsprechend: Die beiden letzten der erwähnten Aufgabenstellungen erfordern biblische und historische Kenntnisse; diese werden in den *theologia exegetica* und *historia ecclesiastica* genannten Studien erworben.[105] Diese haben jedoch noch keine theologische Aufgabe im genannten dreifachen Vollsinn des Wortes; vielmehr sollen sie sich auf die *expositio* der Inhalte ihrer spezifischen Quellen, also *scriptura* bzw. *antiquitas*, beschränken.[106] Daß dies nicht an der mangelnden Dignität der exegetisch-historischen Arbeitsweise oder gar an der materialen Insuffizienz ihrer Quellen liegt, sondern lediglich als sinnvolle Arbeitsteilung gedacht ist, zeigt eine erstaunliche Passage des *Apparatus,* die deshalb im Zusammenhang zitiert zu werden verdient: „Theologus sua deducit et demonstrat primario ex sacra canonica scriptura, secundario ex antiquita-

---

[102] „Integrum corpus ... ab oculos ponere voluimus, ut non modo, quantum et quale sit ipsum, pateat, sed ut etiam quibus partibus integretur ac constet et qua ratione una vel altera sequestrari et seorsim tractari possunt, ... appareat." (CALIXT, *Werke* 1, 260). Noch deutlicher formuliert Calixt dies unter ausdrücklichem Rückgriff auf seinen *Apparatus* in der Einleitung zu seinen 1655 publizierten Editionen von Augustins *De doctrina christiana* und Vinzenz' *Commonitorium:* „Theologiam partiti sumus non tam ratione sui quam studiorum eo pertinentium et pro diverso modo illa tractandi sive in illis progredendi, hoc est ... materialiter potius quam formaliter" (ebd., 370). Daß die spätere Unterscheidung von formal und material in Hinblick auf die Theologische Enzyklopädie dieser gerade entgegenläuft, sei hier nur erwähnt.

[103] CALIXT, *Werke* 1, 251; vgl. ebd. den Hinweis auf die drei genannten theologischen Grundvollzüge; an die Stelle des ersten kann auch der Ausdruck *proponere* treten, an die des zweiten *demonstrare, deducere, confirmare* o.ä. und an die Stelle des dritten *confutare* u.a. (vgl. ebd., 256 - 258. 262 u.ö.).

[104] CALIXT, *Werke* 1, 256.

[105] Vgl. CALIXT, *Werke* 1, 261 - 272 für die exegetische sowie ebd., 272 - 364 für die kirchenhistorische Abteilung; in beiden Fällen ist eine große Freiheit von jeder konfessionellen Berührungsangst im Gebrauch von Literatur zu bemerken.

[106] Vgl. CALIXT, *Werke* 1, 268 mit besonderem Hinweis auf die weitgehende Beschränkung auf den Literalsinn in der Schriftauslegung.

te sive testimonio apostolicae et catholicae ecclesiae, hinc aliae duae studii theologici partes enascuntur ... quarum illa exegetica, haec historica dici poterit ... Singulas igitur etiam seorsim tractare oportebit, idque ut facias, priusquam ad academicam illam theologiam accesseris, consultum videtur ... Complectitur autem utraque ista integram quamdam theologiam. Quod enim doctrinae caput non exponetur, si universa scriptura exponatur? Et quomodo historia ecclesiastica perfecte tradetur, nisi una cum doctoribus successio et continuatio doctrinae enarretur?"[107] Beide eben genannten Zweige der Theologie - somit auch der kirchenhistorische! - wären daher für sich allein in der Lage, die Gesamtheit kirchlicher Lehre aus sich heraus darzustellen, enthalten sie doch dem Inhalt nach virtuell alles, was dorthin gehört.[108] Arbeitsteilig und studienökonomisch wird hingegen anders verfahren: Schrift und Tradition werden zunächst als Arsenale benutzt, die umfassende Darstellung und Verteidigung christlicher Lehre erfolgt erst in einem zweiten, in seiner Vorgehensweise nicht mehr unmittelbar an den Quellen, sondern an thematischen Fragestellungen orientierten Schritt.[109]

Diese eigentlich theologische Arbeit, die sich in der Darstellung des *dogma ipsum* nach einem bestimmten sachlichen *ordo* vollzieht und verbunden ist mit dem Nachweis der *singula dogmata* als in Schrift und

---

[107] CALIXT, *Werke* 1, 262. Zu Begriff und Abgrenzung der *theologia academica* s.u.

[108] Dies erinnert eigentümlich an die von Seckler im *loci*-Konzept Melchor Canos erhobene 'Parataktik'; vgl. v.a. DERS., 92 - 98, z.B.: „Jeder der *loci theologici proprii* repräsentiert potentiell das Ganze" (ebd., 97), oder: „Die Wahrheit der Offenbarung objektiviert sich im Spektrum der Bezeugungsbereiche gleichsam πολυμερως και πολυτροπως (Hebr 1,1), und zwar in *jedem* dieser Medien *(loci) potentiell ganz*" (ebd., 96). Daher wäre - wie dort so hier - von Schrift und Tradition innerhalb der angezielten theologischen Praxis zwar primär als von 'Erkenntnisfeldern' zu reden, grundsätzlich jedoch auch von diesen als 'Erkenntnisträgerschaften' (vgl. ebd., 96). Daß „bei Calixt die sich dem theologischen habitus gegenüberstellenden Offenbarungswahrheiten der Heiligen Schrift nicht als 'Theologie' in den Blick (kommen)" (WALLMANN [1961], 135), trifft somit nicht zu. Vgl. zur Kritik an Wallmanns Calixt-Interpretation überhaupt: ENGEL, 58 - 90. Insgesamt bedarf der bereits lange vor Wallmann, von diesem jedoch verstärkt und stets wiederholt ins Zentrum gerückte Hinweis auf Calixts angebliche vollständige Disjunktion von Theologie und Religion bzw. Theologie und Glaube, die zudem noch auf Aufklärungstheologen wie J. S. Semler vorausweise (vgl. zuletzt wieder WALLMANN [1995], 72f. 214 - 216), einer ideologiekritischen Betrachtung. Weder trifft zu, daß die protestantische Theologie vor Calixt sowie zu dessen Zeit diese Unterscheidung nicht kannte (vgl. z.B. FATIO, 171 Anm. 37f. sowie ebd., 152 dessen zutreffenden Hinweis, daß die meisten in Frage kommenden Zeugen ihren Theologiebegriff selbst gar nicht explizieren), noch kann behauptet werden, Calixt trenne Glaube und Theologie generell und vollständig; dagegen ist lediglich richtig, daß Calixt im Kontext der Darstellung der Theologie als zu lehrendes bzw. zu studierendes Fach diese klar von der Theologie als geistlichem Geschehen abhebt.

[109] Die in diesem Zusammenhang empfohlene weitgehende Konzentration auf den Literalsinn der Heiligen Schrift (vgl. CALIXT, *Werke* 1, 269) steht daher weniger im Kontext einer humanistischen oder reformatorischen Bevorzugung dieser Auslegungsdimension (vgl. dagegen z.B. ebd., 263f.), vielmehr dient sie der arbeitsteiligen Fächergliederung; schon hier ist also eine gewisse Parallele zur *Ratio* der Jesuiten zu erkennen.

Tradition enthalten und somit als gegen deren Bestreiter zu verteidigen,[110] heißt nun bei Calixt *theologia academica*.[111] Als „theologia plene et exacte tractata",[112] die traditionell den sachlich identischen, terminologisch aber belasteten Namen *theologia scholastica* trug,[113] ist sie primär durch ihren disputierenden Charakter bestimmt.[114] Gerade dieser begründende und kontroversielle Grundzug unterscheidet die auf die von der exegetischen und historischen Abteilung des theologischen Studiums erarbeiteten Materialien aufbauende akademische Theologie nun grundsätzlich von einer anderen *pars theologiae,* die daher weniger eine andere theologische Disziplin, vielmehr einen anderen Typ von Theologie darstellt: die *theologia ecclesiastica*.[115] Sie, die in anderem Wortgebrauch auch „theologia ... didactica vel positiva" heißen kann, hat eine große - von Origenes bis Melanchthon reichende - Tradition hinter sich;[116] ihre Funktion ist wesentlich katechetischer Art, in Zusammenhang mit dem theologischen Studium kann sie daher entweder als inhaltliche Kurzfassung für diejenigen dienen, die nicht in den Genuß einer vollständigen theologischen Ausbildung kommen,[117] oder als erste Einführung in den Stoff der Theologie durch dessen Darstellung im Umriß.[118]

Die Unterscheidung einer für das Volk bzw. dessen pfarramtliche Lehrer bestimmte *theologia ecclesiastica* von der als wissenschaftliche Disziplin betriebenen *theologia academica,* die philologisch-philosophische Vorbildung und exegetisch-historische Vorstudien erfordert und in der begründenden und apologetischen Darstellung der Gesamtheit kirchlicher Lehre besteht, kann m.E. nur - und dies beweist nicht zuletzt die wahlweise referierte alternative Begrifflichkeit von scholastischer und positiver Theologie - als klare Parallele zu derjenigen Konzeption ver-

---

[110] Vgl. CALIXT, *Werke* 1, 255f. Eine weitere in diesem Rahmen zu leistende Aufgabe ist die Unterscheidung von Zentrum und Peripherie im kirchlichen Lehrbestand; abgehoben werden dogmatischen Lehren, „quae sunt fundamenti et creditu ad salutem necessaria", von „quaestionibus et dubiis circa fundamentum emergentibus" (ebd., 255).

[111] Vgl. CALIXT, *Werke* 1, 255. 258. 260. 370 u.ö.

[112] CALIXT, *Werke* 1, 255.

[113] Vgl. CALIXT, *Werke* 1, 255.

[114] Die Disputation hat wiederum die beiden Dimensionen des begründenden Nachweises und der Abgrenzung: „Confirmare quidem et confutare non est aliud quam disputare." (CALIXT, *Werke* 1, 258; vgl. auch ebd., 370f.).

[115] Vgl. CALIXT, *Werke* 1, 260f. 370.

[116] Vgl. CALIXT, *Werke* 1, 262.

[117] So etwa CALIXT, *Werke* 1, 261; ebd. wird auch der gewählte Name damit begründet, daß darin „pleraque, quae Ecclesiastis qua talibus scitu sunt necessaria vel certe quae ab illis coram populo tractare oportet", enthalten seien. Vgl. zur katechetischen, von der wissenschaftlichen abzuhebenden Aufgabe der Theologie bzw. des Theologen auch ebd., 70. Vgl. dazu WALLMANN (1961), 154f. 158.

[118] So eher CALIXT, *Werke* 1, 370, wo die erste, nämlich darstellende Aufgabe der Theologie hiermit identifiziert wird, aber wohl auch schon im *Apparatus* selbst, wofür das angeführte Werkverzeichnis spricht, das in den „Loci communes Philippi" (ebd., 261) gipfelt.

standen werden, die die jesuitische *Ratio studiorum* bezeugt. Von hierher entsteht zudem ein weiteres Argument für die oben vorgetragene Interpretation dieser Unterscheidung: Auch im Falle der *theologia ecclesiastica* Calixts handelt es sich keineswegs um die biblisch-historischen Grundlagen, auf die eine spekulative Disziplin dann aufbaut; vielmehr geht es hier um eine durchaus 'dogmatische',[119] aber im Vorfeld der nach exegetischen, historischen und systematischen Arbeitsgängen gegliederten Theologie befindliche Aufgabe, die auf eine katechetisch-pastorale Funktion ausgerichtet ist.[120]

In diesem Kontext ist nun auch die Frage nach der Bedeutung des Sachverhalts zu stellen, daß Calixt als erster lutherischer Theologe gilt, der „eine von der Dogmatik getrennte, selbständige theologische Ethik ... entworfen" hat,[121] wobei besonders nach dem hier verwendeten Begriff von Dogmatik zu fragen ist, zumal eine in Calixts theologischer Ethik aufgefundene Stelle als ältester Beleg für die Wortprägung *theologia dogmatica* betrachtet wird.[122] Schon im Titelbegriff der *Epitome*, der auch ein weiteres, im noch zu bestimmenden Sinn als 'dogmatisch' zu bezeichnendes Opus Calixts ziert,[123] kommt der Hinweis zum Tragen, daß es sich bei seiner moraltheologischen Abhandlung,[124] wenigstens „der Idee nach",[125] um „ein Lehrbuch für Predigt und Kirchenzucht"[126] handelt und

---

[119] Die offenkundige Vorliebe Calixts für das Wort *dogma* und seine Derivate steht wohl nicht zuletzt im Kontext seiner Verehrung für Vinzenz von Lérins und dessen *Commonitorium*.

[120] „Ihr Ziel ist, den zukünftigen Pfarrer, von dem Calixt annimmt, daß er sich oft nur zwei Jahre auf der Universität befindet, mit den unerläßlichen Mitteln zu einer geordneten Ausführung seiner Amtspflichten auszurüsten. Die 'theologia ecclesiastica' ist unmittelbar auf das Amt der Einzelgemeinde bezogen" (WALLMANN [1961], 154f.). Daraus folgern, Calixt habe „als erster die Notwendigkeit gesehen, die zukünftigen Pfarrer nicht nur für die Unterweisung in der Glaubenslehre, sondern auch für den Unterricht in der Sittenlehre ... theologisch auszurüsten" (WALLMANN [1995], 73), wird man nur können, wenn man den Blick nicht über die allerengsten Grenzen der eigenen Konfession hinaus weitet. Noch erstaunlicher ist die auch in der Fassung von 1995, die doch „für den Druck noch einmal gründlich durchgesehen worden (ist) ... , um den heutigen Forschungsstand zu erreichen" (ebd., VI), enthaltene lakonische Bemerkung Wallmanns: „Daß die Theologie ein *habitus practicus* ist, sagen auch die Wittenberger, Leipziger und Jenenser Theologen gegen *die* Scholastik" (ebd., 73; zweite Herv. L.H.).

[121] CALIXT, *Werke* 1, 25 (Einl.); vgl. auch WALLMANN (1961), 153; DERS. (1995), 73f. (hier zudem als 'Ethisierung der Theologie' apostrophiert); MAGER (1969); DIES. (1982), 142f. Zu Recht Kritik geübt wird an dieser Zuschreibung von ENGEL, 87 - 89; allerdings überzeugt seine Lösung, die Calixts Ethik - ganz in der Nachfolge Melanchthons - den philosophischen Fächern zuordnet, noch weniger: Ihr steht - noch vor allen inhaltlichen Problemen - schon der Titel des Werkes entgegen.

[122] Vgl. CALIXT, *Werke* 3, 90 sowie hierzu die in der vorangehenden Anmerkung genannte Literatur.

[123] Vgl. die *Epitome theologiae*, in: CALIXT, *Werke* 2, 61 - 307.

[124] *Epitome theologiae moralis*, in: CALIXT, *Werke* 3, 28 - 142.

[125] WALLMANN (1961), 155.

[126] CALIXT, *Werke* 1, 25 (Einl.); vgl. MAGER (1969), 43f. 138.

somit um einen Teil der *theologia ecclesiastica*.[127] Die erwähnte, im gesamten Text allerdings ganz einsame Unterscheidung von *theologia dogmatica* und *theologia moralis* ist daher weder als Trennung des dogmatischen von einem ethischen Teil wissenschaftlicher Theologie zu verstehen, noch überhaupt als Unterscheidung grundlegender Art. Läßt auf letzteres nicht zuletzt die Tatsache schließen, daß sie weder im *Apparatus* noch in den übrigen in die Theologie einführenden Texten Calixts Erwähnung findet, so kann zu ersterem gesagt werden, daß sich hier eine die pfarramtliche Ausbildung betreffende sachliche Trennung von katechetischen und pastoralen Aspekten spiegelt.[128] Die Nähe eines nicht unerheblichen Teils der behandelten Fragestellungen zu solchen der Jurisprudenz[129] läßt, ähnlich wie schon bei Hyperius und der jesuitischen *Ratio studiorum*, im Aufbau einer an praktischen Zielsetzungen orientierten Abteilung theologischer Ausbildung, eine gewisse Kompensation für den Ausfall der Kanonistik vermuten. Eine im engeren Sinne kirchenrechtliche Darstellung hat Calixt zwar nicht verfaßt, ihre Notwendigkeit aber dadurch zum Ausdruck gebracht, daß er nicht nur den lehrhaften vom ethischen Teil der *theologia ecclesiastica* unterschieden, sondern letzteren auch wieder von einer solchen *pars theologiae* abgehoben hat, „ubi respub[lica] ecclesiastica et quaecumque ad eam sive constituendam sive conservandam faciunt considerantur".[130]

Zusammenfassend läßt sich also sagen, daß Calixt eine prinzipielle Zweiteilung der Theologie in einerseits wissenschaftliche und andererseits für das Pfarramt qualifizierende kennt; die erste Abteilung gliedert sich in exegetische sowie kirchenhistorische Vor- und Materialstudien[131] und in die eigentliche, durch die Aufgabenstellungen der *explicatio, demonstratio et defensio* gekennzeichnete systematische Darstellung kirchlicher Lehre. Die zweite, katechetisch-pastorale Abteilung umfaßt, den pfarramtlichen Aufgaben entsprechend, eine *theologia dogmatica* als zusammenfassenden Lehrbegriff, eine theologische Ethik und eine Lehre über die äußere Ordnung der Kirche. Dieser grundlegend zweigestaltig angelegte Begriff

---

[127] Auch hier wäre wiederum auf die parallele herausragende Bedeutung der (speziellen) Moraltheologie in der jesuitischen *theologia positiva* hinzuweisen; Vergleichspunkte gibt es somit nicht nur inhaltlicher Art mit „der jesuitischen Morallehre" (CALIXT, *Werke* 1, 25 [Einl.]), sondern gerade auch in theologie-organisierender Hinsicht.

[128] Vgl. hierzu auch die Hinweise bei WALLMANN (1961), 154. 157, die zeigen, daß sich Calixts Bestimmung der Theologie als praktischer Disziplin mit analytischer Methode daher im strengen Sinn nur auf die *theologia ecclesiastica* und ihre Teilbereiche beziehen läßt. Kritisch hierzu allerdings: ENGEL, 79 sowie insg. 79 - 90.

[129] Vgl. z.B. den gesamten vierten Teil der *Epitome*, überschrieben „De legibus", der zugleich der umfangreichste des unvollendet gebliebenen Werkes ist (vgl. CALIXT, *Werke* 3, 66 - 142).

[130] CALIXT, *Werke* 3, 37. Zum amtstheologischen Hintergrund dieser dreifachen Unterscheidung vgl. WALLMANN (1961), 154f.

[131] Hierbei wird letztlich aber nicht deutlich, inwieweit darunter jeweils öffentliche Vorlesungen oder nur private Lektüre zu verstehen sind.

theologischen Studiums bezieht sich, der Sache wie dem Begriff nach, auf die traditionelle Unterscheidung von *theologia scholastica et positiva*. Dies erweist einerseits den engen Kontakt, den Calixt nicht nur inhaltlich, sondern eben auch wissenschaftstheoretisch zur Theologie der römisch-katholischen Konfession unterhielt, zum anderen wird von hier aus ein weiterer Beleg sichtbar für die oben vorgetragene Deutung des Terminus *theologia positiva* im Rahmen der jesuitische Studienordnung.[132]

4.3 ABRAHAM CALOV: LUTHERISCHE ORTHODOXIE IN TATSÄCHLICHER WIE VERMEINTLICHER ABLEHNUNG VON CALIXTS ENTWURF

Der während seiner Stationen in Rostock, Königsberg und Danzig bereits als Philosoph, Theologe und Prediger hervorgetretene Calov kam gleichsam topologisch zu sich, „als er 1650 einen Ruf auf den dritten theologischen Lehrstuhl an der Universität Wittenberg annahm."[133] Seit dieser Zeit gilt er als herausragender Verteidiger der reinen lutherischen Lehre, insofern sie sich von allen 'revisionistischen' Dissidenten abgrenzt; als Hauptgegner gilt ihm - spätestens seit dem Religionsgespräch von Thorn (1645) - Georg Calixt und dessen als konfessioneller 'Synkretismus' karikierte Theologie.[134] Bereits nach kurzer Lehrtätigkeit in Wittenberg wartet Calov mit einem zweibändigen theologischen Einleitungswerk auf,[135] das zumindest vorgibt, auch auf diesem theologietheoretischen Gebiet die notwendigen Korrekturen an entsprechenden calixtinischen Vorstellun-

---

[132] Zur etwa zeitgleichen Verbreitung der synonym gebrauchten und wie gerade geschilderten verstandenen Begriffe *theologia ecclesiastica seu positiva* vgl. auch BRECHT (1993) 1, 179f., hier mit Blick auf den frühpietistischen Nürnberger Theologen und Pfarrer Johann Michael Dilherr (1604 - 1669).

[133] Zu Leben und Werk des lutherischen Theologen (1612 - 1686) vgl. den Art. „Calov, Abraham" in: TRE, Bd. 7 (1981) 563 - 568; hieraus: 565 stammt auch das o.a. Zitat. In Wittenberg verblieb Calov bis an sein Lebensende, ab 1660 allerdings als *professor primarius*. Neuere umfassende Darstellungen zu Calovs Bedeutung als Theologe fehlen; als Philosoph wird er hingegen u.a. bei LEINSLE 1, 411 - 433 gewürdigt.

[134] Vgl. neben der *epistula dedicatoria* zur *Isagoge* (1, a1[v] - c8[r]) v.a. die entsprechenden Abschnitte innerhalb der Darstellung der polemischen Theologie in ebd., 2, 252 - 307; hier: 254 spricht Calov von *syncretisti* und *pseudo-moderatores*.
Zur Zitationsweise der *Isagoge* ist zu sagen, daß hier jeweils Band und Seitenzahl angegeben werden; ich folge also nicht dem bei Wallmann vorgegebenen Modell, das nur den ersten Band (eigentlich *de natura theologiae* betitelt) als die gesamte *Isagoge* begreift und verkennt, daß es sich bei der von ihm als separates Werk zitierten *Paedia theologica* lediglich um den zweiten Band ebendieser *Isagoge* handelt (vgl. WALLMANN [1961], 162). Die *Paedia* wird bei Wallmann auch nur einmal, zudem ohne Verweis auf Seitenzahlen zitiert (vgl. ebd., 74 Anm. 6).

[135] Schon 1650, also unmittelbar am Anfang seines akademischen Wirkens in Wittenberg, hatte Calov eine *Paedia theologica* als *collegium privatum* angekündigt (vgl. THOLUCK 1, 87).

gen anzubringen.[136] Das zweiteilige Werk, das zunächst die klassischen Einleitungsfragen zur Begriffsbestimmung der Theologie[137] und in einem zweiten Teil die Gliederung des theologischen Studiums behandelt,[138] erweist sich als ein in extrem schulmäßiger Weise an den Vorgaben einer 'praktischen' Disziplin orientiertes Unternehmen.[139] Dabei ist zu beachten, daß nach Calov nicht allein die Theologie selbst, sondern auch ihre Methodologie einen *habitus practicus* darstellt.[140] Sie gliedert sich demnach in einen einleitenden Teil der *praecognita de subjecto et fine methodologias sacrae* und in diese vorgefaßten Erkenntnisse umsetzende *praecepta de mediis studii theologici*.[141] Die hiermit angesprochenen *media* wiederum teilen sich auf in allgemeine Erfordernisse,[142] besondere Vorkenntnisse[143]

---

[136] Die Kritik an Calixt kann sich - neben verstreuten Bemerkungen - natürlich nur auf das bis dato erschienene Fragment des *Apparatus* von 1628 beziehen, nicht auf die vollständigere Fassung von 1656 (s.o. 4.2); vorgetragen wird sie nahezu ausschließlich in der bereits zitierten *epistula dedicatoria*: Diese fällt daher mit dem in der Titelei angekündigten *examen methodi calixtinae* offenbar zusammen, bringt allerdings nur sehr pauschale Vorwürfe: Calixt würde der Heiligen Schrift nicht den ersten Platz und prinzipiellen Vorrang einräumen, die Bibelübersetzung Luthers nicht hinreichend würdigen, den sekundären Quellen der Theologie - namentlich Väter- und Konzilstexten - einen unerlaubt hohen Stellenwert einräumen sowie die Unverzichtbarkeit hebräischer Sprachkenntnisse leugnen (vgl. CALOV, *Isagoge* 1, a2[v] - c5[r]). Tatsächliche sachliche wie terminologische Differenzen zwischen Calixt und Calov können jedoch erst im Anschluß an die Darstellung der *Isagoge* selbst erhoben werden.

[137] Diese sind - siehe Titel - *de natura theologiae* überschrieben.

[138] Hier wird - vgl. erneut den Titel - der Terminus *paedia theologica* vorgezogen, alternativ aber auf Bezeichnungen wie *methodologia sacra vel methodus theologici studii* verwiesen (vgl. CALOV, *Isagoge* 2, 1).

[139] Gesamt- wie Detailgliederung der *Isagoge* versuchen so strikt wie möglich dem 'analytischen' Frageraster von *praecognita, subjectum, finis, et media* zu folgen (vgl. z.B. ebd., 2, 2).

[140] Vgl. CALOV, *Isagoge* 2, 1: „*Paedia theologica* est habitus practicus de studio theologiae ad ductum spiritus s[ancti] dextre ac feliciter tractando." Zur Bestimmung der Theologie insgesamt als praktischer Disziplin vgl. ebd., 1, 217 - 282. Der entsprechende universal-enzyklopädische Hintergrund dieser Definitionen in den frühen philosophischen Schriften Calovs wird bei LEINSLE 1, 413 - 417 beleuchtet.

[141] Vgl. CALOV, *Isagoge* 2, 13 - 36 bzw. 37 - 389.

[142] Hier ist für Calov der Ort, die lutherische Trias von *oratio, meditatio, tentatio* aufzunehmen (vgl. CALOV, *Isagoge* 2, 37 - 80, allerdings auch schon ebd., 6 - 10), die ja bereits Gerhard für seine Einleitung in das Theologiestudium fruchtbar gemacht hatte (s.o. 4.1.1). Wie dort, so wird auch hier die *meditatio* mit der eigentlichen akademischen Praxis identifiziert: „Ad eam [= meditationem] faciunt lectio, auditio, recitatio, scriptio, declamatio, concio, disputatio, repetitio et quaecunque aliae exercitationes." (Ebd., 58)

[143] Hierher gehören die philologischen, philosophischen und historischen Disziplinen (vgl. CALOV, *Isagoge* 2, 81 - 144); auch die Beschäftigung mit ihnen wird übrigens der *meditatio* zugerechnet (vgl. ebd., 82). Die hier geforderten Sprachkenntnisse werden in ihrer Notwendigkeit jeweils mit deren *usus* begründet: Während Griechisch und Hebräisch durch ihren Gebrauch in der Heiligen Schrift legitimiert sind, ist es beim Deutschen der *usus in ecclesia,* im Fall des Lateinischen derjenige *in scholis* (vgl. ebd., 84 - 96). Schon hier deutet sich die durchgängige Bestimmtheit der Studienvollzüge durch Zwecksetzungen in institutionellem Rahmen an.

sowie den Erwerb spezifischen theologischen Fach-, oder besser: Fächer-
wissens. Die zuletzt genannten eigentlichen *requisita sacri studii vel inti-
miora theologiae*[144] bestehen nun aus biblischen, systematischen,[145] pastoralpraktischen und kirchen- wie theologiehistorischen Beschäftigungsfel-
dern,[146] wobei drei terminologische Entscheidungen Calovs auffallen:
Zum einen unterscheidet er ein biblisches von einem exegetischen Studium, zum anderen gesteht er einigen dieser *studia* ausdrücklich die Qualifikation als *theologia* zu,[147] anderen jedoch nicht,[148] zuletzt hebt er *studia
primaria* von *studia secundaria* ab.[149] Während die erste Differenzierung
die Erwartungen eines modernen Lesers gänzlich enttäuscht, wird hier
doch lediglich die kursorische Bibellektüre von der Bemühung um biblische Textinterpretation unterschieden,[150] wird die selektive Zuweisung
des Theologiebegriffs zwar nicht explizit reflektiert, jedoch insinuiert,
daß als Theologie im engeren Sinn nicht das Quellenstudium selbst und
ebensowenig der Erwerb pastoralpraktischer Fertigkeiten in Frage kommen, vielmehr nur die an theoretischen wie praktischen Sachfragen
orientierte Auswertung der Quellen.[151] Um es nochmals näher an Calovs
Diktion zu formulieren: Das *sacrum studium* ist biblisch, insofern es den
Text der Offenbarungsurkunde kennenlernt; es ist exegetisch, insofern es
dessen Sinn *(sensus)* zu erschließen sich bemüht; es ist (im engeren Sinne)
theologisch, insofern es den Sinn des biblischen Textes auf inhaltliche
Fragestellungen des rechten Glaubens und Lebens anwendet *(usus)*.[152] Der
strikt theologische Binnenraum erhält seine Gliederung daher durch den

---

[144] Vgl. zu diesen Termini CALOV, *Isagoge* 2, 134. 185.

[145] Allerdings bezeichnet Calov im strengen Sinn nur den ersten der heute mit diesem
Terminus zusammengefaßten Teilbereiche der Theologie als 'systematisch', nämlich den
'didaktischen', also anhand der *loci*-Reihe die Glaubenslehre darstellenden, nicht jedoch
den polemischen und moraltheologischen (vgl. CALOV, *Isagoge* 2, 186).

[146] Vgl. CALOV, *Isagoge* 2, 185 - 392. Der neutrale Begriff 'Beschäftigungsfeld' ist bewußt gewählt; er übersetzt das von Calov hier zumeist benutzte Wort *studium*, wodurch
noch nicht entschieden ist, ob es sich um bloße Lektüre des einzelnen Studenten oder um
eine Abteilung des akademischen Studiums handelt.

[147] So spricht er von *theologia didactica, polemica, moralis, et casualis* [!] (vgl. CALOV,
Isagoge 2, 185); bei der Behandlung der einzelnen Bereiche tritt dann noch die *theologia
catechetica* hinzu (vgl. ebd., 236); nur erwähnt, nicht jedoch ausgeführt wird der Bereich
der *theologia consistorialis* (vgl. ebd., 308).

[148] Hierzu zählen die homiletische Abteilung, allerdings auch die biblischen wie die
historischen Studien (vgl. CALOV, *Isagoge* 2, 185).

[149] Vgl. CALOV, *Isagoge* 2, 186f. 335; zu näherer Bestimmung s.u.

[150] Vgl. CALOV, *Isagoge* 2, 185 - 198. 199 - 234.

[151] Gegenstand der Theologie ist ja die aus der Offenbarung entnommene *vera religio*
(vgl. CALOV, *Isagoge* 1, 324). Von daher haben durchaus alle Christen Theologie zu
treiben, wenn auch auf verschiedene Weise und in verschiedener Intensität. Wallmanns
Deutung, Calov klammere „die einfache Glaubenserkenntnis aus dem Theologiebegriff
aus" (WALLMANN [1961], 42), verkennt dies völlig, indem sie eine darstellungspraktische
Unterscheidung (vgl. CALOV, *Isagoge* 1, 202. 279 u.ö.) mit einer inhaltlichen *Entscheidung*
verwechselt.

[152] Vgl. z.B. CALOV, *Isagoge* 2, 186.

jeweiligen spezifischen *usus:* der theoretische Gebrauch ergibt, begründend *(confirmatio veri)*[153] - je nach Bildungsgrad des Studenten - den katechetischen oder systematischen Lehrzusammenhang der *loci theologici*[154] sowie polemisch *(confutatio falsi)* die Verteidigung des Glaubensinhaltes gegen Abweichler aller Art;[155] der praktische Gebrauch derselben in ihrem Sinn erschlossenen Quellen ergibt hingegen die rechte Erkenntnis zur moralischen Erziehung *(usus moralis)* sowie zur seelsorglichen Betreuung *(usus consolatorius).*[156] Dieser *usus practicus* weist somit bereits hinüber in den Bereich des *studium theologiae practicum,* das wesentlich in der homiletischen Ausbildung künftiger Amtsträger besteht.[157]

Ein Sonderproblem stellt in diesem Zusammenhang die Einordnung der von Calov mehrfach angesprochenen und in ihrer Bedeutung hervorgehobenen Kasuistik dar. Einerseits wird ihr - jedenfalls zumeist und an entscheidenden Stellen -[158] die Qualifikation des im eigentlichen Sinne Theologischen zugesprochen *(theologia casualis),* zum anderen wird sie in der Reihe der Studienbereiche erst nach der Homiletik und somit zum Abschluß des *studium practicum* abgehandelt.[159] Dabei scheint allerdings die begriffliche Dimension gegenüber der darstellungspraktischen im Vordergrund zu stehen, so daß die Kasuistik vom *theologiae moralis studium commune* lediglich als *theologiae moralis studium singulare* unterschieden[160] und ihre interne Gliederung sogar als an der theologischen *loci*-Reihe orientiert für möglich gehalten werden kann.[161]

Die oben zuletzt genannte terminologische Auffälligkeit betrifft nun noch die Unterscheidung primärer von sekundären Studienbereichen: Fällt alles bisher Behandelte unter erstere, so sind es die verbleibenden Gebiete der Kirchen- und Theologiegeschichte, hier auch zusammengefaßt unter dem Namen *studium ecclesiasticum,* die nur sachlich wie zeitlich nachgeordnete Zugehörigkeit zur Ausbildung des Theologen für sich

---

[153] Vgl. CALOV, *Isagoge* 2, 186.

[154] Vgl. CALOV, *Isagoge* 2, 236.

[155] Vgl. CALOV, *Isagoge* 2, 186. 252 - 307; gedacht ist an eine Behandlung der wichtigsten Kontroverspunkte zunächst im innerchristlichen, auch innerkonfessionellen Bereich, dann aber auch in Auseinandersetzung mit nichtchristlichen und atheistischen Positionen.

[156] Vgl. CALOV, *Isagoge* 2, 186. 308 - 318. Moralische Erziehung ist hier als Selbsterziehung sowie als Erziehung anderer zur rechten *praxis pietatis* verstanden. In *Isagoge* 1, 330 tritt die Moraltheologie übrigens unter dem Namen *ascetica* auf.

[157] Vgl. CALOV, *Isagoge* 2, 187; allerdings ist Calov nicht terminologisch konsequent, sondern rechnet gelegentlich auch die *theologia moralis* zum *studium practicum* (vgl. ebd., 308).

[158] Vgl. CALOV, *Isagoge* 1, 330; 2, 186. 328.

[159] Vgl. CALOV, *Isagoge* 2, 328 - 334; ihre Aufgabe liegt in denjenigen Bereichen, „quae ad conscientiam informandam in casibus dubiis faciunt" (ebd., 328).

[160] Vgl. CALOV, *Isagoge* 2, 309; ähnlich auch ebd., 2, 186.

[161] Vgl. CALOV, *Isagoge* 2, 333; jedoch wird ebd. auch eine Vorgehensweise „propria ac peculiari methodo" nicht ausgeschlossen.

in Anspruch nehmen dürfen.[162] Hier wird vor allem auf die Feststellung Wert gelegt, daß die kirchliche wie theologische Tradition, namentlich in der Gestalt von Kirchenvätern und Konzilien, zwar durchaus als *testes et praecones*, keinesfalls jedoch als *norma aut principium veritatis* in Betracht kommen;[163] hierin liegt denn auch der sekundäre Rang ihres Studiums begründet.

Calov beschließt seine Einführung in das Studium der Theologie mit einem Entwurf zu dessen fünf Jahre umfassenden Verlauf.[164] Während er die didaktische - also zunächst katechetische, dann systematische - Theologie dem ersten Jahr zuweist, werden die kontroverstheologischen Studien den beiden folgenden Jahren zugeordnet; das vierte Jahr beinhaltet dann die Bereiche Moraltheologie und Homiletik, während die 'sekundären', kirchen- und theologiegeschichtlichen Studien das fünfte und letzte Studienjahr füllen. Auffällig ist - wie so oft -, daß der biblischen Exegese zwar große Aufmerksamkeit geschenkt und tägliches Studium der Heiligen Schrift gefordert wird,[165] ein spezifisches exegetisches Lehrfach allerdings keine Erwähnung findet.[166]

Der Calovs *Isagoge* zugrunde liegende Entwurf des theologischen Studiums und seiner Teile ließe sich nun in verschiedener Perspektive zusammenfassen; zum einen in Hinblick auf Gerhard, wobei einerseits die klare und bis in Formulierungen hineinreichende Abhängigkeit, zugleich jedoch die größere Differenziertheit sowie der Einfluß der Debatten der Jahrhundertmitte zutage treten würden; zum anderen etwa mit Blick auf Alsted: Hier würde die Prägung durch ähnliche philosophische Traditionen, gleichzeitig aber auch die offenkundige Schlichtheit Calovs im Umgang mit diesen deutlich werden; hier bietet sich dagegen der Vergleich

---

[162] Vgl. CALOV, *Isagoge* 2, 335f. Dieses *studium* gliedert sich inhaltlich nach den Epochen biblischer und kirchlicher Geschichte (vgl. ebd., 337 - 340) und umfaßt darüber hinaus ein theologiegeschichtliches Studium der 'Väter', bedingt auch scholastischer Autoren sowie namentlich Luthers (vgl. ebd., 346 - 382); auch Konzilstexte werden als hierzu gehörig betrachtet.

[163] Vgl. CALOV, *Isagoge* 2, 346.

[164] Vgl. CALOV, *Isagoge* 2, 382 - 389; diesem Abschnitt folgt, ausdrücklich als Anhang gekennzeichnet, nur noch eine Übersicht über Passagen zum theologischen Studium aus den Schriften Luthers (vgl. ebd., 390 - 392).

[165] Vgl. CALOV, *Isagoge* 2, 385f.; es wird sogar gefordert, die - offenbar als besonders lernintensiv eingeschätzten - Vormittagsstunden dem Bibelstudium zu reservieren (vgl. ebd., 387).

[166] Insgesamt ist wiederum schwierig einzuschätzen, in welchem Verhältnis hier privates Studium und öffentliche Lehre stehen sollen.

Zum nun schon wiederholt in Erscheinung getretenen Problem der mangelnden Präsenz exegetischer Lehrveranstaltungen vgl. aus universitäts- und fakultätsgeschichtlicher Sicht die Hinweise bei THOLUCK 1, 97 - 100. 102 - 108, die die abnehmende Bedeutung exegetischer Vorlesungen im lutherischen wie reformierten Studienbetrieb des 17. Jahrhunderts belegen. Interessant wäre es zu untersuchen, in welchem Verhältnis dieses Phänomen zur gleichzeitigen Ausbildung einer extremen Lehre von der Verbalinspiration der Heiligen Schrift steht.

mit Calixt an, dem durchgängigen Ziel Calovscher Angriffe und Schmähungen.

Zunächst ist festzuhalten, daß bei beiden von der dreifachen Aufgabe der Theologie:[167] der Herausarbeitung der Offenbarungsgrundlage, des von dieser abgeleiteten Nachweises der Wahrheit christlicher Lehre und deren nachfolgender Verteidigung gegen alle Arten ihrer Bestreitung, unmittelbar auf die Gliederung der wesentlichen und zentralen Teile des theologischen Studiums geschlossen wird. Weiterhin ist ihnen der eindeutige Zuschnitt dieses Studiums auf die spätere amtliche Aufgabe seiner Adepten gemeinsam. Auch liegt beiden einschlägigen Werken in formaler Hinsicht die gleichzeitige Kombination und Unterscheidung eines allgemeinen Theologiebegriffs und dessen Ausfaltung in einen Entwurf der Vielfalt theologischen Studiums zugrunde.

Ebenso offenkundig sind allerdings die spezifischen Unterschiede zwischen beiden Konzepten. Beginnt man mit einer eigentümlichen terminologischen Differenz, so fällt auf, daß der beiden offenbar wichtige Begriff *ecclesiasticum* als Epitheton einer Abteilung theologischen Studiums in beiden Fällen gänzlich Verschiedenes benennt: Ist es in Calixts Fall die von der akademischen abgehobene Theologie für das Kirchenvolk und seine pfarramtlichen Leiter, so bei Calov der historisch orientierte sekundäre Anhang des Theologiestudiums.[168] Zum einen kennt Calov keine grundsätzliche Einteilung des Studiums in zwei Klassen, zum anderen setzt er die Kirchen- und Theologiegeschichte bewußt an das Ende, um ihr auch den leisesten Anflug einer Prinzipiendisziplin zu nehmen.[169] Ebenso bedeutsam ist der in Hinblick auf die Darstellung in der bisherigen Theologiegeschichte eigentümliche Sachverhalt, daß der gewöhnlich - mit begrenztem Recht, wie oben gezeigt - bei Calixt erstmals diagnostizierte und zumeist auch mit negativen Konnotationen versehene Auseinanderfall von Dogmatik und Ethik bei Calov nun aber ganz offen zutage liegt: Er unterscheidet nicht nur die *theologia systematica vel didactica* klar von der *theologia moralis*, er weist beiden auch einen verschiedenen Ort im Studienaufbau zu: Bildet erstere das Mittelglied zwischen der biblischen und der polemischen Abteilung, so letztere den Grenzfall zwischen eigentlicher Theologie und pastoralpraktischer Anwendungsdisziplin. Im zeitlichen Ablauf kommt jene im ersten, diese jedoch erst im dritten Jahr

---

[167] Lautet bei Calixt die Trias *explicatio-probatio-defensio*, so bei Calov *sensus, confirmatio, et confutatio.*

[168] Übrigens hat Calov auch den Begriff der *theologia positiva* benutzt, sogar als Buchtitel (Wittenberg 1682); er versteht darunter - wiederum im Unterschied zu Calixt - die durchaus für das wissenschaftliche Theologiestudium gedachte kompendiarische Darlegung der Glaubenslehre. In der *Isagoge* spielt der Terminus keine Rolle.

[169] Daß dies zugleich eine anticalixtinische Spitze ist, bedarf keiner weiteren Erklärung; die damit verbundene Behauptung, Calixt würde die Vätertradition gleichrangig neben die Heilige Schrift oder gar in Konkurrenz zur ihr setzen (vgl. CALOV, *Isagoge* 1, a5[r]f.), entbehrt allerdings jeden Anhalts in dessen Werk.

zum Tragen. Auch dies dürfte wiederum im Horizont der Orientierung des gesamten Theologiestudiums an der Ausbildung für das Pfarr- und Predigtamt stehen. Daß Calov auf diesem Hintergrund allerdings zu gewissen Kompromissen gezwungen ist, zeigt sich ironischerweise daran, daß er Teilen des theologischen Studiums, bei denen er entweder vor allzu intensiver Beschäftigung warnt (so im Falle der Polemik),[170] oder sie gar überhaupt als zweitrangig betrachtet (wie die Kirchen- und Theologiegeschichte), zusammen genommen mehr als die Hälfte der veranschlagten Ausbildungszeit zuweist.

Abschließend sollen nun die Ergebnisse dieser Erkundungen zu theologischen Einleitungswerken aus dem Bereich der altprotestantischen Orthodoxie mit der neuesten lexikalischen Aufarbeitung dieser Thematik konfrontiert werden:[171] „Die lutherische Orthodoxie kennt ... keine theologischen Disziplinen, sondern neben der katechetischen *(theologia catechetica seu rudiora)* nur die eine wissenschaftliche Theologie *(acroamatica seu accuratiora)*, die hinsichtlich ihrer Quelle *Theologia biblica (exegetica)*, hinsichtlich ihrer Reflexion *Theologia didactica (systematica) et polemica* und hinsichtlich ihrer Verkündigungsaufgabe *Theologia homiletica (pastoralis), ascetica (praxis pietatis, theologia moralis) et practica (praxis consolatoria, paracletica)* sowie *Theologia consistorialis (casuistica)* ist. Dazu gesellen sich als Hilfswissenschaften die enzyklopädischen, methodologischen und bibliographischen Einführungen in das Studium der Theologie *(Isagoge, Methodus studii theologici)*, das Studium früherer Schriftauslegungen *(Historia ecclesiastica ...)* und der mit der Bibel behutsam zu harmonisierenden Realwissenschaften. Die Exegese ist Grundlage der dogmatischen Aussagen, wie diese ihrerseits einen Interpretationsrahmen für die Exegese abgibt [sic!].“[172] Diese zusammenfassende Darstellung enthält - neben zweifellos zutreffenden Einsichten -[173] zahlreiche Ungenauigkeiten, die von den eben betrachteten Quellen her zu korrigieren sind. Zum einen verhindert die Unterscheidung in verschiedene Disziplinen weder generell noch im hier behandelten speziellen Fall die grundsätzliche Einheit der wissenschaftlichen Theologie; die untersuchten Einführungsschriften stellen sich ja gerade, wenn auch - wie gesehen - nicht immer explizit, der Aufgabe, diese Einheit in Unterschiedenheit herauszuarbeiten; dabei geben sie - etwa durch die Bestimmung spezifischer Gegenstandsbereiche, Subjekte, Zielsetzungen, Methoden etc. - eindeutig zu

---

[170] Vgl. CALOV, *Isagoge* 2, 257f.; allerdings hatte die Darstellung der Polemik in der *Isagoge* selbst schon überdurchschnittlich viel Raum beansprucht (vgl. ebd., 252 - 307).

[171] Das folgende Zitat entstammt dem Art. „Orthodoxie I", in: TRE, Bd. 25 (1995), 464 - 485, der der lutherischen Orthodoxie gewidmet ist; der ansonsten höchst instruktive Abschnitt für den reformierten Bereich ('Orthodoxie II') befaßt sich leider nicht mit der hier anstehenden Thematik.

[172] Art. „Orthodoxie I", in: TRE, Bd. 25 (1995), 474f.

[173] Vgl. vor allem die abschließende Bemerkung, die ebd. zudem mit dem Hinweis auf die zunehmende Entwicklung eines *dicta-probantia*-Verfahrens verbunden ist.

erkennen, daß sie die verschiedenen Teile der einen Theologie als disziplinäre Untergliederungen interpretieren. Was nun die angeführte Begrifflichkeit angeht, so ist zu sagen, daß diese sich *so* weder in allen, aber
auch nicht in einem einzelnen der hier untersuchten Werke zur Einführung in das Studium der Theologie findet: Zum Beispiel bleibt die auffäl-
lige Benutzung (oder Auslassung) der Qualifikation einzelner Teilbereiche als *theologia* bei Calov, der vermutlich noch die nächste Quelle für
die skizzierte Terminologie sein dürfte,[174] völlig außer Betracht. Des
weiteren ist es nicht vorrangig die 'Reflexion', die die didaktische und
polemische Theologie zu einer solchen werden läßt, sondern die zusammenfassende und positiv begründende Darstellung des Glaubensinhaltes[175]
im einen und dessen Verteidigung gegen Bestreitung im anderen Fall.
Auch ist es nicht die Verkündigungsaufgabe der Theologie, die sie eine
homiletische Abteilung entwickeln läßt, sondern die zukünftige ihrer
Studenten; die Problematik und Verschiedenheit der Einordnung der
theologia moralis kommt überhaupt nicht zur Sprache; der gelegentlich
verwendete Terminus *practica* umfaßt nicht nur den hier angegebenen
Bereich; *theologia consistorialis* und *theologia casuistica* fallen keineswegs
zusammen; die *historia ecclesiastica* beschäftigt sich bestenfalls auch, jedoch nicht hauptsächlich oder gar ausschließlich mit 'früheren Schriftauslegungen'. Zudem ist sie keineswegs in allen Fällen als 'Hilfswissenschaft'
charakterisiert. All dies zeigt, daß kaum eine Epoche protestantischer
Theologiegeschichte so sehr der erneuten textorientierten Beschäftigung
bedarf, wie gerade die der sogenannten Orthodoxie.

---

[174] Die *Isagoge* wird jedenfalls im Quellenverzeichnis aufgeführt, allerdings nur mit der
Jahreszahl der Zweitauflage (1665), ohne daß dies vermerkt wäre.
[175] Ebd., 474 werden die *loci theologici* auch reichlich unscharf als 'verallgemeinernde,
ordnende Leitsätze' charakterisiert, und es wird - ebenso apodiktisch wie m.E. unzutreffend - behauptet: „Die *loci theologici* stellen kein Lehrsystem dar".

5. DAS BEISPIEL EINER GENEALOGIE IN DER STABILISIERUNG DER GATTUNG: VON PERIZONIUS BIS FRANCKE

Die Periode von der zweiten Hälfte des 17. bis zur Mitte des 18. Jahrhunderts ist in der protestantischen Theologiegeschichte - hier einmal ganz im Gegensatz zur katholischen - eher eine Zeit der Besitzstandswahrung und der Verfestigung der jeweiligen 'Orthodoxien'. Diese werden selbst durch Lehrstreitigkeiten auf reformierter Seite und das Eindringen pietistischer Strömungen namentlich in die lutherische Theologie nicht grundlegend gefährdet; dies geschieht erst unter dem Zeichen der Aufklärung, vor allem durch den historisch-kritischen Schub, den die neuere evangelische Theologie hierbei erfährt. Es ist daher nicht weiter verwunderlich, daß diese Diagnose auch für die Gattung der Theologischen Enzyklopädie weithin Gültigkeit besitzt: So ist ein Abschnitt in ihrer Geschichte zu skizzieren, der sich im protestantischen Binnenraum abspielt, dabei aber die reformiert-lutherische Konfessionsgrenze ebenso überspringt wie die generell unscharfe Trennungslinie zwischen Orthodoxie und Pietismus. Die in diesem Abschnitt zu behandelnden Texte zeichnen sich darüber hinaus durch unmittelbare literarische Bezugnahmen aufeinander aus, so daß hier der gattungshistorisch eher seltene Fall einer direkt nachweisbaren, wenn auch sicherlich nicht vollständigen und durch parallele Stränge ergänzbaren Genealogie gegeben ist, der - bei aller Differenz im Detail - die Stabilisierung der Gattung Theologische Enzyklopädie und den zunehmend selbstverständlich werdenden Umgang mit ihr sichtbar werden läßt.[1]

---

[1] Dabei bilden die beiden ersten Texte, diejenigen von Perizonius und Gaussen, voneinander offenbar unabhängige Ausgangspunkte einer Fortschreibung, die in ihren letzten Ausläufern bis in die zweite Hälfte des 18. Jahrhunderts zu verfolgen ist. Bei ersterem sind zudem, allerdings recht unspezifische, Rückverweise enthalten: Als Vorgänger nennt er Hyperius (vgl. PERIZONIUS, *Tractatus,* 10) und Crocius (vgl. ebd. u.ö.); daß es jedoch zwischen letzterem und Perizonius Abhängigkeiten bis hinein in Formulierungen gibt, ist offenkundig; vgl. dazu oben (4.1.3) die Ausführungen zu Crocius. Allerdings wären auch klare Parallelen z.B. zu der Studienordnung von Gerhard aufzuweisen (siehe dazu oben 4.1.1); dies zeigt, daß es sich bei diesem Ausgangspunkt der darzustellenden gattungsgeschichtlichen Reihe nicht so sehr um einen originellen Anfang, sondern vielmehr um ein symptomatisches Zeugnis handelt.

5.1 ANTONIUS PERIZONIUS' PROPÄDEUTISCHE
ABHANDLUNG

Als 'propädeutisch' ist der mit einer 1659 gezeichneten Widmung versehene und wohl weitgehend auf Vorlesungen des Verfassers, teils am
Gymnasium zu Hamm, teils an der theologischen Hochschule von Deventer, zurückgehende[2] *De ratione studii theologici tractatus* in zweierlei
Hinsicht zu kennzeichnen: Das verhältnismäßig umfangreiche Werk geht
in seiner ersten, zwei Drittel des Bandes umfassenden Abteilung einzig
auf diejenigen Disziplinen und Kenntnisse ein, die vor dem theologischen
Studium selbst zu erwerben sind;[3] da Perizonius auch im weiteren Verlauf des Werkes immer wieder auf diese Vorstudien und Hilfswissenschaften sowie auf die Notwendigkeit zu sprechen kommt, diese weiterhin präsent zu halten,[4] läßt erahnen, daß Umfang und Bedeutung der
Vorbildung eines künftigen Theologen das eigentliche inhaltliche Anliegen dieser Schrift darstellen. Propädeutisch ausgerichtet sind aber auch,
nun allerdings in direktem Zugriff auf das theologische Studium selbst,
die beiden weiteren Abteilungen des Traktats.[5] Die Kapitel der für unser
Thema primär einschlägigen zweiten *sectio* des *Tractatus* gliedern sich
dabei in ein erstes,[6] das nochmals den Zusammenhang mit der voraufge-
henden Abteilung der Vorstudien herstellt sowie die zentrale Bedeutung
des Schriftstudiums für die Theologie hervorhebt,[7] und drei weitere, die
ein dreigestuftes Theologiestudium umreißen.[8] Auch hier sind es wiederum methodisch-didaktische Fragestellungen, die den Autor vor allem
interessieren: So äußert er sich wiederholt zu Gestalt und Wirksamkeit

---

[2] Vgl. hierzu die Bemerkungen in PERIZONIUS, *Tractatus,* 11. 21. Eine weitere Ausgabe
des Werkes, Deventer 1669, verzeichnet DIBON, 101f. Zur Biographie vgl. den Art.
„Perizonius (Perisonius), Antonius", in: BLGNP 2 (1983), 358f. Im Vorblick auf die zu
untersuchende pietistische Literatur ist erwähnenswert, daß das Werk auf einleitende
orationes zurückgeht (vgl. PERIZONIUS, *Tractatus,* 11) sowie daß der abschließende dritte
Teil der Schrift als *paraenesis* charakterisiert ist (vgl. ebd., 565).
[3] Vgl. PERIZONIUS, *Tractatus, sectio* I, 23 - 457 („De studii theologici apparatu"). Übrigens verwendet Perizonius auch selbst - neben dem schon in der Überschrift benutzten
Terminus *apparatus* - den der *studia propedeutica* (vgl. ebd., 459). Auf das besondere
Gewicht, das Perizonius - selbst auch Hebraist - hierbei auf die hebräischen Sprachkenntnisse der Theologiestudenten legt, macht der o.g. Art. in BLGNP 2, 359 aufmerksam.
Nicht zuletzt hierin sieht er auch ein „getuigenis ... van zijn zelfstandigheid" (ebd.).
[4] Vgl. PERIZONIUS, *Tractatus,* 457f. 485. 519 u.ö. Überhaupt ist, wie noch zu zeigen
sein wird, die ständige Wiederaufnahme bereits erworbener Kenntnisse und Fähigkeiten
ein Grundprinzip der hier vorgelegten Methodik und Didaktik.
[5] PERIZONIUS, *Tractatus, sectio* II, 457 - 564 („De ipsius studii recte instituendi ratione"); *sectio* III, 565 - 598 („In qua paraenesis de conferenda ad hoc studium diligentia").
[6] Vgl. PERIZONIUS, *Tractatus,* 457 - 497.
[7] Hier taucht - in der hier untersuchten Literatur, soweit ich sehe, zum ersten Mal - die
Metapher vom Schriftstudium als *anima theologiae* auf; vgl. PERIZONIUS, *Tractatus,* 459.
[8] Vgl. PERIZONIUS, *Tractatus,* 488 - 564.

um methodisch-didaktische Fragestellungen, die den Autor vor allem interessieren: So äußert er sich wiederholt zu Gestalt und Wirksamkeit verschiedener Typen akademischer Veranstaltungen,[9] zum Umgang mit Lehrbüchern und deren Auswahl,[10] zu Zeit und Ort täglicher Schriftlektüre[11] u.v.a.m.

Das von Perizonius skizzierte theologische Studium umfaßt drei Abschnitte, die als akademisches Grund- und Aufbaustudium sowie als lebenslange, außerakademische Fort- und Weiterbildung charakterisiert werden könnten. Das Grundstudium ist nochmals intern gegliedert: Zunächst soll auf der Grundlage eines einzigen Lehrbuchs solide Basisinformation erworben werden, die in der Kenntnis des dogmatischen Gehalts christlicher Lehre besteht.[12] Von hier aus kann dann der Horizont auf schwierigere und differenziertere - allerdings immer noch im konfessionell-orthodoxen Binnenraum angesiedelte - Literatur desselben theologischen Bereichs hin erweitert werden.[13] Das solchermaßen in zwei Schritten gebildete systematische Grundwissen[14] erlaubt dann den Blick auf weitere theologische Fach- und Sachbereiche:[15] Lehrstreitigkeiten mit anderen Konfessionen, Religionen und innerkonfessionell abweichenden Lehrpositionen, das christliche Leben des Einzelnen sowie die Organisation und Leitung der Kirche. Dabei besteht das Studium der Kontroversen - hierzu werden neben der Auseinandersetzung mit dem Judentum und dem Islam, die allerdings nur ganz am Rande erscheint,[16] lediglich die

---

[9] Neben privater Lektüre nennt er *collegia privata, praelectiones publicae, collegia examinatoria, disputationes publicae, concionum exercitia.* (Vgl. PERIZONIUS, *Tractatus,* 488f. 511. 518) Dabei spricht er denjenigen Veranstaltungen, die von freier Rede und Gegenrede getragen werden, die größte Wirkung zu. Für recht fruchtlos hält er hingegen von einseitigem, auf bloße Mitschrift zielenden Vortrag bestimmte Lehrformen.

[10] Hier empfiehlt Perizonius für die erste Stufe des Studiums H. Altings *Methodus theologiae didacticae,* später entsprechende, jedoch schwierigere und differenziertere Werke, wie Calvins *Institutio* und P. M. Vermiglis *Loci* (vgl. PERIZONIUS, *Tractatus,* 496. 500f. 519).

[11] Vgl. PERIZONIUS, *Tractatus,* 490.

[12] Vgl. PERIZONIUS, *Tractatus,* 496, wo von der Aufgabe die Rede ist, „breve quoddam, perspicuum et methodicum theologiae compendium primo seligere". Hierbei entscheidet sich Perizonius für das erwähnte Werk H. Altings. Eine für den Erwerb dieses Grundwissens eingerichtete Vorlesung sollte innerhalb von zwei Jahren den gesamten Kreis der *loci communes* abgeschritten haben. (Vgl. ebd., 494f.)

[13] Hier kommen nun die o.g. Werke von Calvin und Vermigli zum Zuge (vgl. PERIZONIUS, *Tractatus,* 499 - 501).

[14] Perizonius spricht bei den genannten Lehrbüchern ausdrücklich von *systemata,* allerdings synonym auch von *syntagmata, compendia* etc.; vgl. PERIZONIUS, *Tractatus,* 496. 500. 501 - 503 u.ö.

[15] Nach Perizonius' eigenen Worten könne nun, „fundamento bene jacto", „ad alia" geschritten werden (PERIZONIUS, *Tractatus,* 503). Fast wortgleich hatte dies z.B. auch Crocius formuliert (vgl. oben 4.1.3).

[16] Vgl. PERIZONIUS, *Tractatus,* 504.

allein mit Hilfe 'orthodoxer' Lehrbücher bestritten werden,[18] wobei die
thematische Gliederung sich an der im eigenen Bereich üblichen *loci*-
Reihe oder am Lehrzusammenhang eines spezifischen Gegners orientieren kann.[19] Hieran schließt sich die Beschäftigung mit innerkonfessionell
strittigen Lehrpositionen an, die terminologisch vom Vorherigen als
problemata abgegrenzt werden.[20] Die verbleibenden Bereiche der Ausbildung sind weniger auf theologische Kenntnis und Erkenntnis, sondern
unmittelbar auf kirchenamtliche Praxis ausgerichtet: Die *vita christiana*
gerät eigentlich nur als Feld seelsorglichen Handelns in bezug auf *incertae
conscientiae casus* in den Blick;[21] die *politia ecclesiastica* wird mit der *ratio
gubernandi Ecclesiam* ineins gesetzt.[22]

Die zweite, das eigentliche akademische Studium abschließende Stufe
theologischer Ausbildung, die Perizonius nennt,[23] stützt sich nun weniger
auf einen Studienplan im engeren Sinn noch auf ein spezifisches Lehrangebot; vielmehr ist hier die eigenständige Weiterführung bisheriger Studi-
en durch die Studenten selbst gefordert; diese geschieht naturgemäß
primär durch systematische Erweiterung des Lektürehorizonts.[24] So sind
es - mit einer gewichtigen Ausnahme, die gleich noch anzusprechen sein
wird - auch nicht neue Fachgebiete, die sich der Student erschließen soll;
wie es bereits weiter oben als methodisch-didaktisches Prinzip Perizonius'
erkannt wurde, so sind auch hier die Vertiefung, Differenzierung und
Erweiterung von in der vorherigen Stufe erworbenen Fähigkeiten und
Kenntnissen sein vorwiegendes Anliegen. Als mnemotechnisches Begleit-
programm dieser Vertiefungsstufe theologischen Studiums wird die mittlerweile bereits altgediente Anlage eines doppelten Verzeichnisses empfohlen, das sowohl die Schrift- und sonstigen Literaturstellen zu den
einzelnen *loci communes* als auch die verschiedenen *loci* zu den jeweiligen
Schriftstellen enthält.[25]

Zu den propädeutischen Studien, deren Auffrischung auch hier wiederum eingeschärft wird,[26] wird jedoch noch ein weiterer Bogen geschlagen, der das bisherige Studium - auch, aber nicht nur das theologische -

---

[18] Vgl. PERIZONIUS, *Tractatus*, 505 - 507. Immerhin wird doch eine Darstellung der
Kontroversen „ex utriusque partis sensu" (ebd., 505) gefordert.

[19] Vgl. PERIZONIUS, *Tractatus*, 511f.

[20] Vgl. PERIZONIUS, *Tractatus*, 507: „Problemata ... seu graviores inter theologos agita-
tas quaestiones".

[21] Vgl. PERIZONIUS, *Tractatus*, 507f. Allerdings wird auch die Schulung des eigenen
Gewissens mitberücksichtigt.

[22] Vgl. PERIZONIUS, *Tractatus*, 508. Hier können dann - neben geeigneten Lehrbüchern
- auch die klassischen 'kanonistischen' Quellen gelesen werden: „canones ... veteris
ecclesiae, conciliorum decreta, synodorum acta, ecclesiarum liturgiae, theologorum
consilia et epistolae" (ebd.).

[23] Vgl. PERIZONIUS, *Tractatus*, 519 - 534.

[24] Vgl. PERIZONIUS, *Tractatus*, 519.

[25] Vgl. PERIZONIUS, *Tractatus*, 521.

[26] Vgl. PERIZONIUS, *Tractatus*, 519.

doch um ein weiteres Studienfach ergänzt: Während in den 'gymnasialen' Vorstudien die Geschichte nur in Form eines universalgeschichtlichen Minimum vertreten war,[27] gilt es dieses Defizit jetzt in zweierlei Hinsicht zu beheben: Einerseits ist nun Zeit, auch die „historias particulares et veteres, *Graecam* imprimis ac *Romanam, et recentiores*"[28] zu behandeln; andererseits ist - und das wird ausdrücklich nicht nur als Spezifizierung, sondern als Neueinsatz begriffen[29] - mit einem eigentlichen kirchengeschichtlichen Studium zu beginnen, das ganz nach den bekannten pädagogischen Vorgaben wiederum mit knappen Kompendien beginnen, mit umfassenderen Darstellungen fortfahren und dann durch eigene Quellen-, namentlich Kirchenväterlektüre das Grundwissen vertiefen soll.[30]

Zwar wäre es übertrieben zu sagen, mit der dritten, nachakademischen Stufe[31] theologischen Studiums würde erst dessen eigentliche Absicht erreicht; dennoch ist es zumindest auffällig, daß Perizonius die tiefgreifendsten Bemerkungen zu Bedeutung und Funktion der Theologie und ihrer einzelnen Abteilungen erst hier formuliert. Interessanterweise ist dies damit verbunden, daß die beiden Hauptgegenstände des theologischen Grund- und Vertiefungsstudiums, *loci communes* und *controversiae*, hier, wenn überhaupt, so nur noch sehr am Rande in Erscheinung treten. Weiterhin dagegen werden kirchen- und theologiegeschichtliche Studien - als lebenslanges Projekt![32] - ausgiebig gewürdigt; vor allem aber wird ein intensives Schriftstudium gefordert. So werden nun auch in Hinblick auf die Kirchenhistorie erstmalig deren Funktionen ausführlich erläutert; gilt für die Geschichte der Kirche insgesamt, „illam fere non aliud esse quam theologiam exemplis illustratam"[33], so läßt sich dieses Urteil noch differenzieren. Während nämlich die Heilige Schrift die *idea*, also den SollStand der Kirche bietet, präsentiert die Geschichte deren Ist-Stand.[34] Sie nötigt daher zum Vergleich der vergangenen wie gegenwärtigen Wirklichkeit mit den biblischen Verheißungen und Ankündigungen.[35] Einerseits dient dies zur Orientierung über den heilsgeschichtlichen Ort der Gegenwart, andererseits aber auch zur Entscheidung darüber, wo wahre und falsche Kirche jeweils waren und sind.[36] Ergänzend erwähnt Perizo-

---

[27] Vgl. PERIZONIUS, *Tractatus*, 526.

[28] PERIZONIUS, *Tractatus*, 526.

[29] Vgl. PERIZONIUS, *Tractatus*, 519. 527.

[30] Vgl. PERIZONIUS, *Tractatus*, 527f.; dort findet sich auch eine entsprechende Lektüreliste. Zwar liegt der Schwerpunkt deutlich auf der Geschichte der Alten Kirche, dennoch ist durchaus eine Kenntnis der Kirchengeschichte bis in die Gegenwart angezielt.

[31] Vgl. PERIZONIUS, *Tractatus*, 535 - 564; die ehemaligen *studiosi* sind nun schon *candidati* oder *ministri*, „exacto academico studio" (ebd., 535).

[32] „Historiae ecclesiasticae *studium, theologo utilissimum, ac necessarium, totaque vita tractandum esse.*" (PERIZONIUS, *Tractatus*, 535)

[33] PERIZONIUS, *Tractatus*, 552.

[34] Vgl. PERIZONIUS, *Tractatus*, 552.

[35] Vgl. PERIZONIUS, *Tractatus*, 535.

[36] Vgl. PERIZONIUS, *Tractatus*, 554 - 557.

nius auch die bibelhermeneutische und antihäretische Hilfsfunktion von
theologischen Texten der Vergangenheit.[37]

In besonderer Weise wird nun aber die Frage nach der Bedeutung der
Bibel und ihrer Auslegung aufgenommen, ein Thema, das trotz der voll-
mundigen Aussagen[38] am Beginn der Darstellung des theologischen Studiums bislang eigentümlich in den Hintergrund getreten war. Zwar
wurde gelegentlich immer einmal wieder darauf hingewiesen, wo die
eigentliche Quelle aller theologischen Aussagen zu finden ist und daß
keine anderen *systemata,* und seien sie auch noch so rechtgläubig, deren
Platz einnehmen dürften.[39] Über die zahlreichen Hinweise im propädeutischen Teil, daß alle Hilfswissenschaften ihre Bedeutung erst eigentlich
durch ihren Nutzen für die Schriftauslegung erlangen,[40] sowie die Mah-
nung zu täglicher Schriftlektüre und zur Erstellung des genannten doppelten *loci*-Verzeichnisses hinaus blieb die Schriftauslegung als akademisch verortete Tätigkeit vergleichsweise im Dunkeln. Perizonius hatte
zwar - wenn auch eher in den methodisch-didaktischen Passagen - erwähnt, daß biblische Texte und Fragestellungen Gegenstand von *collegia
privata* oder auch *disputatoria* sein können,[41] eigentlich exegetische Vorlesungen scheint er jedoch nicht vorgesehen zu haben. Es dürfte jedenfalls
nicht ohne Bedeutung sein, daß sich die breitesten Ausführungen zu
biblischem Studium und Schrifthermeneutik erst hier, in der Beschreibung des nachakademischen Abschnitts theologischer Studien finden.[42]
Besonderen Wert legt Perizonius, der ja durch seinen umfangreichen
propädeutischen Teil bereits seine deutliche Nähe zu humanistischen
Traditionen gezeigt hatte, auf den grundsätzlichen Vorrang der Quellen
vor aller sekundären Literatur, worunter sowohl wissenschaftliche[43] wie

---

[37] „Nam saepe non contemnendae verbi divini interpretationes apud eos inveniuntur."
(PERIZONIUS, *Tractatus,* 560f.) Vgl. ebd. auch die Hinweise zum kontroverstheologischen
Gebrauch. Hier werden zwar nur Vätertexte, und auch diese nur unter den üblichen
Kautelen (vgl. ebd., 562f.) empfohlen. Selbst die scholastische Theologie wird jedoch nicht
völlig ausgeblendet; allerdings wird hier kein eigentlich theologischer Gebrauch, sondern
lediglich ein *usus historicus* für möglich gehalten (vgl. ebd., 563f.).

[38] So etwa das bereits erwähnte Bildwort von der heiligen Schrift als Seele der Theologie (vgl. PERIZONIUS, *Tractatus,* 459), aber auch Aussagen wie diese: „theologia in sacra-
rum literarum studio praecipue constat" (ebd., 471).

[39] Vgl. etwa PERIZONIUS, *Tractatus,* 501 - 503.

[40] Vgl. bereits die programmatische Äußerung: PERIZONIUS, *Tractatus,* 45.

[41] Vgl. PERIZONIUS, *Tractatus,* 489. 512f. Allerdings ist hinzuzufügen, daß Perizonius -
wie gezeigt - diesen Veranstaltungen ein höheres Gewicht beimißt als den üblichen
Vorlesungen. Zudem ist darauf hinzuweisen, daß der später im pietistischen Umfeld so
bedeutsame Terminus der *collegia biblica* hier bereits fällt (vgl. ebd., 489), wenn auch
nicht recht deutlich wird, wie Perizonius sie sich im einzelnen vorgestellt hat. Auch für
diesen gesamten Komplex ist jedoch schon auf den Vorgang Crocius' zu verweisen (vgl.
oben 4.1.3).

[42] Vgl. v.a. PERIZONIUS, *Tractatus,* 539 - 551.

[43] Vgl. PERIZONIUS, *Tractatus,* 535; hier wird gelehrten Bibelkommentaren zwar ein
gewisser Wert nicht abgesprochen; diese dürfen den Theologen jedoch nicht davon

populäre, pastoralpraktische Werke[44] zu verstehen sind. Auf derselben Linie liegt die Aussage, „ipsa divina scriptura in illis linguis, in quibus a Deo inspirata est, potissimum scrutanda, cognoscenda, meditanda sit."[45] Verbunden sind diese Lektüreanweisungen mit den Grundbestandteilen humanistischer Hermeneutik: „Nempe ante omnia hic requiritur perpetua oraculorum divinorum inter se comparatio";[46] denn natürlich gilt auch für Perizonius, „divinam scripturam ex ipsa scriptura explicandam esse."[47] In diesem Rahmen ist es dann auch nicht mehr so verwunderlich, daß keine spezifische biblisch-exegetische Disziplin Kontur gewinnt: „Igitur ex scriptura docendum, ex scriptura disputandum, ex illa problemata et quaestiones solvendae, conscientiaeque casus expediendi."[48]

5.2 ÉTIENNE GAUSSENS THEOLOGIETHEORETISCHE BEITRÄGE

Ein ähnlich unbekannter, aber auch ähnlich einschlägiger Autor auf dem Gebiet der 'Überlieferungsgeschichte' theologisch-enzyklopädischer Konzepte ist der seit 1665 bis zu seinem Tode 1675 in Saumur Theologie lehrende Reformierte Étienne Gaussen,[49] der in seinen - ebenfalls auf Vorlesungen einleitenden Charakters zurückgehenden[50] - *Dissertationes*[51]

abhalten, die Heilige Schrift auch ohne Hilfsmittel zu lesen. „Et cum e Dei verbo bene intellecto universa theologia pendeat, nulla res est, quae meliorem facere theologum queat, quam assidua divinae scripturae lectio et meditatio." (Ebd., 541)

[44] Vgl. PERIZONIUS, *Tractatus,* 539. Die fruchtbare Benutzung von *volumina practica,* namentlich zur Predigtvorbereitung, wird dabei nicht ausgeschlossen (vgl. ebd., 541).

[45] PERIZONIUS, *Tractatus,* 545. Hier wird der humanistische Impetus allerdings nahtlos mit der Verbalinspirationslehre verknüpft.

[46] PERIZONIUS, *Tractatus,* 546.

[47] PERIZONIUS, *Tractatus,* 547f.

[48] PERIZONIUS, *Tractatus,* 543.

[49] Der in Nîmes geborene Étienne Gaussen (Stephanus Gaussenus) lehrte in Saumur, wo er auch studiert hatte, seit 1661 zunächst Philosophie, bevor er dort nach dessen Tod Amyrauts Nachfolger wurde. Eine Eintragung s.v. „Gaussen" fehlt in allen von mir eingesehenen Fachlexika; dies wird jedoch aufgewogen durch die Tatsache, daß ihm bei LAPLANCHE, 532 - 545 ein ganzes Kapitel gewidmet ist; die von diesem benutzte ungedruckte Dubliner Dissertation von J.-P. PITTION, *Intellectual Life in the Académie of Saumur (1633 - 1685). A Study of the Bouhereau Collection,* aus dem Jahre 1969 war mir leider nicht zugänglich. Auch Laplanche bemerkt: „le personnage est quasi-inconnu" (DERS., 532). Zur Biographie und ihren Problemen vgl. ebd., 532f.

[50] Vgl. z.B. GAUSSEN, *Dissertationes* I, 9, wo deutlich wird, daß die ebd. abgedruckten Texte einer Art Semestereröffnungsveranstaltung für Hörer aller Ausbildungsstufen zugrunde lagen.

[51] Die erste Auflage dieser Sammlung erschien Saumur 1670; die weiteren - insgesamt sind es, wenigstens was die erste *Dissertatio* angeht, mindestens acht! - Auflagen, als selbständige Veröffentlichung oder auch in Form einer Aufnahme in ein Sammelwerk, sind bei LAPLANCHE, 543f., i.V.m. 953 Anm. 17 aufgelistet. Im folgenden wird nach der Ausgabe Kassel 1697 zitiert, die hiernach die 4. Auflage darstellt. Diese enthält insgesamt

grundlegende Probleme von Inhalt und Aufbau sowohl der theologischen Wissenschaft im besonderen als auch der Vorbereitung auf das kirchliche Amt im allgemeinen behandelt hat.[52] Er ist sich dabei der neuzeitlichen Differenzierung und Spezialisierung im Bereich theologischer Wissenschaft klar bewußt; gibt es doch keinen zeitgenössischen Autor mehr, der das ganze Fach- und Sachgebiet abdecken würde und den man somit gleichsam als Schulhaupt anempfehlen könnte.[53] Allerdings wird nicht deutlich, ob Gaussen hierin lediglich eine faktische oder eine notwendige Signatur der Theologie seiner Zeit erkennt.[54]

Zunächst ist auf eine ganze Reihe von Übereinstimmungen in Gaussens Konzept mit dem eben geschilderten des Perizonius zu verweisen: Nach philologischen, historischen und philosophischen Vorstudien[55] ist es auch Gaussens pädagogisches Anliegen, zunächst eine theologische Grundbildung zu schaffen. Wiederum besteht deren Lehrbuch in einem nach der loci-Methode geordneten Kompendium, das all dasjenige, das in den zentralen biblischen Texten verstreut liegt, zusammenträgt, klassifiziert und systematisiert und so einen dem Verstand des Anfängers gemä-

---

sechs Abhandlungen: I. De studii theologici ratione. II. De natura theologiae. III. De ratione concionandi. IV. De utilitate philosophiae in theologia. V. De recto usu clavium sowie als Anhang die Disputatio de verbo Dei. Naturgemäß geht es hier vorwiegend um die beiden ersten dieser Dissertationes. Zur Reihung vgl. LAPLANCHE, 952f. Anm. 16f. Allerdings hat es den Anschein, daß Laplanche sich lediglich an der ersten Abhandlungen bzw. an Sammelausgaben aller Dissertationes orientiert. Da es jedoch von den übrigen ebenfalls spätere Einzelausgaben gibt - als Zufallsfunde können hier eine Ausgabe der Dissertatio IV in Halle 1723 sowie eine deutsche Übersetzung von Dissertatio III in Bayreuth-Hof 1754 erwähnt werden -, kann von Vollständigkeit hier noch keineswegs die Rede sein. Zur Bedeutung dieser Auflagen für die Lozierung der Rezeption siehe unten 5.3.

[52] Daß er beides zwar zu unterscheiden weiß, aber dennoch als eng zusammengehörig betrachtet, wird etwa GAUSSEN, Dissertationes I, 19 deutlich: „Theologi autem munus ... duabus partibus continetur, rerum theologicarum scientia, et concionandi peritia, quarum altera divelli ab altera non potest, quin ruina studiorum consequatur."

[53] Vgl. GAUSSEN, Dissertationes I, 20.

[54] Es kann auch nicht ausgeschlossen werden, daß sich - angesichts des ebd. herangezogenen Thomas von Aquin als Beispiel einer ein für allemal verschwundenen Gestalt des theologischen Generalisten - hier ein antikatholischer Seitenhieb verbirgt.

[55] Vgl. GAUSSEN, Dissertationes I, 32. 70 - 78 u.ö. Laplanche hebt sehr stark auf Gaussens philosophiekritische Haltung ab: „il se méfie très fort de l'introduction de la philosophie en théologie" (DERS., 535), und meint gar: „Sa méfiance de l'emploi de la philosophie en théologie le distingue de ses maîtres saumurois, et semblerait le rapprocher des arminiens." (Ebd., 537) Gegen letzteres spricht sein eindeutig der reformierten Orthodoxie zugehöriges theologisches System, zu ersterem wäre zu sagen, daß Gaussen nicht nur ein philosophisches Vorstudium als Pflichtveranstaltung für Theologen vorschreibt, sondern auch selbst mehrere Jahre als Dozent in diesem Bereich tätig war; die philosophiekritischen Bemerkungen, die sich in der Tat in den Dissertationes finden, gehören eher zur - nicht nur reformierten - Standardrhetorik theologischer Einleitungswerke. Des weiteren erkennt Gaussen - was auch LAPLANCHE, 536 einräumt - philosophischen Kenntnissen einen besonderen Nutzen im kontroverstheologischen Bereich zu. Vgl. zu diesem gesamten Komplex neben den o.a. Äußerungen in der ersten die gesamte vierte Abhandlung (GAUSSEN, Dissertationes IV, 293 - 334).

ßen Überblick verschafft.[56] Später dann kann zu weiteren, komplexeren Darstellungen gegriffen werden.[57] Auch bei Gaussen wird eine das ganze Studium begleitende - hier zudem klar geordnete - Schriftlektüre gefordert,[58] wobei wiederum kein spezifisches Lehrfach dieses Bibelstudium zu strukturieren scheint; dennoch gilt hier natürlich ebenso vom Lesen des Buches der Bücher, daß in ihm das eine Ganze des theologischen Studiums beschlossen liege und sich alles weitere an ihm zu bemessen habe.[59] Nach gleichem Muster wird daher die bloße, allein von altsprachlichen Kenntnissen, nicht jedoch von Sekundärliteratur gestützte Schriftlesung an den Anfang gestellt.[60] Wie schon Perizonius so will auch Gaussen kirchenhistorische Studien erst beginnen lassen, wenn schon dogmatische Grundlagen gelegt sind.[61] Des weiteren ist es auch hier die kontrovers-theologische Abteilung, die auf der biblisch-dogmatischen Basis aufbaut und das Grundstudium beschließt.[62] Zuletzt gilt ebenfalls ein zweiter Teil

---

[56] Vgl. GAUSSEN, *Dissertationes* I, 20 - 22. „Tyrones itaque hortamur, ut unum aliquod theologiae systema in manus sumant, quod per aliquod tempus legant unum, terant, discant, etiam; certe e manibus non prius deponant, quam illius regulis et praeceptis penitus imbuti fuerint." (Ebd., 20f.) Als Beispiele werden neben anderem auch die Sentenzen des Petrus Lombardus oder Calvins *Institutio* genannt; als Gattungsbegriff fungiert *methodus* gleichermaßen neben *systema* oder *institutiones*. Als geistiges Vermögen wird hier primär die *memoria* angesprochen. Dies erfordert eine einsichtige *loci*-Reihe, die ebd., 22 - 25 sowie II, 128 - 136 skizziert wird.

[57] Allerdings liegt diese Vertiefungs- und Differenzierungsphase bei Gaussen nicht innerhalb des theologischen Grundstudiums, sondern hat ihren Ort im zweiten, aufbauenden Teil der Ausbildung; vgl. GAUSSEN, *Dissertationes* I, 62.

[58] Vgl. GAUSSEN, *Dissertationes* I, 27 - 49; für das erste Studienjahr wird schwerpunktmäßig die Lektüre des Pentateuch und der Apostelbriefe empfohlen, die übrigen biblischen Bücher sollen im zweiten Jahr folgen; ergänzend können deuterokanonische Texte, Josephus u.a. gelesen werden.

[59] Vgl. GAUSSEN, *Dissertationes* I, 27; namentlich wird auf die historischen Bücher verwiesen, „tum quia historia sacra in theologia fundamentum est quod dogmatis substernitur".

[60] Vgl. GAUSSEN, *Dissertationes* I, 33; dies arbeitet Laplanche deutlich heraus; allerdings dürfte er die Modernität dieses Anliegens etwas überschätzen, wenn er schreibt: „Le théologien de Gaussen doit s'appliquer d'abord à se soumettre au texte, en l'absence de toute préjugé ... Les préjugés, voilà l'ennemi" (DERS., 536f.). Immerhin wird die Bibellektüre konterkariert von einem intensiven *loci*-theologischen Grundstudium (s.o.); auch rät Gaussen - zunächst - nicht allein von der Benutzung an dogmatischen Fragestellungen orientierter Bibelkommentare ab (vgl. LAPLANCHE, 538), sondern von jeglichem Kommentar. Der Umgang mit solcher Literatur kann jedoch später - auch dies ist konventionell - durchaus von Vorteil sein; vgl. GAUSSEN, *Dissertationes* I, 64f., wobei übrigens neben reformierten Standardautoren wie Calvin und Vermigli ohne jede weitere 'Warnung' auch katholische Verfasser (Ferus, Maldonado) empfohlen werden. Ganz ähnliche 'ökumenische' Funde bei anderen Theologen dieser Zeit hat CHILDS, 327f. gemacht.

[61] Allerdings läßt dieser sie bereits im 2. Jahr einsetzen, was aber eher eine studienpraktische, denn eine strukturelle Abweichung sein dürfte; vgl. GAUSSEN, *Dissertationes* I, 50f. Immerhin möchte auch Gaussen, daß diese Studien im 3. Jahr fortgesetzt werden (vgl. ebd., 63).

[62] Vgl. GAUSSEN, *Dissertationes* I, 52.

theologischer Ausbildung nicht so sehr dem Erwerb neuer Kenntnisse, sondern der *relecture*.[63]

Erwartungsgemäß gibt es zwischen beiden Autoren jedoch nicht nur diese, allerdings grundlegenden, Übereinstimmungen, sondern auch spezifische Differenzen. Diese beziehen sich sowohl auf methodische wie auf terminologische Bereiche. Auf ersterem Gebiet dürfte der signifikanteste Unterschied in der exklusiven Benutzung von Primärquellen in der Kontroverstheologie liegen.[64] In letzterer Hinsicht ist ein reflektierterer Begriffsgebrauch zu konstatieren. Schon in Hinblick auf die propädeutischen Fächer - in Abgrenzung vom eigentlichen theologischen Studium - hatte Gaussen von der *ars generalis* gesprochen;[65] aber vor allem auch innerhalb der Theologie selbst bemüht er sich um terminologische Klassifizierung. Dabei wird er zwar nicht wortschöpferisch tätig, sondern greift, wie er mehrfach deutlich werden läßt,[66] auf gängiges Vokabular zurück; dennoch füllt er die übernommene Begrifflichkeit durch eigene Definitionsversuche. Während er in der ersten seiner *Dissertationes* nur kurz den Terminus *theologia positiva* anklingen läßt, dabei aber schon sichtbar macht, daß er darunter die *loci*-theologische Grundbildung in Abhebung von der kontroverstheologischen Abteilung versteht,[67] kommt er in der zweiten nochmals ausführlicher hierauf zurück: Hier bietet er eine übliche terminologische Dreigliederung „in *positivam, casuisticam et polemicam*".[68] Sieht er in letzterer diejenige theologische Arbeit, die Irrtümer im Glauben zu erkennen und sie anschließend sogleich zu bekämpfen lehrt,[69] so in der Kasuistik diejenige Tätigkeit, „*quae religionis christianae praecepta moralia, quae non poterant aliter in scriptura, quam generaliter proponi, ad particulares circumstantias facti, personarum, loci etc. accommodat.*"[70] Beide stehen der positiven Abteilung jedoch nicht als

---

[63] So heißt es am Ende der Darstellung der dreijährigen Grundausbildung in GAUSSEN, *Dissertationes* I, 61: „Atque hic triennii labor erit. Annos proxime sequentes vestigiis relegendis destinamus".

[64] GAUSSEN, *Dissertationes* I, 53 wird gemahnt, „ne quis adversariorum argumenta aliunde quam ex ipsis fontibus petat." Neben Bellarmins einschlägigen Werken wird hier vor allem auf die Texte des Tridentinum selbst sowie auf den auf diese aufbauenden römischen Katechismus verwiesen (vgl. ebd., 53f. 56. 64). Als inhaltliche Vorgehensweise wird empfohlen, zuerst der *arx causae*, dem *capitalis nodus*, will heißen, dem *proton pseudos* einer häretischen Abweichung auf die Spur zu kommen, darüber jedoch auch die zumeist dahinter stehende *prote aletheia* nicht zu vergessen (vgl. ebd., 58). Aus der angegebenen Stelle geht hervor, daß die Kontroverstheologie sich im Grunde auf die Auseinandersetzung mit dem Katholizismus beschränkt; auch eine von der apologetischen unterschiedene problematische Abteilung der Theologie wird hier nicht eigens eingeführt.

[65] Vgl. GAUSSEN, *Dissertationes* I, 32.

[66] Vgl. etwa GAUSSEN, *Dissertationes* I, 20; II, 122.

[67] Vgl. GAUSSEN, *Dissertationes* I, 20.

[68] GAUSSEN, *Dissertationes* II, 122.

[69] Vgl. GAUSSEN, *Dissertationes* II, 122f.

[70] GAUSSEN, *Dissertationes* II, 123.

species oppositae, sondern vielmehr als deren *appendices* gegenüber.[71] Diese *theologia positiva* selbst ist es nun, „*quae theoremata doctrinae christianae, et divinam eam quae inter ea intercedit harmoniam, per aptas definitiones et divisiones rerum, nude et simpliciter proponit.*"[72] Die hier gebrauchte Rede von der 'bloßen und einfachen' Darstellung hat ihre unmittelbare Entsprechung in der Charakteristik der grundlegenden Präsentation der *loci communes* des ersten Studienabschnitts.[73] Positive Theologie ist also wiederum nicht die Darbietung exegetischen oder historischen Materials, sondern die terminologisch wie sachlich 'systematische' Lehre von den Inhalten des christlichen Glaubens. Da diese teils aus *dogmata,* teils aus *praecepta* bestehen, gliedert sie sich sachlich, allerdings nicht methodisch, in eine *pars dogmatica* und eine *pars paraenetica.*[74] Wenn Gaussen daher zusammenfassend berichtet, „theologiam, quatenus est totum aliquod *integrale* quod partes habet *integrantes,* varii varie dividunt",[75] so scheint er nur dem Grundproblem der Entfaltung theologischer Enzyklopädie nahe zu sein; er bezieht sich dagegen hier lediglich auf die unterschiedlichen Möglichkeiten einer Reihung der *loci,* nicht auf die theologische Wissenschaft als notwendig gegliedertes Ganzes.

Keine entsprechende terminologische Einordnung finden bei Gaussen allerdings die Schriftlektüre, die Kirchengeschichte sowie andere, unmittelbar auf die pfarramtliche Praxis ausgerichtete Teile der Ausbildung, wie die Predigtlehre. Jedenfalls steht ihm für letztere auch nicht der Begriff des 'Praktischen' zur Verfügung, nachdem er diesen - trotz angeblicher Umgehung der als unnötige scholastische Subtilität kritisierten Debatte um den spezifischen Wissenschaftscharakter der Theologie[76] - durch die Bestimmung der gesamten theologischen Lehre als *doctrina practica* schon anderweitig belegt hatte.[77]

---

[71] Vgl. GAUSSEN, *Dissertationes* II, 123. Daher soll die Polemik auch nie als von der positiven Theologie abgekoppelt erscheinen (vgl. ebd., 124), und auch für die Kasuistik gilt, daß sie bei aller eigenständigen Bedeutung immer diesen Rückbezug deutlich machen muß (vgl. ebd., 126).

[72] GAUSSEN, *Dissertationes* II, 123.

[73] Vgl. GAUSSEN, *Dissertationes* I, 62.

[74] Vgl. GAUSSEN, *Dissertationes* II, 101. 103. Auch intern herrscht hier nochmals ein bestimmtes Gefälle, „nam ethica christiana ex dogmatis theologicis fluit." (Ebd., 126) In Hinblick auf den ethischen Teil wäre dann die Kasuistik der Anwendungsanhang, in bezug auf die Dogmatik die Polemik.

[75] GAUSSEN, *Dissertationes* II, 127f.

[76] Vgl. GAUSSEN, *Dissertationes* II, 100f.

[77] Vgl. GAUSSEN, *Dissertationes* II, 101.

5.3 ERSTE BELEGE EINER REZEPTION

Während für Perizonius und seinen *Tractatus* eine längere Geschichte 'verlegerischer' Rezeption zumindest bisher nicht nachgewiesen ist,[78] ist diesbezüglich die Lage bei Gaussen und seinen *Dissertationes* unvergleichlich günstiger. Durch eine ganze Reihe von Neuauflagen kann die Rezeption dieser Werke bis hin zu deren Verortung in der geistigen und geistlichen 'Geographie' des späten 17. und beginnenden 18. Jahrhunderts bereits umrissen werden. Die erste Region bilden hierbei die Niederlande, die durch konfessionelle Übereinstimmung besonders nahelagen und als *Refuge* zur rettenden Nachbarschaft geworden waren. Vier der von Laplanche verzeichneten Neuauflagen sind dort erschienen, eine letzte sogar noch 1792.[79] Eine zweite Linie führt nach Deutschland, wo immerhin drei Neuauflagen nachzuweisen sind. Während sich deren erste, Kassel 1697, ausdrücklich als Nachdruck der Erstausgabe präsentiert,[80] ist sich die letzte, Halle 1726, des bisherigen Erfolgs dieses Buches bereits bewußt.[81] Ist bei dieser die Lozierung im Bereich des Pietismus ohne weiteres eindeutig, so ist dies für die beiden Vorgängerausgaben zumindest nicht ausgeschlossen.[82]

Diesen verlegerischen Rezeptionsschienen entsprechen auch die bislang nachgewiesenen theologischen.[83] Zunächst ist es der holländische Theologe Frans Burman,[84] der auf beide, Gaussen wie Perizonius, nach-

---

[78] Immerhin dürfte es sich aufgrund des Abstands zwischen Widmungsdatum und der von DIBON, 101f. verzeichneten Jahreszahl doch auch hier um zumindest zwei Auflagen handeln.

[79] Utrecht 1678, Amsterdam 1697, Leiden 1698 und 1792 (letztere innerhalb eines Sammelwerkes, das studieneinführende Texte von Erasmus bis Mosheim enthält); vgl. LAPLANCHE, 544.

[80] „Ad exemplum salmuriense": ebd., Titelei.

[81] Vgl. die Hinweise auf das Vorwort des Herausgebers, J. J. Rambach, bei LAPLANCHE, 544. Dazwischen liegt eine Ausgabe in Frankfurt 1707.

[82] Zu Rambach als bedeutendem pietistischen Editor, zu Kassel und Frankfurt als wichtigen Orten im entstehenden deutschen Pietismus sowie zu dessen Wurzeln in und Verbindungen zu Leiden und Utrecht vgl. BRECHT (1993), Reg. s.v. Ebd. wird auch die Verbindung der in Deutschland vorwiegend im lutherischen Bereich virulent gewordenen pietistischen Bewegung mit reformierter Theologie französischer und holländischer Provenienz deutlich (vgl. ebd., z.B. s.v. „Undereyck" und „Spener"). Zur Rezeption der ersten in Deutschland veranstalteten Ausgabe siehe unten.

[83] Weniger hingegen dürfte daher ein solch unspezifischer Grund für die Rezeption ausschlaggebend gewesen sein, wie der von Laplanche behauptete: „Le jeune professeur de Saumur se réfugie donc dans une théologie qu'il veut strictement biblique, en insistant sur le point que le christianisme n'est doctrine que pour être vie. Il s'agit là d'une attitude qui anticipe le piétisme des âges suivants." (DERS., 536f.)

[84] Frans Burman (1628 - 1679) war nach Tätigkeiten als Pfarrer der reformierten Gemeinde in Hanau (1650 - 1661) und in der Leitung des Staten-Collegie in Leiden (1661 - 1662) seit 1662 Theologieprofessor in Utrecht. Die dortige Ausgabe von Gaussens *Dissertationes* könnte so seiner Anregung zu verdanken sein. Verbindungen zu Perizonius dürften durch Coccejus und Heydanus vermittelt sein (vgl. Art. „Perizonius [Perisonius),

drücklich empfehlend aufmerksam macht. Im zweiten Band seines ganz im Geist der Föderaltheologie verfaßten dogmatischen Lehrbuchs *Synopsis theologiae*[85] kommt er auf die Ordnung des Theologiestudiums zu sprechen, meint jedoch angesichts der einschlägigen Vorgängerwerke der beiden genannten Autoren auf eine eigene ausführliche Darstellung verzichten zu können.[86] Jedoch darf diese Ankündigung nicht auf die Goldwaage gelegt werden: Immerhin präsentiert Burman dann dennoch einen nicht unerheblichen 'Nachspann' zu seinem Hauptwerk, der sich mit den verschiedenen Dimensionen und Abteilungen theologischen Studiums befaßt. Auch ihm gilt die Lektüre der Heiligen Schrift als der Zugang zur Quelle aller theologischen Wahrheit; gleichsam im selben Atemzug nennt er jedoch die „*systemata* ex iis [= sacris scripturis] deducta".[87] Allerdings, und hier wird seine föderaltheologische Prägung deutlich erkennbar, ist die Ordnung der theologischen *loci* keine nachträgliche, vom menschlichen Geist dem biblischen Material übergestülpte, vielmehr eine allein wesensgemäße, „juxta eam ipsam methodum et historiae et dogmatum, quam Deus ipse in scriptura a saeculorum initio, usque ad finem eorum, observavit".[88] Diese sowohl als didaktische, systematische wie als dogmatische Theologie apostrophierte Abteilung[89] umfaßt neben der Heilsgeschichte und den aus ihr zu ziehenden Lehren über Gott, Mensch

Antonius", in: BLGNP, Bd. 2 (1983), 358f.). Zu Person und Werk Burmans vgl. Art. „Burman(nus), Frans (Franciscus)", in: BLGNP, Bd. 2 (1983), 111 - 113.

[85] Der vollständige Titel lautet: *Synopsis theologiae et speciatim foederum Dei ab initio saeculorum usque ad consummationem eorum;* das zweibändige Werk wurde wiederholt neu aufgelegt: die letzte Auflage erschien Bern u.a. 1699; abgesehen davon sind hiervon zudem zusammenfassende Kompendien sowie eine niederländische Übersetzung erschienen; vgl. die o.a. lexikographische Literatur (siehe Anm. 84). Eine Auflage Genf 1678, nach der Laplanche zitiert (vgl. DERS., 955 Anm. 88), scheint dort nicht auf; sie wäre ein Beleg für eine sehr frühe Rezeption außerhalb Utrechts.

[86] Vgl. BURMAN, *Synopsis* II, 653; hierzu auch: LAPLANCHE, 543. Hinzuzufügen ist allerdings, daß zum Zeitpunkt der Erstausgabe der *Synopsis* Gaussens *Dissertationes* zwar gerade erschienen, jedoch noch nicht in der Utrechter Zweitauflage zugänglich waren.

[87] BURMAN, *Synopsis* II, 664; vgl. auch ebd., 663: „Cardo omnis studii huius theologici versatur in lectione, tum sacrae scripturae; tum scholarum, sive systematum et locorum communium inde derivatorum."

[88] BURMAN, *Synopsis* II, 664: ebd. auch die Forderung einer Disposition der Theologie „secundum ordinem naturalem, oeconomiam foederum Dei et administrationem salutis humanae" sowie die Klage, „qui ordo in locis communibus omnibus non ita conspicuus est, sed saepe turbatus". Nicht ganz deutlich wird, ob diese Ansicht im Gegensatz stehen soll zu der, im ersten Teil des Werkes als gängige Gliederung angegebenen, unkommentierten Definition: „theologia dividitur a nonnullis in ... positivam et scholasticam: quarum illa versatur in analysi sacrae scripturae eiusque interpretatione: haec in synthesi locorum communium, per quos ea, quae in sacra scriptura passim sparguntur, in certum ordinem rediguntur." (Ebd., I, 11) Immerhin wird diese Unterscheidung am Ende nicht mehr aufgenommen; die *theologia scholastica* wird vielmehr nur noch als Epoche der Theologiegeschichte angesprochen, die spezifische Literatur hervorgebracht hat, welche bis in die neuere Zeit kommentiert wird (vgl. ebd., II, 670).

[89] Vgl. BURMAN, *Synopsis* I, 11; II, 663f.

und Welt auch praktisch-moralische Inhalte; diese fließen, wenn sie denn
theologisch bedacht werden, aus demselben Prinzip wie alle anderen: der
göttlichen Offenbarung;[90] sie sind darum zwar Teil der Theologie,[91]
jedoch kein selbständiger neben der föderaltheologischen Systematik: Da
deren grundlegende Unterteilung diejenige in *oeconomia sive theologia
legalis et evangelica* bildet,[92] hat die Moral ihren Ort im Bereich des Ge-
setzes.[93] Dies gilt zumindest für das christliche Leben, soweit es unmittelbar aus der Offenbarung hervorgeht. Erst dort, wo bestimmte handlungs-
leitende Umstände und die Beurteilung menschlicher Taten in Betracht
kommen, gibt es auch für Burman ein von der systematischen Theologie
unterscheidbares,[94] jedoch von ihr nicht zu trennendes[95] *studium casuum
conscientiae*. Zusammen mit diesem tritt auch eine - ebenfalls in enger
Anlehnung an das systematische Grundlagenfach der Theologie zu betreibende - kontroverstheologische Abteilung in Erscheinung.[96] Insgesamt
erhält man bei Burmans Ausführungen den Eindruck, als wolle er terminologisch die ihm überkommene Dreiteilung in *loci theologici*, Kontroverstheologie und Kasuistik beibehalten, die beiden letzteren aber so eng
mit ersterer verknüpfen, daß ihre disziplinäre Eigenständigkeit kaum
ersichtlich wird. Am Ende seiner Ausführungen kommt Burman dann
noch kurz auf theologiegeschichtliche Studien zu sprechen, die er allerdings ebenfalls nicht eigenständig charakterisiert.[97] Hier dürfen wir an-
nehmen, daß er den gelobten Vorbildern, Perizonius und Gaussen, gefolgt ist.[98] Mit Burman ist also kein Beispiel einer selbständigen Aufnah-

[90] Vgl. BURMAN, *Synopsis* I, 14f.
[91] BURMAN, *Synopsis* I, 15 spricht vom „discrimen theologiae practicae, ut dicitur, id
est illius partis theologiae, quae praecepta virtutum tradit", allerdings wird diese 'praktische Theologie' hier nicht von der Dogmatik, sondern von der philosophischen Ethik
abgehoben.
[92] Vgl. BURMAN, *Synopsis* I, 18.
[93] Vgl. BURMAN, *Synopsis* II, 665f.
[94] Vgl. BURMAN, *Synopsis* II, 670.
[95] „Studium *casuum conscientiae* ... ab ipsa theologia positiva, locis communibus non
averruncandum esse ...; unde infelix divortium natum est theologiae theoreticae et practicae." (BURMAN, *Synopsis* II, 670). Die Unterscheidung theoretischer von praktischer
Theologie stammt hier offenkundig aus allgemeinen wissenschaftstheoretischen Zusam-
menhängen und verweist keineswegs auf die Konstitution einer 'praktischen Theologie'.
[96] Wenn die Erkundung der Wahrheit ausreichend betrieben ist, können deren Ver-
drehungen angegangen werden; allerdings handelt es sich hierbei um ein zwar sinnvolles,
für das theologische Studium aber nicht unabdingbares Unterfangen (vgl. BURMAN,
Synopsis II, 667).
[97] Vgl. BURMAN, *Synopsis* II, 670.
[98] Immerhin ist für seine eigene akademische Tätigkeit eine ausdrückliche kirchengeschichtliche Vorlesung bezeugt: vgl. den Art. „Burman(nus), Frans (Franciscus)", in:
BLGNP, Bd. 2 (1983), 111 - 113; allerdings korrigiert letzterer ältere Ansichten in der
Hinsicht, daß er die ausdrückliche Berufung Burmans zum Professor der Kirchengeschichte (1671) auf eine entsprechende Lehrtätigkeit auf studentische Anfrage hin zurück-
schraubt.

me oder Weiterführung theologisch-enzyklopädischer Literatur nach dem Vorbild dieser Autoren gegeben; vielmehr kam er hier als Rezipient und bedeutsamer Anreger weiterer Rezeption zu Wort.

Die Verbindungslinie von hier aus zum deutschen Pietismus läßt sich zwar nicht unmittelbar ausziehen, dennoch sind genügend Indizien vorhanden, die begründet vermuten lassen, daß die dort sich vollziehende Rezeption der theologischen Einführungsliteratur von Perizonius und Gaussen nicht plötzlich und zufällig, sondern doch wohl durch die Vermittlung niederländisch-reformierter Föderaltheologie einsetzt.[99]

Allerdings liegen auch direkte Verbindungen der lutherischen Variante des Pietismus zur westeuropäischen reformierten Theologie ihrer Zeit vor.[100] In der für den Hallischen Pietismus und seinen Begründer, August Hermann Francke, bestimmenden Vorläuferfigur, Philipp Jakob Spener,[101] kommt nun beides zusammen: die Prägung durch Gedankengut, das auf Vermittlungen der niederländischen Föderaltheologie beruht, sowie der unmittelbare persönliche Kontakt zum französischsprachigen reformierten Raum. Dieses Zusammentreffen läßt es notwendig erscheinen, auch ihm an dieser Stelle einige Überlegungen zu widmen, obwohl

---

[99] Dies kann hier, wie gesagt, nicht schlüssig bewiesen werden, und die Pietismusforschung, die doch immer wieder auf die Verbindungen des deutschen - vor allem natürlich des reformierten - Pietismus mit den Niederlanden verwiesen hat (vgl. BEYREUTHER, 312, GOETERS, 241), weist in dieser Hinsicht eigentümliche Lücken auf: So tauchen in der neuesten Gesamtdarstellung zur Geschichte des Pietismus (BRECHT [1993]), deren 1. Band u.a. den deutsch-reformierten wie den Hallischen Pietismus behandelt, die Namen Perizonius und Gaussen an keiner Stelle auf (vgl. ebd., Reg. s.v.; ebenso BEYREUTHER); Burman wird ein einziges Mal nebenbei erwähnt (GOETERS, 255; bei BEYREUTHER fehlt auch er); zu Recht behandelt wird hingegen Undereyck, die Gründergestalt des reformierten Pietismus (vgl. zu ihm GOETERS, 244 - 256), die auch auf dessen lutherische Gestalt, namentlich auf Spener, wirkte (vgl. hierzu WALLMANN [1986], 286f.). Allerdings wird unter Undereycks Utrechter akademischen Lehrern meist nur G. Voetius genannt (vgl. GOETERS, 244), nicht jedoch dessen gleichzeitig dort lehrender Konkurrent Burman. Mit dessen coccejanisch-föderaltheologischer Richtung hat Undereyck aber mindestens soviel, wenn nicht mehr gemeinsam, als mit Voetius. Undereyck wiederum wirkte eine Zeit seines Lebens in Kassel (vgl. ebd., 248f.), einem nicht unwichtigen Verlagsort des deutschen Pietismus, an dem ja auch, allerdings nach Undereycks Weggang, die hier benutzte Gaussen-Ausgabe erschien; dort hatte er etwa einen Schüler vom Jura- zum Theologiestudium 'bekehrt', das dieser dann - übrigens etwa zur Zeit des ersten Erscheinens von Gaussens *Dissertationes* - in Utrecht absolvierte (vgl. ebd., 257).

[100] Namentlich könnte Spener, der geistige Ahnherr des Hallischen Pietismus, nicht nur durch die oben skizzierten Verknüpfungen, sondern auch durch seine eigenen Aufenthalte in Genf (vgl. WALLMANN [1986], 142 - 152) z.B. von Gaussen gehört haben. So wußte etwa L. Tronchin, der 1661 in Genf als Nachfolger von Speners erstem dortigen Gastgeber, A. Léger, Theologieprofessor geworden war, sehr gut über Saumur im allgemeinen und Gaussen im besonderen Bescheid (vgl. zu ihm LAPLANCHE, Reg. s.v.).

[101] Luth. Theologe; *1635 Rappoltsweiler +1705 Berlin; Theologiestudium in Straßburg; nach anfänglicher Neigung zu einer Gelehrtenlaufbahn Inhaber kirchlicher Leitungsämter in Frankfurt, Dresden und Berlin; vgl. BRECHT (1993), 281 - 389.

er sich selbst nicht durch unmittelbare Bezugnahme in die hier vorzustellende Genealogie einreiht.[102]

Spener hatte sich verschiedentlich im Zuge seiner beratenden und 'gutachterlichen' brieflichen Aktivitäten zum theologischen Studium geäußert.[103] „Wo aber ja beliebig gewesen, meine wenige gedancken auch davon zu vernehmen, so habe [ich] sie genugsam ausgetruckt in meiner *Praefation* über die von mir edirte *Tabulas hodosophicas Dannhauerianas*";[104] das angesprochene Vorwort[105] enthält in der Tat die umfassendste und vergleichsweise[106] am systematischsten angelegte Darlegung seiner Ansichten zu Wesen, Voraussetzungen, Gestalt und namentlich Reform der Theologie. Nach einführenden Gedanken und einem Vorspann zu theologischen Hilfswissenschaften, unter denen er die Sprach-

[102] Allerdings muß dies nicht allzuviel besagen, da Spener generell dazu zu neigen schien, seine reformierten Prägungen zugunsten des Anscheins strenger lutherischer Orthodoxie herunterzuspielen; so zumindest wird nicht nur der wiederholte ausdrückliche Anschluß an die eigenen Straßburger Lehrer (vgl. BRECHT [1993], 282f.), sondern auch die Berufung auf einen Wittenberger Traditionshüter, wie Abraham Calov, zu deuten sein (vgl. SPENER, *Pia desideria*, 226 - 229, wo nicht nur auf diesen als Person, „mein insonders hochgeehrter gönner" [ebd., 226], sondern, in Form einer ausgedehnten Referenz, auf eine Passage seiner *Paedia theologica* hingewiesen wird).

[103] Vgl. SPENER, *Schriften* 15.1, 325 - 351; ebd., 16.1, 239 - 303. Vgl. aber auch SPENER, *Pia desideria*, 222 - 245 u.ö. Die theologiekritischen und -reformerischen Absichten der entsprechenden Passagen von Speners berühmter Programmschrift faßt BRECHT (1986), 96f. folgendermaßen zusammen: „Die Kritik an der Theologie richtete sich gegen die starke Ausrichtung auf Kontroversen und Disputationen, gegen Streitsucht und Ketzerriecherei, gegen die Lust an der komplizierten Subtilität. Viele hatten von der unproduktiven, selbstsüchtigen und destruktiven Intellektualisierung der Theologie mehr als genug. Ihnen war es eher um das rechte Leben als um die richtige Aussage zu tun, was seinerseits gefährlich werden konnte. Sie wollten weg von der Scholastik und dem mit ihr verbundenen überstarken Einfluß der Philosophie hin zur Bibel, zu den Trostbüchern, zu einer praktischen, d.h. auf Übung der Gottseligkeit bezogenen Theologie, in der der eigentliche Zweck des Studiums bestand. Nicht auf die Virtuosität der Vernunft sollte gesetzt werden, sondern auf den Beweis des Geistes und der Kraft, was sich nun freilich seinerseits nicht einfach zur verfügbaren Methode machen ließ. Die Kritik kam nicht aus einer Aversion gegen die Universität und die Universitätstheologen. Spener wollte nicht den Untergang der Universitätstheologie, sondern wünschte sich inbrünstig ihre Besserung." Wüßte man nicht um die Lebensdaten Speners, so könnte man sich diese Anschauungen unverändert auch im 14., 15. oder 16. Jahrhundert denken.

[104] SPENER, *Schriften* 15.1, 329. Zu J. K. Dannhauer, Speners Straßburger Lehrer, und dessen o.g. theologischen Lehrwerk vgl. BRECHT (1993), 181.

[105] Wiederabgedruckt in: SPENER, *Schriften* 16.1, 200 - 239 unter dem Titel: „De impedimentis studii theologici". Ursprünglich kann der „Dresdae, 10. Febr. 1690" (ebd., 239) gezeichnete Text ebenfalls auf 'gutachterlichem' Hintergrund entstanden sein; vgl. z.B. die verschiedenen Hinweise auf die örtliche, kursächsische Rechtslage, ebd., 224 u.ö.

[106] Diese Einschränkung muß allerdings gemacht werden: So wird etwa von der Homiletik vor dem Abschnitt über die Exegese gehandelt (vgl. SPENER, *Schriften* 16.1, 222f.), ein ganzer, im Zusammenhang der Darstellung akademischer Theologenausbildung eher störender Exkurs über die mystische Theologie, ihre Traditionen und ihre Brauchbarkeit wird zwischen die Beschreibung der einzelnen theologischen Disziplinen und Speners Stellungnahme zur Übung der *disputatio* eingeschaltet (vgl. ebd., 228 - 232).

kenntnisse als unerläßlich, die Philosophie und ihre Zweige jedoch lediglich als unter Umständen nützlich betrachtet,[107] kommt er auf das zentrale Thema zu sprechen: „Ad ipsam transimus theologiam, in qua tamen aeque cum multae eius partes constituantur, catechetica, thetica, polemica, exegetica, moralis (cum ascetica et casuistica), historica, homiletica".[108] Nun verfährt aber Spener weder so, daß er diese Fachgebiete in der angegebenen Reihenfolge behandelt, studiert haben möchte oder gar gewichtet, noch entspricht die genannte Einteilung völlig der in den anschließenden Ausführungen vorgenommenen; vielmehr faßt er dort im Grunde die katechetische, thetische und moraltheologische Abteilung zu einer einzigen systematischen, an einem *loci*-Leitfaden zu betreibenden theologischen Grundwissenschaft zusammen, die am ehesten insgesamt den Namen *theologia thetica* verdient.[109] Als dieser der Sache nach zwar vorrangig,[110] der Abfolge in der Darstellung aber deutlich nachgeordnet,[111] im akademischen *curriculum* hingegen unmittelbar neben diese gestellt,[112] erweist sich die *exegetica theologia*. Das Verhältnis beider zueinander ist denn auch der zentrale, zwar nie umfassend behandelte, doch immer wieder aufgegriffene Gegenstand der Abhandlung. Dabei wird ebenso deutlich, daß die thetische Theologie keinerlei andere notwendige wie hinreichende Quelle hat als allein die Heilige Schrift, wie allerdings auch, daß diese thetische Theologie und ihre nach *loci* geordneten Systeme nicht weniger 'biblisch' sind (oder zumindest sein sollen) als ihre exegetische Nachbardisziplin: „Nihil enim aliud ista sunt, quam dispositio veri-

---

[107] Vgl. bes. SPENER, *Schriften* 16.1, 216: „inter impedimenta studii theologici, ad verum usum instituendi non ultimum mereri locum neglectum linguarum, quas ignorare omnibus, philosophiam non excoluisse aliquibus, nocet."

[108] SPENER, *Schriften* 16.1, 216.

[109] Daß er die katechetische Theologie als Teil der thetischen betrachtet, sagt Spener ausdrücklich und behandelt erstere auch nicht eigens (vgl. SPENER, *Schriften* 16.1, 217); der *theologia moralis* widmet er hingegen - allerdings nun unter dem Titel *practica theologia* - einen eigenen Abschnitt, meint dort jedoch, daß deren eigentlich theologischer, die *vitae morumque officia* abhandelnder Teil im Grunde zur thetischen Theologie gehöre, die ja nicht nur *credenda*, sondern auch *facienda* zu beachten habe (vgl. ebd., 221). Noch etwas origineller wird die Begrifflichkeit ebd., 218, wo synonym von *fides vel mores* und *theologia vel anthropologia* gesprochen wird. Daraus jedoch zu folgern: „Die praktische Theologie, zu der auch die Ethik gehört, wird aufgewertet und der Dogmatik gleichgestellt" (BRECHT [1993], 372), stellt die Verhältnisse auf den Kopf. Zum Begriff der 'praktischen Theologie' in den *Pia desideria* vgl. BRECHT (1986), 97.

[110] Vgl. SPENER, *Schriften* 16.1, 217: „Unde exegetica theologia immediate circa literas istas divinas occupata, primatum merito sibi vindicat, et αρχιτεκτονικον τι in se habet, reliquas omnes partes dirigens", sowie ebd., 223f.: „Ad exegeticam demum theologiam transeo, cui principatum ante alias partes non possunt non tribuere, qui meminere, sacras literas unicum nostrae fidei esse principium, et exinde universam theologiam repetendam".

[111] Die eigentliche Abhandlung dieser Abteilung erfolgt erst SPENER, *Schriften* 16.1, 223 - 227.

[112] Vgl. SPENER, *Schriften* 16.1, 217: „*Theticam theologiam* quod concernit (...) eam omnibus necessarium agnosco, et a qua cum ipso sacrae scripturae studio merito sit initium."

tatum divinarum in libris θεοπνευστοις dispersarum, et doctorum studio in ordine redactarum".[113] Die sich daraus ergebende Problemstellung, ob nicht die gesamte thetische Theologie - ohne Zuhilfenahme traditioneller Lehrbücher oder auch symbolischer Lehrcorpora - *ex sola exegesi*[114] aufgebaut und erlernt werden könne, wird daher theoretisch positiv, für die didaktische Praxis jedoch klar negativ beantwortet.[115] Während im Falle der thetischen Theologie als materialer, katechetisch-dogmatischer Grundlegung des theologischen Studiums offenbar nur an eine Vorlesung anhand eines entsprechenden Lehrbuchs gedacht ist, sind die Lehrformen im Falle der Bibelexegese vielfältiger: Zwar wird auch hier deutlich erkennbar, daß es - im Anschluß an landesherrliche Vorgaben - einen ausdrücklichen Zyklus öffentlicher biblischer Vorlesungen geben soll, der naturgemäß im Laufe eines individuellen Studiums nicht alle biblischen Bücher zum Gegenstand haben kann, dennoch aber einen repräsentativen Ein- und Überblick hinsichtlich der Heiligen Schrift und ihrer Auslegung ermöglichen muß.[116] Ergänzt sollen solche Veranstaltungen jedoch nicht nur durch private Lektüre werden, sondern vor allem auch durch das auf spezifische Auslegungsschwierigkeiten bezogene Lehrangebot in einer die Studenten unmittelbar beteiligenden Form, *collegia exegetica* genannt, sowie durch das nicht curriculär geregelte gemeinsame Bibelstudium in studentischen Kleingruppen.[117]

Während für Spener hiermit alles gegeben ist, was die Theologie von sich selbst, also von innen her zu lehren bzw. zu lernen aufgibt und was mithin allen Studenten der Theologie notwendig ist, sind die übrigen nun noch beschriebenen Disziplinen der Theologie ihr mehr von außen aufgenötigt, weshalb sie auch nicht für jeden unabdingbar sind, der sich ihr in der Absicht nähert, die nötige Ausbildung für ein Amt in der Kirche zu erhalten.[118] Zu dieser Sparte gehören namentlich die Polemik,[119]

---

[113] SPENER, *Schriften* 16.1, 218. Der hier anklingenden rhetorischen Begrifflichkeit entspricht ebd. auch die übliche Aufforderung zur eigenständigen Anlage eines *loci*-Verzeichnisses, „ut in promptu sint omnia".
[114] Vgl. SPENER, *Schriften* 16.1, 217 sowie ebd., 218f.
[115] Es ist daher nicht sachgemäß, wenn BRECHT (1986), 107 formuliert: „Gegenüber der thetischen, d.h. dogmatischen Theologie war Spener merklich zurückhaltend". Das ergibt sich ja wohl bereits aus dem Umstand, daß Speners (von Brecht allerdings nicht in den Mittelpunkt seiner Darstellung gerückte) theologiereformerische Hauptschrift nichts anderes ist als die Einleitung zu der von ihm veranstalteten Ausgabe der 'thetischen' Theologie seines Lehrers Dannhauer.
[116] Vgl. SPENER, *Schriften* 16.1, 224f. Dabei ist zwar auch, jedoch keineswegs nur, an eine kursorische Lektüre gedacht, und das Unternehmen darf sich des weiteren keinesfalls auf Auslegungsprinzipien beschränken; vielmehr ist es die Pflicht der entsprechenden Professoren, „singulos libros biblicos ... αναλυειν, sensum literarum ostendere, et πορισματα, quae theoriam vel praxin respiciunt, elicere" (ebd., 225).
[117] Vgl. SPENER, *Schriften* 16.1, 225f. Zu diesen für die Entwicklung des Pietismus und seine Ekklesiologie so bedeutsamen 'Bibelkreisen' bei Spener vgl. BRECHT (1986), 104f.
[118] Insgesamt scheint Spener mit unterschiedlich langen bzw. intensiven Ausbildungsgängen zu rechnen; aus gelegentlichen Randbemerkungen läßt sich schließen, daß er von

die quasi die Außenseite der thetischen Theologie (im engeren Sinne) bildet und der Theologie lediglich von den Feinden der Kirche aufgebürdet wird,[120] sowie die Anwendungsseite der praktischen oder Moraltheologie, die Kasuistik.[121] Die verbleibenden Zweige der Theologie, Kirchengeschichte und Homiletik, werden im ersteren Fall explizit, im zweiten implizit in den Bereich der Hilfswissenschaften verwiesen, die nützlich sein können, solange der Raum und das Gewicht, den sie in der theologischen Ausbildung erhalten sollen, nicht überschätzt wird.[122]

Alles in allem bietet Spener also ein im Rahmen der geschilderten 'Genealogie' recht konventionelles Konzept,[123] das - mit Ausnahme der eindeutigen Verankerung der biblischen Exegese im öffentlichen Lehrangebot - den genannten Vorläufern in etwa entspricht, sich jedoch an keiner Stelle unmittelbar auf sie bezieht. Spener hat seine Adepten und unter ihnen vor allem A. H. Francke so vermutlich zwar dadurch inspiriert, daß er sich immer wieder und hier in recht ausführlicher Weise mit der inneren Gliederung der Theologie befaßt hat;[124] für die nähere Ausgestaltung wird man ihn jedoch als unmittelbares Vorbild auf jeden Fall erst in die zweite Reihe stellen dürfen.[125] Um so mehr tritt der zusammen mit

---

einer maximalen Studiendauer von fünf bis sechs Jahren ausgeht (vgl. SPENER, *Schriften* 16.1, 224); wie er die minimale Dauer veranschlagte, geht, soweit ich sehe, aus seinem Entwurf nicht eindeutig hervor.

[119] Vgl. SPENER, *Schriften* 16.1, 219 - 220. Wie im Staate nicht allen das Kriegshandwerk ansteht, so auch nicht allen in der Theologie die kontroversielle Aufgabe (vgl. ebd., 220). Für diejenigen aber, die sie betreiben, besteht sie aus zwei Teilen; zum einen ist die Kenntnis des Gegners aus Originalquellen zu erwerben, zum anderen sind die Argumente kennenzulernen, mit Hilfe derer man die heterodoxen Positionen zurückweisen kann (vgl. ebd.).

[120] Vgl. SPENER, *Schriften* 16.1, 219.

[121] Vgl. SPENER, *Schriften* 16.1, 221.

[122] Vgl. zur Kirchengeschichte SPENER, *Schriften* 16.1, 221, zur Homiletik, „quatenus hermeneuticae et exegeticae contradistinguitur, et in oratoria sola consistit" (ebd., 222), vgl. ebd., 222f. Ganz ähnlich wie zur Homiletik äußert sich Spener im abschließenden Teil dieser Schrift auch zur didaktischen Form der Disputation (vgl. ebd., 232 - 234). Keine Berücksichtigung findet hier der bereits angesprochene Exkurs zur mystischen Theologie, die nach ihm weder ein neues *genus* noch eine weitere Disziplin der Theologie bildet, vielmehr dasselbe behandelt wie die thetische Theologie, im Unterschied zu ihr sich aber nicht speziell an den Intellekt, sondern an die gesamten Seelenkräfte des Menschen wendet (vgl. ebd., 228 - 232).

[123] Spener als einen Autor zu betrachten, der „eines der ... wesentlichen Modelle des Theologiestudiums geschaffen hat" (BRECHT [1986], 107), ist daher doch reichlich zuviel der Ehre.

[124] Gemeinsam ist beiden natürlich auch das vordringliche Anliegen, nicht nur das theologische Studium oder dessen Inhalte, sondern vor allem die geistliche Existenz von Lehrenden wie Lernenden grundlegend zu reformieren, ein Thema, das im hier interessierenden Zusammenhang natürlich nicht gebührend zum Tragen kommen kann; vgl. BRECHT (1986) sowie DERS. (1993), 470 - 473.

[125] Anders BRECHT (1993), 470, der allerdings Burman und Gaussen hier mit keinem Wort erwähnt.

Spener ausdrücklich genannte und, wie dieser, immer wieder ausführlich zitierte Étienne Gaussen[126] als derjenige hervor, auf den sich der theologiereformerische Entwurf gerade Franckes stützt.[127]

5.4 AUGUST HERMANN FRANCKES 'SYNTHESE'

Mit A. H. Francke[128] und dem von ihm maßgeblich bestimmten sogenannten Hallischen Pietismus wird Speners Gedankengut in Deutschland erstmals zu einer Kraft, die nicht nur in Herzen, Köpfen und Büchern, sondern nun massiv auch in Institutionen Gestalt gewinnt;[129] zu diesen Institutionen gehört nicht zuletzt auch die Universität, vor allem natürlich deren theologische Fakultät. Spätestens von hier an wird die pietistische Bewegung zu einer der prägenden Strömungen innerhalb des deutschen Protestantismus. Um so bedeutsamer ist es, wenn aus der Feder Franckes nicht allein mehrere Schriften zur Frage der Ordnung der theologischen Studien vorliegen,[130] sondern zudem eine Art Gesamtdarstellung zu Wesen und Gestalt der theologischen Ausbildung.[131] Da ihr Verfasser als Pädagoge und Bildungsreformer über den Bereich von Theologie und Kirche hinaus von erheblicher Bedeutung ist, wurden auch seine Schriften zum Studium der Theologie immer wieder Gegenstand histori-

---

[126] Daß dieser - wie übrigens auch Burman - nicht nur bei Francke selbst, sondern auch in dessen pietistischem Umfeld eine bedeutsame Rolle spielt, zeigt beispielsweise der Briefwechsel mit Carl Hildebrand von Canstein, der im übrigen als das wichtigste persönliche Bindeglied zwischen Spener und Francke zu gelten hat (vgl. A. H. FRANCKE, *Handschriftlicher Nachlaß* 1). Am 30. Dez. 1707 schreibt Canstein an Francke: „der gausseus [sic!] stehet mir wohl an und hatt schöne dinge." (Ebd., 365) Ein Exemplar von Gaussens *Dissertationes* ist zudem in der - auch hier benutzten - Ausgabe Kassel 1697 in Cansteins Bibliothek nachweisbar (vgl. ebd., 941). Zu Canstein als Leser Burmans vgl. ebd., 933.

[127] Dieser ist zwar bereits mehrfach inhaltlich weitgehend zutreffend dargestellt worden; da diese Interpretationen jedoch entweder überhaupt nicht oder nur nebenher auf diese entscheidenden Abhängigkeiten aufmerksam machen und damit die Originalität Franckes in dieser Hinsicht weit überschätzen, ist hier erneut darauf einzugehen.

[128] 1636 (Lübeck) - 1727 (Halle); Studien in Erfurt, Kiel, Hamburg und Leipzig; seit 1692 philologische und theologische Lehrtätigkeit in Halle, dort seit 1698 ordentlicher Professor der Theologie; vgl. Art. „Francke, August Hermann", in: TRE, Bd. 11 (1983), 312 - 320.

[129] Vgl. BRECHT (1993), 439 - 539.

[130] Die wichtigsten sind abgedruckt in: A. H. FRANCKE, *Werke in Auswahl*, so v.a.: *Timotheus zum Fürbilde allen Theologiae studiosis dargestellet* (Halle ²1695), ebd., 154 - 171; *Idea studiosi theologiae* (Halle 1712), ebd., 172 - 201; interessant ist in diesem Zusammenhang auch der autobiographische Bekehrungsbericht von 1690/91, ebd., 4 - 29; hier finden sich einige Bemerkungen zur eigenen theologischen Ausbildung und deren Fehlorientierungen, vgl. v.a. ebd., 10 - 22.

[131] *Methodus studii theologici, publicis praelectionibus in Academia Halensi iam olim tradita, nunc demum autem revisa et edita*, Halle 1723. Vgl. zu dieser Schrift sowie zu den in der vorherigen Anm. genannten Werken den inhaltlichen Überblick bei PESCHKE (1966), 127 - 205.

scher Forschung. Sein Ruf als Reformer hat dabei zumeist übersehen lassen, daß Francke hier jedoch nur sehr eingeschränkt als origineller Autor gelten kann; weite Teile seines Werkes - und er selber hat dies keineswegs verschleiert! - beruhen auf einer zumindest gedanklichen, oft aber auch literarischen Kompilation der die oben beschriebene Genealogie bildenden Werke. Ihm verdankt sich lediglich die umfassendste und in ihrer Synthese der überkommenen Gedanken geschlossenste Darstellung. Er selbst hat unmittelbar wiederholt auf seine Abhängigkeit von Perizonius, Burman und Gaussen einerseits sowie von Spener andererseits verwiesen.[132] Es ist daher angebracht, hier seinen Entwurf in stetem Seitenblick auf diese von ihm selbst in Anspruch genommenen Traditionen zu präsentieren.

Vor dieser Darlegung selbst ist jedoch auf die Umstände der Entstehung der einschlägigen Schriften, vor allem aber der zusammenfassenden *Methodus*, kurz einzugehen. Wie Francke selbst im Titel bereits erwähnt und im Vorwort berichtet,[133] geht diese Schrift, im übrigen aber auch alle anderen genannten Einlassungen des Autors zu diesem Gebiet,[134] auf ein spezifisches Lehrangebot zurück: Francke hielt - mit wechselndem Erfolg beim studentischen Publikum[135] - von Beginn seiner Tätigkeit in Halle an[136] sogenannte *lectiones paraeneticae*, die neben den üblichen Vorlesungen die angehenden Theologen in den Sinn ihres akademischen Tuns sowie nicht zuletzt auch in eine angemessene Art ihrer geistlichen und bürgerlichen Existenz einführen wollten.[137] Die „Grundlage für die 1723 im Druck erschienene Darstellung 'Methodus studii theologici' bildet ... eine 1706/7 gehaltene Vorlesungsreihe ... Die Vorlesung wird von Francke zunächst im Rahmen des Collegium Paraeneticum angekündigt. Doch führt sie formal und inhaltlich weit über die üblichen paräneti-

---

[132] Als Belege mögen hier FRANCKE, *Methodus*, 84f. 164 sowie DERS., *Werke in Auswahl*, 186 vorerst genügen. Die Francke-Literatur, die sich gerade auch mit den hier angesprochenen Werken in erheblichem Umfang befaßt hat, weist hier eigentümlicherweise nicht einmal Ansätze zu einer vergleichenden Lektüre auf. So geht etwa Peschke in seiner umfänglichen Studie (DERS. [1966], 127 - 205) auf diese Abhängigkeiten mit keinem Wort ein.

[133] Vgl. oben den vollständigen Titel von FRANCKE, *Methodus* sowie ebd., a2(r), wo zudem 1706 als Jahr der entsprechenden Lehrveranstaltung genannt wird.

[134] Vgl. PESCHKE (1964), 88f.

[135] Francke berichtet selbst über die Zahl seiner Hörer, es sei „zuletzt ein so schwacher Numerus gewesen, daß man hätte gemeynet, es wäre ein Collegium, das keinem Menschen was nüze": Archiv der Franckeschen Stiftungen zu Halle, N 2, 605f., zit. DE BOOR, 314 Anm. 76.

[136] Vgl. DE BOOR, 302.

[137] Vgl. hierzu insgesamt DE BOOR. Von akademischen Vorträgen *(orationes)* ermahnenden Stils zu dieser Thematik („in qua paraenesis de conferenda ad hoc studium diligentia") war, wie oben gezeigt, bereits bei PERIZONIUS, *Tractatus*, 11 bzw. 565, die Rede gewesen.

schen Vorlesungen hinaus. So benutzte Francke für längere Zeit auch
seine exegetischen Vorlesungsstunden zur Ausführung".[138]

Das in fünf Abteilungen gegliederte Werk[139] enthält in seinem sachlich
zentralen und auch weitaus umfänglichsten dritten Kapitel eine formal
nach dem lutherischen Dreischritt von *oratio, meditatio, tentatio* ange-
ordnete Darstellung theologischer Ausbildung, die die in diesem Studium
enthaltenen Disziplinen unter dem Stichwort der *meditatio* verhandelt.[140]
Wenn dies hier als *„animi applicatio ad cognitionem veritatis divinae"*[141]
übersetzt wird, so liegt es nahe, die Theologie zunächst und fundamental
als „pia s. scripturae tractatio"[142] zu verstehen: „Oporteret sane studium
theologicum ac biblicum penitus pro synonymis haberi".[143] Diese grundlegende Einheit der Theologie in ihrer doppelten Schriftbezogenheit - in
Hinblick auf ihr Prinzip wie auf ihren Gegenstand[144] - verhindert jedoch
keineswegs eine innere Differenzierung der Theologie gemäß des je anderen *tractandi modus:*[145] Dieser kann sich einerseits am spezifischen Publikum orientieren; hier ergibt sich dann eine Zweiteilung in eine allen
Christen nötige katechetische Theologie und eine für zukünftige Theolo-

---

[138] DE BOOR, 312f. Letzteres läßt angesichts der konkurrenzlosen Bedeutung, die
Francke der Bibelexegese innerhalb des Theologiestudiums zumißt, erkennen, wie sehr
ihm diese enzyklopädische Einführung am Herzen lag. Zur schrittweisen Veröffentlichung dieser Vorlesungen vgl. PESCHKE (1964), 89 und DE BOOR, 312 - 315.

[139] I. *De natura et methodo studii theologici.* II. *De fine studii theologici.* III. *De mediis seu
adiumentis ad finem studii theologici consequendum pertinentibus.* IV. *De ordine studii
theologici.* V. *De impedimentis studii theologici* (vgl. die unpaginierte *Synopsis* von
FRANCKE, *Methodus*).

Auch Francke gibt - ähnlich den Ausführungen bei GAUSSEN, *Dissertationes* II, 100f. -
an, auf die scholastische Debatte um den spezifischen Wissenschaftscharakter der Theologie verzichten zu wollen; aus obiger Gliederung geht jedoch eindeutig die Entscheidung
für deren praktischen Charakter hervor. Auch sonst kritisiert er die Bestimmung der
Theologie als spekulativer Wissenschaft; vgl. z.B. FRANCKE, *Werke in Auswahl*, 160, dort
übrigens im Anschluß an Gerson, sowie ebd., 173: „Keiner, der die rechte Beschaffenheit
des wahren Christenthums erkennet, setzet sein Christenthum ins Wissen".

Die Überschrift des letzten Kapitels ist nicht von ungefähr identisch mit derjenigen
der oben behandelten Schrift Speners.

[140] Die diesbezügliche Verwendung dieser lutherischen Figur war schon bei Gerhard
(auch auf ihn wird übrigens FRANCKE, *Methodus*, 84 Bezug genommen) als reichlich
äußerlich erschienen (s.o. 4.1.1); hier verstärkt sich dieser Eindruck noch. Vgl. ebenso
ebd., 53 und DERS., *Werke in Auswahl*, 183.

[141] FRANCKE, *Methodus*, 70. Zum grundlegenden Verständnis des theologischen Studiums als *cultura animi* zum Zwecke eigener Bekehrung sowie zur Ausbreitung des Gottesreiches vgl. ebd., 1.

[142] FRANCKE, *Methodus*, 73; vgl. auch DERS., *Werke in Auswahl*, 184.

[143] FRANCKE, *Methodus*, 75. Siehe auch die nahezu identische Formulierung ebd., 129.
Vgl. hiermit PERIZONIUS, *Tractatus*, 471; GAUSSEN, *Dissertationes* I, 27; SPENER, *Schriften*
16.1, 223f.

[144] Vgl. FRANCKE, *Methodus*, 77: „theologia ratione *principii* et *objecti* non alia quidem
est quam biblica".

[145] Vgl. FRANCKE, *Methodus*, 77. 129f.

gen und kirchliche Amtsträger gedachte akademische Theologie, die Francke mit dem damals bereits traditionellen Ausdruck *theologia acroamatica* belegt.[146] Während die katechetische Theologie also ohne spezifische bildungsmäßige Voraussetzungen vonstatten gehen kann, kommt der akademische Studiengang nicht ohne eine Reihe von Vorübungen aus: Hier ist der Ort des Erwerbs der üblichen philologischen,[147] historischen[148] und philosophischen Kenntnisse.[149] Nun erst kommt die wissen-

[146] Somit hat Francke hier also nicht allein „das gesamte wissenschaftliche Studium unter dem Begriff der Meditation zusammengefaßt", so PESCHKE (1964), 96, sondern jede Beschäftigung mit dem lehrhaften Inhalt des christlichen Glaubens. Die Unterteilung in katechetische und wissenschaftliche Beschäftigung mit dem christlichen Glauben sieht Francke übrigens in der Schrift selbst bereits grundgelegt; vgl. die Belegeliste FRANCKE, *Methodus*, 77.
Zum Terminus „akroamatisch" und seiner Geschichte vgl. den entsprechenden Art. in: LThK, Bd. 1 (1993), 294f.
[147] Vgl. FRANCKE, *Methodus*, 86 - 89; zunächst soll die Kenntnis der Wissenschaftssprache, dann die der biblischen Sprachen erworben werden. Auf dem Hintergrund der oben skizzierten Genealogie ist es allerdings maßlos überzogen und in der unmittelbaren historischen Ableitung zudem unzutreffend, wenn PESCHKE (1964), 97 behauptet: „Es ist das historische Verdienst *Franckes*, die grundlegende Bedeutung der biblischen *Sprachen* für das theologische Studium wieder erkannt und ihnen unter bewußtem Rückgriff auf das reformatorische Werk *Luthers* den gebührenden Platz zugewiesen zu haben."
[148] Vgl. FRANCKE, *Methodus*, 95: *„Usus moderatus studii antiquitatum, historiae et geographiae commendatur."* Ebd., 95 - 103 wird deutlich, daß die allgemeinen historischen und die spezifisch biblisch- bzw. kirchenhistorischen Kenntnisse hier zusammengenommen sind. Hier wird - mit Spener (vgl. SPENER, *Schriften* 16.1, 221) - der Umfang der geschichtlichen Studien eingeschränkt und die Kirchengeschichte zu den Hilfswissenschaften gerechnet; allerdings wird diese, im Unterschied zu den Vorbildern, vor und nicht nach der eigentlichen Theologie behandelt. Dies liegt vermutlich, wie an anderer Stelle (vgl. FRANCKE, *Werke in Auswahl*, 187) deutlich wird, v.a. daran, daß deren Nutzen nicht nur - wie bislang üblich - in bezug auf die Kontroverstheologie (so aber auch FRANCKE, ebd.), sondern auch auf die Schriftauslegung selbst erkannt wird.
[149] Die kritische oder gar ablehnende Haltung Franckes der Philosophie gegenüber wurde, gerade auch insofern sie gut ins Bild des pietistischen Biblizismus paßt, immer wieder herausgestrichen; so zuletzt BRECHT (1993), 472: „Der im bisherigen Studium stark berücksichtigten Philosophie maß Francke keinen erheblichen Nutzen bei und ersetzte sie darum weithin durch die biblische Philologie. Schon in Leipzig hatte er die Beschäftigung der Theologen mit der Philosophie kritisiert ... Die göttliche Weisheit bedarf der irdischen nicht einmal als Dienerin." Wenn sich auch für all diese Behauptungen unmittelbare Belege finden lassen, so führt dies allerdings bei Francke keineswegs zum insinuierten Ergebnis. Befassung mit der Philosophie ist, wenn auch u.U. nicht für alle (so auch schon SPENER, *Schriften* 16.1, 216), so doch generell für die Theologen durchaus sinnvoll und keineswegs nur in Hinblick darauf, daß sie „der Schriftauslegung nützt", so BRECHT (1993), 472. Vielmehr ist es v.a. die ‘diakonische’ Außenorientierung, die dies erfordert: „Theologiae vero studiosus, cum non ad suam modo, sed ad aliorum quoque utilitatem operam referre suam teneatur, lege caritatis obligatur ad philosophiam ea mensura et proportione colendam, qua eius usum aliquem sive in consuetudine cum aliis, sive in docendis aliis, adeoque etiam legendis in hunc finem aliorum scriptis, sibi ex vero promittere potuerit." (FRANCKE, *Methodus*, 122) Vgl. zudem die entsprechenden Äußerungen in FRANCKE, *Werke in Auswahl*, 186f.

schaftliche Theologie mit all ihren Zweigen selbst in den Blick: „Theologia acroamatica distinguitur in exegeticam, theticam, moralem, casuisticam, polemicam et homileticam."[150]

„Hiernechst nun höret ein Studiosus Theologiae vom Anfange seines Studii Theologici beständig, (nebst andern lectionibus seiner Lehrer) lectiones exegeticas".[151] Wie hier, so gilt auch nach der *Methodus* die Schriftauslegung als Basis aller übrigen theologischen Disziplinen.[152] Gliedert sich ihr Studium didaktisch in Hören öffentlicher Vorlesungen, private Lektüre und exegetische Übungen sowie eine dem geistlichen Geschehen der Schriftauslegung entsprechende *praxis*,[153] so teilt sich ihre Präsentation, und hier ist natürlich primär an die Vorlesungen gedacht, inhaltlich in eine einführend-hermeneutische und eine darstellend-auslegende Hälfte.[154]

Hieran schließt Francke unmittelbar seine Sicht der thetischen oder, wie er auch sagt, dogmatischen oder positiven Theologie an,[155] worin er die Art und Weise versteht, „dogmata imbibendi theologica".[156] Zwei grundlegende Fehler gilt es hierbei zu vermeiden,[157] zum einen die Haltung, die meint, im Grunde die gesamte Theologie aus dogmatischen Handbüchern entnehmen zu können, zum anderen aber auch diejenige,

[150] FRANCKE, *Methodus,* 129.
[151] FRANCKE, *Werke in Auswahl,* 185.
[152] FRANCKE, *Methodus,* 130: „Exegeticae princeps debetur locus, utpote ad quam thetica, moralis, polemica, homiletica tamquam ad arcem confugiunt." Vgl. SPENER, *Schriften* 16.1, 217.
[153] Vgl. FRANCKE, *Methodus,* 131f.: „*Animi debita praeparatione, auditione praelectionum exegeticarum, lectione privata, exercitatione, praxi observantissima, intimaque et assidua.*" Zum hier gebrauchten Praxisbegriff ist zu sagen, daß er klar abgegrenzt wird von jeder bloßen Anwendung, sei sie homiletischer, sei sie moralischer Art; es geht vielmehr um ein geistliches Gesamtgeschehen, in dem die Schriftauslegung ihren originären Ort hat: „Praxis enim, ex sensu scripturae, est seria quaedam voluntatis inclinatio, atque efficax eiusdem adplicatio, ad veritatem divinam" (FRANCKE, *Methodus,* 153).
[154] Vgl. FRANCKE, *Methodus,* 137 - 144; spricht er im Hinblick auf erstere von *isagogica vel hermeneutica sacra,* so in bezug auf letztere von *expositiones vel enarrationes librorum.* In der exegetischen Einleitungswissenschaft ist dabei „de universae scripturae systemate et de omni oeconomia Dei revelata ... brevius, ... in singulorum librorum tractationem fundamentalem ... diffusius" zu handeln. (Ebd., 137) Hierunter sind die klassischen biblischen Einleitungsfragen zu verstehen (vgl. ebd., 137f.). Zu Franckes Schrifthermeneutik und seinen diesbezüglichen Veröffentlichungen vgl. BRECHT (1993), 467 - 470. Die Unterscheidung von Schrifthermeneutik und eigentlicher Bibelexegese hatte auch SPENER, *Schriften* 16.1, 225 getroffen und beide als notwendig erklärt.
[155] Der hauptsächlich gebrauchte Terminus ist der der *theologia thetica;* jedoch gilt, daß die beiden anderen „sensu eodem, licet nominibus diversis" (vgl. FRANCKE, *Methodus,* 185) ebenfalls benutzt werden können.
[156] FRANCKE, *Methodus,* 163; zur thetischen Theologie insgesamt vgl. ebd., 163 - 184.
[157] Vgl. FRANCKE, *Methodus,* 163f.

die behauptet, ganz auf ein „theologiae seu compendium seu systema"[158] verzichten zu können. Diese sowohl durch eigene Lektüre des Studenten wie durch öffentliche Vorlesungen zu betreibende Disziplin hat gegenüber der Lektüre und Auslegung des biblischen Textes selbst die unverzichtbare Aufgabe, den Inhalt des christlichen Glaubens in seinem Zusammenhang, also gemäß der *analogia fidei,* zu präsentieren. Letztere hat die ihr eigene Kriteriologie daran, daß 1. der *nexus inter se* der *dogmata vel articuli fidei (et caritatis)*[159] dargetan werden kann, 2. deren *ordo ad salutem*[160] sichtbar wird sowie 3. erkennbar wird, „quomodo certa agnitionis mensura circa eos in spiritu obtineatur".[161] Auch mit der thetischen - wie mit der exegetischen - Theologie wird daher bei den Studierenden ein Grundlagenwissen geschaffen, weshalb sie zu Beginn des Studiums und in enger didaktischer Verknüpfung untereinander zu unterrichten sind.[162]

„Etsi enim theologia, quam dogmaticam, positivam, theticam (...) appellant, non tantum credenda, sed etiam agenda comprehendit, ... oportet esse curam, ut dogmatis cuiusque cum praxi et vitae regula vinculum

---

[158] FRANCKE, *Methodus,* 164. Zur Begründung verweist Francke hier gleichermaßen auf Perizonius' Ausführungen (vgl. ebd.) als auch - und dies in einem längeren Zitat (vgl. ebd., 166 - 169) - auf Speners o.a. Äußerungen (vgl. SPENER, *Schriften* 16.1, 217f.), die er somit ebenfalls im Sinne einer relativen Notwendigkeit der Ergänzung der Exegese durch dogmatische Bündelung interpretiert. Zu Vorschlägen hinsichtlich empfehlenswerter Autoren vgl. FRANCKE, *Methodus,* 172. 175. 181. 184; hierzu gehören im übrigen auch Bekenntnisschriften; siehe auch FRANCKE, *Werke in Auswahl,* 186; zu sinnvollen *loci-*Reihen vgl. ebd., 176f.

[159] Vgl. FRANCKE, *Methodus,* 182 sowie auch schon ebd., 170f., wo derselbe Sachverhalt mit den Begriffen *symphonicus oraculorum divinorum concentus* bzw. *coagmentatum totum doctrinae christianae corpus* belegt wird.

[160] Vgl. FRANCKE, *Methodus,* 182.

[161] FRANCKE, *Methodus,* 182. All dies gilt übrigens, wie Francke wiederholt erkennen läßt, im außerakademischen Bereich gleichfalls für die katechetische Theologie (vgl. ebd., 170. 174 u.ö.). Vgl. zu dieser Thematik auch die schöne Formulierung in FRANCKE, *Werke in Auswahl,* 185, die von der Notwendigkeit dogmatischer Vorlesungen redet, auf daß der Student „in seinem Gemüth ... die gantze catenam der Göttlichen Wahrheit, die Oeconomie und Ordnung des Heyls und analogia credendorum et agendorum per assiduam auditionem vivae vocis Praeceptorum zur gnüge fasse", und dies „nicht nur in Catechetischer Kürtze."

[162] Genauer ist wohl an das anfängliche Nebeneinander einer bibelhermeneutischen und einer dogmatischen Grundvorlesung gedacht: „Haec potius ita iunctim a tironibus suscepta, ut nexum inter se habent manifestum, eruditioni theologicae solida in animo fundamenta ponunt." (FRANCKE, *Methodus,* 174) Die eigentlich exegetischen Vorlesungen dürften daher nach Franckes Entwurf wohl erst nach einem ersten 'dogmatischen Durchgang' erfolgen. Auch ist aus anderen Schriften zu erkennen, daß diese auf ein Jahr konzipierte thetische Vorlesung „von den Studenten zwei- bis dreimal gehört werden (sollte)" (PESCHKE [1964], 98). Von einer deutlichen Nachordnung der thetischen gegenüber den exegetischen Vorlesungen (vgl. z.B. BRECHT [1993], 472) kann daher wohl nur reden, wer allein den programmatischen Erklärungen, nicht jedoch dem sich tatsächlich ergebenden Studienaufbau folgt.

et connexionem ostendat, quoniam theologia in se est practica."[163] Abgesehen davon, daß die nahezu notwendige Vermischung der auf gänzlich verschiedenen Ebenen angesiedelten 'praktischen' Dimensionen der Theologie hier zu einer eklatanten Begriffsverwirrung führt, bleibt zudem undeutlich, ob nun bereits die Dogmatik in ethischer Perspektive diejenige Disziplin abgibt, „quam practicam sive moralem nuncupare solent".[164] Zumindest wird von Francke klar ausgeschlossen, daß eine *ethica naturalis sive philosophia moralis* an die Stelle der *ethica supernaturalis sive theologia moralis* treten könnte.[165] Auch die Warnung, „tantum ... abest, ut studium biblicum sine studio theologiae moralis aut vice versa hoc absque illo consistere possit",[166] führt kaum zu einer deutlicheren Bestimmung dessen, was man sich nun unter einem solchen *studium* vorzustellen hat. Allerdings weist die mehrfach angeklungene enge Verknüpfung mit der biblischen Exegese einerseits und der thetischen Theologie andererseits eher in die - auch in den Vorgängerwerken intendierte - Richtung, die Moraltheologie weniger als eigenes Fach, sondern vielmehr als sachliche Dimension der Bibelauslegung sowie der systematischen Darstellung des christlichen Glaubensinhalts[167] zu begreifen. Sie ist somit materialer Bestandteil der beiden zuvor beschriebenen Grundlagenfächer der Theologie.

Anders steht es hingegen mit dem aktuellen moralischen Anwendungsfach, der Kasuistik. Sie wird offenkundig als eigenständig zu erwerbende pastorale Technik begriffen, die zwar ihre Kriterien unmittelbar aus der Moraltheologie ableitet,[168] aber weder mit dieser zusammenfällt noch mit ihr gleichzeitig studiert zu werden geeignet ist. Angegangen soll diese nur nach Maßgabe des tatsächlichen Bedarfs in der pastoralen Praxis

---

[163] FRANCKE, *Methodus*, 185. Die im Laufe des 18. Jahrhunderts geradezu modisch werdende moralische Applikation dogmatischer Inhalte, der sogenannte *usus doctrinae*, ist somit zunächst keine Erfindung einer sich aufgeklärt gebenden Kompromißtheologie, die die Nutzanwendung als letzten Strohhalm zur Rettung des traditionellen Lehrbestandes einführte, sondern ist hier inneres Moment einer auf das 'praktische Christentum' ausgerichteten theologischen Bewegung.

[164] FRANCKE, *Methodus*, 185. Jedenfalls steht der zuvor zitierte Satz unter dieser Überschrift.

[165] Vgl. FRANCKE, *Methodus*, 190 mit Verweis auf Gaussen.

[166] FRANCKE, *Methodus*, 196.

[167] Vgl. FRANCKE, *Methodus*, 197: „Nam ethica christiana ex dogmatis theologicis fluit". Es ist daher weder hinreichend noch aussagekräftig, wenn BRECHT (1993), 472 bündig formuliert: „Die Ethik soll der Bibel entnommen werden." Die umfassendste Darstellung zum Aufbau des theologischen Studiums nach Francke - PESCHKE (1966) - spricht derlei grundlegende Probleme nicht einmal ansatzweise an.

[168] Vgl. FRANCKE, *Methodus*, 197f.: „Ex ethica [christiana] porro pendent innumeri ... casus, quos sibi casuistae examinandos sumunt".

werden und zudem erst nach Abschluß des eigentlichen Studiums, also dann, wenn die genannten *casus* tatsächlich anstehen.[169]

Ein gegenüber der biblischen und systematischen Abteilung[170] ähnlich abgeleitetes Fach stellt die Polemik dar. Ihren materialen Ausgangspunkt nimmt sie bei den symbolischen Büchern der eigenen Konfession, geht von hier aus zu kompendiarischen Darstellungen über und endet dann bei der Untersuchung der entsprechenden Quellen und Handbücher der kontroverstheologischen Gegner.[171] Insgesamt soll auch sie auf ein Mindestmaß beschränkt und eingehender nur von ausgewählten Studenten bearbeitet werden.[172]

An letzter Stelle findet ein weiterer Teil der pastoralen Ausbildung nach abgeschlossenem Theologiestudium, die Homiletik, Erwähnung. Vor einer allzu ausgedehnten oder verfrühten Beschäftigung mit ihr wird

---

[169] Vgl. FRANCKE, *Methodus*, 197, wiederum mit Verweis auf Gaussen. Die Kasuistik gehört somit zu den *pastoralia*, also in denjenigen abschließenden Abschnitt des Studiums, der dem Eintritt in die kirchenamtliche Praxis unmittelbar voraufgeht; vgl. ebd., 199. Hierzu ist auch die Homiletik (s.u.) zu zählen; weitere Teile dieser Ausbildung treten hier nicht in Erscheinung; zu verweisen ist allerdings darauf, daß Francke mehrfach kasuistisch-pastoralpraktisch orientierte Vorlesungen unter den Bezeichnungen *collegium pastorale, collegium casuale, collegium ministeriale* u.ä. gehalten hat (vgl. hierzu PESCHKE [1994], bes.: 158).

[170] Als weitere Voraussetzung muß hier noch die Kenntnis der Kirchengeschichte genannt werden; vgl. FRANCKE, *Methodus*, 203f. All dies ebd. wieder unter Berufung auf Gaussen.

[171] Vgl. FRANCKE, *Methodus*, 205f.; die Darstellung beruht hier weitgehend auf Zitaten von Gaussen; allerdings wird der von diesem klar bevorzugte Gebrauch von 'gegnerischer' Quellenliteratur mit der in Halle überkommenen Übung, von einem dogmatischen Lehrbuch der eigenen Tradition auszugehen und so - „ut quasi παραλληλων" (ebd., 209) - die abweichenden Lehren anderer darzustellen und abzuweisen, zu einem Mischkonzept verschmolzen. Zu dieser Art polemischer Theologie vgl. auch FRANCKE, *Werke in Auswahl*, 187. Die Einschätzung bei PESCHKE (1966), 157f.: „An das dogmatische Kolleg schloß sich die Lektüre der *symbolischen Bücher* und ein gegenüber dem orthodoxen Studienbetrieb stark reduziertes Studium der Kontroverstheologie an", ist somit korrekturbedürftig; Francke faßt beides unter dem Stichwort *theologia polemica*. Ob sich deren relativer Umfang stark von dem im gängigen Ausbildungsbetrieb Üblichen unterschieden hat, bleibt ebd. zudem ohne Beleg.

[172] Vgl. FRANCKE, *Methodus*, 202f. Hier wie auch sonst ist offenkundig an verschiedene Intensitätsstufen theologischen Studiums gedacht; vgl. auch FRANCKE, *Werke in Auswahl*, 188f. Parallelen hierzu finden sich natürlich, wie gezeigt, bei Spener; vielleicht ist es jedoch nicht unangebracht, auf Übereinstimmung und Unterschied mit dem jesuitischen Konzept aufmerksam zu machen; auch dort waren, nach Maßgabe der späteren kirchenamtlichen oder wissenschaftlich-theologischen Tätigkeit, verschiedene Ausbildungsgänge vorgesehen, zumeist allerdings in zwei voneinander weitgehend getrennten Studienebenen; jedoch ist gerade im Falle der Kontroverstheologie darauf hinzuweisen, daß hier die Spezialisierung funktionsbezogen quer durch diese Ebenen ging (s.o. 3.4).

ebenso gewarnt wie vor ihrer unmittelbaren Ausrichtung an den Inhalten und Idealen profaner Rhetorik.[173] Integraler Bestandteil einer homiletischen Ausbildung sollten hingegen *exercitationes biblicae* sein.[174]

Francke mag also durchaus ein Reformer der theologischen *Ausbildungsstätten* gewesen sein, an denen er wirkte - vor allem natürlich ist hier an Halle zu denken -, nach allem, was aus den soeben betrachteten Schriften zu erkennen war, kann er dagegen kaum, oder höchstens äußerst begrenzt, als Reformer des theologischen *Studiums* betrachtet werden: Alle prägenden Elemente seines Entwurfes waren, wenn sie hier auch teilweise eklektisch neu kombiniert erscheinen, in den von ihm ausdrücklich zitierten Vorgängerwerken enthalten. Dies gilt in gleichem Maße für seine Terminologie, für die er ebenfalls an keiner Stelle Originalität in Anspruch nimmt. Wenn ihm mit seiner *Methodus* auch ein an Umfang und systematischer Ordnung beträchtliches Werk gelungen ist, so hätte es schon seinem eigenen Verständnis eklatant widersprochen, hätte man dieses theologische Einführungswerk formal oder material als Neuansatz begriffen.[175] Zuletzt darf auch nochmals erwähnt werden, daß im unmittelbaren geistigen Umfeld Franckes lange nach der Konzeption und immerhin drei Jahre nach Drucklegung der *Methodus* zwar noch eine weitere Auflage von Gaussens *Dissertationes* das Licht der Öffentlichkeit erblickte, erstere jedoch - soweit ich sehe - keine weitere Auflage erlebte.[176] Hiermit ist nun aber keinesfalls das Urteil verbunden, die Franckesche Darstellung des theologischen Studiums und seiner Teile sei ideen- und gattungsgeschichtlich unbedeutend: Gerade gegenüber seinen erklärten Vorbildern hat er sich klar auf die Konzeption der eigentlichen theologischen Fächer selbst konzentriert, sie weitgehend in der Reihenfolge ihres sachlichen Gewichts und ihrer studienpraktischen Abfolge aufgeführt sowie mit der *Methodus* dem Lehrangebot einer umfänglichen propädeutischen Vorlesung ein echtes Lehrbuch folgen lassen. Inhaltlich ist vor allem die nicht nur programmatische, sondern nun auch studienorganisatorische Anfangsstellung der exegetischen Theologie zu erwähnen,[177] zusammen mit der Zuordnung der Kirchengeschichte zu den Fächern, die nicht nur einzelne Disziplinen der Theologie, namentlich

---

[173] Vgl. FRANCKE, *Methodus,* 211 - 221, mit durchgängigen Verweisen auf Gaussen, den „auctor saepius laudatus" (ebd., 216).

[174] Dies vermutlich im Anschluß an Spener sowie an ein eigenes gleichnamiges Werk; vgl. FRANCKE, *Methodus,* 227 - 232.

[175] Die übliche Rede von der 'Entwicklung' eines 'Neuansatzes' bzw. einer 'Neugestaltung des theologischen Studiums' bei Francke (vgl. PESCHKE [1966], 127. 130), ist also durchaus unangemessen.

[176] Dies gilt bislang selbst für die im Entstehen begriffene große Francke-Ausgabe.

[177] Daß er sich dadurch der im Wirkungsbereich der jesuitischen *Ratio studiorum* gültigen Konzeption näherte, dürfte ihm nicht bewußt gewesen sein, ist aber dennoch bedeutsam.

die Polemik, bereichern, sondern grundlegend zum Theologiestudium befähigen. Zwar waren beide Gedanken klar von Spener inspiriert, jedoch hatte dieser weder einen deutlichen Umriß dessen geboten, was er im einzelnen unter exegetischer Theologie zu verstehen gedachte, noch hatte er der Kirchengeschichte sonderliche Beachtung geschenkt. Aus der Kombination allseits bekannten Materials konnte bei Francke somit ein Handbuch theologischer Einleitungswissenschaft entstehen, wie es des längeren nicht mehr erschienen war, den nachfolgenden theologisch-enzyklopädischen Werken nach Art und Inhalt jedoch erheblich näher stand als all die vom Verfasser geschätzten und benutzten Vorgängerwerke. Francke kann daher durchaus als derjenige gelten, der in der ersten Hälfte des 18. Jahrhunderts der evangelischen, namentlich lutherischen, Theologie in Deutschland auf dem Gebiet Theologischer Enzyklopädie wieder zu dem Stand verhalf, den sie seit Calixt und Calov nicht mehr erreicht hatte.[178] Daß dies auf dem genealogischen Umweg über eine sowohl ausländische als auch konfessionell anders geprägte Tradition geschah, darf dabei jedoch nicht verschwiegen werden.

---

[178] Das Reflexionsniveau hinsichtlich der inneren oder äußeren Notwendigkeit der Diversifizierung des theologischen Studiums, wie es sich erstmals bei Alsted, dann auch bei Calixt zeigte (s.o. 4.), ist hiermit allerdings noch längst nicht wieder eingeholt.

6. LETZTER WIDERSTAND GEGEN DIE INNERE DIFFERENZIERUNG DER THEOLOGIE IN ENZYKLOPÄDISCHER VERKLEIDUNG

6.1 JEAN MABILLONS *TRAITÉ DES ÉTUDES MONASTIQUES*[1]

„Paru en 1691 et réédité, dès l'année suivante, son *Traité des études monastiques* répondait à la demande des supérieurs pour la formation des jeunes religieux."[2] Nachdem Mabillons theologisch-programmatisches Hauptwerk solchermaßen in seinen internen klösterlichen Kontext eingeordnet ist, muß zugleich auf seine zweite, in der Bedeutung wohl sogar vorrangige Antwortfunktion verwiesen werden; stellt es doch die zentrale Streitschrift in der berühmten *querelle Mabillon - Rancé* dar, einer lang andauernden Debatte um Funktion und Reform des benediktinischen Ordenswesens, vor allem hinsichtlich der Bedeutung des klösterlichen Studienbetriebes.[3] Die literarisch von A.-J. de Rancé, dem Abt von La Trappe, initiierte und wesentlich getragene Fehde hatte in den frühen achtzi-

---

[1] Jean Mabillon, OSB (1654), Mauriner, 1632 - 1707; zu Leben und Werk dieses epochemachenden Ordensmannes, Historiographen, Hagiographen, Liturgiewissenschaftlers und Editors vgl. die monumentale Darstellung von H. LECLERCQ, dessen ebensolchen Art. „Mabillon", in: DACL, Bd. 10, 427 - 724 sowie BARRET-KRIEGEL (1988). Der volle Titel des Werkes lautet in der hier benutzten 2. Auflage von 1692: *Traité des études monastiques, divisé en trois parties; avec une liste des principales difficultez, qui se rencontrent en chaque siécle dans la lecture des originaux; et un catalogue de livres choisis pour composer une bibliotheque ecclesiastique.*

[2] CHAUSSY 1, 97. Der *Traité* selbst formuliert sein Ziel, „de faire comprendre aux religieux la maniére de bien étudier." (MABILLON, *Traité, aiii[r]*)

[3] Vgl. BARRET-KRIEGEL (1988), 87 - 145. Mabillon sucht gleich zu Beginn erwartbaren Einwürfen zuvorzukommen: „je ne pretens pas icy faire de nos monasteres de pures academies de sciences ... Elles [= nos études] se doivent borner à former dans nous, et dans les autres même autant que nous pourrons, cet homme nouveau, dont nôtre sauveur nous a donné le modele" (MABILLON, *Traité, aiiii[v]*; vgl. hierzu auch ebd., 1 - 12 sowie im Grunde den gesamten ersten Teil und das erste Kapitel des zweiten Teils des Werkes, ebd., 1 - 199). Allerdings wird in der Argumentation im einzelnen zumeist weniger auf die Studienbedürfnisse der Mönche als solcher, vielmehr auf diejenigen der Mönche als Priester verwiesen; vgl. z.B. ebd., 33.

ger Jahren des 17. Jahrhunderts begonnen. „La réplique de Mabillon paraît donc en 1691. Réponse magistrale. Comme son titre l'indique, elle traite de manière directe la question des études à laquelle, au-delà de la polémique d'occasion, Mabillon s'efforce d'apporter un éclairage doctrinal."[4] Diese grundsätzliche Orientierung ermöglicht es, Mabillons Entwurf auch ohne unmittelbare Bezugnahme auf die ordensinterne Problematik zu sichten.[5] „Le livre se compose de trois parties. La première propose une réfutation historique et logique des thèses de l'abbé de Rancé. La seconde est un projet d'étude ecclésiastique, la troisième, un catalogue de livres pour une bibliothèque ecclésiastique avec quelques annexes, augmentées d'une conclusion qui est une réflexion sur l'éthique des études religieuses."[6] Naturgemäß ist es daher der mittlere Abschnitt dieses Werkes,[7] der in diesem Rahmen in besonderem Maße interessiert.

Das theologische Studium gliedert sich hiernach in einen zentralen Teil, der die Lektüre von Heiliger Schrift, Kirchenvätern, Konzilien und kirchlichen Rechtstexten umfaßt,[8] sowie einen auf dieses Zentrum hingeordneten, der kasuistische, kirchen- wie profanhistorische und philosophische Texte zum Gegenstand hat.[9] Wenn auch nicht derart klar gegliedert und normativ geordnet, so zeigt sich hinter dieser Studienordnung in kaum verhüllter Weise doch die *loci-theologici*-Konzeption Melchor Canos.[10]

„Or comme autrefois presque l'unique science des ecclesiastiques estoit l'étude de l'ecriture sainte, des peres, et des conciles: aussi les moines en ont-ils fait la matiere de leur application ... Mais comme on ne va pas tout d'abord à ces sciences sans le secours des sciences inferieures, ils ont eu

[4] BARRET-KRIEGEL (1988), 126.
[5] Es ist darauf hinzuweisen, daß die ausdrückliche Situierung der gesamten Schrift im klösterlichen Kontext, wie sie Titel und erster Teil vollziehen, in derjenigen Abteilung, die sich mit den einzelnen Teilen des Studiums befaßt, völlig in den Hintergrund tritt. Zudem war auch die hier zu beleuchtende innere Gliederung der Theologie nicht Gegenstand der Debatte; bei Rancé (vgl. dessen *Réponse au Traité des études monastiques*, Paris 1692) wird sie nicht eigens kritisch betrachtet.
[6] BARRET-KRIEGEL (1988), 126f.
[7] Vgl. MABILLON, *Traité*, 199 - 380.
[8] Vgl. MABILLON, *Traité*, 199 - 311; abgeschlossen wird dieser erste Durchgang mit einem Abschnitt zur Unterscheidung von positiver und scholastischer Theologie (ebd., 292 - 311).
[9] Vgl. MABILLON, *Traité*, 311 - 380.
[10] Die signifikantesten Unterschiede dürften wohl im Verzicht auf die explizite Unterscheidung von apostolischer und späterer kirchlicher Tradition und auf eine ausdrückliche Hervorhebung der Kirche von Rom liegen sowie in der Aufnahme der Kasuistik in die *loci*-Reihe. Das Grundkonzept wird damit jedoch nicht zerstört; namentlich die Abfolge von *loci proprii et alieni* bleibt ebenso klar sichtbar wie überhaupt die normativ absteigende Reihung. Mabillon hat diese Bezugnahme auch keineswegs geleugnet; vielmehr empfiehlt er - wenn auch an etwas späterer Stelle (MABILLON, *Traité*, 303) - ausdrücklich, „lire Melchior Canus *de locis theologicis*, qui sont comme la base et le fondement de la théologie."

soin aussi de cultiver celles-cy".[11] Wenn daher die untergeordneten Disziplinen zeitlich notgedrungen früher anzusetzen sind als die eigentlich
theologischen Bereiche, so entspricht es doch dem hierarchisch-normativ
geprägten *loci-theologici*-Modell, nicht mit jenen, sondern eben mit der
Lektüre der Schrift und der ihr nachgeordneten Traditionszeugen zu
beginnen.[12] Dabei ist es erklärtermaßen nicht Mabillons Absicht, jeweils
eine umfassende Hermeneutik zu bieten,[13] dennoch versucht er, ein sinnvolles Programm der den einzelnen Bezeugungsgestalten gewidmeten
Studien zu skizzieren.

Die Lektüre der Heiligen Schrift und - davon abgeleitet - im Grunde
ebenso die der ihr nachfolgenden Quellen zielt zwar in letzter Hinsicht
auf die in der Liebe wirksam werdende Wahrheit,[14] zunächst und unmittelbar aber auf die Erkenntnis der diese Wahrheit transportierenden
Wahrheiten; Mabillon ist dabei von einer grundsätzlichen Suffizienz der
Schrift überzeugt, ja er geht der Sache nach sogar so weit, eine Unterscheidung fundamentaler und nicht fundamentaler Wahrheiten zu lehren.[15] Weiterhin unterscheidet er spekulative und praktische Wahrheiten,
im engeren Sinne historische Wahrheiten können dabei beiden Gruppen
zugehören.[16] Bestand für die Väter der Kirche in dieser Schriftlektüre

---

[11] MABILLON, *Traité*, 196. Der Sprache der Zeit gemäß wird nicht so sehr auf die von Cano stammende Unterscheidung von eigen(tlich)en und fremden *loci*, sondern auf diejenige
von Haupt- und Hilfswissenschaften abgehoben.

[12] Schon hierbei zeigt sich, daß es nicht die Absicht des Autors ist, mit seiner Gliederung
die faktische Studienfolge zu beschreiben; diese läuft hingegen oftmals quer zu der von der
loci-Reihe her gegebenen Ordnung: vgl. z.B. MABILLON, *Traité*, 210 - 214, wo das Studium
der Heiligen Schrift, das zunächst durchaus ohne Zuhilfenahme von Kommentaren gedacht
ist, von katechetischen Überblickswerken eingeführt und von Kirchenväterlektüre (Augustinus, *De doctrina christiana*) unterbrochen wird; beides soll dem Leser eine heilsgeschichtli-
che Grundorientierung an die Hand geben; wenn dann zuerst das Neue, danach das Alte
Testament zur Gänze gelesen sind, stehen die historisch-philosophischen Subsidiarkenntnisse
auf dem Lehrplan (vgl. ebd., 214 - 218), daraufhin der Umgang mit wissenschaftlichen
Kommentaren zur Bibel (vgl. ebd., 218f.; hierbei können übrigens auch Werke aus protestantischer Feder, z.B. von Grotius, gewürdigt werden: vgl. ebd., 222f.). Zudem kann dieses
biblische Studienprogramm, wenigstens was das Alte Testament angeht, „durant ou aprés les
études de philosophie et de theologie" (ebd., 213) absolviert werden. Unter *theologie* ist hier
wohl das zu verstehen, was später mit der scholastisch-theologischen Grundbildung identifiziert wird (vgl. ebd., 303 - 310).

[13] Vgl. z.B. MABILLON, *Traité*, 209: „Je ne prétens pas donner icy une methode exacte
pour lire en sçavant les saintes ecritures."

[14] Vgl. MABILLON, *Traité*, 226.

[15] Vgl. MABILLON, *Traité*, 225: „Ce n'est à proprement parler, que dans les saintes ecritures que nous pouvons trouver les veritez, au moins celles qui meritent veritablement nôtre
application. Toutes les autres veritez sont environnées de tant de tenebres, et nostre esprit est
tellement obscurci par le peché, que l'on se fatigue extrémement, et assez souvent en vain, en
cherchant d'autres veritez que celles qui sont renfermées dans ces livres divins."

[16] Vgl. MABILLON, *Traité*, 225. Studienpraktische Hilfsmittel zur Erschließung dieser in
der Bibel hinterlegten Wahrheiten können - ganz in humanistischer Tradition - das Anferti-

allein das ganze theologische Studium, so ist für spätere Epochen das Einbeziehen zusätzlicher Quellen - Kirchenvätertexte, Konzilsentscheidungen, kanonistisches Gut, Werke der neueren Theologiegeschichte - notwendig geworden, und dies nicht etwa, weil durch diese neue Wahrheiten zu den alten, biblischen hinzugekommen wären, vielmehr weil die Schrift, je weiter sie sich von ihren Lesern zeitlich entfernte, solcher Hilfen zu echtem Verständnis bedurfte.[17] Die inhaltliche Analyse der Kirchenvätertexte entspricht dabei der Unterscheidung von spekulativen und praktischen Wahrheiten in der Schrift, allerdings treten nun noch unmittelbare Auslegung von Schrifttexten und Kenntnisse über die kirchliche - nicht zuletzt auch klösterliche - Disziplin hinzu.[18] Das gleiche gilt *mutatis mutandis* dann auch für die übrigen genannten Traditionszeugnisse.[19] In all diesen Teilen beschränkt sich Mabillon in der Begründung der Zugehörigkeit dieser Bereiche zur Theologie auf das Nötigste, die ausführlicheren Passagen sind hingegen der Methode des Zugangs und der Lektüre dieser Quellentypen gewidmet.[20]

Unmittelbar bedeutsam ist in Hinblick auf Mabillons Theologieverständnis dasjenige Kapitel, das „De la theologie positive et scolastique"[21] handelt. Er trägt sich hier in die unübersichtliche Geschichte der Unterscheidung dieser beiden Arten Theologie zu treiben mit einer Variante ein, die dem heute gängigen Verständnis relativ nahe zu kommen scheint: „Il y a cette difference entre la theologie scolastique et la positive, que celle-cy s'appuye seulement sur l'ecriture et sur la tradition des conciles et des peres: au lieu que la scolastique se donnant un plus grand champ, y ajoute le secours de la raison humaine, de la philosophie, et des autres sciences."[22] Um auch hier nicht einem durch die spätere Begriffsbestimmung veranlaßten Mißverständnis aufzusitzen, gilt es zu beachten, daß

---

gen von Zusammenfassungen einzelner biblischer Bücher sowie die Anlage eines *loci-communes*-Verzeichnisses sein (vgl. ebd., 242).

[17] Zu Funktion und Bedeutung der Kirchenväterstudien in Mabillons *Traité* siehe ALEXANDRE, 317 - 331; zu negativen wie positiven Folien für diese Bestimmungen vgl. ebd., 297 - 317.

[18] Vgl. MABILLON, *Traité*, 246; die theoretischen Erkenntnisse wenden sich dabei nun zudem in zwei Richtungen: einmal auf die Feststellung der Glaubenswahrheiten, zum anderen auf deren Verteidigung gegen Bestreiter (vgl. ebd., 263). An dieser Stelle wird übrigens erstmals der Begriff der positiven Theologie zu bestimmen gesucht: „la science des dogmes de la foy, et l'explication de l'ecriture sainte, que l'on comprend ordinairement sous le nom de theologie positive. Cette étude peut estre divisée en deux parties, dont l'une traite des dogmes de la foy par rapport aux fideles ... l'autre par rapport aux payens, aux juifs, et aux heretiques: et celle-cy s'appelle controverse." (Ebd.)

[19] Vgl. MABILLON, *Traité*, 272.

[20] Dies muß hier nicht im einzelnen referiert werden, da es unsere Fragestellung und v.a. die Beurteilung der Stellung von Mabillons *Traité* innerhalb der Geschichte der Theologischen Enzyklopädie nicht unmittelbar berührt.

[21] MABILLON, *Traité*, 292; das gesamte Kapitel erstreckt sich über die Seiten 292 - 311.

[22] MABILLON, *Traité*, 292; vgl. unten 6.2 die hiervon trotz aller Nähe wieder signifikant abweichende Definition von Du Pin.

die scholastische Theologie keineswegs als spekulative Operation bestimmt wird, die sich an die positive Grundlage anschließt; vielmehr
handelt es sich bei der scholastischen Theologie ebenfalls um Auslegung
der in materialer Hinsicht normativen Textbestände aus Schrift und
Tradition, allerdings wird die Basis der *loci* um die genannten Bereiche
erweitert.[23] Diese Auffassung kann sich problemlos mit dem altbekannten
Lasterkatalog verbinden;[24] dies führt jedoch an keiner Stelle zur Bestreitung der Notwendigkeit des gesamten Unternehmens. Wie nun gerade
der erklärte Anschluß an das *loci*-Konzept Canos zeigt, gibt es nach Mabillon somit zwar verschiedene formale und materiale Kriterien für die
Theologie, die zu unterschiedlichen literarischen Ausformungen führen,
nicht jedoch - zumindest nicht im eigentlichen Kernbereich theologischer
Wissenschaft - verschiedene theologische Disziplinen, die verschiedene
Prinzipien, Gegenstände und Zielsetzungen haben könnten; lediglich
sind Beschränkungen und Erweiterungen des herangezogenen normativen oder auch subsidiären Materials sowie gewisse Perspektivierungen[25]
denkbar.

Zwischen die Besprechung der scholastischen Theologie und diejenige
der hilfswissenschaftlichen Abteilungen schaltet Mabillon ein kurzes,
nahezu ausschließlich kritisch orientiertes Kapitel über die Kasuistik
ein.[26] Dieses hat seinen Ort deshalb hier, weil der Verfasser jene als Fol-
geerscheinung der Scholastik, genauer als „un des plus mauvais usages que
l'on a fait de la scolastique" betrachtet.[27] Gerade mit deren literarischer

---

[23] Daher ist es auch nur folgerichtig, wenn M. Canos *De locis theologicis* als Grundlagen-
werk nicht der positiven, sondern gerade der scholastischen Theologie angeführt wird (vgl.
MABILLON, *Traité*, 303). Was die materiale Seite scholastischen Studiums angeht, so führt die
ambivalente Bewertung der thomanischen Summe - deren moraltheologische Teile werden
offenbar höher bewertet als deren dogmatische -, zuletzt zu einer höchst süffisanten Bemerkung: „Peut-estre que ceux qui n'auront ni assez de livres, ni assez d'étendue d'esprit pour lire
les peres et les conciles dans leurs sources, pourront raisonnablement se borner à cette
somme" (ebd., 302); wie später auch Du Pin, so würde Mabillon selbst in diesem Falle den
Sentenzenkommentar des Estius vorziehen (vgl. ebd.).

[24] Mit ausdrücklichem Verweis auf Erasmus werden die üblichen *gravamina* aufgelistet
(vgl. MABILLON, *Traité*, 305 - 307).

[25] So hat, wie gezeigt, z.B. die Polemik *(les controverses)* besonders die 'Außenstehenden'
im Auge, ohne daß sich dadurch ein eigenes, von der Dogmatik *(la science des dogmes)* abgelö-
stes Fach bilden würde (vgl. MABILLON, *Traité*, 309f.).
Ähnliches muß zu Untersuchungen gesagt werden, die - wie diejenige von VALENZIANO -
sich wundern, wieso gewisse Disziplinen, die doch zu Lebzeiten Mabillons bereits im Entstehen begriffen waren - ebd. die Liturgiewissenschaft -, hier keine Berücksichtigung finden.
Sicherlich gilt auch Valenzianos bildhafte 'Entschuldigung': „Non mi sorprende tantissimo il
silenzio del Trattato sulla liturgia, sulla scienza liturgica che si andava formando ... Io
suppongo che non di omissione si tratti ma dell'aria e dell'acqua di chi si vive." (Ebd., 596)
Allerdings ist dies nicht der Punkt; vielmehr geht es darum zu erkennen, daß bei Mabillon
generell keine Disziplinen im theologischen Innenbereich in Erscheinung treten.

[26] Vgl. MABILLON, *Traité*, 311 - 318.

[27] MABILLON, *Traité*, 311; ebd. ordnet er dieses Phänomen auch theologiegeschichtlich
ein: „Ce n'a esté que vers le treiziéme siécle qu'ils [= les casuistes] ont commencé d'estre en

Vielzahl, ihrer *multiplication*,[28] sieht Mabillon erhebliche Gefahren verbunden: Es sei ein großer Irrtum zu glauben, man könne aus derartigen Handbüchern einen angemessenen Begriff christlicher Moral erhalten.[29] Hier nutzt er die Gelegenheit, sich durch die klösterliche Orientierung seiner Schrift, die ansonsten im Mittelteil seines Werkes stark zurücktritt, aus der Affäre zu ziehen: „Comme les moines ne sont pas d'ordinaire appelez à la conduite des ames, il n'est pas necessaire qu'ils perdent leur tems à cette étude".[30] So wird zwar die durch die jesuitische *Ratio studiorum* im katholischen Raum repräsentierte funktionale Sinnhaftigkeit einer moraltheologischen Anwendungsdisziplin einschlußweise und wohl eher scheinbar anerkannt, ihre faktische Gestalt aber einer Kritik unterzogen, die davon kaum noch etwas übrig läßt.[31]

Die drei letzten Kapitel des hier zu behandelnden zweiten Teils von Mabillons *Traité* wenden sich den Hilfswissenschaften und den didaktischen Methoden des theologischen Studiums zu;[32] daß diese ganz unterschiedlich gewichtet werden, ist auf dem Hintergrund der vorherrschenden Tradition scholastischer Theologie unschwer einzusehen; daß das Herz des Verfassers dabei den historischen Wissenschaften gehört, bedarf ebenfalls keiner weiteren Erläuterung.[33] Um so erstaunlicher ist es daher, daß die Philosophie und ihre Repräsentanten durchaus einen ungefährdeten Platz in der theologischen Ausbildung zugewiesen bekommen.[34] Die

---

vogue." An dieser Stelle wird jedoch auch erkennbar, daß Mabillon nicht immer klar zwischen der scholastischen Theologie als einer bestimmten Methode, ihren literarischen Ergebnissen und einer besonderen Epoche der Theologiegeschichte unterscheidet.

[28] Vgl. MABILLON, *Traité*, 311. 313.

[29] Vgl. MABILLON, *Traité*, 314; ebd., 315 geht er sogar noch einen, wenn auch wohl sarkastisch gemeinten, Schritt weiter: „Il y a beaucoup plus de profit à lire les Offices de Cicéron, qu'à étudier certains casuistes".

[30] MABILLON, *Traité*, 315. Daß diese Argumentation nicht völlig überzeugt, ist etwa daran zu erkennen, daß er, wie gezeigt, ansonsten gerade auf das Priestersein der Mönche verweist, um die theologischen Studien als notwendig zu erweisen, die sich aus der Ordensexistenz allein so nicht ableiten ließen.

[31] Natürlich steht dies auch im Zusammenhang des der sogenannten Jesuitenmoral äußerst kritisch gegenüberstehenden Augustinismus im französischsprachigen Raum des 17. Jahrhunderts. Vgl. Art. „Jansenismus", in: LThK, Bd. 5 (1996), 739 - 744; Art. „Jesuitenmoral", in: ebd., 801ff.

[32] Zu letzteren vgl. MABILLON, *Traité*, 364 - 375; sie sind zu unspezifisch, als daß sie hier einer eigenen Untersuchung unterzogen werden müßten.

[33] Vgl. MABILLON, *Traité*, 319 - 343.

[34] Vgl. MABILLON, *Traité*, 344 - 380. Hier werden übrigens - in sachlichem Anschluß an Canos Unterscheidung von menschlicher Vernunft und Philosophen - zunächst die Philosophie als solche, dann die philosophischen Autoren und Texte behandelt. Zwar wird auch mit solchen Studenten gerechnet, die nicht zum philosophischen Studium geeignet sind; diese müssen nicht von jeder Art Theologie ausgeschlossen werden; allerdings sind sie lediglich zu einer katechismusartigen „theologie courte et abregée" (ebd., 361) zuzulassen, die schwerpunktmäßig auf die Sakramententheologie ausgerichtet ist; dieser Kurzlehrgang soll etwa ein Jahr umfassen (vgl. ebd., 360f.). Die Parallele zu den *positivi* der jesuitischen Studienordnung ist klar erkennbar.

graduelle Gewichtsverlagerung zugunsten der Historie wird darin zu
sehen sein, daß hier nicht allein von deren Nutzen und schon gar nicht
von einem eventuellen Nachteil derselben für die Theologie gehandelt
wird, wie dies bei der Philosophie der Fall ist; vielmehr wird dort deren
Unverzichtbarkeit für das 'vollkommene' Verständnis postuliert.[35] Unter
historischer Bildung wird hier zudem nicht nur biblische und Kirchengeschichte verstanden, sondern ihrer materialen wie methodologischen
Interdependenz halber auch die Profangeschichte und deren Hilfsdiszipli-
nen.[36]

Wie unschwer zu erkennen, propagiert Mabillon keine disziplinäre
Differenzierung der Theologie; die Gliederung ihres Studiums ergibt sich
von selbst durch die Vielfalt ihrer Quellen und die Gegenstände ihrer -
theoretischen, praktischen, historischen oder kirchenordnenden - Erkenntnis; dies darf für ihn jedoch gerade nicht zu verschiedenen theologischen Fächern führen; vielmehr ist es die Aufgabe der Theologie, all ihre
Gegenstände aufgrund aller einschlägigen Quellen zu erforschen und ihre
jeweiligen Aussagen auf jene zurückzubeziehen. Eine an der auf Melchor
Cano zurückgehenden *loci-theologici*-Reihe orientierte Konzeption der
methodologischen Einheit in der Vielfalt der Theologie hat - und dies
wird hier wieder einmal deutlich sichtbar - keine innere Gliederung der
Theologie in einzelne Fachbereiche zur Folge. Jeder Theologe muß in
jeder Fragestellung nach ein und demselben Muster verfahren, das heißt:
alle verfügbaren einschlägigen Quellen nach der hierarchischen Ordnung
ihrer Normativität zu befragen und von diesem Durchgang durch Schrift
und Tradition her seine Antworten finden: Tut er dies nur auf der Basis
der Zeugnisse selbst, so heißt dies nach Mabillon 'positive Theologie',
zieht er zudem die menschliche Vernunft, in ihren überlieferten Gestalten sowie in ihrem aktuell-subjektiven Vollzug, argumentativ hinzu, so
ist das Unternehmen 'scholastische Theologie' zu nennen. Gerade letztere
- und diese hatte ja auch schon Cano im Auge - ist somit eine integrative,
zugleich historisch-positive wie spekulativ-argumentative Wissenschaft,
die nur Sachbereiche, nicht jedoch Fachbereiche unterscheidet.

    Das Philosophiestudium selbst soll sich, für diejenigen, die nicht schon vor ihrem Or-
denseintritt einen solchen Unterricht genossen haben, nicht an der Universität, sondern in
Form eines klosterinternen Kurses vollziehen (vgl. ebd., 362f.); inhaltlich wird - im Unterschied zu theologischen Fragen (etwa die Bezugnahme auf Augustinus in der Gnadenlehre) -
eine eklektische Position dem Anschluß an eine bestimmte Schule vorgezogen (vgl. ebd., 375
- 378).

[35] Daß Mabillon hier wiederholt solche Epitheta gebraucht (vgl. MABILLON, *Traité*, 319
u.ö.), ist wohl darin begründet, daß er sonst eine wahre, aber nichtwissenschaftliche und d.h.
nicht historisch geschulte Auslegung der Heiligen Schrift und anderer einschlägiger Texte
ausschließen müßte.

[36] Vgl. MABILLON, *Traité*, 327.

6.2 LOUIS ELLIES DU PINS *MÉTHODE POUR ÉTUDIER LA THÉOLOGIE*

In vielfacher Hinsicht, auch in der hier interessierenden, gleichen Geistes mit Mabillon, der führenden Gestalt katholischen Geisteslebens im Frankreich des späten 17. Jahrhunderts, ist Louis Ellies Du Pin, der wie jener ebenfalls sowohl auf theologischem wie historischem Gebiet in erstaunlichem Umfang tätig war.[37] Zwar gehört er nicht unmittelbar zum Umfeld des großen Mauriners, und dieser hätte ihn wohl, trotz vieler Überschneidungen in Absicht und Tätigkeit, selbst ebenfalls nicht zu den Seinen gezählt:[38] Dennoch schließt er sich in vielem, und eben auch in dem hier zu verhandelnden Werk, oftmals implizit, gelegentlich aber auch ausdrücklich, an Mabillon an.[39] Unterschiedlich sind dabei jedoch sowohl der geistliche Stand - Du Pin war Weltpriester - wie der ins Auge gefaßte Leserkreis - die *Méthode* gibt sich an vielen Stellen als Einführung in den *modus parisiensis* des Theologiestudiums zu erkennen.[40] Nun könnte die Tatsache, daß nicht ein Mönch in einer konkreten Auseinandersetzung, sondern ein Pariser Doktor der Theologie am Ende seines akademischen Lebens dieses Werk verfaßt hat,[41] vermuten lassen, daß

---

[37] *1657 Paris, +1719 ebd.; Dr. theol. 1684 (Paris); der einzige, der sich in letzter Zeit in beachtenswerter Weise mit diesem Autor beschäftigt hat, J. Gres-Gayer, gliedert seine wissenschaftliche Biographie überzeugend in folgende Perioden: „1. L'assurance intellectuelle (1684 - 1693) ... 2. Professeur royal (1694 - 1704) ... 3. Le polygraphe (1704 - 1715) ... 4. Polémiste et iréniste (1715 - 1719)" (GRES-GAYER [1986], 68. 83. 90. 96). Lediglich ist darauf hinzuweisen, daß die Daten im Falle der zweiten Periode nicht ganz mit den ebd., 85 genannten übereinstimmen: Hieraus ergäben sich die Jahreszahlen 1693 - 1703; dies scheint sinnvoller, da Du Pin im zuletzt genannten Jahr wegen ʼjansenistischer' Aktivitäten innerhalb der Pariser theologischen Fakultät als Theologieprofessor abgesetzt und aus Paris verbannt wurde; die Rückkehr in die Hauptstadt steht im Zusammenhang des Todes von Ludwig XIV. (vgl. hierzu GRES-GAYER [1991], 21 - 25. 228 Anm. 68).

[38] Vgl. GRES-GAYER (1986), 71.

[39] Vgl. DU PIN, *Méthode,* 1195 sowie GRES-GAYER (1986), 105. Du Pins *Méthode* wird hier zitiert nach der Ausgabe von DINOUART und den Seitenangaben des allgemein zugänglichen Nachdrucks in MIGNE, *Theologiae cursus completus.* Der Erstdruck, Dinouarts ursprüngliche Ausgabe sowie die vor dieser erschienene lateinische Übersetzung des Werkes wurden mit dem Ergebnis konsultiert, daß Mignes Nachdruck in allen wesentlichen Teilen - von orthographischen Unterschieden abgesehen - mit der Erstausgabe übereinstimmt; lediglich wurde das Kapitel zur Homiletik (in der Erstausgabe: 336 - 350) bei DINOUART (und entsprechend bei MIGNE) weggelassen.

[40] Dies gilt nicht allein für das explizit dem Studium an der Pariser theologischen Fakultät gewidmete 26. Kapitel (vgl. DU PIN, *Méthode,* 1280 - 1289), sondern gleichermaßen für viele andere Passagen (vgl. z.B. ebd., 1206. 1275 u.ö.). Insgesamt könnte das Werk zunächst einmal als literarische Studienberatung für Pariser Theologiestudenten verstanden werden. Daß es dabei nicht bleiben muß, zeigt nicht zuletzt seine Rezeption (s.u. 6.3).

[41] Vgl. GRES-GAYER, 96 - 117; hier wird Du Pins letzte Lebensphase durch die Jahre 1715 - 1719 umgrenzt. Allerdings ist zu bedenken, daß Du Pin in dem hier zu untersuchenden Werk weder als *polémiste* noch als *iréniste* in Erscheinung tritt; es gehört daher, wie GRES-GAYER (1986), 104 zu Recht anmerkt, zu denjenigen Schriften „rédigés entre

hier gegenüber Mabillons *Traité* ein Geist erhöhter systematischer wie
methodologisch-didaktischer Ordnung walten würde; das Gegenteil ist
jedoch der Fall: Zwar werden in etwa alle auch bei Mabillon auftauchenden Themen und Probleme angesprochen und zumeist in ähnlicher
Weise angegangen und bewertet; auch hinter Du Pins Theologiekonzept
steht - wie zu zeigen sein wird - die Orientierung an der primär biblisch-
historisch ausgerichteten *loci-theologici*-Folge im Sinne Canos; in der
oftmals ans Assoziative grenzenden Anordnung der einzelnen Fragestellungen sowie in der Anlage des Gesamtwerkes wird dieses Konzept jedoch nur wenig sichtbar. Immerhin läßt sich - trotz aller Inkonsequenzen
im Detail - doch auch hier folgende Grundstruktur ausmachen: Vor- und
Grundfragen der Theologie, ihrer Methode und ihres Studiums[42] folgen
Abschnitte über die einzelnen Quellorte theologischer Erkenntnis, namentlich in Hinblick auf deren normative Bedeutung und Hermeneutik;[43] diese werden danach nochmals in der gleichen Reihenfolge aufgenommen, nun in bezug auf die Methodologie und die literarischen
Hilfsmittel zu ihrem Studium.[44] Ein vorletzter Teil ordnet nun diese
genannten Quellen und sekundären Werke den jeweiligen Inhalten und
Sachbereichen der theologischen Ausbildung zu.[45] Zum Schluß wendet

1716 et 1718, trop généraux pour entrer dans une catégorie particulière, mais qui permet-
tent de mieux saisir la profondeur de sa vision intellectuelle et la générosité de ses motiva-
tions." Hingegen läßt er sich doch zu sehr von der Selbsteinschätzung Du Pins leiten,
wenn er in Anlehnung an dessen Vorwort (s.u.) schreibt: „jusqu'à lui personne n'a essayé
de réfléchir sur la science théologique d'une manière aussi compréhensive." (Ebd., 105)

[42] Vgl. DU PIN, *Méthode*, 1197 - 1229. Hierunter sind höchst unterschiedliche Bereiche,
wie das apologetische 'Vorfeld' der Theologie, ein kurzer Abriß der Theologiegeschichte, die
Unterscheidung positiver und scholastischer Theologie, die Brauchbarkeit und Gefahr der
Verwendung der Philosophie in der Theologie, die Autorität scholastischer Theologie und
Kirchenrechtswissenschaft in Hinblick auf die Festlegung kirchlicher Lehre, die subjektiven
und objektiven Vorbedingungen für ein Theologiestudium, der Einstieg in ein solches sowie
der rechte Fortgang in ihm, zu verstehen. Zu den genannten objektiven Bedingungen gehört
vor allem eine solide Kenntnis von griechischer wie lateinischer Sprache, profaner Literatur
und Geschichte, Philosophie, Katechismus und Bibel, namentlich deren historischer Teile
(vgl. ebd., 1227).

[43] Vgl. DU PIN, *Méthode*, 1229 - 1248; im Unterschied zu Mabillon widmet Du Pin nicht
den einzelnen theologischen *loci* jeweils ein Kapitel, sondern unterscheidet im Aufbau des
Werks nur grob zwischen Schrift und Tradition.

[44] Vgl. DU PIN, *Méthode*, 1252 - 1257; vorangestellt wird diesen Abschnitten ein ähnlicher
bezüglich apologetischer Fragen: „Traités de la vérité de la religion contre les païens, juifs et
athées, qu'il faut lire." (Ebd., 1249) Zwar hat er methodologisch hier seinen Ort, nicht aber
der sachlichen Entsprechung nach. Auch muß gesagt werden, daß methodologische Aspekte
sowohl im ersten Durchgang durch die *loci* als auch hier, an ihrem eigentlichen Ort, behandelt werden; die explizit als methodologisch angekündigten Abschnitte sind oft nur noch
Verzeichnisse von Sekundärliteratur; die oben skizzierte Gliederung stellt also mehr einen
'Idealplan' dar als eine Beschreibung der tatsächlich durchgeführten Strukturierung.

[45] Vgl. DU PIN, *Méthode*, 1259 - 1272; enthalten sind hier eine Sichtung dogmatischer Gesamtdarstellungen und Überblicke über das theologische Studium, sodann Hinweise zu

sich Du Pin der Pädagogik und Didaktik des Theologiestudiums im allgemeinen sowie im besonderen dessen *modus parisiensis* zu.[46] Das hiermit eigentlich abgeschlossene Werk enthält dann noch drei Nachtragskapitel zu Homiletik, Kasuistik und Kirchenrecht;[47] die letzten beiden Bereiche ordnet Du Pin - auch dies nach an der Pariser theologischen Fakultät üblichem Verständnis - nicht unmittelbar dem theologischen, sondern dem kanonistischen Studium zu; dennoch gilt für ihn: „Quoique le droit canonique soit une science particulière et que l'on distingue de la théologie, on peut dire néanmoins que cette étude en fait partie, et principalement celle du droit ancien et même celle du nouveau, par rapport au temps présent."[48]

Bedeutsam für die hier vorgenommene (Nicht-)Einordnung in die Entwicklungsgeschichte der Theologischen Enzyklopädie ist bereits Du Pins Vorwort:[49] Hier stellt er das eigene Werk in eine Genealogie, die, wie es bei dem verdienstvollen Editor der *Opera* Jean Gersons nicht weiter verwundert, mit den Beiträgen dieses spätmittelalterlichen Autors beginnt; von hier aus nennt Du Pin nur noch wenige Zwischenstufen, bevor er bei seinem unmittelbaren Vorbild, Mabillons *Traité*, anlangt. Die erste bezieht sich - und auch das ist nun schon eine konventionelle Auskunft - auf Erasmus, die zweite auf Cano, die dritte hingegen auf Andreas Hyperius: Nicht nur wird diesem vergleichsweise viel Raum zugestanden,[50] es wird auch erklärt, daß es sich bei dem theologischen Einleitungswerk des lutherischen Marburger Professors um „le premier ouvrage fait sur ce sujet" handelt. Der historische Überblick endet mit einer Eloge auf Mabillons *Traité*, der hier, entgegen der unmittelbaren

dogmatischen Einzelthemen, kirchlicher und klösterlicher Disziplin, Fragen allgemeiner und spezieller Moral sowie zur Kirchengeschichte.

[46] Vgl. DU PIN, *Méthode*, 1273 - 1289.

[47] Vgl. DU PIN, *Méthode*, 1289 - 1296 sowie oben Anm. 39.

[48] DU PIN, *Méthode*, 1291; zwar wird die Kasuistik nicht unmittelbar und ausdrücklich dem Kirchenrecht zugeschlagen; ihre Position im Nachtragsteil unmittelbar neben diesem sowie ihre Orientierung an kanonistischer Literatur (vgl. ebd., 1291) läßt sie aber in dessen Umkreis erscheinen.

[49] Vgl. das „Avertissement" des Autors in DU PIN, *Méthode*, 1195, wobei zu beachten ist, daß Dinouart dieses Vorwort in die dritte Person gesetzt hat, wodurch verschleiert wird, daß es sich um einen Text des Verfassers handelt. Der Vergleich mit der Erstausgabe sichert allerdings diese Passage in vollem Umfang für Du Pin. Die folgenden Zitate beziehen sich alle hierauf.

[50] Die relativ breiten Anmerkungen zu Hyperius kommen allerdings zu erheblichem Teil durch Du Pins Einlassungen zur 'Rezeption' des Werkes durch Villavicencio zustande; zunächst wird nur gesagt, dieser habe Hyperius' Schrift „presque mot à mot" übernommen; dem fügt Du Pin jedoch eine interessante, differenzierende Beurteilung an: Die moralische Bedenklichkeit dieses Vorgehens bestehe nämlich nicht „en faisant imprimer les ouvrages d'Hypérius ... ; car les traités de cet auteur, quoiqu'il eût embrassé le luthéranisme, après avoir été catholique, sont bons, solides et modérés: mais en quoi on ne peut l'excuser [gemeint ist Villavicencio; L.H.], c'est de les avoir mis sous son nom ... C'est être un grossier plagiaire".

Einordnung durch dessen Verfasser, aber im Einklang mit dem tatsächlichen Inhalt des Werkes, als „un systême général pour l'étude de la théologie" bezeichnet wird; „suivant son exemple et ses traces", lediglich etwas detaillierter als „ce savant religieux", möchte Du Pin nach eigenem Bekunden nun selbst verfahren. Es erübrigt sich beinahe, darauf hinzuweisen, daß hier lediglich solche Vorgängerwerke genannt werden, die sich in unseren bisherigen Untersuchungen gerade nicht oder wenigstens entgegen ihrer eigenen Absicht als Wegbereiter der Theologischen Enzyklopädie erwiesen haben.

Der eigentliche Text von Du Pins Schrift setzt mit einer programmatischen Erklärung ein, die bereits das meiste hinsichtlich des theologiegeschichtlichen Ortes, des Theologiebegriffs sowie der theologischen Methodologie ihres Autors erahnen läßt: „Toute étude de la théologie consiste à chercher les moyens par lesquels on peut s'assurer quelle est la religion véritablement fondée sur la révélation divine, et quelles sont les vérités certainement revélées."[51] Zum einen verortet diese Grundthese den Autor in derjenigen Epoche der Theologie, die - durch apologetische Präliminarien im 'Vorhof' - erst einmal rein philosophisch-historisch sichern zu können glaubt, daß man sich in der eigentlichen Theologie selbst mit der wahren Form von Religion befaßt; zum zweiten gibt sich dieses Projekt extrinsezistischer Sicherung des Wahrheitsanspruchs theologischer Inhalte als ein solches zu erkennen, das nun in positivistischer Weise die apologetisch ausgemachten Wahrheitsquellen durchforstet, um die in ihnen enthaltenen Wahrheiten zu erheben; zum dritten wird die methodologische Aufgabe vor allem in der Beschreibung eines entsprechenden investigativen Instrumentars gesehen. „Quand on a connu que la véritable religion est la religion chrétienne, (on a) à examiner quelles sont les vérités révélées qu'elle nous enseigne: pour les connaître, nous avons que deux voies: la première, de lire les livres sacrés qui les contiennent, compris sous le nom d'écriture sainte; la seconde, d'écouter la tradition des églises".[52] Zu diesen Suchfahrten durch die normativen Zeugnisse religiöser Wahrheiten sind profanwissenschaftliche Kenntnisse verschiedenster Art erforderlich, die sich der künftige Theologe im vorhinein aneignen muß.[53] Die solcherart mögliche adäquate[54] Sichtung des ein-

---

[51] DU PIN, *Méthode,* 1197.

[52] DU PIN, *Méthode,* 1201; für die Erforschung der Tradition wird ebd. folgende Differenzierung angeschlossen, die den historisch orientierten Theologen erkennen läßt: Man müsse untersuchen „avec soin dans la créance des plus anciennes Eglises, attestée par des auteurs contemporains et dignes de foi, dans les définitions des conciles généraux et particuliers et dans les témoignages des pères."

[53] Vgl. DU PIN, *Méthode,* 1201; genannt werden hier u.a. die Fächer des Trivium, zudem die philosophische Tradition sowie Inhalte wie Methoden der Geschichtswissenschaft.

[54] Du Pin sieht - im Rahmen einer knappen theologiegeschichtlichen Skizze - hier einen im 15. Jahrhundert einsetzenden und bis in die Gegenwart reichenden Fortschritt

schlägigen Quellenmaterials führte und führt in der Geschichte und Gegenwart der Theologie zu zwei methodischen Zweigen theologischer Arbeit, der positiven und der scholastischen Theologie. Hier nun vertritt Du Pin eine die bereits äußerst disparate Sammlung nochmals erweiternde Bestimmung dieser Begriffe.[55] Zunächst grenzt er sich von mehreren, seines Erachtens unzutreffenden Bestimmungen dieser Unterscheidung ab: „il ne faut pas s'imaginer que cette distinction soit fondée sur la différence des objets, des principes ou des fins".[56] Beiden geht es vielmehr in gleichem Maße um die Erkenntnis göttlich offenbarter Wahrheiten, beide beziehen sich auf dieselben Sachverhalte - *res fidei et morum*[57] -, und beide tun dies auf der Grundlage derselben Quellenbereiche von Heiliger Schrift und kirchlicher Tradition; auch die Zielsetzungen, als da sind: Bewahrung und Verteidigung wahrer Lehre sowie Führung der Menschen zum ewigen Leben, sind in beiden Fällen identisch. Für positive wie scholastische Theologie gilt daher die Direktive, keine unnötigen und ihr selbst fremden Denksportaufgaben anzugehen, sondern lediglich diejenigen, die ihre kognitiven und affektiven Zielsetzungen unterstützen. Insoweit weiß sich Du Pin insgesamt noch mit der bei Mabillon gegebenen Darstellung einig; nun lehnt er aber auch noch die Vorstellung ab, das Scholastische an der Theologie sei die Verwendung dialektisch-formaler Argumentationsmuster;[58] es ist keineswegs verwunderlich, wenn er am Ende seines Durchgangs durch übliche Distinktionen zu dem Schluß kommt, „à proprement parler il n'y a point de différence entre la théologie scolastique et la partie de la théologie positive, qui traite dogmatiquement des mystères et des points de notre religion."[59] Natürlich bleibt ein Autor, der eine terminologische Unterscheidung so ausführlich erörtert, nicht bei einem derart negativen Ergebnis stehen; vielmehr bietet er nun doch noch seine eigene Definition: „La seule différence que l'on peut mettre entre l'une et l'autre est en ce que les théologiens scolastiques ont renfermés dans un seul corps et mis dans un certain ordre toutes les questions qui regardent la doctrine; au lieu que les anciens ne

hinsichtlich der historisch-philologischen Methodik am Werk (vgl. Du Pin, *Méthode*, 1201 - 1205, v.a. 1205).

[55] Vgl. Du Pin, *Méthode*, 1205f.; dieser Definitionsversuch weicht, wie oben 6.1 bereits erwähnt, auch in signifikanter Weise von demjenigen Mabillons ab.

[56] Du Pin, *Méthode*, 1205.

[57] Du Pin spricht von „doctrine de nos mystères, ... discipline de l'Eglise et ... morale" (Du Pin, *Méthode*, 1205).

[58] Dies wird man wohl mit Mabillons Ansicht identifizieren dürfen, da die Dialektik als formale Außenseite rationaler Argumentation betrachtet werden kann. Du Pin weißt zur Stärkung seiner Position darauf hin, daß Petrus Lombardus, die allgemein anerkannte Vaterfigur scholastischer Theologie, in seinem Sentenzenbuch von dieser Methode kaum Gebrauch gemacht habe, was im übrigen auch für andere Vertreter dieser Richtung gelte (vgl. Du Pin, *Méthode*, 1205).

[59] Du Pin, *Méthode*, 1205. Insofern könnte gesagt werden, es habe, seit es eine Kirche gibt, auch immer schon scholastische Theologie gegeben (vgl. ebd., 1206).

traitaient des dogmes de la religion que quand ils étaient obligés de le faire, pour confirmer les fidèles ... et pour répondre aux arguments des hérétiques."[60] Die Differenzierung wird einerseits nahezu unmerklich personalisiert,[61] andererseits aber deutlich auf die Ebene der literarischen Gestalt sowie der Motivation theologischen Arbeitens verschoben: Kirchenmänner der Vergangenheit trieben eben Theologie *ad hoc* und nach von außen aufgezwungenem Bedarf, Theologen der neueren Zeit tun dies *ex professo;* hieraus ergibt sich auch die literarische Art zusammenfassender und reflektiert geordneter Darstellung.

Da beiden Typen theologischer Arbeit die Kenntnis von Schrift und Tradition gemeinsam sein muß, sind die übrigen Ausführungen Du Pins, die sich schwerpunktmäßig diesen Bezeugungsgestalten religiöser Wahrheit widmen, für beide einschlägig; allerdings wird man hinsichtlich des theologiegeschichtlichen wie des institutionellen Ortes, an dem sich Du Pin befindet und für den er dieses Werk verfaßt, sagen können, daß dieses insgesamt der scholastischen Variante der Theologie gewidmet ist.

Da die Erkenntnis theoretischer wie praktischer Inhalte wahrer Religion allen Menschen in gewissem Maße nötig ist, sind alle zu der notwendigen Lektüre, vor allem derjenigen der Heiligen Schrift gerufen, „mais les théologiens doivent en faire une étude particulière pour établir les dogmes de la religion, pour réfuter les erreurs, et pour y apprendre les règles de la morale chrétienne."[62] Die geforderte wissenschaftliche Lektüre der Bibel kann, bei gleichzeitiger Anerkennung der Mehrdimensionalität des Schriftsinnes - ganz auf der Linie klassischer Argumentation - für ihre Beweisgänge nur auf den Literalsinn zurückgreifen, diesen erhebt sie mit Hilfe erworbener historisch-philologischer Vorkenntnisse einerseits und unterstützt von den in verschiedenster literarischer Form überlieferten exegetischen Erkenntnissen aus Geschichte und Gegenwart andererseits. Als hermeneutische Grundannahme leitet sie dabei die tridentinische Vorgabe des „suivre ... le sens de l'église et l'interprétation unanime des pères".[63] Um dies begründet tun zu können, schließt sich nun gleichsam organisch die Lektüre der weiteren Quellenbereiche religiöser Erkenntnis an, die sich zu diesem Zweck die Texte der Kirchenväter, der

---

[60] Du Pin, *Méthode,* 1206. Ebd. werden durch dieselben Unterschiede auch die *anciens* von den *modernes* abgegrenzt.

[61] Plötzlich ist nicht mehr von Theologien, sondern von Theologen die Rede.

[62] Du Pin, *Méthode,* 1246; erneut wird erkennbar, daß es sich hier um drei Teile eines Auslegungsvorgangs, mit verschiedenen materialen Gegenständen und verschiedenen Erkenntniszielen, nicht jedoch mit verschiedener Methodik, handelt. Die ebd. angesprochene allgemeine Moraltheologie ist ebenfalls noch von dem speziellen Anwendungsfach der Kasuistik zu unterscheiden; zu ihm vgl. ebd., 1289 - 1291.

[63] Du Pin, *Méthode,* 1241; dies bedeutet jedoch nicht, daß die wissenschaftliche Schriftauslegung nicht auch die Aufgabe und die Möglichkeiten hätte, dunkle Stellen der Bibel in klareres Licht zu rücken, als dies die Tradition bisher tat oder konnte (vgl. ebd., 1242).

synodalen Beschlußfassungen und der Geschichte von Theologie und Kirche überhaupt erschließt.[64]

Die hiermit gewonnene quellenmäßige und hermeneutische Grundlage aller Theologie erfordert nun ein nach Sachfragen und -gebieten geordnetes Vorgehen: Es bietet sich dabei an, zunächst das Ganze in den Blick zu bekommen, bevor die theologischen Einzelfragen angegangen werden; allerdings denkt Du Pin hier weniger an die Glaubensinhalte in ihrer Gesamtheit als an die theologische Wissenschaft in ihrem Gesamtumfang: Als Referenzwerke stehen daher aus der Väterzeit Augustins *De doctrina christiana* und Vinzenz' *Commonitorium,* aus neuerer Zeit die bereits genannten Einleitungsschriften von Gerson, Nicolas de Clémanges, Erasmus, Cano und Hyperius/Villavicencio zu Gebote, aus neuester Zeit Mabillons *Traité.*[65] Die hierauf folgende, aus heutiger Sicht etwas ungewöhnliche Reihe dogmatischer Traktate - Trinität, Inkarnation, Engel, Heilige, Bilder, Prädestination, Freiheit und Gnade, Sakramente - erklärt sich dabei weniger aus ihrer Systemkohärenz als vielmehr aus der Studien- und Prüfungspraxis der Pariser theologischen Fakultät.[66] Für im engeren Sinne zwischen den Konfessionen kontrovers werden aus der genannten Themenreihe offenbar erst die gnaden- und sakramententheologischen Fragen gehalten, weswegen vor ihnen ein kurzer Einschub zur Kontroverstheologie insgesamt erfolgt.[67] Die weiteren Sachbereiche theologischer Wissenschaft schließen sich nun an die Sakramentenlehre besonders günstig an, da es hier zahlreiche Überschneidungen zu den Gebieten von kirchlicher Disziplin, Aszetik, christlicher Moral, Kasuistik und Homiletik gibt.[68] Interessant ist hieran eine gewisse Verschiebung hinsichtlich der gegenseitigen Zuordnung von Moraltheologie und Kasuistik gegenüber dem Rest des Werkes: Während letztere in der Gesamtgliederung des Werkes aus der eigentlichen Theologie ausgeklammert und dem kanonistischen Bereich assoziiert wird, findet hier eine deutliche Annäherung beider statt, die allerdings nach wie vor klare terminologische Grenzen kennt. „Pour la théologie morale dogmatique, il suffira de lire quelque bon auteur, après avoir étudié la seconde de saint

---

[64] Vgl. Du Pin, *Méthode*, 1247f.; der Kirchenvaterbegriff wird hier - wie üblich - wieder in seinem weiten Sinn verwendet (vgl. ebd., 1257: „saint Bernard, le dernier des pères"); im geschichtlichen Bereich sollen auch nichtkatholische Autoren nicht völlig übergangen werden.

[65] Vgl. Du Pin, *Méthode*, 1258, dort unter der Überschrift: *„De l'étude de la théologie entière".* Diese aus dem Vorwort bereits hinlänglich bekannte Reihe wird hier eigentümlicherweise durch *De docta ignorantia* des Nikolaus von Kues erweitert.

[66] Vgl. hierzu Du Pin, *Méthode*, 1259 - 1266 mit ebd., 1277. 1282.

[67] Vgl. Du Pin, *Méthode*, 1261f.

[68] Vgl. Du Pin, *Méthode*, 1265 - 1271; schon im Abschnitt über die Sakramente hatte es geheißen, man müsse in ihrem Falle nicht nur die entsprechende Lehre kennen, sondern auch „la pratique de l'Eglise depuis son commencement" (ebd., 1263).

Thomas";[69] kasuistische Lehrbücher werden getrennt davon behandelt, aber doch unmittelbar im Anschluß;[70] erkennbar wird an der Begrifflichkeit, daß sich der Bereich des 'Dogmatischen' auch zu Beginn des 17. Jahrhunderts noch immer nicht auf den heute geläufigen Bezirk einengen läßt und daß die bereits erkannte Nähe von allgemeiner und spezieller Moraltheologie ebenfalls noch nicht zur Konstitution eines von der Dogmatik abgegrenzten einheitlichen Fachs geführt hat.

Der Nachtragsabschnitt zu den kirchenhistorischen Studien, mit dem Du Pin seinen Durchgang durch die Sachbereiche theologischen Studiums beschließt, macht deutlich, daß auch er mit verschiedenen Spezialisierungs- und Vertiefungsstufen innerhalb der einen theologischen Ausbildung rechnet; während für den durchschnittlichen Studenten eine Kenntnis der Kirchengeschichte der ersten acht sowie ein knapper Überblick über die weiteren Jahrhunderte genügen, erfordert eine eigentliche Beschäftigung mit diesem Gegenstand ein ausgedehntes Studium, das nur Spezialisten zuzumuten ist.[71] Generell läßt sich von hier aus auf gelegentliche Randbemerkungen zurückblicken, die immer einmal wieder erkennen ließen, daß in den um den lehrhaften Kern der Theologie herum angeordneten historischen und praktischen Bereichen sehr flexibel auf die Karriereziele der Studenten eingegangen werden kann; in einer Art Kompromißlösung zwischen dem ehemals von unmittelbar außerakademischen Ausbildungszielen abgehobenen Studium der theologischen Fakultät des Mittelalters und dem etwa durch die jesuitische Studienordnung repräsentierten neuzeitlichen Typus streng beruflicher Ausbildungsorientierung versucht Du Pin einen Grundbestand des ersteren Modells zu retten, ein nicht in völlig getrennte Kurssysteme gespaltenes Studium zu erhalten und dennoch den zeitgenössischen Berufsbildungsbedürfnissen entgegenzukommen.[72] Im Hintergrund steht hier - wie bei der gesamten Schrift - eine sicherlich auch lokalpatriotische, nicht zuletzt aber auch konzeptionelle Orientierung an dem Pariser Vor- und Urbild

[69] Du Pin, *Méthode*, 1270. Auch dürfe man sich die Prinzipien der Moral nicht von kasuistischen Handbüchern vorgeben lassen, und seien es auch die besten; jene können allein aus Schrift und Vätern stammen. Als Grundregel für das Verhältnis von theologischer Theorie und kirchlicher Praxis wird dabei angenommen, daß es um ein Zusammenspiel von *science* und *prudence* geht, wobei erstere aus Schrift und Tradition gelernt, letztere durch *règles d'application* aus ersterer gewonnen werden muß (vgl. ebd., 1289).

[70] Vgl. Du Pin, *Méthode*, 1270f.; die am Ende des Werkes getroffene Unterscheidung, hier werde von den Gewissensfällen in Hinblick auf das Predigtamt gesprochen, dort, im kanonistischen Anhangsteil, über dieselbe Materie in Hinblick auf die Seelenführung, wirkt etwas künstlich und entspricht nicht den Textpassagen selbst (vgl. ebd., 1289 - 1291, v.a. 1289, mit 1270).

[71] Vgl. Du Pin, *Méthode*, 1272; die Gewichtung des kirchengeschichtlichen Studienplanes ist für die theologische Position des Autors natürlich höchst signifikant.

[72] Vgl. z.B. Du Pin, *Méthode*, 1268. 1270. 1288 (hier vor allem in bezug auf den in Paris üblichen Studiengang, der bis zur Lizenz alle Studenten gemeinsam im Blick hat, danach Spezialisierungen zuläßt).

theologischen Studiums: Theologische Ausbildung kann nicht einfach nach jeweiligem ordensinternen oder kirchenamtlichen Bedarf und Gutdünken strukturiert werden; hier gibt es Sachgesetzlichkeiten, die - zumindest im Grundlegenden und Zentralen - ihre Vorgaben von sich aus mitbringen. Auch mag es nicht zuletzt eine gegen alles Konventikelhafte gerichtete Ekklesiologie sein, die im Hintergrund dieser Anschauungen steht.[73] Programmatisch formuliert Du Pin: „Il n'y a point de meilleures écoles pour la théologie, que les écoles publiques", und er verbindet dies gar mit der historischen These: „il y en a eu de tout temps dans l'Eglise".[74]

6.3 EIN BLICK IN DIE REZEPTIONSGESCHICHTE VON MABILLONS *TRAITÉ* UND DU PINS *MÉTHODE*

Abgesehen von der bereits angesprochenen Tatsache, daß Du Pins Schrift selbst bereits ein Dokument der Rezeption von Mabillons Abhandlung darstellt, sind weitere Phänomene dieser Art zu nennen; sie teilen sich in explizite Bezugnahmen in Werken eines späteren Autors, hier Martin Gerberts, sowie in verlegerische Aktivitäten zur Verbreitung der angesprochenen Werke über Neuauflagen hinaus.

Beginnend mit letzterem ist darauf hinzuweisen, daß beide theologische Einleitungsschriften Übersetzungen erfahren haben; vermutlich um einerseits den Leserkreis zu erweitern und andererseits die Erwartung des gebildeten Publikums zu erfüllen, derartige Fachliteratur in der gewohnten Gelehrtensprache zur Verfügung zu haben, wurde hierfür auch dann das Lateinische bevorzugt, wenn ein vorwiegend einem Sprachraum angehörender Benutzerkreis angesprochen werden sollte: So stellen sowohl die italienische wie die deutsche Ausgabe von Mabillons *Traité* als auch die deutsche Edition von Du Pins *Méthode* Übersetzungen ins Lateinische dar. Hinsichtlich der mit diesen Übersetzungen verbundenen Absichten sind wir nun zwar weitgehend auf Vermutungen angewiesen, dennoch können einige Indizien ins Feld geführt werden. Im Falle Mabillons verläuft - zumindest was den deutschen Buchmarkt angeht - die

---

[73] Für einen Überblick über die ekklesiologischen Anschauungen ist das kanonistische Schlußkapitel zu vergleichen (DU PIN, *Méthode*, 1291 - 1295, hier: 1291); v.a. ist eine spezifische Variante der *tria-vincula*-Lehre zu beobachten, die nach den *liens* von Bekenntnis und Sakramenten als drittes dasjenige „d'une mutuelle charité" nennt, „ce que l'on appelle *communion*". Die Unterordnung unter die legitime Hierarchie folgt erst bei der funktionalen Bestimmung „pour travailler de concert au même ouvrage".

[74] DU PIN, *Méthode*, 1275; schon hier, also in dem Kapitel über den äußeren Modus des Studiums (vgl. ebd., 1273 - 1280), geht es im Grunde um die Beschreibung Pariser Verhältnisse, nicht erst in dem anschließenden Kapitel, das ausdrücklich den örtlichen Gegebenheiten in Paris gewidmet ist (vgl. ebd., 1280 - 1289).

Linie ordnungs- bzw., um es genauer zu sagen, ordensgemäß:[75] Der süddeutsche Benediktiner Ulrich Staudigl, der in vielfacher Hinsicht als
rechtsrheinischer Mitstreiter der von den Maurinern initiierten Ordens-,
Theologie- und Bildungsreform gelten kann,[76] übersetzt eine der zentralen Programmschriften dieser Bewegung und veröffentlicht sie zehn
Jahre nach Erscheinen der Zweitauflage des Originals in einem Kempte-
ner Verlag; so konnte das Werk seine Wirkung gerade auch im süddeut-
schen benediktinischen Raum,[77] nicht zuletzt eben auch bei Martin Gerbert, dem zunächst theologischen Lehrer, später langjährigen Abt seines
Klosters Sankt Blasien, entfalten.[78]

Zwar im selben geographischen Raum, allerdings unter recht unähnli-
chen Vorzeichen, vollzieht sich die parallele Aktion bezüglich Du Pins
Méthode: Die mit einer ausführlichen, biographisch wie bibliographisch
erstaunlich informierten Einleitung von Johannes Frick(ius)[79] versehene
Übersetzung von J. M. Christell stammt ganz aus protestantischem Umfeld.[80] Diese Ausgabe erfordert daher, neben zahlreichen lobenden und
empfehlenden Bemerkungen, eine konfessionelle Salvationsklausel:
„Nam, ne putes fortasse, lector, nostratem tacite fuisse Du-Pinium, illud
quoque monendus es, vitanda in hoc etiam libro varia apparere. Error
primus, ac praecipuus, ut ecclesiae romanae, ita Pinii quoque; quod, dum
principia theologiae, e quibus fons omnis scientiae hauriri debeat, expo-

---

[75] Für den italienischen Bereich dürfte insofern ähnliches gelten, als ebenfalls in der
ersten Hälfte des 18. Jahrhunderts sowie im selben Verlag nicht nur der *Traité* sondern
auch noch weitere Schriften aus der *querelle Mabillon - Rancé* in lateinischen Übersetzungen erschienen; so z.B. die *Responsio* von Rancé und die *Animadversiones in responsionem*
Mabillons (Venedig 1732 bzw. 1745).

[76] Zu diesem Andechser Benediktiner (1644 - 1720) und seinen Reformbemühungen
vgl. DEISSLER, 18f.

[77] Für ein Beispiel der wenigstens formalen Autorität von Mabillons Studienentwurf in
benediktinischen Kreisen Süddeutschlands vgl. DEISSLER, 24f.

[78] Zum bereits vor Gerbert existierenden maurinischen Einfluß in St. Blasien vgl.
DEISSLER, 47 - 52; für Mabillons Einfluß auf Gerbert vgl. ebd., 139 - 142.

[79] Zu dem nicht unbedeutenden Ulmer Theologen Johannes Frick d. J. (1670 - 1739),
der in Tübingen und Leipzig studiert hatte und seit 1712 am Ulmer Gymnasium Theologie lehrte, vgl. die Biographie bei APPENZELLER, 294 sowie das beachtliche Werkever-
zeichnis ebd., 294 - 304; hier werden neben der Du Pin-Ausgabe (ebd., Nr. 27; dort sind
übrigens zwei Verlagsorte: Augsburg und Ulm, genannt) auch eigene Werke Fricks
aufgeführt, in denen dieser sich explizit mit der vor allem Frankreich, aber auch die
katholische Kirche insgesamt betreffenden Jansenismus-Debatte befaßt (vgl. ebd., Nrn.
17f. 23. 25).

[80] Daß dies katholische Autoren nicht hinderte, sich des Werkes gerade in dieser Übersetzung zu bedienen, zeigen die Belege bei DEISSLER, 41. 139 für die Benediktiner M.
Herrgott bzw. M. Gerbert. Letzterer scheint - soweit ich sehe - die Schrift Du Pins allerdings noch nicht im *Apparatus*, sondern erst in *De recto et perverso usu theologiae scholasti-*
cae, St. Blasien 1758, ausführlicher benutzt zu haben; vgl. DEISSLER, 139. Der einzige
Verweis auf Du Pin, den ich im *Apparatus* ausmachen konnte (vgl. ebd., 100), bezieht sich
offenkundig nicht auf die *Méthode.*

nit, traditionem ecclesiae pari auctoritate cum scriptura ubivis agnosci".[81] Zwar dürfte es schwierig sein, Du Pins Schrift zu rezipieren und gleichzeitig vom hohen - wenn hier vermutlich doch überschätzten - Stellenwert der kirchlichen Tradition abzusehen; dennoch scheint dies den Initiatoren dieser lateinischen Ausgabe nicht als unmöglich erschienen zu sein. Interessanterweise nennt der Verfasser des Vorwortes an dessen Ende auch weitere theologische Einleitungsschriften, nun evangelischer Provenienz,[82] obwohl er Du Pins Werk selbst zunächst weniger dieser Gattung zugeordnet hatte, sondern eher der *viri-illustri-/scriptores-ecclesiastici*-Tradition. Als eines der bedeutsamsten Zwischenglieder in der Kette dieser Gattung wird - und dies ist, soweit ich sehe, das einzige Mal, daß in der hier untersuchten Literatur darauf Bezug genommen wird - Gesners *Bibliotheca* angesehen, ein Werk, das nach Ansicht des Autors des Vorwortes noch nicht die ihm zukommende Beachtung gefunden hat. Du Pin nun schließe sich dieser großen Tradition an.[83] Daran ist zutreffend, daß es sich bei der *Méthode* auf weite Strecken um ein bibliographisches Hilfsbuch für Theologiestudenten handelt. Allerdings wird nicht darauf eingegangen, daß sich die Grundstruktur bei Du Pin zunächst weder an Autoren noch an literarischen Produkten, sondern am akademischen Studiengang orientiert, was einen direkten Vergleich mit Gesner doch etwas schwierig gestalten müßte.[84]

Als explizite literarische wie inhaltliche Rezeption von Mabillons *Traité* ist nun noch kurz auf Martin Gerbert zu verweisen.[85] In ihm ist wohl einer der letzten bedeutenden Zeugen der Gestalt der Theologie zu erkennen, die Mabillon wie Du Pin vorschwebte, die jedoch bereits seit

---

[81] DU PIN, *Methodus, praefatio*, o.S. Allerdings hätte es *mutatis mutandis* wohl auch bei katholischen Editoren ähnlicher Formeln bedurft, um zu begründen, weshalb man einem des Jansenismus und Gallikanismus verdächtigen Autor zu größerer Bekanntheit verhilft.

[82] DU PIN, *Methodus, praefatio*, o.S. nennt Frick neben anderen etwa auch die entsprechenden Werke von Calov und Calixt. Daß es sich bei diesen nach Absicht und Gattung doch um gegenüber dem hier herausgegebenen sehr verschiedene Projekte handelt, wird nicht erörtert.

[83] Vgl. DU PIN, *Methodus, praefatio*, o.S.

[84] Etwas naheliegender könnte die Verknüpfung dagegen sein, wenn über die *Méthode* hinaus v.a. Du Pins Hauptwerk, die *Nouvelle bibliothèque des auteurs ecclésiastiques* (Paris 1686 - 1719), mit herangezogen würde.

[85] Eine ausführlichere Beschäftigung mit dessen *Apparatus ad eruditionem theologicam* ist hier nicht vonnöten, da sie an anderer Stelle bereits geschehen ist (vgl. HELL [1994]). Erwähnt darf hier lediglich werden, daß auch dieses Werk über Mabillon hinaus auf Cano zurückgreift und gegenüber diesen beiden Vorbildern den Stellenwert der scholastisch-theologischen Tradition noch erheblich stärker zugunsten historisch-theologischer Arbeit zurückdrängt. Diese Rezeptionslinien bleiben völlig unberücksichtigt bei KÖRNER, weshalb er eine derartige Inbezugsetzung in seinem Kapitel zu „Melchior Cano als Ahnherr der positiven Theologie?" (ebd., 307 - 310) daher als „weder wirkungsgeschichtlich noch sachlich-systematisch berechtigt" (ebd., 310) betrachtet. Dabei verweist er sogar auf Gerbert, zieht allerdings nicht dessen *Apparatus* heran und kann daher zu dem Fehlschluß gelangen, jener verweise weder auf Cano, noch gebrauche er den *loci*-Begriff.

geraumer Zeit in Auflösung befindlich und von einer - *nolens aut volens* - in Einzeldisziplinen aufgespaltenen theologischen Wissenschaft abgelöst zu werden im Begriff war. Eigentümlicherweise war es nun gerade Gerbert, der den Terminus *encyclopaedia* in den Zusammenhang einer Einleitung in das theologische Studium eingeführt hat, und dies durchaus in Hinblick auf das Zusammenspiel der einzelnen *partes theologiae*.[86] Die einzelnen Bereiche theologischen Wissens und Forschens müssen, so Gerbert, aufeinander aufbauen, sie müssen ein Ganzes ergeben. Dies aber gerade nicht im Sinne des Zusammenspiels separater Disziplinen,[87] die gar noch von Spezialisten zu vertreten wären, sondern als - in jeder theologischen Einzelfrage zu vollziehendes - Zusammenführen aller inneren und äußeren Erkenntnisquellen der Theologie. Die Rede ist hier also gerade von einer einzigen und einheitlichen, wenn auch jeweils aus mehreren *loci* gespeisten theologischen Methode, die auf alle begegnenden Fragestellungen anzuwenden ist, seien sie nun dogmatischer, moraltheologischer oder das Leben der Kirche in seinen verschiedenen Dimensionen betreffender Art. Über die bereits mehrfach angesprochene Tatsache hinaus, daß der Terminus 'Enzyklopädie' bislang nie Anwendung auf die innere Gliederung der Theologie selbst fand, ist also zusätzlich zu vermerken, daß er nun zwar erstmalig in diesem Kontext in Erscheinung tritt, hier aber gerade auf der Seite derjenigen, die sich in bereits aussichtsloser Situation dem Projekt eines 'theologischen Enzyklopädismus', also einer unterschiedenen Einheit theologischer Einzeldisziplinen noch einmal entschieden verweigern.[88]

Ein anderes, hier allerdings nicht mehr zu behandelndes Kapitel des Rezeptionsverlaufs der beiden französischen Werke müßte sich mit der

---

[86] Bereits im unpaginierten Vorwort spricht Gerbert hiervon: „Exemplum nobis insigne theologiae studium ob oculos sistit, diffusius illud ac floridius omnem antiquitatis sacrae complexum memoriam, atque ex omni artium genere fructum sibi ac decorem decerpens, quo *orbis* ille disciplinarum, atque encyclopaedia exurgit, quae veri nominis theologum perficit, ac consummat." (GERBERT, *Apparatus, praefatio*, o. S.) Ausgeführt und an einem Beispiel - der Frage nach der Verwendung gesäuerten oder ungesäuerten Brotes in der Eucharistie - verdeutlicht wird dies dann in ebd., 189 - 208, unter der Überschrift „De encyclopaedia, seu mutuo nexu fontium, aliorumque subsidiorum theologicorum" (ebd., 189). Daß sein Begriff von Enzyklopädie dem im außertheologischen Bereich im Grunde diametral entgegensteht, scheint Gerbert allerdings nicht gesehen zu haben; schreibt er doch ebd., 190: „Cum in omni genere artium quaedam *encyclopaedia*, seu nexus et ambitus doctrinarum deprehendatur; tum vero haec maxime in sacrae theologiae decursu locum sibi vendicat [sic!]". In ganz ähnlichem Sinn wie vom *orbis doctrinarum* spricht Gerbert von den *partes theologiae*; so schreibt er bereits in seiner Widmung: „Licuit autem ... intimo foedere omnes theologiae partes, quae mirum in modum inter se nectuntur, et mutuum usum praestant, consociare." (Ebd., a3[v])

[87] Disziplinen treten hier bestenfalls in der Form nichttheologischer Hilfswissenschaften in Erscheinung. Jedoch auch diese sind nicht als solche von Interesse, sondern nur als Instrumentar, das sich der Theologe zu eigen gemacht hat.

[88] Dieser konservativen Position entspricht dann auch die wiederholt dokumentierte Vorliebe für Autoren wie Nicolas de Clémanges (vgl. GERBERT, *Apparatus*, 18. 71 u.ö.).

bis zum Beginn des 20. Jahrhunderts reichenden Publikationsgeschichte befassen;[89] auch hier[90] kann zumindest vermutet werden, daß nicht allein antiquarische, sondern durchaus auch konzeptionelle Interessen im Hintergrund standen.

[89] Für Du Pin ist schon auf den Nachdruck von Migne verwiesen worden, für Mabillon konnte Deissler (vgl. DERS., 140 Anm. 77) eine Art Zusammenfassung und Adaption ausfindig machen: J. M. BESSE, *Les études ecclésiastiques d'après la méthode de Mabillon,* Paris 1900.

[90] Vgl. für Migne: F. LAPLANCHE, *Une entreprise de la 'science catholique':* *L'Encyclopédie théologique de Migne,* in: DERS./C. LANGLOIS (Hg.), *Sciences, apologétique et vulgarisation,* Paris 1992, 17 - 37.

7. DIE AKADEMISCHE INSTITUTIONALISIERUNG FACHSPEZIFISCHER ENZYKLOPÄDIEN UND IHRE ÜBERNAHME IN DER THEOLOGIE

7.1 GÖTTINGEN ALS VORORT DES ENZYKLOPÄDISCHEN PROJEKTS

Um die Mitte des 18. Jahrhunderts mußte die Universität Halle ihre bislang unbestrittene Führungsrolle als modernste akademische Einrichtung der deutschen Frühaufklärung[1] an die in den dreißiger Jahren nach ihrem Vorbild neu gegründete Universität Göttingen abgeben.[2] Einige ihrer akademischen Lehrer und - nicht zuletzt - ihr Gründer und faktischer politischer Herr, Gerlach Adolph Freiherr von Münchhausen,[3] hatten sogar in Halle studiert.[4] Von der in seiner Person gegebenen, „über die hiesige Universität wachenden mehr als väterlichen Vorsorge"[5] ging denn auch 1756 ein den künftigen Lehrplan aller Fakultäten bestimmender „hoher Wink"[6] aus, den jeweiligen akademischen Unterricht mit einer allgemeinen enzyklopädisch-methodologischen Einführung in das

---

[1] Vgl. hierzu insgesamt den von HINSKE herausgegebenen Sammelband sowie dessen einleitenden Überblick ebd., 9 - 14. Zur besonderen Bedeutung der Rechtswissenschaft in Halle vgl. STOLLEIS, 298 - 309.

[2] Zu Göttingen und seiner herausragenden Bedeutung namentlich auf dem Gebiet der Rechts- und Staatswissenschaften vgl. STOLLEIS, 309 - 317 sowie insgesamt MARINO und den Art. „Göttingen, Universität", in: TRE, Bd. 13 (1984), 558 - 563. Dort findet sich die zutreffende Bemerkung: „Die Göttinger Gründung steht nicht nur zeitlich, sondern auch sachlich zwischen den Gründungen von Halle (1694) und Berlin (1810)" (ebd., 558).

[3] Zu Münchhausen (1688 - 1770) vgl. STOLLEIS, 310.

[4] Vgl. STOLLEIS, 310. Unter seinen Lehrern ragt Nicolaus Hieronymus Gundling heraus, der u.a. durch ein umfängliches enzyklopädisch-literaturkundliches Werk, das *Collegium historico-literarium*, hervorgetreten ist; der in dessen zweitem Band enthaltene theologische Teil (vgl. GUNDLING, 2, 315 - 668) geht jedoch offenkundig nicht auf Gundling selbst, sondern auf den Herausgeber, C. F. Phleme, zurück (vgl. ebd., 3).

[5] So PÜTTER (1767) in seiner unpaginierten Vorrede.

[6] Ebd.

zu studierende Fach zu beginnen.[7] Die dieser Verordnung folgende akademische Praxis brachte noch im gleichen sowie im darauffolgenden Jahr eine ganze Reihe entsprechender Publikationen hervor.[8] Von herausragender und stilbildender Bedeutung ist hier vor allem der juristische Beitrag, der aus der Feder J. St. Pütters stammt.[9]

Zwar interessiert im hier zu verhandelnden Zusammenhang nicht die in ihrer Wirkung noch bis weit in das folgende Jahrhundert hineinreichende Konzeption der Rechts- und Staatswissenschaft dieses bedeutenden Göttinger Professors für Staatsrecht; wichtig sind jedoch - angesichts der offenkundig beherrschenden Stellung der Juristen innerhalb der Göttinger Universität - einerseits die Bestimmung des Wissenschaftsbegriffs sowie der mit ihm verknüpften Aufgabe einer Enzyklopädie, andererseits die gattungsmäßigen Vorgaben, die hier für eine enzyklopädische Einführung in ein Studienfach gemacht werden.

Zu beidem äußert sich Pütter ebenso knapp wie deutlich in der seinem Werk vorangestellten 'Vorbereitung':[10] „Mehrere Wahrheiten, die in Rücksicht auf einen gemeinschaftlichen bestimmten Zweck unter sich in besonderer Verbindung stehen, und in so weit als Ein Ganzes angesehen werden können, machen Eine *Wissenschaft*, (Eine *Disciplin*, Eine ...

---

[7] Vgl. ebd. sowie MARINO, 246 - 266. STOLLEIS, 314 verweist auf eine bereits zuvor in der juristischen Fakultät geübte Praxis, die in J. J. Schmauss, *Entwurf zu enzyklopädischen Vorlesungen*, o.O. 1737, ihren Niederschlag gefunden hat. Der hierfür bezeugte Lehrplan-Terminus *collegium praeparatorium* läßt Hallische Vorbilder erahnen. Dierse, der das einschlägige Aktenstück Münchhausens einsehen wollte, wurde vom Göttinger Universitätsarchiv mit der Nachricht beschieden, dieses sei verlorengegangen (vgl. DIERSE, 73f. Anm. 2).

[8] PÜTTER (1767), Vorrede, nennt selbst J. M. Gesners *Primae lineae isagoges in eruditionem universalem, nominatim philologiam, historiam et philosophiam* (1756. ²1760) und A. G. Kaestners *Progr. matheseos et physicae idea generalis in usum lectionum encyclopaedicarum* (1756); sein eigener *Entwurf* war dann 1757 erschienen. J. W. Feuerlein (1689 Nürnberg - 1766 Göttingen; zu ihm vgl. WILL, 417 - 425), der Vertreter der theologischen Fakultät, der dort das *collegium encyclopaedicum* hielt, wird von Pütter zwar hier nicht erwähnt; dafür ist ihm um so mehr Raum in dessen Göttinger Universitätsgeschichte gewidmet; vgl. PÜTTER (1765), 115 - 121 und die Ergänzungen in DERS. (1788), 25f. Vgl. zu den Göttinger enzyklopädischen Vorlesungen DERS. (1765), 277. 281. 288f. 295f. sowie DERS. (1788), 317. 319. 333. 340. 347. Vgl. auch DIERSE, 74, v.a. Anm. 5.

[9] Zu Pütter (1747 - 1807), den Stolleis „die wichtigste Berufung Münchhausens" (STOLLEIS, 312) nennt, vgl. ebd., 312 - 316 sowie EBEL. Pütters hier herangezogener *Neuer Versuch* von 1767 stellt eine überarbeitete Fassung des *Entwurfs* von 1757 dar. Vgl. jetzt auch die Einl. v. B. M. Scherl zum Nachdruck (Hildesheim u.a. 1998) von PÜTTER (1767). Eine 'Selbstdarstellung' Pütters liegt in DERS. (1765), 142 - 147 vor. Zu den Qualitäten dieses Autors darf auf die Bemerkungen Goethes (*Aus meinem Leben. Dichtung und Wahrheit*, 1. Teil, 7. Buch) hingewiesen werden, die uneingeschränkt anerkennen, Pütter habe „durch die Klarheit seines Vortrags auch Klarheit in seinen Gegenstand und den Stil gebracht, womit er behandelt werden sollte." (*Goethes Werke*. Hamburger Ausg., hg. v. E. Trunz, 10. Aufl., München 1982, 9, 277). Zu Goethes Pütter-Lektüre und seiner persönlichen Kenntnis des Autors vgl. Trunz' Anmerkung ebd., 726.

[10] Vgl. PÜTTER (1767), 1 - 6.

Kunde, ...) einen Theil der Gelehrsamkeit aus. Mehrere einzelne Wissenschaften können wieder als Theile einer allgemeinen Hauptwissenschaft angesehen werden."[11] Wissen und Wissenschaft werden in dieser programmatischen Äußerung somit als 'Gelehrsamkeit', als Anhäufung und Anordnung von Einzelwissen, von 'Wahrheiten' definiert.[12] Einzelne, abgrenzbare Regionen dieser *res scibiles* ergeben sich nicht von diesen selbst her, sondern gleichsam von außen, von einem Zweck, auf den hin dieses Wissen angeordnet, zu dem es nutzbringend gebraucht werden kann. Für das Wissen als Ganzes wie auch für jeden solchen bestimmten Teil - eine der verschiedenen 'Hauptwissenschaften' - läßt sich daher eine Form denken, in der der Zusammenhang einzelner Wissensgebiete zu einer Hauptwissenschaft bzw. einzelner Hauptwissenschaften zum Wissen überhaupt dargestellt werden kann. Dies nun ist die Enzyklopädie.[13] Ihr 'Nutzen'[14] - und daher zugleich auch ihr Inhalt - besteht zum einen in einem Überblick über das jeweils angezielte Feld des Wissens, zum anderen in der Abgrenzung gegenüber sonstigen Bereichen der Gelehrsamkeit. Blickt die Enzyklopädie auf solche Art über die Grenzen des eigenen Faches, so fallen ihr namentlich jene Nachbargebiete ins Auge, die nicht unmittelbar zu diesem selbst gehören, jedoch in Form von subsidiären Disziplinen für das eigene Fach von Bedeutung sein können. Von hier aus ergibt sich die Zweiteilung der Enzyklopädie als Gattung in die im engeren Sinn des Wortes enzyklopädische Darstellung einer 'Hauptwissenschaft'[15] und die mit einem Blick auf die Hilfswissenschaften beginnende Methodologie;[16] letztere beschränkt sich natürlich nicht hierauf, sondern fährt mit einer Untersuchung der spezifischen Methode des

[11] PÜTTER (1767), 1f. (Auslassungen im Text). Vgl. zu den entsprechenden Passagen bei Gesner und Kaestner: DIERSE, 76 - 78.

[12] Der einzige allgemein-wissenschaftstheoretische Text, auf den Pütter in seiner Schrift verweist, ist SULZERs *Kurzer Begriff*; auch hier heißt der Grundbegriff 'Gelehrsamkeit'; sie wird definiert als „Inbegriff aller der Theile der menschlichen Erkenntnis, welche wegen ihres Umfangs und ihrer Wichtigkeit verdienen in Schrifften verfaßt und nach eigenen Methoden vorgetragen zu werden." (Ebd., 5)

[13] Vgl. PÜTTER (1767), 2; letztere wird ebd. entsprechend 'allgemeine', erstere 'besondere Encyclopädie' genannt. Auch Sulzer hatte hiervon gesprochen: „Ein Werk, worin alle Theile der Gelehrsamkeit abgehandelt werden, wird eine *Encyclopädie* genennet." (SULZER, 7) Der für unseren Zusammenhang vornehmlich einschlägige Terminus einer 'besonderen Encyclopädie' findet sich hier jedoch noch nicht. Ebensowenig kennt Sulzer den Mittelbegriff der 'Hauptwissenschaft', sondern unterscheidet lediglich 'Gelehrsamkeit' im Ganzen von ihrem 'besondern Theil', der 'Disciplin' (vgl. ebd., 9). Diese m.E. signifikanten Unterschiede werden bei DIERSE, 75 übergangen.

[14] Vgl. PÜTTER (1767), 3f.

[15] Vgl. PÜTTER (1767), 6 - 54.

[16] Vgl. PÜTTER (1767), 55 - 111. In DERS. (1788), 341 lauten die Begriffe 'allgemeine Uebersicht' und 'Methode'; nicht als hierher gehörig wird dagegen eine zusammenfassende inhaltliche Darstellung des Gegenstands einer Wissenschaft angesehen; so in kritischer Apostrophierung des 'historische Encyclopädie' genannten Projektes seines berühmten Kollegen J. Chr. Gatterer.

Faches fort und endet mit einer „Eintheilung ... der academischen Jahre".[17] Bedeutsam ist hier vor allem die klare Vor- und Überordnung der enzyklopädischen gegenüber der methodologischen Abteilung; diese hat keineswegs nur didaktische Gründe, vielmehr stellt die Enzyklopädie allererst die Prinzipien der Methodologie bereit.[18]

Zwar wird man die hier angegebenen Elemente - Wesens- und Umfangsbestimmung der Wissenschaft, spezifische Methodik, Hilfs- und Nachbardisziplinen, Literaturkunde, Studienverlauf - in nahezu allen hier untersuchten Werken seit dem 17. Jahrhundert auf die ein oder andere Weise ebenfalls finden, nicht jedoch in der klaren und begründeten Dichotomie einerseits und Zusammengehörigkeit andererseits von Enzyklopädie und Methodologie.[19] Um die Mitte des 18. Jahrhunderts konstituiert sich somit als Projekt, als akademische und als literarische Gattung die Fachenzyklopädie in einer Weise, wie sie sich im Grunde bis heute versteht. Verbunden ist damit übrigens bereits das Verständnis einer Wissenschaft aus Wissenschaften, die - das nun allerdings auf ganz unterschiedliche Weise - Ausschau halten nach einem von ihnen selbst her nicht beizubringenden Gesichtspunkt, der ihre Einheit in einer 'Hauptwissenschaft' garantiert.[20] Es kann und muß hier nicht entschieden werden, welche der Fachenzyklopädien - philosophische, juristische, medizinische o.ä. - am unmittelbarsten auf die theologischen Parallelaktionen gewirkt haben;[21] sichtbar wird jedenfalls, daß die Theologie im Aufbau einer solchen Gattung weder eigenständig noch führend gewesen ist.[22]

[17] PÜTTER (1767), 105.

[18] Vgl. PÜTTER (1767), 4.

[19] Dies scheint übrigens auch für das Gebiet der Rechtswissenschaft zu gelten; vgl. SCHRÖDER, 25. Für die Fachenzyklopädie insgesamt vgl. DIERSE, 73 - 78; allerdings werden bei ihm Vorgängerwerke zwar genannt (vgl. ebd. 77f.), jedoch nicht zum Gegenstand näherer Untersuchung gemacht.

[20] Schon Sulzer hatte hinsichtlich des gesamten Wissens bemerkt: „Es ist schwer, und vielleicht unmöglich, die verschiedene Theile der Gelehrsamkeit in einem natürlichen, und keinem Zwang unterworfenen Zusammenhang vorzustellen." (SULZER, 6) Dem von einem Systemanspruch her völlig unspezifischen Begriff der 'Gelehrsamkeit' ist wohl *eo ipso* kein Ordnungsprinzip zu entlocken; diese Schwierigkeit verschärft sich natürlich bei einer Disziplin aus Disziplinen, eine Problematik, auf die Sulzer allerdings nicht eingeht.

[21] Ein klarer Fall - S. Mursinna - wird unten 7.2 betrachtet; andere können durchaus anderweitig bestimmt gewesen sein.

[22] Ob dies jemals anders war, müßte gesondert untersucht werden; immerhin konnte beispielsweise G. W. Leibniz auf das Jahr genau ein Jahrhundert früher behaupten, daß der *methodus discendae docendaeque jurisprudentiae* aufgeholfen werden könnte, würde sie sich an dem in der Theologie längst Gegebenen orientieren und ihre Bemühungen in didaktische, historische, exegetische und polemische Teildisziplinen gliedern (vgl. LEIBNIZ, 180).

Als bedauerlich muß in diesem Zusammenhang angesehen werden, daß die enzyklopädische Vorlesung J. W. Feuerleins, die dieser wiederholt in Göttingen gehalten hat (vgl. PÜTTER [1765], 120. 281), offenbar nie publiziert wurde; jedenfalls erwähnen weder PÜTTER (1765/1788) noch WILL eine entsprechende Schrift. Sein Nachfolger in der Aufgabe der Vertretung der enzyklopädischen Einleitung in die Theologie, J. P. Miller

7.2 DER ENDGÜLTIGE EINZUG
DES TERMINUS 'ENZYKLOPÄDIE' IN DIE THEOLOGIE:
SAMUEL MURSINNAS *PRIMAE LINEAE*

Der ansonsten weitgehend vergessene reformierte Hallenser Theologe Samuel Mursinna[23] kommt fast immer dort zu unerwarteten Ehren, wo von der Geschichte der Theologischen Enzyklopädie die Rede ist. Die *opinio communis* bezeichnet ihn denn auch nahezu durchgängig als ersten, der „in der *Theologie* ... eine Enzyklopädie verfaßt hat."[24] Und nicht nur das: auch die weitere Entwicklung dieser theologischen Gattung wird ursächlich mit ihm in Verbindung gebracht.[25] Zudem wird auf seine

---

(zu ihm vgl. PÜTTER [1788], 118 - 121. 317), scheint dieses Unternehmen weitgehend auf eine theologische Literaturkunde reduziert zu haben; diese gehört zwar nach PÜTTER (1788), 341 durchaus zu den Aufgaben solcher Einführungsveranstaltungen, keineswegs ist damit aber das gesamte *collegium encyclopaedicum* abzudecken.

Als interessante universitäts- wie theologiegeschichtliche Information ist der Darstellung bei PÜTTER (1765), 120. 124 - 126 immerhin zu entnehmen, daß sich die Göttinger Theologen durchaus der Pluridisziplinarität ihres Faches bewußt waren, sich selbst deshalb aber noch lange nicht als Vertreter spezieller Disziplinen betrachteten; vielmehr boten z.B. alle drei theologischen Ordinarien gelegentlich dogmatische, moraltheologische und exegetische Vorlesungen an; dies galt auch für den Extraordinarius G. Less (vgl. ebd., 187f.) und selbst für einen Göttinger Sonderfall, J. D. Michaelis, der Mitglied der philosophischen Fakultät war: Auch er las neben seinen philologischen und exegetischen Veranstaltungen „auf besonderes Verlangen und vermöge besonderer Concession die Dogmatik oder theologische Moral." (Ebd., 172) Lediglich die pastoralpraktischen Kurse scheinen vorwiegend in einer Hand, der der dritten Professur, versammelt gewesen zu sein (vgl. ebd., 125). Die Aufgabe der „Einleitung in die theologische Encyclopädie" (ebd., 120) wurde ebenfalls nur von einem der Lehrstuhlinhaber wahrgenommen.

Die hier vorgelegte, rein an der akademischen Institutionalisierung von Fachenzyklopädien ausgerichtete Skizze zur Universität Göttingen wird in spezifisch theologiegeschichtlicher Hinsicht auf ideale Weise ergänzt durch die nach Abschluß dieser Studien fertiggestellte, bislang noch unveröffentlichte theol. Diss.: J. Kramm, *Theologische Enzyklopädie und Studienordnung an der Universität Göttingen von 1734 bis 1830,* Mainz 1998, die über Feuerlein und Miller hinaus auf Mosheim und Planck eingeht.

[23] Der 1717 in Stolpe geborene Mursinna hatte bereits in Halle studiert, wo er seit 1758 als Professor der Theologie und Ephorus des reformierten Gymnasiums wirkte; er starb 1795 ebd.; vgl. ADB 23, 84. Neuere einschlägige Lexika führen seinen Namen nicht im Nomenklator.

[24] DIERSE, 81. Nahezu gleichlautend heißt es bei HUMMEL, 731: „Nach gegenwärtigem Wissen ist es der reformierte Theologe S. Mursinna (1717 - 1775 [falsches Todesdatum; L.H.]), der als erster eine theologische Fach-Enzyklopädie verfaßt." Farley, der diese allgemeine Forschungsansicht ebenfalls referiert - „The work usually nominated as the beginning of theological encyclopedia is Mursinna's Primae lineae encyclopaediae theologiae [sic!] (Halle, 1764)." (FARLEY, 69 Anm. 18) -, relativiert diese jedoch, indem er v.a. auf Gerbert verweist. Daß bei diesem *encyclopaedia* etwas ganz anderes meinte als bei Mursinna (siehe dazu oben 6.3), erörtert er jedoch nicht.

[25] „Die weiteren Werke können auf der Vorarbeit von Mursinna aufbauen" (DIERSE, 82); „Mursinnas Einführung findet jahrzehntelang ungezählte Nachfolger" (HUMMEL, 731).

direkte Abhängigkeit von dem zeitgenössischen Göttinger Enzyklopädie-Projekt verwiesen.[26]

Untersucht man nun Mursinnas einschlägiges Werk selbst in Hinblick auf diese ausgreifenden theologiehistorischen Auskünfte, so reduzieren sich diese rasch auf ein Minimum: Mursinnas *Primae lineae* sind - bis auf weiteres - als erstes im Buchhandel erschienenes theologisches Einführungswerk zu betrachten, das den Ausdruck *encyclopaedia* im Titel führt und sich für diese Entscheidung auf Göttinger Vorbilder - keineswegs nur und nicht einmal in hervorgehobenem Maße Pütter - beruft.[27] Weder sind jene jedoch von der Holzschnittartigkeit, Klarheit und gattungstheoretischen Bewußtheit der Pütterschen Enzyklopädie geprägt, noch beginnt mit Mursinna - über die genannte terminologische Entscheidung hinaus - etwas Neues, die Geschichte der Theologischen Enzyklopädie maßgeblich Prägendes.[28] Eine Orientierung an den genannten Göttinger Vorbildern geschieht, wenn überhaupt, so lediglich in einem knappen Vorspann,[29] wo - wie nun schon üblich - unter dem Leitstichwort der Gelehrsamkeit - hier noch lateinisch *eruditio* genannt - *encyclopaedia specialis et generalis* voneinander abgehoben werden.[30] Danach wird der Inhalt als aus eigentlich enzyklopädischen, methodologischen und literaturkundlichen Teilen zusammengesetzt beschrieben,[31] eine wiederum an

---

[26] „... für Mursinna ist u.a. der Göttinger Jurist Pütter Vorbild. Seinem Werk will er jetzt eine theologische Enzyklopädie an die Seite stellen" (DIERSE, 82); vgl. den in dieselbe Richtung gehenden Hinweis auf die Jurisprudenz bei HUMMEL, 731.

[27] Vgl. die Aufzählung zeitgenössischer 'Enzyklopädisten' in MURSINNA, *Primae lineae,* 6; Pütter ist nicht einmal der einzige dort genannte Jurist. Auch die Titelgestaltung ist eine Kombination aus verschiedenen Vorbildern, die etwa Gesners entsprechendem Werk *(Primae lineae isagoges in eruditionem universalem ... in usum praelectionum ductae)* - nicht nur der lateinischen Sprachgestalt wegen - mindestens so nahesteht wie dem Pütters (vgl. DIERSE, 74 - 77). Wie entsprechende Buchtitel zustande kommen, lehrt zudem das Beispiel des Göttinger Philosophen J. G. Feder, nach dessen *Grundriß der Philosophischen Wissenschaften* (Coburg 1767. ²1769) u.a. Kant seine *Philosophische Enzyklopädie* las: Feders Buch sollte zunächst 'Entwurf ...' heißen. „Aber der Verleger meinte, die 'Entwürfe' gingen schlecht ab. Es sollte 'Enzyklopädie' dafür gesetzt werden: 'die Enzyklopädien gehen besser.' Doch meinte Feder, daß ihm dieser Titel nicht recht anstand, worauf man sich auf 'Grundriß' einigte." (G. LEHMANN, Einleitung des Hg., in: KANT 29, 662; zu Kants Benutzung der Federschen Schrift vgl. ebd., 660 - 668)

[28] Dies hatte im Unterschied zur gängigen Meinung Kuyper mit seltener Klarheit erkannt: „Toch hechte men aan deze juistere benaming [= Enzyklopädie] niet te veel, want feitelijk geeft Mursinna bijna geheel denzelfden inhoud, die de vroegere rationes studiorum boden, en is elke Encyclopaedisch-organische gedachte aan zijn geschrift vreemd." (KUYPER, 224)

[29] Vgl. MURSINNA, *Primae lineae,* 1 - 8.

[30] Vgl. MURSINNA, *Primae lineae,* 2. 5.

[31] „... *encyclopaediae theologicae primae lineae ... complectentur:* 1) *brevem descriptionem et commendationem artium et scientiarum, quae cognitionem theologicam perficere possunt.* 2) *Consilia et monita, quae in quavis disciplina tractanda eum sequi et quem ordinem servare oporteat, qui studiorum suorum fructum velit optatum sperare.* 3) *Recensionem*

die Göttinger Modelle angelehnte Dreiteilung, die jedoch im Werk selbst - wenigstens in dieser klaren Abgrenzung - so gar nicht zum Zuge kommt. Hiermit ist die Modernität der *Primae lineae* dann auch schon weitgehend an ihr Ende gekommen. Ansonsten folgt die Darstellung älteren, längst bekannten Mustern und erweist sich am ehesten als Einführung in die Literatur zu theologischen Hilfswissenschaften und Disziplinen,[32] die zwar einige wenige Spezifika aufweist,[33] keineswegs aber als ein Werk, mit dem in der Geschichte theologischer Literatur inhaltlich etwas Neues beginnt. Zudem ist der mögliche direkte literarische Einfluß von Mursinnas Werk auf seine angeblichen Nachfolger bislang nirgends untersucht.[34]

7.3 THEOLOGISCHE ENZYKLOPÄDIEN IM UMFELD DER KATHOLISCHEN STUDIENREFORMPLÄNE DES SPÄTEN 18. JAHRHUNDERTS

Ähnlich wie bei der Rezeption durch Mursinna im Bereich evangelischer Theologie liegen in Werken katholischer Theologen der Aufklärungszeit Einleitungen in das theologische Studium und seine Teile vor, die im Titel die nun bereits eingeführten Termini 'Enzyklopädie' und 'Methodologie' benutzen und damit beanspruchen, sich in die Geschichte der um die Jahrhundertmitte geschaffenen und in Göttingen akademisch institutionalisierten Gattung einzureihen. Unter diesen ragen die entsprechenden Publikationen des Aldersbacher Zisterziensers und Ingolstädter

---

librorum, quibus ad partem quamvis eruditionis theologicae excolendam est opus" (MURSINNA, *Primae lineae*, 7f.).

[32] Als unmittelbarstes Vorbild dürfte die von Mursinna auch mehrfach genannte *Isagoge historico-theologica ad theologiam singulasque eius partes* (Leipzig 1727. ²1730) J. F. Buddes anzusprechen sein (vgl. z.B. MURSINNA, *Primae lineae*, 6), die nun selbst schon keine originelle Neukonzeption bietet (vgl. dazu den Nachdruck [Hildesheim u.a. 1999] und meine Einleitung hierzu: ebd., I-IX). Kuyper nennt - allerdings ohne weiteren Beleg - G. Voetius' *Exercitia et bibliotheca studiosi theologiae* von 1644 als Modell (vgl. KUYPER, 224. 169 - 175).

[33] Deren interessantestes dürfte die an der Gelenkstelle von Hilfswissenschaften und theologischen Fächern eingeschobene Disziplin *de religione* sein, die eine nicht näher differenzierte Mischung von religionskundlichen und apologetischen Elementen enthält (vgl. MURSINNA, *Primae lineae*, 288 - 305) und gemeinsam mit dem nachfolgenden Abschnitt *de scriptura sacra* (vgl. ebd., 305 - 316) den größten Teil der üblichen apologetischen Themenbereiche umfaßt. Ein gewisser Einfluß auf Planck, Kleuker und die weitere Entwicklung der Apologetik könnte hier durchaus gegeben sein (s.u. 7.4).

[34] Zwar kann die Schrift beispielsweise - neben mehreren anderen Werken Mursinnas und zudem in der auch hier benutzten 2. Auflage - in Schleiermachers Bücherschrank nachgewiesen werden (vgl. *Schleiermachers Bibliothek*, 234 Nr. 1342), ja selbst eine persönliche Bekanntschaft hat hier bestanden; hingegen ist gerade zwischen Mursinnas und Schleiermachers Theologischer Enzyklopädie der Abstand denkbar groß.

Theologieprofessors Stephan Wiest[35] sowie die seines Würzburger Kollegen Franz Oberthür[36] heraus. Beide auf jeweils spezifische Weise aufklärerischem Gedankengut gegenüber aufgeschlossene Theologen hatten sich bemüht, den studienreformerischen Unternehmungen, die, vom mariatheresianischen und josephinischen Österreich herkommend, auch die bayerischen Lehranstalten zu erfassen begannen, Raum zu geben.[37] In diesem Rahmen sind auch ihre theologischen Lehrbücher zu sehen, unter denen sich in beiden Fällen auch enzyklopädisch-methodologische Einleitungswerke befinden.

7.3.1 Stephan Wiests Theologische Enzyklopädie als erster Teil eines Lehrbuchs der Theologie[38]

Dem in Göttingen gesetzten Maßstab entsprechend unterscheidet Wiest von Beginn an sowie im gesamten Aufbau seines Buches Enzyklopädie und Methodologie; gehört zu ersterer die Kenntnis der Teile, aus der die Theologie als Wissenschaft besteht, so geht es der letzteren um den rechten Erwerb und Gebrauch dieser Teildisziplinen;[39] zwar dürfte etwas überraschen, daß Wiest zu den *partes theologiae* nicht nur *disciplinae*, sondern auch *doctrinae* zählt, doch versteht er darunter - vermutlich auf dem Hintergrund des scholastischen *sacra-doctrina*-Begriffs - nicht einzelne Lehrinhalte, sondern theologische Fächer als Lehrgebäude. Dies steht im Zusammenhang seines Theologiekonzepts: Theologie steht der Religion gegenüber und stellt deren materialen Gehalt in methodischer Ord-

---

[35] Zu Leben und Werk von St. Wiest (1748 - 1797) vgl. BRANDL 2, 267; MÜLLER, 21 - 136.

[36] Zu Oberthürs (1745 - 1831) Biographie und Bibliographie vgl. BRANDL 2, 175f.; LESCH.

[37] Zur Verortung von Wiests Werk in diesem Kontext vgl. MÜLLER, 49 - 62; bei Oberthür genügt bereits ein Blick in das unpaginierte *prooemium* zum 1. Teil seiner *Encyclopaedia:* Hier wird ausdrücklich auf Rautenstrauch und Braun verwiesen. Zu diesen Reformplänen selbst vgl. CASPER, der ebd., 104f. 108 - 112 auch auf Wiest und Oberthür eingeht, sowie LESCH. Beide Theologen waren demnach nicht nur interessierte Zeitgenossen, sondern selbst Agenten der genannten Reformvorhaben.

[38] Schon in der ersten Ausgabe der *Praecognita in theologiam revelatam* als erstem Band der *Institutiones theologicae* von 1782 waren die enzyklopädisch-methodologischen Teile *materialiter* enthalten, *formaliter* erschienen sie unter dem Titel *Specimen encyclopaediae et methodologiae theologicae* erst in deren zweiter Ausgabe von 1788; zudem wurde ebenfalls 1788 ein Separatdruck unter gleichem Titel publiziert; beide Versionen erlebten 1801 eine Neuauflage; vgl. zu diesen bibliographischen Angaben MÜLLER, 71 - 73. 76f.

[39] „Est vero *encyclopaedia theologica* cognitio adcurata doctrinarum sive disciplinarum omnium, quibus tanquam partibus constat theologia" (WIEST, *Praecognita, prooemium,* o.S.); hierunter fallen übrigens auch die theologischen Hilfswissenschaften. „Nomine *methodologiae theologicae* intelligitur ratio rite inter se connectendi atque addiscendi disciplinas, quas theologia complectitur." (Ebd.)

nung dar.[40] Die von der Religion transportierten und von der Theologie erkannten und formulierten Wahrheiten sind nun einerseits theoretischer, andererseits praktischer Natur.[41] Hieraus leitet sich für Wiest eine grundlegende Zweiteilung der an sich, nämlich in methodischer Hinsicht, einen Theologie in einen theoretischen und einen praktischen Bereich, will heißen: Dogmatik und Moraltheologie, ab, die im Grunde allein die wesentlichen Disziplinen der Theologie bilden.[42] Die übrigen Fächer entstehen nur dadurch, daß sich die so definierte Theologie auf bestimmte Quellen und Erkenntnisbereiche stützen muß, um ihre theoretischen und praktischen Wahrheiten zutage zu fördern, bzw. dadurch, daß sie bestimmter Fähigkeiten und Methoden bedarf, um jene wirksam werden zu lassen; ergeben sich auf die eine Weise hieraus die philologisch-historischen Disziplinen der Theologie, so auf die andere Weise die - nach heutigem Verständnis - praktischen Fächer. Allerdings hat Wiest hier keine in ihrer Ordnung begründete Reihung zu bieten, vielmehr nennt er nach der Unterscheidung von Dogmatik und Moraltheologie sowie deren gemeinsamer Quellenfächer Exegese und Patrologie die übrigen Disziplinen in loser Aneinanderreihung, wobei nicht einmal klar wird, ob er im einzelnen tatsächlich immer zu studierende theologische Fachrichtungen oder eventuell manchmal lediglich Dimensionen theologischen Denkens und Arbeitens anspricht.[43] Welche davon als theologische Disziplinen im

[40] „Theologia, et religio inter se differunt; ... theologia vero insuper veritates has in formam artis redactas exhibet." (WIEST, Praecognita, 17) Das Anliegen der umfassenden Studie von MÜLLER ist die Rekonstruktion dieses Wiestschen Theologiebegriffs auf dem Hintergrund der zeitgenössischen Philosophie, namentlich derjenigen Chr. Wolffs. Vgl. zum Gegenüber von Religion und Theologie sowie zu dem hier vorausgesetzten Religionsbegriff v.a. ebd., 396 - 408.

[41] Vgl. hierzu vor allem WIEST, Praecognita, 20 - 23. Müller, der hier wohl allzusehr von seinen Perspektiven auf die Philosophie der Aufklärung einerseits und die heutige Theorie-Praxis-Problematik andererseits gefangen ist (vgl. v.a. DERS., 461 - 466), verkennt m.E., daß es sich hier schlicht um eine Aufnahme des bis ins Mittelalter zurückreichenden und im gesamten hier untersuchten Zeitraum präsenten Gedankens handelt, daß die göttliche Offenbarung, die ihr entsprechende Religion und die diese satzhaft darstellende Theologie einerseits credenda, andererseits agenda enthält: Wiest spricht, indem er hier deutsche Ausdrücke in den lateinischen Text einflicht, von „Glaubens Wahrheiten" bzw. „Lebens Pflichten" (WIEST, Praecognita, 21). Im Anschluß an die erwähnte philosophisch-theologische Überfrachtung kommt dies bei Müller dann allerdings durchaus zum Tragen (vgl. DERS., 462f.).
Schon hier wird erkennbar, daß für die 'Praxisfächer' theologischer Ausbildung der Oberbegriff einer 'praktischen Theologie' somit natürlich ausfallen muß.

[42] Wenn er dann zudem die Moraltheologie nur als der Darstellung nach von der Dogmatik unterschieden sieht, ist die Identifikation von Dogmatik und Theologie nahezu perfekt (vgl. MÜLLER, 467 - 469). Die Praxis der getrennten Abhandlung führt er übrigens - sich dabei auf Mosheim berufend - auf Calixt zurück (vgl. WIEST, Praecognita, 23).

[43] Die gänzlich unoriginelle Aufzählung nennt so unterschiedliche Bereiche wie polemische, irenische, symbolische, mystische, pastorale, liturgische, kasuistische, homiletische, katechetische, scholastische, mathematische [dies wegen der Möglichkeit, die Theologie more mathematico zu betreiben], problematische, historische, archetypische, ektypi-

engeren Sinn zu gelten haben, geht denn auch nicht aus der Enzyklopädie allein hervor, sondern erst im Vergleich dieser enzyklopädischen Passagen mit den entsprechenden Abschnitten der Methodologie: Hier wird sichtbar, daß neben den biblisch-historischen und dogmatisch-moraltheologischen Fächern nur noch Polemik, Pastoraltheologie, Katechetik und Homiletik hierher gehören." Dies zeigt jedoch, daß es bei Wiest - im strikten Gegensatz zum zeitgenössischen Enzyklopädiekonzept - eben nicht die Enzyklopädie ist, die Umfang und Zusammenhang der Theologie und ihrer Teile festlegt und somit als übergeordnetes Prinzipienwissen der Methodologie fungiert; auf diese Weise wird aber um so klarer erkennbar, daß Wiest über seine traditionelle Darstellung, die die üblichen Einleitungsfragen der Theologie, wie z.B. diejenige nach der *divisio theologiae,* mit einer Einführung in das vorgegebene Theologiestudium verbindet, lediglich die gerade moderne Terminologie von Enzyklopädie und Methodologie stülpt, sich das dahinter stehende Konzept aber noch längst nicht zu eigen gemacht hat. Daher ist auch nicht verwunderlich - was ansonsten besonderer Erwähnung wert gewesen wäre -, daß Wiest die von ihm so betitelte Enzyklopädie und Methodologie als ersten Band in den literarischen Zusammenhang einer lehrhaften Gesamtdarstellung der Theologie⁴⁵ integrieren konnte: Die von ihm abgehandelten Gegenstände hatten hier längst schon ihren angestammten Platz.

sche etc. Theologie (vgl. WIEST, *Praecognita,* 31 - 55). Daß es sich hier nicht durchweg um die Unterscheidung von Disziplinen handeln kann, liegt zumindest für die Termini auf der Hand, die die gesamte Theologie nach Methoden bestimmen wollen, sowie für diejenigen, die nicht eine Abteilung der Theologie, sondern besondere Subjekte theologischer Erkenntnis im Blick haben.

[44] Vgl. WIEST, *Praecognita,* 220 - 242. Diese bestimmende Funktion der Methodologie gegenüber der Enzyklopädie bei der Festlegung des innertheologischen Fächerkanons wird bei MÜLLER, 470 - 484 nicht deutlich.

[45] Um genau zu sein, handelt es sich bei Wiests *Institutiones theologicae* allerdings nicht um die Theologie insgesamt, sondern nur um die Dogmatik, die als ersten materialen Teil übrigens die apologetischen *demonstrationes* enthält, ein Gebiet, das Wiest weder enzyklopädisch noch methodologisch klar von der Dogmatik abgegrenzt hatte (vgl. hierzu den Überblick bei MÜLLER, 74 - 84).

7.3.2 Franz Oberthürs *Encyclopaedia et methodologia theologica*[46]

Wie bereits Wiest, so teilt auch Oberthür das Studium der Theologie grundsätzlich in einen theoretischen und einen praktischen Teil ein; so übereinstimmend hier aber die Wortwahl ist, so unterschiedlich der Begriffsgebrauch: Verstand Wiest hierunter die innere Aufteilung des mit der Theologie insgesamt nahezu identifizierten 'systematischen' Kernbereiches in Dogmatik und Moraltheologie, so trennt Oberthür mit ebendiesen Termini das universitäre Theologiestudium von der an den kirchenamtlichen Leitungsaufgaben orientierten Seminarausbildung.[47] Umfaßt nach ihm das *studium theoreticum et academicum* biblische Hermeneutik und Exegese, Kirchengeschichte, Dogmatik, Moraltheologie, Polemik und Kirchenrecht, so begreift das nicht an der Universität selbst, sondern im Anschluß an das eigentliche Studium der Theologie zu durchlaufende *studium practicum* all diejenigen *artes,* die zur erfolgreichen Ausübung eines geistlichen, kirchenleitenden Amtes vonnöten sind,[48] unter sich. Ansonsten liegen Wiests und Oberthürs Begriffe von theologischen Studien der Sache wie dem Wortlaut nach sehr nahe beieinander: Auch Oberthür läßt das Wesentliche der Theologie mit deren systematischen Fächern, Dogmatik und Moraltheologie, weitestgehend deckungsgleich sein,[49] und auch er läßt dabei letztere im Grunde in ersterer aufgehen. Die biblisch-historischen Disziplinen geraten dabei auch ihm zu Einleitungsfächern in diese eigentliche Theologie, die nur dadurch ihre

[46] Wie bei Wiest und Planck liegt auch bei Oberthür die Enzyklopädie in zwei Fassungen vor: 1786 erschien die hier herangezogene *Encyclopaedia et methodologia theologica,* pars I (ein zweiter Teil ist nicht erschienen; er sollte - so Oberthürs *prooemium* zum ersten Teil - die bereits umrissenen Disziplinen nochmals einzeln und ausführlich behandeln); die *Theologische Encyklopädie oder der Theologischen Wissenschaften Umfang und Zusammenhang* (2 Bde., Augsburg 1828) stellt eine erweiterte deutsche Neuausgabe der o.g. Schrift dar, die jedoch deren Grundkonzeption beibehält.

[47] Vgl. OBERTHÜR, *Encyclopaedia,* 116 - 118 sowie die etwa gleichlautenden Äußerungen im *prooemium.*

[48] Die Reihe reicht von den üblichen praktisch-theologischen Fächern wie Pastoral, Katechetik, Homiletik, Liturgik, Kasuistik etc. bis hin zu den Usancen des *stylus ecclesiasticarum curiarum* (vgl. OBERTHÜR, *Encyclopaedia,* ebd.). Ohne daß der Nachweis einer literarischen Abhängigkeit möglich wäre, erinnert die Terminologie doch sehr an Calixts Unterscheidung akademischer von ekklesiastischer Theologie (s.o. 4.2) sowie - auf diesem Umwege - natürlich auch wieder an die (allerdings etwas anders gelagerte) jesuitische Trennung von scholastischer und positiver Theologie; dies ist um so eigentümlicher, als sich Oberthürs Reformkonzeptionen von allem 'Jesuitischen' abzusetzen trachteten (vgl. LESCH).

[49] „Sunt enim hae partes reliquarum, quae universam theologicam disciplinam constituunt, quasi aliquod compendium, quod omnis theologicae eruditionis succum salutarem in unum collectum repraesentat." (OBERTHÜR, *Encyclopaedia,* 96) Dies ist ebd. zwar im Hinblick auf das theologische Studienangebot für Nichttheologen (v.a. Juristen) gesagt, gilt nichtsdestoweniger allgemein. Zur Dogmatik zählt Oberthür hier, wie auch sonst, anhangsweise auch die Polemik, die er allerdings vorwiegend als theologische Lehr- und Literaturgeschichte begreift (vgl. auch ebd., 116).

Legitimation erhalten, daß sie dieser den dokumentarischen Boden berei-
ten.[50] Diesen enzyklopädischen Grundentscheidungen entspricht wiederum die methodologische Umsetzung nur sehr bedingt: Zwar wird hier
die Anzahl und Reihung der Disziplinen beibehalten, die quantitative
Gewichtung steht jedoch in einem nicht unerheblichen Mißverhältnis
zur qualitativen. Wie den meisten aufklärerischen Studienplänen der Zeit,
so war es auch demjenigen Oberthürs ein Anliegen, die systematischen
Fächer zugunsten der biblisch-historischen zu reduzieren: Seine Übersicht[51] umfaßt daher je ein Jahr für die biblischen und kirchengeschichtlichen Studien, jedoch nur insgesamt ein Jahr für Dogmatik, Moraltheologie, Polemik und Kirchenrecht.

Nicht uninteressant ist die Einordnung des enzyklopädischen Teiles
der Theologie selbst, wie Oberthür sie in diesem Rahmen vornimmt:
Zwar wird die enzyklopädisch-methodologische Einführung in die Theologie dadurch aufgewertet, daß sie selbst Bestandteil des Studienplanes ist
und innerhalb des ersten Jahres den einzigen material-theologischen Part
übernimmt, zugleich erfährt sie jedoch wieder eine Abwertung, insofern
sie - auf einer Stufe mit den biblischen Sprachen - lediglich zu den Hilfs-
disziplinen, nicht zur theologischen Wissenschaft selbst gezählt wird.[52]
Ihr innerer Aufbau ist durch das bewußte Nacheinander enzyklopädischer und methodologischer Passagen charakterisiert,[53] diese sind jedoch

[50] Vgl. OBERTHÜR, *Encyclopaedia*, 136: „*Biblia* [sic!] *exegesis prima* pandat *documenta*
originalia, ex quibus et revelationis divinae historia, et doctrina universa religionis deduci-
tur. *Historia ecclesiastica* autem *ulteriora* contineat ad eandem rem spectantia *documenta* ...
Dogmatica dein universa, quae et moralem theologiam complectitur, dispersas in iis
documentis singulas veritates colligat, et in unum ordinatum systema cogat". Ein für die
weitere Theologiegeschichte bedeutsamer, jedoch für unsere Thematik nicht unmittelbar
einschlägier Unterschied Oberthürs gegenüber Wiest wie den meisten anderen Theologen der Aufklärungszeit ist die Unterscheidung der speziellen, an einzelnen Lehrgehalten
orientierten Dogmatik von einer offenbarungsgeschichtlichen Grundlegung *(divinae
revelationis historia)*, ein Konzept, das um die Wende zum 19. Jahrhundert erste systematische Durchführungen erfährt.
[51] Vgl. OBERTHÜR, *Encyclopaedia*, 137 - 144. Der insgesamt vierjährige Zyklus, der im
ersten Jahr enzyklopädisch-methodologische Vorlesungen und den Erwerb der biblischen
Sprachen vorsieht, bezieht sich lediglich auf den 'akademischen' Teil des Studiums. Zum
Studienverlauf insgesamt vgl. LESCH, 65 - 67.
[52] Vgl. OBERTHÜR, *Encyclopaedia*, 116: „Praemitti autem debet ante omnia isagoge
quaedam encyclopaedica in universum theologicum studium, dein studium philologiae
orientalis sacrae utrumque, cum indivulsum esse debeat a studio theologiae theoretico et
academico, licet proprie theologiae ipsius partes non sint, nec encyclopaedica, nec philolo-
gia sacra, sed auxiliaria studia tantum". Ebd., 119f. gibt Oberthür übrigens zu erkennen,
daß er es war, der Anfang der achtziger Jahre diese enzyklopädischen Vorlesungen in
Würzburg ein- und seither fortgeführt hat.
[53] Verbunden wird dies mit zwei einleuchtenden Metaphern: Stellt die Enzyklopädie
eine Art Landkarte *(charta topographica)* der Theologie auf, so gibt die Methodologie dem
Studenten den Ariadnefaden *(filum ariadneum)* in die Hand, auf daß er sich in dieser
Topographie zurechtfinde (vgl. OBERTHÜR, *Encyclopaedia*, 114f.). Zur zeitgenössischen

dadurch ineinander verwoben, daß zunächst die Theologie insgesamt, danach die einzelnen theologischen Fächer abgehandelt werden.[54]

Trotz erheblicher Übereinstimmungen in theologiegeschichtlichem Hintergrund und Theologiebegriff sowie in der faktischen Ausgestaltung theologischer Studien, wie sie zwischen Wiest und Oberthür herrschen, wird man doch im Gegensatz zu jenem bei Oberthür ein Konzept und eine Durchführung von Theologischer Enzyklopädie erkennen müssen, das - ohne sich als hiervon unmittelbar abhängig zu zeigen - das mit den Göttinger Einführungsvorlesungen gegebene gattungsgeschichtliche Niveau durchaus erreicht. Selbst wenn es hier noch an manchen anderwärts bereits geleisteten terminologischen Differenzierungen mangelt,[55] steht doch hier ebenfalls eine theologische Einführungsdisziplin vor Augen, die - nach dem Muster des Gegenüber von Universalenzyklopädie und einzelnen Wissenschaften - die Theologie als Disziplin aus Disziplinen vorstellt und hieraus die methodologischen Konsequenzen zieht.

7.4 PROTESTANTISCHE THEOLOGISCHE ENZYKLOPÄDIEN AUF DER LINIE DES GÖTTINGER MODELLS

7.4.1 Gottlieb Jakob Plancks theologisch-enzyklopädische Schriften

Es gibt nun zahlreiche Beispiele Theologischer Enzyklopädien, die - oft allerdings ohne diesen nun schon gängigen Gattungsbegriff für den eigenen Buchtitel in Anspruch zu nehmen -[56] bewußt den in den Göttinger Einführungsvorlesungen etablierten Standards gerecht zu werden versuchen. Dies ist wohl am selbstverständlichsten bei Autoren wie G. J. Planck, der als Göttinger Professor (1784 - 1833) selbst in die Fußstapfen

Verbreitung der enzyklopädischen Landkarten-Metaphorik im Anschluß an d'Alemberts *mappe-monde*-Terminologie vgl. etwa G. LEHMANNs Anm. in KANT 29, 673.

[54] Diesen Aufbau hatte auch der Grazer josephinische Theologe und Professor für Kirchenrecht X. Gmeiner (1752 - 1824; zu ihm vgl. BRANDL 2, 86) in seinem ebenfalls 1786 erschienenen *Schema encyclopaediae theologicae* gewählt und terminologisch so bestimmt, daß der erste Teil als allgemeine, der zweite als spezielle Theologische Enzyklopädie zu gelten habe (vgl. ebd., 3 - 37. 38 - 94). Auch er hatte übrigens die Theologische Enzyklopädie als Einführungsveranstaltung für Studienanfänger konzipiert, ihr - vgl. den vollständigen Titel - allerdings nur die ersten Wochen des ersten Studienjahres zugeordnet.

[55] So wird etwa wechselweise der damals schon etwas altertümlich wirkende Begriff *cyclopaedia* sowohl für die Universalenzyklopädie wie für die Theologische Enzyklopädie gebraucht; die Theologie wird ebenso *scientia* oder *disciplina* genannt wie die theologischen Teilfächer als *scientiae* oder *disciplinae* bezeichnet werden etc. (vgl. OBERTHÜR, *Encyclopaedia*, 90. 93f. 114. 119 u.ö.).

[56] Dies geschieht ja nicht einmal bei den späteren Höhepunkten der Gattungsgeschichte, SCHLEIERMACHER (1811/30) und DREY (1819).

seiner Vorgänger der Jahrhundertmitte zu treten hatte.[57] Auch dessen Stellung in der Geschichte der hier zu untersuchenden Gattung unterliegt im gängigen Urteil der Literatur einem erheblichen Mißverständnis: Allen neueren Darstellungen gilt er eigentümlicherweise als Nachfolger statt als Vorläufer Schleiermachers.[58] Dies dürfte primär auf den Umstand zurückzuführen sein, daß Planck zwei Werke theologisch-enzyklopädischen Inhalts publiziert und im Vorwort zu letzterem entscheidende konzeptionelle Modifikationen angekündigt hat. Nun liegt in dieser zweiten Veröffentlichung in der Tat nicht nur eine etwas aufgefrischte Zweitauflage der ersten vor, sondern ein textlich neu erarbeitetes, umfangmäßig übrigens erheblich gestrafftes Werk, das einige terminologische Neuerungen enthält, die so kaum vor der Wende zum 19. Jahrhundert denkbar gewesen wären;[59] nicht jedoch hat sich gegenüber der Erstveröffentlichung von 1794/95[60] all das geändert, was den Stellenwert Plancks innerhalb der Geschichte Theologischer Enzyklopädie bestimmt:[61] Keineswegs originell, jedoch in einer für die theologische Einführungsliteratur bis dato nicht gerade üblichen Klarheit gliedert er die theologischen Disziplinen in vier Hauptgruppen, die exegetische, histori-

---

[57] Zu seiner führenden Stellung innerhalb der Göttinger Theologischen Fakultät vgl. Art. „Göttingen, Universität", in: TRE, Bd. 13 (1984), 558 - 536, hier: 561.

[58] So schreibt etwa Dierse, Planck habe „Schleiermachers Dreiteilung der Theologie zu einem Schema von vier Disziplinen ... erweitert und damit die noch heute meistgebrauchte Einteilung der Theologie (ge)liefert" (DIERSE, 197); Hummel formuliert: „Am nächsten stehen Schleiermachers Position die eigentlich *vermittlungstheologischen Enzyklopädien* des 19. Jh. Hier ist zuerst auf den *Grundriß der theologischen Encyclopädie* (Göttingen 1813) von Gottlieb Jakob Planck (1751 - 1833) zu verweisen" (HUMMEL, 733); Farley erwähnt Planck nur ganz am Rande in einer Fußnote (FARLEY, 95 Anm. 13); aus der Zitationsweise geht hervor, daß ihm dessen Werk selbst nicht zur Verfügung gestanden haben dürfte. Chronologisch zutreffend eingereiht wurde Plancks Schrift hingegen bei KUYPER, 294 - 299; dort wird allerdings das Verhältnis zu Schleiermacher nicht diskutiert.

[59] Vgl. z.B. die Äußerung: „Eine Anweisung zum seeligen Leben kann nur aus der Religions-Wissenschaft geschöpft, und nur von dieser gegeben werden" (PLANCK, *Grundriß*, 8), die wohl nur als polemische Apostrophierung der berühmten Schrift Fichtes von 1806 verstanden werden kann, oder eine weitere, nach der die Theologie oder - wie Planck sie nennt - 'christliche Religions-Wissenschaft' „offenbar in die Kategorie der *historischen* Wissenschaften (gehört)" (ebd., 9), eine Einschätzung, die vermutlich SCHELLING (1803), aber möglicherweise nun auch SCHLEIERMACHER (1811) voraussetzt. Vgl. hierzu etwa auch die Beobachtung von PANNENBERG, 246f. Anm. 505.

[60] Dieses erste enzyklopädische Werk Plancks hat Schleiermacher ebenfalls besessen; vgl. *Schleiermachers Bibliothek*, 245 Nr. 1480; zudem hat er es, angeblich allerdings erfolglos, zur Vorbereitung seiner eigenen enzyklopädischen Vorlesungen benutzt; vgl. den Brief an J. Chr. Gaß von 1804, zit. GROOT, 27. Bei Groot wird Plancks *Einleitung* daher als Vorgängerwerk von SCHLEIERMACHER (1811/30) kurz skizziert (vgl. GROOT, 30 - 32).

[61] Schon Drey hat dies richtig erkannt, wenn er schreibt: „Der Grundriß der theologischen Encyclopädie ... von demselben Verfasser ... ist ein Auszug aus der Einleitung, worin Plan und Anlage dieselben geblieben sind, der H. Verf. aber seine seitdem umgebildeten und berichtigten Ansichten über Einzelnes nachgetragen hat." (DREY [1819], 55)

sche, systematische und angewandte Theologie.[62] Nun muß hier nicht mehr, wie noch im Falle der behandelten Werke des 16. und 17. Jahrhunderts, vor allzu rascher Identifizierung dieser Termini mit den gleichnamigen, heute gebräuchlichen gewarnt werden, denn in der Tat wird von dieser *fourfould pattern*[63] mit wenigen Ausnahmen[64] all das umschlossen, was ein heutiger Leser darunter verstehen würde; allerdings ist der für die weitere Binnendifferenzierung der theologischen Wissenschaft bedeutsamste Aspekt der Fächereinteilung, wie Planck sie vorlegt, hiermit noch gar nicht in Erscheinung getreten. Dieser liegt nämlich - von der erwähnten Grobgliederung unbenannt - im Bereich dessen verborgen, was bei Planck 'exegetische Theologie' heißt;[65] der so umschriebene Fächerkanon enthält nämlich nicht nur die üblichen methodisch-hermeneutischen Einleitungswissenschaften des biblischen Studiums, sondern - und dies an erster Stelle - auch die Apologetik.[66] Dadurch sind zwei für die weitere Entwicklung dieses so der theologischen Auseinandersetzung mit der Aufklärung entsprossenen Faches maßgebliche Entscheidungen getroffen: Zum einen geht die Apologetik der Theologie als ganzer deren Unternehmen rechtfertigend und begründend voran,[67] zum anderen wird sie aus dem unmittelbaren Umfeld der systematischen

[62] Vgl. neben der Gliederung des gesamten Werkes z.B. PLANCK, *Einleitung* 1, 89; den Terminus 'praktische Theologie' alternativ zu dem der 'angewandten Theologie' verwendet Planck übrigens erst in der Neufassung (vgl. PLANCK, *Einleitung* 2, 593 mit DERS., *Grundriß*, 292).

[63] So der bei FARLEY im Anschluß an Vorbilder des 19. Jahrhunderts immer wieder gebrauchte Begriff für die genannte Gliederung.

[64] Die bedeutsamste dieser Ausnahmen dürfte sein, daß kein eigentlich bibelexegetisches Fach im heute gängigen Sinne beschrieben wird; vielmehr handelt es sich bei den exegetischen Fächern - neben den im folgenden zu behandelnden - eigentlich um Disziplinen biblischer Einleitungswissenschaft; ein Phänomen, das hier nicht zum ersten Mal begegnet.

[65] Vgl. PLANCK, *Einleitung* 1, 271 - 2, 182.

[66] Dabei mag dahingestellt bleiben, ob es Planck hier nun tatsächlich als erster unternommen hat, „die Apologetik in das Ganze der Theologie einzuordnen" (Art. „Apologetik II. Neuzeit", in: TRE, Bd. 3 (1978), 411 - 424, hier: 416; dies dürfte wohl so kaum erweislich sein und ist auch keineswegs das eigentümliche seiner Konzeption; ebensowenig ist im Grunde entscheidend, daß er sie der exegetischen Theologie (nicht: „der Exegese" [ebd.]) zuordnet. Wichtig - und dies wird im genannten Artikel nicht berücksichtigt - ist vor allem die Position.

[67] Vgl. PLANCK, *Einleitung* 1, 272. Es handelt sich dabei also keinesfalls nur um „die erste und grundlegende Teildisziplin der exegetischen Theologie" (PANNENBERG, 416); dasselbe Fehlurteil liegt schon bei EBELING, 492 vor: „Daß die Apologetik des Christentums enzyklopädisch der Exegese bzw. der dogmatischen Lehre von der Schrift zugeteilt wird, besagt: Sie wird dort loziert, wo es nach altprotestantischer Lehre um das unicum principium cognoscendi der Theologie geht". Vor allem bleibt hier der klare Abstand der Apologetik im Sinne Plancks von den Fragen nach der Bibel als inspirierter heiliger Schrift sowie von der Dogmatik insgesamt unberücksichtigt.

Theologie gelöst.[68] Sie ist damit nicht mehr nur auf der Basis historisch-philosophischer Erkenntnis gewonnener Vorspann zur Dogmatik, vielmehr wird sie zur theologischen Fundamentaldisziplin, der das volle Risiko der Sinnhaftigkeit oder Sinnlosigkeit des gesamten Projekts Theologie aufgeladen wird. Ihre strikte Unterscheidung[69] des ihr zukommenden Nachweises der Göttlichkeit der christlichen Religion von demjenigen der Göttlichkeit der diese bezeugenden Urkunden[70] sowie die ebenso klare Trennung äußerer von inneren Gründen und Beweisgängen[71] läßt diese Konzeption der Apologetik - zumindest formal - als auf der Höhe der Debatten ihrer Zeit erscheinen. Die in Umrissen erkennbare inhaltliche Füllung dieser Ansprüche bleibt hingegen weit hinter diesem Entwurf zurück. Hierfür mögen die rückhaltlose Privilegierung historischer Argumentation[72] sowie die eigentümliche Verknüpfung von klassisch-apologetischem Denken mit unvermittelt auftretenden skeptischen Elementen[73] als Beispiele gelten.

Ebenfalls den zeitgenössischen Standards gemäß wird die Aufgabe - und entsprechend die inhaltliche Gliederung - der Theologischen Enzyklopädie skizziert. Insgesamt sind es fünf 'Haupt-Geschäfte',[74] die Planck dieser Gattung zuweist: Sie hat einleitend Gegenstand und Zweck der jeweiligen Wissenschaft, hier der theologischen, zu bestimmen, abschließend die für jene nötigen Vorkenntnisse, die Methode ihres Studiums, eine Literaturkunde sowie einen Überblick über die Geschichte des

[68] Vgl. PLANCK, *Einleitung* 1, 271f.; sie wird dort als „eigene Wissenschaft" und insofern zu Recht als „ganz neue Wissenschaft" gekennzeichnet. Zur Einschätzung der Bedeutung Plancks für die Entstehung der Apologetik in Vergangenheit und Gegenwart vgl. KUSTERMANN (1988), 122 - 125. 176f. u.ö.

[69] Vgl. hierzu v.a. PLANCK, *Einleitung* 1, 272 - 274. In dieser Klarheit war dies zu Beginn des Werkes (vgl. ebd., 1, 91) noch nicht erkennbar.

[70] Dieser wird in dem nachfolgenden Fach exegetischer Theologie, der 'Geschichte des Kanons' (vgl. PLANCK, *Einleitung* 1, 363 - 478), geführt; daß dies zwei zwar scharf zu unterscheidende, in der Abfolge aber aneinander gebundene theologische Disziplinen sind, letztere mit ihren Fragestellungen nach Authentie, Integrität und Inspiration der biblischen Schriften dabei unmittelbar in den Themenbereich biblischer Einleitungswissenschaften hinüberweist, ist wohl der eigentliche Grund, die Apologetik ebenfalls den exegetisch-theologischen Fächern zuzuschlagen, nicht dagegen derjenige, „daß es für den Protestantismus bei der Autorität der Schrift um die Wahrheit des Christentums überhaupt geht" (PANNENBERG, 416).

[71] Vgl. hierzu etwa PLANCK, *Einleitung* 1, 285 - 298.

[72] Vgl. z.B. PLANCK, *Einleitung* 1, 295f.; diese ist hier doch allzusehr an das klassische apologetische Arsenal gebunden und kann nicht mit dem Gedanken des 'Faktums' der christlichen Religion bzw. der Theologie als historischer Wissenschaft vom Absoluten, wie dies etwa in der Tradition Lessings oder in der Zeitgenossenschaft Schellings denkbar wäre (s.u. 8.1), identifiziert werden.

[73] Vgl. z.B. PLANCK, *Einleitung* 1, 359 - 361.

[74] Vgl. PLANCK, *Einleitung* 1, 10 - 13. Diese Problemstellungen gelten für das Unternehmen insgesamt sowie jeweils für die einzelnen abzuhandelnden Teildisziplinen, wie dies ja auch deren im Titel bereits apostrophiertem Charakter als einzelnen theologischen 'Wissenschaften' entspricht.

Faches zu bieten; dazwischen angesiedelt ist jedoch ihre eigentliche Aufgabe, die Darstellung der „Verbindung, in welcher nicht nur die Theile einer Wissenschaft mit anderen stehen, sondern vorzüglich jene, worinn die ganze Wissenschaft mit andern steht"; durch beides entsteht der „Umriß von dem Ganzen einer Wissenschaft".[75] Sieht man von der bereits behandelten Sonderstellung der Apologetik ab, so enthält Plancks enzyklopädische Darstellung der Theologie und ihres Studiums keine weiteren, für die Geschichte der Gattung bedeutsamen Neuigkeiten[76] oder Gewichtungen.[77]

7.4.2 Johann Friedrich Kleuker als theologischer Enzyklopädist an der Wende zum 19. Jahrhundert[78]

Der von Planck wiederholt als bedeutender zeitgenössischer Autor, namentlich auf dem Gebiet der neugeschaffenen Apologetik,[79] angeführte Kieler Theologe Kleuker hatte selbst in Göttingen studiert und dort zweifellos die enzyklopädische Praxis der dortigen Fakultäten kennengelernt.[80] So ist es nicht weiter verwunderlich, wenn er bereits im Wintersemester 1798/99, also im ersten Halbjahr seiner ordentlichen Professur in Kiel, neben anderen, patrologischen und exegetischen Veranstaltungen, auch theologische Enzyklopädie „ex proprio sui, his usibus desti-

---

[75] PLANCK, *Einleitung* 1, 11.

[76] Immerhin erwähnenswert bleibt Plancks Ablehnung der - zeitgenössisch modischen - Trennung von 'Biblischer Theologie' und Dogmatik (vgl. PLANCK, *Einleitung* 1, 112f.) sowie die terminologische Abhebung letzterer als 'Glaubenslehre' von der Moraltheologie als 'Sittenlehre' (vgl. ebd., 113), eine Begrifflichkeit, die - mit gewissen, nicht unbedeutenden Verschiebungen in der inhaltlichen Füllung - so auch bei Schleiermacher üblich sein wird (vgl. PANNENBERG, 409f.).

[77] Hier ist wohl ein Hinweis darauf angebracht, daß - namentlich in der ersten Fassung, also der *Einleitung* von 1794/95 - dem praktisch-theologischen Bereich lediglich der Status eines Anhangs zum Umriß theologischer Wissenschaft beigemessen wird (vgl. PLANCK, *Einleitung* 2, 593 - 607). Vgl. zu dieser Abwertung PANNENBERG, 429.

[78] Zu Leben und Werk Kleukers (1749 - 1827) vgl. ASCHOFF; besonderes Interesse verdient hier die Periode zwischen dem Studienende und dem Antritt eines theologischen Lehramtes; sie zeigt den zeitweiligen Freimaurer und Theosophen im Umkreis der Frühromantik und im persönlichen Kontakt mit herausragenden Gestalten dieser Epoche (Herder, Lavater, Jacobi, Fürstin Gallitzin und ihr Kreis): vgl. ebd., 29 - 170.

[79] Vgl. z.B. PLANCK, *Grundriß*, 62; es ist auch nicht auszuschließen, daß die Änderung des Titels in der Zweitauflage von Plancks enzyklopädischem Werk an Kleukers entsprechendem Opus orientiert ist.

[80] Vgl. zu Kleukers Göttinger Studien ASCHOFF, 20 - 28; er hatte dort nicht nur theologische, sondern auch (im weitesten Sinne) philosophische Lehrveranstaltungen besucht (vgl. v.a. ebd., 21). Bei welchen Professoren Kleuker enzyklopädische Vorlesungen gehört hat, geht aus der Darstellung bei ASCHOFF leider nicht hervor.

nato, compendio, brevi typis exprimendo" ankündigt und liest.[81] Auch
die zugehörige Publikation ließ nicht lange auf sich warten: Nachdem
Kleuker bereits 1799 eine kleine Programmschrift mit dem Titel „Einige
Bemerkungen über den Begriff einer theologischen Encyklopädie" veröffentlicht hatte,[82] folgten in den zwei nächsten Jahren die beiden Bände des
genannten Kompendiums. Hierin folgt er der Ende des 18. Jahrhunderts
bereits als gängig zu betrachtenden Aufteilung eines solchen Unternehmens in allgemeine und spezielle Theologische Enzyklopädie,[83] ein Glie-
derungsprinzip, das er jedoch terminologisch neu faßt, wobei er eine
'Theologische Wissenschaftskunde' von der 'Encyklopädie der theologischen Wissenschaften selbst' abhebt.[84] Wie ebenfalls bereits zum Standard
geworden, deckt sich die grundsätzliche Einteilung der Theologie in
ersterer vollständig mit der faktischen in letzterer: Beide gliedern die
Theologie in 'Fundamental-Theologie', 'systematisch-elenchtische Theologie', 'anwendende Theologie' und 'Geschichte der Anwendung der
christlichen Religions-Wissenschaft und des Christenthums überhaupt'.[85]
Hierbei ist namentlich auf die Aufnahme der sich etablierenden Vierzahl
der Fächergruppen, die Zusammenfassung von Dogmatik, Moral und
Polemik unter dem Stichwort des 'Systematischen', die Zuordnung der -
als Disziplin durchaus selbständigen - Apologetik zu den 'exegetischen'
Fächern der 'Fundamental-Theologie'[86] und die Schlußstellung der historischen Fächer zu verweisen, allesamt Elemente, die der Sache nach keinerlei Anspruch auf Originalität machen können. Auch das Verständnis
der Theologie insgesamt als Wissenschaft der christlichen Religion war
bei den zuvor erörterten Autoren bereits gegeben. Dennoch sind spezifische Elemente in Kleukers Lehrbuch kenntlich zu machen: Sie betreffen
einerseits die Stellung der Apologetik im Gefüge der theologischen Disziplinen, andererseits die Beschreibung der Aufgabe einer Theologischen
Enzyklopädie sowie die ihr entsprechende Durchführung. Befinden wir
uns mit der klaren Trennung der Apologetik von der systematischen
Theologie, ihrer Einreihung unter die theologischen Grundlegungsfächer

---

[81] Vgl. ASCHOFF, 193; dort auch das Zitat aus dem *Index lectionum Kilonensium* für
1798/99. Zu Kleukers Kieler Lehrtätigkeit und deren - recht mäßigem - äußerem Erfolg,
gerade auch, was die enzyklopädischen Veranstaltungen betrifft, vgl. ebd., 193 - 199.
[82] Vgl. DIERSE, 88; ASCHOFF, 208; Beide lassen die Tatsache unerwähnt, daß diese Publikation weitgehend in das Vorwort des *Grundrisses* eingearbeitet wurde (vgl. KLEUKER,
Grundriß 1, VI - XX).
[83] Vgl. oben etwa den Abschnitt 7.3.2 zu Oberthür.
[84] In die so betitelten Hauptteile gliedert sich KLEUKERs *Grundriß* (vgl. ebd., 1, 3 - 68;
1, 69 - 2, 473).
[85] Vgl. KLEUKER, *Grundriß* 1, 5 - 8 sowie die Gesamtgliederung beider Hauptteile des
Werkes; einen Überblick hierzu bietet ASCHOFF, 210. Die im folgenden erörterten
gattungshistorischen und auf die Konzeption der Apologetik bezogenen Problemfelder
werden in dem ebd. der Theologischen Enzyklopädie Kleukers gewidmeten Kapitel (vgl.
208 - 214) nicht angesprochen.
[86] Siehe dazu unten.

und ihrer damit gegebenen Nähe zur 'exegetischen Theologie' ganz in der von Planck her geläufigen Konstellation,[87] so lassen doch die Reihung der Apologetik - nach der 'Kritischen Geschichte der schriftlichen Offenbarungsurkunden' und der 'Exegetik' - an das Ende des fundamentaltheologischen Komplexes und die damit gleichsam durch die Hintertür sich wiederum ergebende Nähe zur im Fächerkanon unmittelbar folgenden Dogmatik ein gewisses Schwanken zwischen der - nicht zuletzt durch Planck - neuerdings etablierten Verselbständigung der Apologetik und ihrer damit gegebenen Grundlegungsfunktion für die gesamte Theologie und älteren Konzepten erkennen, die sie primär auf die 'schriftlichen Offenbarungsurkunden' beziehen bzw. als allgemeinen Vorspann zur Dogmatik begreifen.[88]

Wohl noch bedeutsamer für die weitere Geschichte der Theologischen Enzyklopädie als Gattung dürfte die Aufgabenstellung sein, die Kleuker dieser selbst zumißt: Im Unterschied zu den meisten seiner Vorgänger und Zeitgenossen ist er nämlich der Auffassung, daß es hier keineswegs damit getan ist, „eine bloße Anzeige und allgemeine Beschreibung aller bisherigen Theile der Theologie"[89] zu bieten; ebensowenig genügt es, diese lediglich durch eine Methodologie oder Literaturkunde zu ergänzen:[90] Erfordert wird vielmehr ein „Grundriß der Wissenschaft selbst", ein *„Inbegriff aller Haupt- und Grundkenntnisse der gesammten Theologie"*.[91] Nicht ein formaler Überblick allein ist somit die Aufgabenstellung der Theologischen Enzyklopädie; darüber hinaus geht es um „eine Kenntniß der Sache selbst". Wenn diese auch - den didaktischen Erfordernissen einer Einführungsveranstaltung[92] entsprechend - „nach einer mehr thetischen, d.i. positiv lehrenden, als skeptisch oder schwankend räsonniren-

[87] Auch die grundlegende Definition der Aufgaben dieses Faches steht derjenigen bei Planck sehr nahe, stellt sie doch eine „Theorie des Beweises für die Wahrheit und den göttlichen Ursprung der christlichen Religion, in Beziehung auf die in der Bibel enthaltene, und durch sie beurkundete göttliche Offenbarung überhaupt, so wie diesen Beweis selbst, und dessen Rechtfertigung" dar (KLEUKER, *Grundriß* 1, 6). In der enzyklopädischen Darstellung der Apologetik selbst unterscheidet Kleuker dann die „Theorie einer Apologie des Christenthums" (ebd., 1, 197) von dieser selbst (vgl. ebd., 1, 201) sowie von deren Verteidigung „gegen die Einwürfe der Gegner" (ebd., 1, 215).

[88] Immerhin steht auch bei Kleuker die Polemik als Abschluß der systematischen Theologie in denkbar großem Abstand zur Apologetik, die allerdings - wie eben gesehen - eine ihr eigene 'polemische' Abteilung enthält.

[89] KLEUKER, *Grundriß* 1, VII.

[90] Diese Aufgaben gehören nach ihm nicht einmal zu den konstitutiven einer Theologischen Enzyklopädie; vgl. KLEUKER, *Grundriß* 1, XV. Was hiermit gesagt wird, darf nicht unterschätzt werden: Immerhin werden diejenigen Bestandteile, die zahlreiche Vorgängerwerke der Theologischen Enzyklopädie weitgehend ausgemacht hatten - *ratio studiorum* und theologische Literaturgeschichte - aus dem Bereich der Gattungsspezifika ausgeschlossen.

[91] KLEUKER, *Grundriß* 1, IX. Ebd. auch das folgende Zitat.

[92] Daß Kleuker sich hierunter eine einjährige Lehrveranstaltung für Studienanfänger vorstellte, ergibt sich aus KLEUKER, *Grundriß* 1, IX. XIf. 2, VII.

den ... Methode"[93] vorzutragen ist, so heißt dies zudem keineswegs, daß nach der formalen nun nur eine materiale Inhaltsangabe der Theologie geplant sei; die Theologische Enzyklopädie hat neben der *„theologischen Wissenschaftskunde"* und dem „kurzen Inbegriff der hauptsächlichsten und unentbehrlichsten Kenntnisse von allen Theilen der Theologie" auch deren „Gründen und Beweisen" den nötigen Platz einzuräumen.[94] Theologische Enzyklopädie ist damit Grundlegung der Theologie, aber nicht nur das: Sie ist auch selbst Theologie: Theologie im 'Grundriß'.[95]

[93] KLEUKER, *Grundriß* 1, XVf.

[94] KLEUKER, *Grundriß* 1, X. So kann Kleuker ebd., XIV das gesamte Projekt nochmals dahingehend zusammenfassen, daß „der Plan ... sich auf einen Hauptbegriff des Ganzen dieser Wissenschaft beziehet, der alle wesentlichen Theile derselben mit ihren unveränderlichen Gründen in sich faßt". Es ist hier darauf hinzuweisen, daß - wie an der Kritik Pütters an seinem Kollegen Gatterer zu ersehen war; s.o. 7.1 Anm. 16 - ein solches Konzept in der Geschichte der Enzyklopädie insgesamt schon vorher denkbar und realisiert war; in der Theologie ist es vor Kleuker so offenbar noch nicht in Erscheinung getreten.

[95] Hiermit liegt, soweit ich sehe, in dieser Deutlichkeit erstmals ein Konzept der Theologischen Enzyklopädie vor, wie es später ansatzweise von Drey, in letzter Konsequenz von Staudenmaier aufgenommen wurde, dort allerdings nicht (wenigstens nicht ausdrücklich) auf Kleuker Bezug nehmend und vor allem vermittelt durch die diesen noch nicht berührenden Wissenschaftskonzepte Schellings bzw. Hegels. Im Hinblick auf Staudenmaier wäre jedoch durchaus zu untersuchen, ob sich sein Konzept der Theologischen Enzyklopädie in wesentlichen Teilen nicht bereits auf Entwürfe wie diejenigen Plancks und v.a. Kleukers stützt: Zumindest liegt hier eine weitgehend identische Reihung der Fächergruppen vor, die auf einen Komplex von apologetischen und exegetischen Grundlegungsdisziplinen die systematischen Kernfächer folgen sowie dann ebenfalls die praktischen den historischen Fächern vorangehen läßt; die Apologetik wird dabei - hier eher im Sinne Plancks als Kleukers - den kritisch-exegetischen Fächern vorangestellt (vgl. STAUDENMAIER, IX - XVI). Die unmittelbareren Vorgängern entnommene Dreiteilung der Theologie in spekulative, praktische und historische (vgl. ebd., 77 - 80) erweist sich daher als dem tatsächlichen Gliederungskonzept übergestülpt, da auch die biblisch-exegetischen Einleitungsfächer hier notgedrungen unter der Gesamtüberschrift 'spekulative Theologie' firmieren müssen.

8. THEOLOGISCHE ENZYKLOPÄDIE AUF IDEALISTISCHER GRUNDLAGE

8.1 SCHELLINGS *VORLESUNGEN* ALS AUSGANGSPUNKT

Auf der Basis der Philosophie des Deutschen Idealismus, namentlich in derjenigen Ausprägung, die er in den ersten Jahren des 19. Jahrhunderts in Gestalt des Schellingschen Identitätsdenkens gefunden hat, vollzieht sich in der Geschichte der Theologischen Enzyklopädie die letzte bedeutsame Wendung. Vorausgesetzt wird hier die Tatsache, daß es, was die Theologie und insbesondere die katholische anbelangt, die Philosophie Schellings, und nicht diejenige Fichtes,[1] Hegels[2] oder anderer Vertreter der idealistischen Richtung, war, die auf diesem gattungsgeschichtlichen Gebiet den entscheidenden Einfluß hatte, sowie daß dies natürlich nicht nur die Frage einer einzelnen theologischen Gattung, sondern auch Grundlagen und Inhalte der Theologie insgesamt affizierte.[3] Ebenfalls vorausgesetzt werden muß die Systemgestalt der Schellingschen Philosophie dieser Jahre selbst.[4] Nicht ersparen kann man sich hingegen einen knappen und lediglich an den theologietheoretischen Fragen orientierten

---

[1] Daß dies so ist, dürfte - trotz der ungeheuren Wirkung Fichtes auf die Theologen seiner Zeit, nicht zuletzt die katholischen - klar werden, wenn man den Spielraum betrachtet, den Fichte in seiner 'Universitätsschrift' der Theologie als Wissenschaft beläßt; vgl. DERS., 136 - 140.

[2] Dessen Wirkung auf die Theologie setzt erst nach der hier untersuchten Periode der Theologiegeschichte ein; zwar sind bedeutende Verfasser Theologischer Enzyklopädien unter den von ihm Geprägten zu finden (Daub, Rosenkranz, Staudenmaier); teils hatten diese aber ihre entsprechenden Schriften bereits vor ihrer hegelianischen Phase abgefaßt, teils bauen deren Werke zwar inhaltlich, nicht jedoch formal auf Hegel auf, so daß der Gattungsgeschichte Theologischer Enzyklopädie auf dem Wege der Hegel-Rezeption keine eigentlich neue Epoche mehr zuwächst.

[3] Zu ersten Orientierungen hinsichtlich der theologischen Schelling-Rezeption um und nach 1800 vgl. O'MEARA und WOLF; zu den Grenzen namentlich letzterer Darstellung vgl. HELL (1993), 103 Anm. 280.

[4] Vgl. hierzu TILLIETTE, v.a. 1, 237 - 471, FRANK, SANDKAULEN-BOCK sowie - besonders für unseren Zusammenhang einschlägig - MAESSCHALCK, 70 - 121 und JACOBS, 211 - 267.

Einblick in dasjenige Werk, das am unmittelbarsten die im folgenden zu untersuchenden (sowie die hier nicht mehr betrachteten) Entwürfe Theologischer Enzyklopädie geprägt hat: Schellings *Vorlesungen über die Methode des academischen Studium,* die dieser 1802 und 1803 in Jena gehalten und 1803 publiziert hat.[5]

Auch für Schelling geht es in der Enzyklopädie darum, dem Anfänger im universitären Studium einen Überblick über das Wissen im allgemeinen und den Ort und Umfang der einzelnen Studienfächer im besonderen zu bieten; ein derartiger Orientierungspunkt oder 'Leitstern' im 'Ocean' des Wissens[6] ist allerdings nur zu finden, wenn nicht allein eine - noch so sinnvolle - Zusammenstellung und Anordnung des tatsächlichen gelehrten Wissens, sondern eine notwendige Ableitung aus demjenigen erfolgt, das die „oberste Voraussetzung des Wissens und das erste Wissen selbst ist":[7] das 'Absolute'. Dieses ist nicht nur der Ausgangspunkt allen Wissens, sondern zugleich der ewige Indifferenzpunkt von Wissen und Sein, Idealem und Realem, und somit der ursprüngliche Zusammenfall des ansonsten bipolaren Universums. Mit einer so angezielten Deduktion wäre demnach nicht nur die notwendige Struktur allen Wissens, sondern ineins damit die notwendige Übereinstimmung mit dem gewußten Sein erreicht. Die Erfüllung dieser Aufgabe kann allein der - im doppelten, nämlich deskriptiven wie wertenden Sinn - „Wissenschaft aller Wissenschaften",[8] der Philosophie, zugetraut werden. Diese schreitet also nicht nur den Kreis des eigenen Gebietes ab, sondern weist auch allen anderen Wissenschaften ihren Ort, ihren Gegenstand und ihre Methode zu. Die Gliederung in Wissensgebiete erfolgt dabei primär vom Gegenstand her, der in seinem idealen oder realen Charakter alles weitere bestimmt. Eine besondere Bedeutung erhalten hier die in einer eigentümlichen Mittelposition zwischen den Wissenschaften vom Idealen - Philosophie und Mathematik -[9] und denjenigen vom Realen - den Naturwissenschaften - angesiedelten Bereiche des Wissens, die einerseits mit allen nicht rein

---

[5] Zitiert wird im folgenden nach SCHELLING, *Sämmtliche Werke,* die im 5. Bd. der 1. Abt. den Text dieser Vorlesungen enthalten (1/5, 207 - 352). Bei DIERSE, 146 findet sich der zusätzliche Hinweis auf eine Vorlesung Schellings vergleichbaren Inhalts, die den Titel „Allgemeine Methodologie und Enzyklopädie der Wissenschaften überhaupt" trug und ein Jahr später in Würzburg gehalten wurde. Parallel zu lesen wären jeweils die entsprechenden Passagen der etwa zeitgleich (1802/03) entstandenen *Philosophie der Kunst* (SCHELLING, *Sämmtliche Werke* 1/5, 353 - 736, hier: 417 - 457); vgl. hierzu JACOBS, 237f.

[6] Vgl. SCHELLING, *Sämmtliche Werke,* 1/5, 211.

[7] SCHELLING, *Sämmtliche Werke,* 1/5, 216.

[8] SCHELLING, *Sämmtliche Werke,* 1/5, 214; vgl. auch ebd., 254f.: „Die schlechthin und in jeder Beziehung absolute Erkenntnißart würde demnach diejenige seyn, welche das Urwissen unmittelbar und an sich selbst zum Grund und Gegenstand hätte [es ausspräche]. Die Wissenschaft aber, die außer jenem kein anderes Urbild hat, ist nothwendig die Wissenschaft alles Wissens, demnach die *Philosophie.*"

[9] Vgl. zu diesen als 'reinen Vernunftwissenschaften' insg. SCHELLING, *Sämmtliche Werke,* 1/5, 248 - 256.

'construirend'[10] vorgehenden den 'realen Wissenschaften'[11] zugeschlagen werden müssen, deren Gegenstand dennoch einen erheblichen Anteil an Idealem enthält, das in ihm objektive Form erhält.[12] Diese Objektivierung des Idealen kann sich nach Schelling nur als Handeln, als Prozeß, mithin als Geschichte vollziehen;[13] deren Konstruktion aus Ideen ergibt die sogenannten positiven Wissenschaften, die sich nach ihrem jeweils zugehörigen objektiven Zusammenhang[14] - Christentum bzw. Kirche und Staat - in Theologie und Jurisprudenz unterscheiden lassen.

In der Theologie nun ist „das Innerste der Philosophie objektivirt"; sie ist „Wissenschaft des absoluten und göttlichen Wesens" und somit „die erste und oberste" der positiven Disziplinen.[15] In ihr wird nicht nur die besondere geschichtliche Erscheinung des ihr eigenen objektiven Kontextes, der christlichen Religion, zum Material konstruierenden Denkens; vielmehr ist es der Theologie in ihrer christlichen Ausformung - und nur um diese geht es hier - eigen, „das Universum überhaupt als *Geschichte,* als moralisches Reich" zu betrachten; hierin besteht für Schelling sogar der 'Grundcharakter' des Christentums.[16] Dies hat nun zu dem - auch innerhalb der Theologie lebendigen - Mißverständnis geführt, die christliche Religion habe es mit historischen Tatsachen als solchen zu tun, die, wie alles Empirische, belegt, aber eben auch bestritten werden können. Damit wäre allerdings der einzig 'haltbare Standpunkt' der Theologie auch schon verlassen. „Die christlichen Religionslehrer können keine ihrer historischen Behauptungen rechtfertigen, ohne zuvor die höhere Ansicht der Geschichte selbst, welche durch die Philosophie wie durch

---

[10] „Darstellung in intellektueller Anschauung ist philosophische Construktion": SCHELLING, *Sämmtliche Werke,* 1/5, 255; der Gegenbegriff hierzu wäre derjenige der 'Reflexion': vgl. ebd., 248 - 253.

[11] Vgl. SCHELLING, *Sämmtliche Werke,* 1/5, 306 u.ö.

[12] Vgl. hierzu insg. SCHELLING, *Sämmtliche Werke,* 1/5, 276 - 285.

[13] Vgl. SCHELLING, *Sämmtliche Werke,* 1/5, 286: „Die realen Wissenschaften überhaupt können von der absoluten als der idealen allein durch das historische Element geschieden oder besondere seyn." Der Rekonstruktion der philosophiegeschichtlichen Entwicklung des hier im Hintergrund stehenden Geschichtsdenkens vor Schelling sowie in dessen eigenem Werk ist das Buch von JACOBS insgesamt gewidmet.

[14] Auch die Philosophie selbst hat im übrigen eine solche ihr eigene 'Objektivität': die Kunst (vgl. SCHELLING, *Sämmtliche Werke,* 1/5, 284).

[15] SCHELLING, *Sämmtliche Werke,* 1/5, 283; vgl. zudem ebd., 286, wo die Theologie als „Centrum des Objektivwerdens der Philosophie" sowie als „die höchste Synthese des philosophischen und historischen Wissens" beschrieben wird.

[16] SCHELLING, *Sämmtliche Werke,* 1/5, 287. „In der idealen Welt, also vornehmlich der Geschichte, legt das Göttliche die Hülle ab, sie ist das laut gewordene Mysterium des göttlichen Reiches" (ebd., 289); „darum ist das Christenthum seinem innersten Geist nach und im höchsten Sinne historisch" (ebd., 288). Hierin sieht Schelling auch den signifikanten Unterschied zur antiken, 'heidnischen' Religion: Diese ist auf Natur bezogen und somit 'symbolisch' strukturiert, das Christentum auf Geschichte und damit 'allegorisch' (vgl. die entsprechenden Passagen in der *Philosophie der Kunst* [SCHELLING, *Sämmtliche Werke,* 1/5, 425 - 457]).

das Christenthum vorgeschrieben ist, zu der ihrigen gemacht zu haben."[17] Es geht in der positiven „Wissenschaft der Religion"[18] daher keineswegs um einen Rückzug auf den Bereich des historisch Gegebenen und dessen „bloß empirische Nothwendigkeit";[19] vielmehr besteht die irreduzible Aufgabe der Theologie in der Realisierung der dem Christentum insgesamt eigentümlichen „Anschauung des Universum ... als Geschichte und als einer Welt der Vorsehung."[20] Dies erweist den „Gegensatz, der insgemein zwischen Historie und Philosophie gemacht wird",[21] als keineswegs unumgänglich, denn auch „die Geschichte kommt aus einer ewigen Einheit und hat ihre Wurzel ebenso im Absoluten wie die Natur oder irgend ein anderer Gegenstand des Wissens."[22] Die für die Theologie als Wissenschaft der Religion hierdurch gegebene grundlegende Schlußfolgerung lautet daher, daß von der Geschichte allgemein und von derjenigen der Religion im besonderen eine „Construktion ... möglich (ist)".[23] Nicht nur aus empirisch orientierter Christentums- oder Kirchengeschichte sowie - in unvermitteltem Gegenüber hierzu - spekulativer Dogmatik darf deshalb die Theologie bestehen; vielmehr muß sie gerade die systematische Verknüpfung beider Elemente leisten: „Das Wesentliche im Studium der Theologie ist die Verbindung der speculativen und historischen Construktion des Christenthums und seiner vornehmsten Lehren."[24] So entsteht mit Hilfe des „wahre(n) Organ(s) der Theologie als Wissenschaft",[25] der Philosophie, wenn schon nicht die Theologie als ganze, aber doch ihre im strengsten Sinne fundamentale Abteilung, die jedoch auf historisch-philologisch wie positiv-dogmatisch aufbereitetes Material zurück- und auf die Repräsentation ihres konstruierenden Denkens in einer „zugleich unendliche(n) und doch begrenzte(n) Erscheinung" ausgreifen muß: „Diese symbolische Anschauung ist die Kirche als lebendiges Kunstwerk."[26]

Da es Schelling hier nicht um eine umfassende Enzyklopädie der Theologie, sondern lediglich um eine Deduktion des Grundlegenden und Wesentlichen in ihr geht, wird die mit diesen zuletzt genannten Rück-

---

[17] SCHELLING, *Sämmtliche Werke*, 1/5, 297.

[18] SCHELLING, *Sämmtliche Werke*, 1/5, 292.

[19] SCHELLING, *Sämmtliche Werke*, 1/5, 291.

[20] SCHELLING, *Sämmtliche Werke*, 1/5, 290; der bei MAESSCHALCK, 105. 114 in diesem Zusammenhang gewählte Terminus der *nécessité historique* erscheint mir als unglücklich, geht es doch nicht um 'geschichtliche Notwendigkeit', sondern höchstens um 'notwendige Geschichte', genauer: um die Notwendigkeit ihrer 'Ansicht'; treffender faßt es daher JACOBS, 245f.: „Deduziert wird nicht ein historisches Faktum, sondern eine Vernunftanschauung."

[21] SCHELLING, *Sämmtliche Werke*, 1/5, 291.

[22] SCHELLING, *Sämmtliche Werke*, 1/5, 291.

[23] SCHELLING, *Sämmtliche Werke*, 1/5, 299.

[24] SCHELLING, *Sämmtliche Werke*, 1/5, 304.

[25] SCHELLING, *Sämmtliche Werke*, 1/5, 299.

[26] SCHELLING, *Sämmtliche Werke*, 1/5, 293.

und Ausgriffen angedeutete Ausweitung der gleichermaßen historischen wie philosophischen Fundamentaltheologie[27] auf einen Fächerkanon von biblisch-historischen, systematischen und praktischen Disziplinen hin in seinen *Vorlesungen* nicht mehr selbst Gegenstand der Darstellung. Diese Entfaltung blieb den fachtheologischen Adepten vorbehalten. Wichtig ist aber festzuhalten, daß mit dem theologiegeschichtlich unmittelbar wirkmächtigen Entwurf der Schellingschen *Vorlesungen* das idealistische Basiskonzept einer Theologie vorliegt, die keineswegs mehr nur in das 'Aggregat' wissenschaftlicher 'Gelehrtheit', sondern in den 'organischen' Systemzusammenhang der vom unbedingten Ausgangspunkt im Absoluten her sich vollziehenden Konstruktion aller Idealität und Realität integriert ist. Wie alle Wissenschaft, die sich im Rahmen dieses solchermaßen erneuerten Subordinationsmodells legitimieren können soll, hat sie daher auf dieses vorgegebene Prinzip allen Wissens Bezug zu nehmen, zugleich aber ihren philosophisch allein akzeptablen Charakter als besondere Wissenschaft darin zu erweisen, daß sie auch selbst ein spezifisches Prinzip alles ihr zur Erforschung aufgegebenen namhaft machen kann. Von hier aus muß sie die ihr eigene Enzyklopädie und Methodologie sowie die inhaltliche Darstellung ihrer Lehre entwickeln. Nicht mehr der der Theologie zugewachsene Ort im Rahmen akademischer Institution, aber auch nicht mehr die Lehre oder Praxis der Kirche bzw. die mit diesen Größen gegebenen Notwendigkeiten reichen hin, um die Theologie als Wissenschaft sowie deren interne Differenzierungen zu begründen. Diese Aufgabe ist allein einer in der als allgemeine 'Wissenschaft allen Wissens' verstandenen Philosophie grundgelegten theologischen Basisdisziplin zuzutrauen, die formale wie inhaltliche Kriterien bereitstellt, um den Ort der Theologie im organischen Ganzen des Wissens und die Funktion theologischer Einzeldisziplinen im Wissensganzen der Theologie zu bestimmen. Die Theologische Enzyklopädie wird so zur Nahtstelle zwischen Philosophie als spekulativem Denken des Absoluten und Theologie als positiver Wissenschaft der christlichen Religion als einer bestimmten Gestaltung dieses Absoluten in der Geschichte.

---

[27] Daß es sich - ohne daß der Begriff selbst hier schon fallen würde - um fundamentaltheologische Bemühungen handelt, ist nicht nur mit den Überlegungen zum 'Wesen' der christlichen Religion und zu einer Theorie der Offenbarung gegeben, sondern auch mit dem terminologischen Hinweis, daß es hier um die Erkenntnis und den Aufweis der 'Göttlichkeit des Christenthums' geht (vgl. SCHELLING, *Sämmtliche Werke*, 1/5, 303).

8.2 DER BEGINN THEOLOGISCHER SCHELLING-REZEPTION

8.2.1 Carl Daub[28]

Die katholische wie evangelische Theologie in Deutschland um die Wende vom 18. zum 19. Jahrhundert steht - in Anhängerschaft oder Ablehnung - ganz im Zeichen der Entwicklungen auf philosophischem Gebiet: Zahlreiche intellektuelle Biographien ließen sich entlang der Linie verfolgen, die sich vom Kantianismus über den Fichteanismus und Schellingianismus zum Hegelianismus zieht. Dies gilt auch und vor allem für den seit 1796 in Heidelberg Theologie lehrenden Carl Daub; dort war es auch, daß er seine - für unseren Zusammenhang bedeutsame - Wendung vom Anhänger Kants und Fichtes zum Verehrer Schellings nahm.[29] Eine der ersten Publikationen Daubs nach diesem Gesinnungswandel befaßte sich denn auch umgehend mit dem Thema der Theologie als Wissenschaft im allgemeinen und der Theologischen Enzyklopädie im besonderen.[30] Hier treten sogleich zentrale Elemente des Schellingschen Wissenschafts- und Theologiebegriffs in Erscheinung: Die Theologie hat als Idee ihres wissenschaftlichen Vollzugs diejenige „des ewigen Erkennens", als „Idee ihres Inhalts die des ewigen Seyns, oder Gottes".[31] Dieser doppelten Ausrichtung auf 'Ewiges' entsprechend kann sie sich nicht darauf beschränken, gelehrtes Wissen aufzuhäufen: „Das *eigentlich theologische* ist kein fragmentarisches und rhapsodisches, auch kein historisches, sondern

---

[28] Zu Leben und Werk dieses Heidelberger Theologen (1765 - 1836) vgl. STÜBINGER (1990); DERS. (1993), 3 - 12.

[29] Keine Beachtung findet im folgenden die erst nach dem hier untersuchten Zeitraum vollzogene Hinwendung Daubs zu Hegel, die die letzte und fruchtbarste Phase seines Schaffens bestimmt hat und daher - im Gegensatz zu seinen früheren Phasen - auch am gründlichsten erforscht ist (vgl. STÜBINGER [1990] sowie die ebd., 172 verzeichnete Lit.). Zwar hat Stübinger in seiner Dissertation (DERS. [1993]), die im wesentlichen eine Ausführung der Thesen von Wagner (vgl. WAGNER, v.a. 480 - 497) darstellt, das von ihm so genannte 'Drei-Phasen-Modell' der bisherigen Daub-Literatur einer grundsätzlichen Kritik unterzogen (vgl. v.a. STÜBINGER [1993], 13 - 25) und dagegen versucht, Daubs Denken mehr aus seinen ureigensten Intentionen zu begreifen, als aus - diesen erst nachgeordneten - philosophischen Abhängigkeiten; allerdings kann er dies selbst nicht völlig durchhalten; des weiteren hätte ihn der Vergleich mit katholischen Zeitgenossen (etwa Thanner) auf derart parallele Phänomene hinführen können, die die eingeführten 'Phasen-Modelle' als nicht ganz so abwegig erscheinen lassen dürften.

[30] Vgl. DAUB, *Theologie*; leider hat er nur dieses (im Titel auch von ihm selbst als solches bezeichnete) Fragment, nicht jedoch eine ausgearbeitete enzyklopädische Schrift hinterlassen.

[31] DAUB, *Theologie*, 2.

ein systematisches und speculatives Wissen".[32] Die solchermaßen 'contemplativ' oder 'speculativ', nicht jedoch 'reflexiv' verfahrende 'doctrinale Darstellung' oder 'Theorie der Religion' stellt letztere „in deren absoluter Einheit", „in ihrer Totalität" dar.[33] Hierdurch - nicht aber in ihrem grundsätzlichen methodischen Zugriff - unterscheidet sich Theologie im engeren Sinn von philosophischer 'Kritik der Religion' einerseits und 'philosophischer Theologie' als „Glied ... im Systeme der Philosophie" andererseits.[34] Wie das System allen Wissens überhaupt, so ist auch die Theologie „als Wissenschaft... eine *intellectuelle* Organisation";[35] dies hat sie auszuweisen in „der Encyclopädie der Theologie, deren Studium nothwendig dem der Theologie selbst vorangeht, ... als systematischer Grundriß der gesammten Theologie, als Entwurf ihrer Idee".[36] Die Zielvorgabe dieser Einleitungswissenschaft besteht folglich darin, „den innern und organischen Zusammenhang der Theologie mit den übrigen Wissenschaften und ihrer eigenen Glieder unter einander zu begreifen, und die Nothwendigkeit sowohl der Wissenschaft selbst, als jenes Zusammenhangs einzusehen".[37] Nun hat Daub diesen Zusammenhang selbst nicht mehr dargestellt;[38] dennoch ist in dieser Programmschrift Theologischer Enzyklopädie ein weiteres zukunftsweisendes Element enthalten, das noch der Erwähnung bedarf: Im Zusammenhang seiner kurz zuvor publizierten Überlegungen zum Thema *Orthodoxie und Heterodoxie*[39] sowie im Hinblick auf seine Kritik einer interkonfessionellen Polemik[40] wird deutlich, daß er die Einheit des hinter der Theologie stehenden geistigen Engagements und daher auch ihre subjektive Voraussetzung als „ein

---

[32] DAUB, *Theologie*, 4; ob Schelling allerdings mit der Formulierung einverstanden gewesen wäre, das Geschichtliche diene der Theologie „nur als veranlassendes Moment, als von außen erregendes Princip" (ebd.), darf bezweifelt werden (s.o. 8.1).

[33] DAUB, *Theologie*, 41. 44; die zuvor erwähnten Begriffe finden sich ebd., 21. 31. 41. „Das Kennzeichen der Kontemplation ... ist bei Daub die *Unmittelbarkeit* ... Darin impliziert ist der *Ausschluß der Reflexion.*" (STÜBINGER [1993], 84)

[34] DAUB, *Theologie*, 44; zu den beiden zuvor genannten Termini vgl. ebd., 31. 44. Der hier bereits auftauchende Begriff der 'philosophischen Theologie' hat noch eine weitere Karriere vor sich (s.u. 8.2.2).

[35] DAUB, *Theologie*, 4.

[36] DAUB, *Theologie*, 6.

[37] DAUB, *Theologie*, 6.

[38] Auch der anderen bedeutsamen Schrift Daubs aus dieser Zeit, der *Einleitung* von 1810, kann man in dieser Hinsicht nur wenig entnehmen, da er dort ausdrücklich ebenfalls nur zu den systematischen Fächern Stellung nimmt; immerhin grenzt er Dogmatik und Moraltheologie hier gegeneinander ab: „Der Glaube im Handeln, das Theoretische des Thuns, ist Hauptgegenstand der Dogmatik; das Handeln im Glauben, das Praktische des Glaubens, Hauptgegenstand der Ethik"; nur diese beiden Fächer treten als „integrirende Theile ... (der) Theologie im engern Sinn" in Erscheinung (ebd., 129).

[39] Auch dieser Beitrag erschien - wie später die *Theologie* - in den von Daub gemeinsam mit Creuzer hg. *Studien*, Bd. 1, Frankfurt/Heidelberg 1806, 104 - 173.

[40] Vgl. DAUB, *Theologie*, 52.

starkes und heiliges Interesse"[41] an der christlichen Religion beschreibt,
dieses mit 'Orthodoxie' gleichsetzt und daraus folgert, daß Theologie -
angesichts des faktischen katholisch-protestantischen Systemgegensatzes -
nur auf der Basis einer klaren konfessionellen Grundlage betrieben werden kann.[42]

8.2.2 Ignaz Thanner[43]

Mit unstreitig größter Konsequenz hat sich im theologischen Bereich der
süddeutsche Philosoph und Theologe Ignaz Thanner - nach dem üblichen
Weg der Anhängerschaft an Kant und Fichte - der Philosophie Schellings
in ihrer identitätsphilosophischen Fassung angeschlossen.[44] Daß er sich
hiermit im übrigen auch Daub verbunden weiß, läßt er zweifelsfrei erkennen.[45] Wie dieser, vor allem aber wie Schelling selbst, erkennt Thanner den Unterschied zwischen bloß gelehrtem *Wissen* von Einzelnem
und *Wissenschaft* als organischem Zusammenhang einer 'Totalität' in
deren Prinzip (der 'intellektuellen Anschauung'), deren Methode (der
'Konstruktion') und deren Vollzug (der 'Spekulation').[46] Innerhalb der der

[41] DAUB, *Theologie*, 44.
[42] Vgl. DAUB, *Theologie*, 44f. 49f. Die Nähe zu Gedanken, wie sie später Schleiermacher formuliert, liegt auf der Hand. Namentlich ist der Begriff des religiösen 'Interesses'
hier unmittelbar einschlägig (vgl. z.B. SCHLEIERMACHER [1811/30], 250/329. 372), aber
auch Schleiermachers ebenso 'unpolemischer' wie 'unökumenischer' Begriff des konfessionellen Gegensatzes (vgl. ebd., 257/339f.). Es scheint mir von hierher erheblicher
Differenzierungen zu bedürfen, wenn man, wie STÜBINGER (1993), wiederum in engem
Anschluß an Wagner, „das leitende Interesse bzw. die durchgehende Intention des Denkens Daubs" in „der Überwindung von Positionalität der Theologie" sehen will (ebd., 26).
   Einer eigenen Untersuchung wert wäre der enge Zusammenhang zwischen Kirche,
Staat und Volk, wie er schon bei Schelling, vor allem aber bei Daub gesehen wird: Hier
bildet 'Volk' den übergeordneten Zusammenhang, der die 'relative Einheit' von Kirche
und Staat garantiert, indem er beide Größen in Dienst nimmt (vgl. DAUB, *Theologie*, 54.
68 u.ö.).
[43] Zu Thanner (1770 - 1856), der in Landshut, Innsbruck und Salzburg gelehrt hat, vgl.
SCHÄFER, BRANDL 2, 247f., KUSTERMANN (1992), 149 sowie HELL (1993), Reg. s.v. Wie
Thanner in der *Vorrede* selbst berichtet, entstand seine *Einleitung* parallel zu einer entsprechenden Landshuter Vorlesung (1807/08); diese kam zustande, als der ursprünglich
Philosophie lehrende überraschend (als Nachfolger des amtsenthobenen P. B. Zimmer)
auf den dortigen Dogmatik-Lehrstuhl versetzt wurde, womit gleichzeitig die Verpflich-
tung verbunden war, eine Vorlesung in Theologischer Enzyklopädie anzubieten. Fertig-
gestellt wurde das Werk allerdings erst am nächsten Wirkungsort, in Innsbruck, wo
Thanner wiederum Philosophie lehrte (vgl. THANNER, *Einleitung*, IV. VIII).
[44] Vgl. O'MEARA, 209f. Anm. 32.
[45] Vgl. z.B. THANNER, *Einleitung*, 29. 51 - 53 u.ö.; ebd. wird auf Daub nicht nur verwiesen, dieser kommt auch in ausführlichen Zitaten zu Wort.
[46] Vgl. THANNER, *Einleitung*, 20. 64 u.ö. Seiner uneingeschränkten Anhängerschaft an
Schellings Philosophie hat Thanner auch in philosophischen Werken Ausdruck verliehen,
namentlich in seiner zusammenfassenden *Darstellung* von 1810.

Philosophie eigenen deduktiven Gesamtansicht allen Wissens, die, ausgehend vom 'idealrealen' Indifferenzpunkt des Absoluten - hier einschränkungslos und unmittelbar mit Gott identifiziert -,[47] allen besonderen Wissensbereichen ihren Ort im System zuweist, kommt der Theologie als 'positiver' Wissenschaft die nun schon bekannte Aufgabe „eine(r) zeitliche(n) Darstellung der Idee" zu.[48] 'Positiv' ist dabei die Bezugnahme auf besondere, d.h. bestimmte und historisch faßbare Wirklichkeit; zu Wissenschaft im strengen Sinn kann dies allerdings erst werden, wenn der rein empirisch-reflexive Standpunkt zugunsten des konstruktiv-spekulativen, der „absolute(n) Ansicht der Idee",[49] aufgegeben wird. So verortet sich die Theologie einerseits in der Gesamtheit des organischen Zusammenhangs allen Wissens,[50] andererseits konstituiert sie sich dadurch als besonderes Unternehmen, indem sie ihr spezifisches Wissensgebiet einer spezifischen Idee unterordnet: „Die genitive Theologie findet in der *zeitlichen Entfaltung* der Idee des Reiches Gottes ihre eigenthümliche Orientirung. Hierin ruht eben ihr *positiver* Charakter, der wohlverstanden von dem ideellen unzertrennlich ist."[51] Auf dem allgemein vorgeschriebenen Weg vom Universellen zum Besonderen entdeckt sie unter der leitenden Idee des Gottesreiches den Zusammenhang der Geschichte als vorsehungsgesteuerten Weg der Menschheit zur Humanität,[52] dann aber auch die spezifischen Gestaltungen innerhalb dieses Gesamtweges:

[47] Vgl. z.B. THANNER, *Einleitung,* 67. 90: Gott ist der „heilige() Centralpunkt() alles Seyns" und als solcher letzter Gegenstand der Religion; er ist zugleich aber „oberste(r) Punkt des Erkennens" und somit unbedingter Ausgangspunkt der Philosophie.

[48] THANNER, *Einleitung,* 112; vgl. auch ebd., 80: „Alles *bloß* Traditionelle, Kommunikative, Angelernte, Adhäsive ... haßt die Wissenschaft. Man nannte es wohl sonst auch das *bloß historische* (somit dem Geiste, in dem es wohnt, eigentlich fremde), bloß von außen angenommene Wissen; und legte von jeher keinen sonderlichen Werth darauf."

[49] THANNER, *Einleitung,* 114.

[50] Vgl. THANNER, *Einleitung,* 108: „Nach der höhern Ansicht, wie sie die Idee gewähret, geht immer die besondere Wissenschaft aus der allgemeinen hervor; sie ist das bestimmtere Nachbild der erstern. Theologie ist die Philosophie, wie sie sich in dem speciellen Zweige der Offenbarung Gottes ausspricht."

[51] THANNER, *Einleitung,* 118f. Den in diesem Zusammenhang nicht weiter erläuterten Begriff des 'Genitiven' könnte man erstens durch den konstruktiven, d.h. deduktiv-generischen, zweitens durch den abgeleiteten, vom Gesamtzusammenhang allen Wissens abhängigen, drittens durch den im (auch grammatisch im Genitiv stehenden) Verhältnis zu einer leitenden Idee befindlichen Status der Theologie erklären oder aber schlicht auch - so klein ist der Schritt vom Erhabenen zum Lächerlichen - als Druckfehler, an dessen Stelle von 'positiver Theologie' die Rede hätte sein sollen. Der Begriff einer 'genitiven Theologie' scheint den Interpreten bislang jedenfalls keine Probleme bereitet zu haben; vgl. CASPER, 118. Bei SCHÄFER und O'MEARA findet diese eigentümliche Wortwahl keine Erwähnung.

[52] Vgl. THANNER, *Einleitung,* 120; die sachliche wie terminologische Anlehnung an Lessings *Erziehung des Menschengeschlechts* wird ebd., 120 - 122 besonders greifbar; sie war auch bei Schelling bereits gegeben; vgl. hierzu HELL (1993), 176f.

Christentum und Kirche, als positive Realisierungsformen der Idee.[53] In der durch die jeweilige Maßgabe von Idealität und Realität bestimmten Deduktion weiter fortfahrend, gelangt Thanner folgerichtig zu näheren Bestimmungen dieser Formen:[54] Ihrem Inhalt nach umfassen sie (theoretische wie praktische) religiöse Erkenntnisse und erlösende Wirkungen; ihrer phänomenalen Gestalt nach bilden sie Lehre und Kult und, verbunden damit, ein Lehr- und Priesteramt aus. Die Kirche stellt in ihrer 'räumlichen' Dimension einen (vom heiligen Geist beseelten) Körper dar, der seine Strukturmerkmale als Rechtsform darstellt, während sie in ihrer zeitlichen Erstreckung eine partikuläre Periode bildet, die der Kirchengeschichte; als spezifische geschichtliche Verwirklichungsweisen bringt sie innerhalb jener „die beyden Hauptkirchenpartheyen",[55] Katholizismus und Protestantismus, hervor.

Aus dieser philosophisch-deduktiven Orts- und Inhaltsbestimmung der Theologie fließen für Thanner mit gleicher Notwendigkeit die theologischen Teildisziplinen, die er nun in der Theologischen Enzyklopädie im engeren Sinn vorstellt.[56] Im Anschluß an zeitgenössische Parallelen, allerdings auch in kritischer Absetzung von diesen,[57] wird die positive Theologie als Ganzes in ihre spekulativen,[58] biblischen,[59] 'traditionellen',[60] dogmatischen,[61] moraltheologischen,[62] 'symbolischen',[63] kanonistischen,[64]

---

[53] Vgl. THANNER, *Einleitung*, 120. 122. 131. In dieser Abfolge spiegelt sich die klassische apologetische Trias von *demonstratio religiosa, christiana, et catholica*. Dies weist zugleich auf die Disziplin hin, in der wir uns mit Thanners spekulativer Theologie befinden; s.u.

[54] Vgl. zum folgenden insg. THANNER, *Einleitung*, 120 - 137.

[55] THANNER, *Einleitung*, 136.

[56] Vgl. THANNER, *Einleitung*, 171 - 224; deren didaktische Funktion wird benannt als „Orientirung über die *Vielheit* der Theile, in denen sie [= die Idee der Theologie] sich als ein Ganzes ausspricht, und über ihren *Zusammenhang*." (Ebd., 171)

[57] Thanner nennt hier Dobmayer, Galura, Nösselt und Rautenstrauch; vgl. THANNER, *Einleitung*, 172f.

[58] Hierzu s.u.

[59] Auch wenn hier, wie schon so oft, die biblischen Einleitungsfächer im Vordergrund stehen, so hat die eigentliche Exegese eine auf jene aufbauende, aber doch erkennbar eigenständige Rolle: „Dann erst kann vermittelst *historischer Einleitung* in das Ganze und die Theile der h. Urkunden, und vermittelst einer speciellen *Deutungslehre* der Bibel - das schwere theologische Fach der *biblischen Interpretation* eintreten." (THANNER, *Einleitung*, 185)

[60] Gemeint ist hier natürlich das Studium der kirchlichen Tradition; vgl. THANNER, *Einleitung*, 188.

[61] Daß es sich bei der Dogmatik nicht um die spekulative Abteilung der Theologie handelt, wird hier bereits deutlich; sie wird vielmehr bestimmt als „die strenghistorische theoretische Entwickelung des positiven Christenthums in der Eigenschaft eines solchen"; falls sie sich als katholische Dogmatik versteht, vollzieht sie diese Aufgabe „nach den einzig konsequenten Principien des Alterthums, der Allgemeinheit und Übereinstimmung. Sie lehnt sich zuletzt nothwendig an die Autorität der ganzen Kirche an, und hält sie für unfehlbar und entscheidend in letzter Instanz." (THANNER, *Einleitung*, 196) Nicht ganz deutlich wird hierbei, ob die zuerst in unmittelbarem Anschluß an die klassische

religionsdidaktischen[65] und pastoraltheologischen[66] Dimensionen aufge-
teilt; den Abschluß des Fächerkanons bildet die Kirchengeschichte: Sie ist
„billig das Letzte der theologischen Fächer nach der Ordnung des wissenschaftlichen Studiums. In ihr spricht sich ja alles Vorhergehende - in der
zeitlichen Entwicklung aus ... Wie sie [= die theologische Wissenschaft]
in den bisherigen Fächern in das Besondere herabgestiegen ist, so kehrt
sie vermittelst der Geschichte vom Besondern wieder zum Allgemeinen
der Idee zurück."[67] Mag diese Abschlußstellung der Kirchengeschichte aus
heutiger Sicht als Kuriosität in die Augen stechen, sie ist keineswegs das
Spezifische an Thanners Entwurf.[68] Dieses tritt vielmehr in der Etablierung der 'spekulative Theologie' genannten Grundlegungsdisziplin in
Erscheinung, die - allen eigentlichen wie subsidiären Fächern der theologischen Wissenschaft vorgeordnet - das Wesen der christlichen Religion
auf der Basis philosophischer Konstruktion und unter der besonderen
Leitidee der Entfaltung des Gottesreiches in der Geschichte darlegt. Gegenüber der 'realpositiven Seite' des Christentums, die in Dogmatik,
Moraltheologie und den übrigen Fächern zum Zuge kommt, geht es

Formel des Vinzenz von Lérins formulierten Kriterien durch den Hinweis auf die
Lehrunfehlbarkeit der Gesamtkirche lediglich zusammengefaßt oder ergänzt werden
sollen.

[62] Auch die Moraltheologie zählt zu den 'strenghistorischen' Disziplinen, die sich „einzig nach dem positiven Fundamente" zu richten haben; ihr spezifisches Prinzip ist,
wenigstens nach katholischem Verständnis, „die Liebe, das praktische Princip des Christenthums"; ihr Gegenstand sind daher „die Bedingungen, Forderungen und Wirkungen
dieser Liebe mit den Mitteln ihrer Erhaltung. Sie hat nothwendig zwey Theile - einen
theoretischen und praktischen. Der letztere ist die christliche (...) Ascetik." (THANNER,
Einleitung, 198)

[63] Hierunter ist nach dem zeitgenössischen Wortgebrauch die Kenntnis und Erforschung des jeweiligen konfessionellen Bekenntnisstandes zu verstehen; vgl. THANNER,
Einleitung, 201f.

[64] Thanner selbst nennt das Fach 'Kanonik' oder 'Kirchendisciplinslehre'; vgl.
THANNER, Einleitung, 201.

[65] THANNER, Einleitung, 216 wird in diesem Zusammenhang gefordert, über den einzelnen technischen Anwendungen homiletischer und katechetischer Art deren Einbindung in „das Ganze der religiösen Didaktik" nicht zu übersehen; diese könne „nur in der
Idee der Pädagogik mit Geist ergriffen werden".

[66] Thanner spricht hier von Pastorallehre mit ihren einzelnen Sparten der 'Liturgik'
und 'Exemplarik', wobei letztere sich mit der außergottesdienstlichen Amtsführung des
Geistlichen befaßt; vgl. THANNER, Einleitung, 215. 218 - 223.

[67] THANNER, Einleitung, 223f.

[68] Daß sich diese Endposition keineswegs nur bei ihm findet, ist im bisherigen Verlauf
der Darstellung zudem deutlich geworden; ein weiterer zeitgenössischer Zeuge einer
Nachordnung der Kirchengeschichte zumindest gegenüber der Dogmatik ist übrigens der
von Thanner mehrfach herangezogene Galura (vgl. THANNER, Einleitung, 173; HELL
[1993], 44 - 49, 83 - 86).

Für Thanner steht somit entgegen der „bey den Protestanten sehr gewöhnlich(en) ...
Abtheilung der Theologie in die exegetische, historische, systematische und Pastoraltheologie" sowie gegenüber dem Rautenstrauch-Plan fest: „Zuverlässig ist die Kirchengeschichte, wie jedem auffällt, nicht an ihrem rechten Orte." (THANNER, Einleitung, 173)

dieser fundamentalen Theologie um dessen 'idealhistorische' Seite; die 'spekulative Theologie' greift daher nicht nur auf die biblische und kirchliche Geschichte im engeren Sinn, sondern auf das Ganze der Geschichte aus.[69] In der aus der idealistischen Philosophie gewonnenen 'höheren Ansicht' der Geschichte - und somit nicht in einer rein historisch argumentierenden Apologetik - zeigt sich die Göttlichkeit des Christentums.[70] Aber nicht nur in dieser entscheidenden sachlichen Frage der Grundlegung aller Theologie steht die 'spekulative Theologie' am Anfang; dieselbe Position kommt ihr in der Begründung und Ortszuweisung der theologischen Teildisziplinen zu.[71] Neben dieser formalen Grundlegungsaufgabe beinhaltet die 'spekulative Theologie' allerdings auch eigene materiale Fragestellungen: „Die spekulative Theologie hat zunächst die Idee Gottes und seiner Offenbarung in Zeit und Raum darzustellen, und dieselbe speciel im Christenthum nachzuweisen. Es geht hieraus selbst das Wesen des Letztern in klare Begriffe über, und die Hauptformen, unter denen es sich als positive Religion darstellt, werden in ihrer Eigenthümlichkeit zum Behufe scharfer Prüfung und Würdigung erkannt."[72] Somit sind die Theorie der Offenbarung, der Nachweis des Christentums als geschichtliche Erscheinung dieser Offenbarung und die Theorie der christlichen Kirche die wesentlichen Teile dieses theologischen Fachs.[73] Ihrer argumentativen Gestalt nach, der Konstruktion aus Ideen, sowie aufgrund ihres eigentümlichen Ortes an der Nahtstelle zwischen der Philosophie als Wissenschaft schlechthin und der abgeleiteten, besonderen und positiven Disziplin der Theologie kann sie daher auch „Philosophie der Theologie" genannt werden, „sollte man ihre höhere Tendenz unter dieser Benennung etwa richtiger faßen."[74]

Mit dieser Entwicklung eines formalen wie materialen Grundlegungsfaches durch Thanner ist der entscheidende Schritt auf dem Weg zur Verselbständigung einer - später allgemein so genannten - Fundamentaltheologie bereits vollzogen; hiermit ist auch die letzte institutionell bedeutsa-

---

[69] Vgl. THANNER, *Einleitung*, 120.

[70] Vgl. THANNER, *Einleitung*, 177.

[71] Vgl. THANNER, *Einleitung*, 176: „Aus ihr entwickeln sich alle übrigen Fächer der wissenschaftlichen Theologie, als weitere specielle Entwicklungen und Darstellungen ihres Wesens."

[72] THANNER, *Einleitung*, 177.

[73] Es kann hier nur am Rande erwähnt werden, daß dies exakt die Einteilung ist, die J. S. Drey später seiner dreibändigen *Apologetik als wissenschaftliche Nachweisung der Göttlichkeit des Christenthums in seiner Erscheinung* (Mainz 1838 - 1847) gegeben hat.

[74] THANNER, *Einleitung*, 178. Auf die etwa gleichzeitige, aber offenkundig unabhängig hiervon gewählte Bezeichnung des fundamentalen theologischen Faches als 'philosophische Theologie' durch Schleiermacher sei hier verwiesen (vgl. SCHLEIERMACHER [1811/30], 256 - 264/338 - 352). Auch dort geht es im übrigen um die Bestimmung des „eigenthümliche(n) Wesen(s) des Christenthums", um die „geschichtliche Anschauung des Christenthums" sowie um eine „Idee" bzw. einen „Begriff ... der Kirche" (ebd., 256. 264. 259/338. 350. 342).

me Differenzierung der theologischen Disziplinen gegeben. Deren wissenschaftsorganisatorische Umsetzung ist allerdings nur im Bereich katholischer Theologie wirksam geworden, und dies, obwohl die ersten
Anregungen zur Ausbildung, Bestimmung und Position dieses neuen
Faches im Kanon der theologischen Disziplinen doch offenkundig von
protestantischer Seite ausgegangen waren.

Abschließend sind noch einige Bemerkungen zur formalen Gestalt von
Thanners *Einleitung* sowie zu deren Stellung im theologischen System
nötig. Das in zwei 'Hälften' geteilte Werk[75] befaßt sich in deren erster mit
allgemeinen wissenschaftstheoretischen[76] Fragen und deren Auswirkungen auf die Möglichkeit und Gestalt der Theologie, in der zweiten mit
der speziellen Theorie und Kunde des theologischen Studiums; diese
vollziehen sich einerseits in einer 'theologischen Methodologie', andererseits in der 'theologischen Enzyklopädie'.[77] Behandelt erstere neben „allgemeinen Forderungen der wissenschaftlichen Erkenntniß" vor allem
„die besonderen Forderungen der positiven Eigenthümlichkeit, wodurch
die Erkenntniß zur positiv theologischen des Christenthums und Katho-
licismus wird",[78] so besteht die Aufgabe der Enzyklopädie in der
„Orientierung über die *Vielheit* der Theile, in denen sie [= die Idee der
Theologie] sich als ein Ganzes ausspricht, und über ihren *Zusammenhang.*"[79] Der allgemein wissenschaftstheoretische und speziell theologietheoretische Status der *Einleitung* wird von Thanner zwar nicht explizit
zum Gegenstand der Darstellung erhoben; die implizit gegebenen Hinweise sind aber deutlich genug: Als wissenschaftstheoretisches und in das
Studium der Theologie einleitendes Werk hat sie Anteil am an der Gren-
ze von Philosophie und Theologie angesiedelten Ort und an der die
Theologie begründenden Funktion, wie beide auch der 'spekulativen
Theologie' zukommen; man könnte sie daher zu Recht als *'prima primae
der Fundamentaltheologie'* bezeichnen.[80] Mit dem wissenschaftstheoretischen und einleitenden Charakter ist für Thanner jedoch auch die Be-

---

[75] Vgl. THANNER, *Einleitung*, 13 - 104. 105 - 224 sowie die 'Inhaltsanzeige' (ebd., XI -
XVI).
[76] Dabei werden allerdings auch wissenschaftspraktische und -ethische Aspekte nicht
vernachlässigt; vgl. z.B. THANNER, *Einleitung*, 26 - 57.
[77] Vgl. THANNER, *Einleitung*, 112 - 171. 171 - 224.
[78] THANNER, *Einleitung*, 113.
[79] THANNER, *Einleitung*, 171f. Vgl. ebd., 172: „Sie entfaltet die Mannigfaltigkeit und
Totalität des theologischen Studiums, wie die Methodologie die Einheit und das Leben
seines Princips entwickelte." Hieraus geht auch hervor, daß für Thanner die Methodologie der Enzyklopädie voranzugehen hat; vgl. hierzu auch ebd., 109: „Die Theologie
entfaltet mit *innerer* Lebendigkeit *sich selbst;* ihr inneres Princip der Lebendigkeit gestattet
außer sich die sie organisch konstituirenden Theile." (Auch hier stellt sich wieder die
Druckfehlerfrage: Eventuell sollte hier 'gestaltet' statt 'gestattet' gelesen werden.)
[80] Dieser einleuchtende terminologische Vorschlag wurde - in sachlichem Anschluß an
M. Seckler - von A. P. Kustermann gemacht; vgl. DERS. (1992). Allerdings wird dort nicht
auf Thanner Bezug genommen.

schränkung auf Formalität verknüpft; entgegen dem bei Kleuker aufkommenden und gelegentlich späterhin wieder aufgenommenen Versuch,
das Ganze der Theologie auch schon zu Beginn in einem materialen
Durchgang darzustellen, setzt Thanner auf das auch in der weiteren
Theologiegeschichte wirksamere Modell.[81]

---

[81] Auch hier basiert die Interpretation wiederum auf Implizitem, namentlich auf der
faktischen Gestalt des Werkes; eine explizite Auseinandersetzung mit der ja bereits
literarisch existenten Alternative erfolgt nicht.

    Ein weiterer Teilbereich, den Thanner zur Aufgabe einer Einleitung in das theologi-
sche Studium rechnet, wäre derjenige der Geschichte der Theologie und ihrer Literatur
(vgl. THANNER, *Einleitung*, 110. 112); auf seine Ausführung hat Thanner hier jedoch
verzichtet.

9. ZUSAMMENFASSUNG

In einer allgemeinen Übersicht über die Ergebnisse dieser Untersuchungen kann es naturgemäß nicht darum gehen, die im einzelnen verfolgten historisch-theologischen Entwicklungen nun noch einmal und gleichsam im Zeitraffer Revue passieren zu lassen. Sinnvoll erscheint dagegen der Versuch, entscheidende Punkte unter dem diese Studien leitenden Erkenntnisinteresse zu perspektivieren; erforscht werden sollte die Entstehung und Entfaltung einer theologischen Gattung, die die Vielzahl der theologischen Disziplinen in der Einheit des Gesamtprojektes Theologie zum Gegenstand hat; hieraus ergeben sich drei Fragerichtungen: zunächst diejenige nach der Gattungsgeschichte im engeren Sinn (9.1); sodann diejenige nach den aus jener zu gewinnenden Erkenntnissen bezüglich der Geschichte der einzelnen Disziplinen (9.2); zuletzt die theologietheoretische Kernfrage nach der wechselnden Bestimmung des Verhältnisses von Fächervielfalt und integrierender Einheit innerhalb der Theologie (9.3). Da hier kein neues Material ausgebreitet oder erörtert wird, kann auf Einzelbelege verzichtet werden; Verweise auf einzelne, in den vorangehenden Untersuchungen besprochene Autoren oder Texte werden nur dann gegeben, wenn es sich um individuelle, nicht epochenspezifische Beiträge zur jeweiligen Entwicklung handelt.

9.1 DIE GATTUNGSGESCHICHTLICHE PERSPEKTIVE

Programmschriften mit dem Ziel fundamentaler Reform gängiger wissenschaftlicher Theologie, wie diejenigen des späten Mittelalters und der frühen Neuzeit, stehen weder formal noch von ihrem sachlichen Anliegen her am Beginn der Gattungsentwicklung. Allerdings lassen sie ein aufkommendes Bedürfnis erkennen, unabhängig vom schulbuchmäßigen Lehrzusammenhang über die Begründung und die Methoden der Theologie zu debattieren. Zudem konnten sich aus der Kombination der Entwürfe humanistischer Kritiker und konservativer scholastischer Theologen - die sich ursprünglich als schlechthin alternativ verstanden - erste Ansätze in Richtung der späteren Vorformen und ersten Formen Theologischer Enzyklopädie ergeben: Nicht zuletzt weist hierauf auch der an sich rein äußerliche Sachverhalt, daß die Autoren dieser späteren

Texte sich - bei aller sonstigen durchgängigen Differenz in der literarischen Gestaltung - auffällig ähnlicher Titel für ihre Entwürfe bedienen (*ratio*, *methodus*, etc.). Bei letzteren liegt der Vergleichspunkt zwar in dem höchst unspezifischen Feld der 'begründeten Vorgehensweise'; es tritt dabei jedoch das geradezu paradoxe Phänomen vor Augen, daß die künftige literarische Form der Theologischen Enzyklopädie in ihren Grundzügen entwickelt wird - bei Hyperius/Villavicencio ist sie bereits deutlich erkennbar -, obwohl das enzyklopädische Bewußtsein, das sich diese Form später nahezu exklusiv aneignen wird, noch keineswegs vorhanden ist.

Gleichsam spiegelverkehrt stellt sich der Sachverhalt dar, betrachtet man die *Ratio studiorum* der Jesuiten, namentlich deren definitive Fassung von 1599: Hier liegt erstmals klar umrissen eine enzyklopädisch bewußte Gliederung der Theologie vor, dies allerdings nicht - oder wenigstens nicht mehr -[1] in der schon entwickelten literarischen Form, vielmehr in der rein funktionärsbezogenen Darstellungsweise der Studienordnung. Zudem wird hier keinerlei Zusammenhang sichtbar, der diesen Studienentwurf selbst - etwa in Form einer Einführungsveranstaltung - in die akademische Wirklichkeit einführt,[2] noch wird der Anschluß an die zu Beginn der *theologia scholastica* zu verhandelnden Fragen der Begründung der Theologie als Wissenschaft gesucht.

Während des 17. Jahrhunderts formt sich nun die Theologische Enzyklopädie als Fusion mehrerer Elemente: a) der auf Werke wie das des Hyperius zurückgehenden literarischen Rohform, b) des auf Studienplänen wie den jesuitischen basierenden, bewußt enzyklopädisch gestalteten Studienaufbaus, c) der Wiederaufnahme der in der scholastischen *prima primae* verhandelten theologietheoretischen Grundlegungsfragen;[3] hieraus ergibt sich nach und nach sowie in höchst unterschiedlicher quantitativer Ausfaltung eine Einführung in Wesen, Gegenstand und Methode der Theologie als akademischer Disziplin aus Disziplinen, die zunehmend auch ihren Ort innerhalb des Lehrangebotes selbst erhält, etwa in Form einer Semestereröffnungsveranstaltung oder auch als ganzsemestrige Vorlesung, und ihren Niederschlag in entsprechenden Lehrbüchern findet.

Das auf einer von der theologischen Zunft in diesem Zusammenhang so gut wie nicht beachteten Nebenlinie der gelehrten Bibliographie (Gesner) wohl eher unbeabsichtigt vorentworfene Modell des möglichen Einbaus der Theologischen Enzyklopädie in eine Universalenzyklopädie

---

[1] Die Vorformen hatten sich, wie gezeigt, inhaltlich wie formal stärker an humanistischen Vorbildern orientiert.

[2] Dies scheint allerdings auch bei den vorausgegangenen Entwürfen nicht der Fall gewesen zu sein.

[3] Das wiederholte 'wie' soll deutlich machen, daß hier nicht geradlinige literarische Abhängigkeiten behauptet werden sollen.

kommt zwar nur in einem - allerdings prominenten - Ausnahmefall zum Tragen (Alsted), jedoch verbindet sich hiermit bereits ein früher Höhepunkt der Gattungsgeschichte, der lange Zeit - im Grunde bis Ende des 18. Jahrhunderts - nicht wieder erreicht wird. Zudem gelingt es einem Autor wie Alsted, seinen Entwurf literarisch sowohl im universal-enzyklopädischen wie im systematisch-theologischen Zusammenhang zu präsentieren.

Neben den Werken solch herausragender Einzelgänger entwickelt sich spätestens ab der Mitte des 17. Jahrhunderts eine Art theologisch-enzyklopädischer *mainstream*, der sich in regelrechten Genealogien nachweisen und bis in die Mitte des 18. Jahrhunderts verfolgen läßt. Hierbei zeigt sich ein zusätzliches, sich im wesentlichen bis zum Ende des hier untersuchten Zeitraums durchhaltendes Phänomen: Die akademische Nutzbarmachung der Theologischen Enzyklopädie als programmatische Einleitungsvorlesung hat ein eigentümliches Pendant in der wissenschaftlichen Biographie ihrer Autoren; es handelt sich - trotz oft- und gelegentlich mehrmaliger Überarbeitung für die Drucklegung - zumeist um ausgesprochene Frühwerke, wenigstens was die Karriere der Verfasser als Lehrer der Theologie angeht. Hiermit sowie mit dem immer noch erhaltenen programmatisch-reformerischen Impuls ist jedoch nicht selten auch ein gewisser Abstand zwischen Studienentwurf und akademischer Realität verbunden - auch dies eine die Theologische Enzyklopädie wohl bis heute begleitende Erscheinung.

Im selben Zeitraum, in dem sich die Theologische Enzyklopädie - wenn auch noch für längere Zeit nicht unter diesem Namen - als feste Größe etabliert, formiert sich auch letztmalig in großem Stil eine Widerstandsbewegung gegen das mit jener verknüpfte Theologiekonzept. Auf der Basis eines im wesentlichen vorneuzeitlichen Verständnisses theologischer Wissenschaft, allerdings verbunden mit einem historischen Methodenbewußtsein, das gänzlich auf der Höhe der Zeit, wenn nicht gar dieser voraus ist, bringen sich im katholischen Frankreich - jedoch mit Rezeption sowohl über die nationalen wie konfessionellen Grenzen hinaus - Programmschriften ins Gespräch, die sich einem aus enzyklopädischem Bewußtsein entworfenen Studium der Theologie widersetzen; ironischer- und hinsichtlich des Durchsetzungsgrades der Theologischen Enzyklopädie bezeichnenderweise treten diese Entwürfe allerdings im enzyklopädischen Gewande auf.[4] Der 'Sitz im Leben' dieser Werke war zunächst zwar denkbar unterschiedlich: Ging es in einem Fall um eine Streitschrift in der Auseinandersetzung mit einem als reaktionär empfundenen Verständnis benediktinischen Mönchtums (Mabillon), so im anderen um die selbstbewußte Darstellung alter Größe und bleibender Gültigkeit eines theologischen Studiums gemäß dem *modus parisiensis* (Du Pin); daß den-

---

[4] Dies hat dazu geführt, daß sie bis heute in ihrer eigentlichen Absicht verkannt und als Mitläufer der enzyklopädischen Richtung geführt werden.

noch die Anliegen beider als kombinierbar galten, zeigt etwa die Rezeption, die diese Autoren im benediktinischen Raum Süddeutschlands gefunden haben.

Seit der zweiten Hälfte des 18. Jahrhunderts treffen nun die zunehmende Stabilisierung der Gattung und das weitgehende Verklingen grundsätzlicher Einsprüche gegen das in ihr enthaltene Konzept auf Anstöße von außerhalb der Theologie, die nacheinander den definitiven Entfaltungsschub für die Theologische Enzyklopädie auslösen. Zunächst ist es das aufgeklärte Modell der Staatsuniversität, wie es sich exemplarisch in der Göttinger Neugründung präsentiert, welche - neben anderem - für alle Fakultäten eine enzyklopädische Einführungsvorlesung zwingend vorschreibt und hiermit großen Anklang findet. Hier wird zudem die innere Zweiteilung der Gattung in Enzyklopädie und Methodologie unter der Vorgabe maßstäblich, daß erstere letztere zu begründen und daß jene innerhalb eines Gesamtkonzepts gelehrten und nun in der praktischen Ausbildung für künftige Staatsbeamte zu funktionalisierenden Wissens den Ort des jeweils eigenen Faches zu umschreiben habe. Die Theologen sind in diese Vorschrift zwar von Beginn an eingebunden, allerdings sind die ersten Ausgestaltungen der entsprechenden enzyklopädisch-methodologischen Einleitung, im Unterschied zu den Parallelwerken der Philosophen und der offenkundig stilbildenden Juristen, literarisch leider nicht greifbar. Erste Bezugnahmen theologischer Autoren auf das Göttinger Modell schließen sich zunächst nur dem Etikett nach dem dort gesetzten Standard an (so etwa auf evangelischer Seite Mursinna, auf katholischer Wiest); erst gegen Ende des 18. Jahrhunderts gibt es auf beiden konfessionellen Seiten Theologische Enzyklopädien, die das angestrebte formale Niveau erreichen (z.B. Planck, Kleuker, Oberthür). Gleichzeitig ist damit auch verbunden, daß sich nun 'Enzyklopädie und Methodologie' als genereller Titel für das *genus proximum* der hier untersuchten akademischen Praxis und Literatur durchgesetzt hat, wobei jede spezifische Anwendung als grundsätzlich vergleichbares Unternehmen am Beginn des Erwerbs allgemeiner wie besonderer Gelehrsamkeit in all ihren Zweigen zu gelten hat, das didaktisch als notwendige erste Orientierung mit dem Ziel der 'Komplexitätsreduktion' fungiert.

Der zweite und letzte bedeutsame Anstoß zu ihrer Entfaltung, den die Theologische Enzyklopädie mit der Wende zum 19. Jahrhundert sowie unter dem unübersehbaren Einfluß philosophischer Konzepte aus dem Raum des Deutschen Idealismus erfährt, läßt sich unter der gattungsgeschichtlichen Perspektive im engeren Sinn kaum sichtbar machen: Weder auf formaler Seite, also etwa im Zusammenhang von Enzyklopädie und Methodologie[5] sowie in Fragen der Terminologie, noch hinsichtlich der

---

[5] Allerdings gibt es - etwa bei Thanner - eine spezifische Umstellung der Reihenfolge dieser beiden Bereiche; diese ist jedoch autor-, nicht epochenspezifisch. Gleichzeitig wie in

Funktion des gesamten Projekts als Einführung in Begriff, Sache und Methode der Theologie sowie als Parallelunternehmen zu Enzyklopädien anderer Fächer ist hier ein entscheidender Wandel erkennbar; immerhin wird jetzt deutlich, daß die Theologische Enzyklopädie nicht mehr nur in das propädeutische Vorfeld, sondern als integrierender Teil in den eigentlich theologischen Bereich selbst gehört; dies wiederum hindert auf der anderen Seite nicht, daß nun - und zumindest auf diesem Niveau erstmals wieder seit Alsted - theologisch-enzyklopädische Ansätze und Grundlinien auch in der Philosophie selbst in Erscheinung treten, wodurch diesen Fragestellungen somit ein gewisses Heimatrecht in beiden Disziplinen gewährt wird. Dies sind allerdings Sachverhalte, die näher im disziplin- bzw. problemgeschichtlichen Abschnitt zu betrachten sind.

Abschließend soll hier nur noch kurz darauf hingewiesen werden, daß der Gattung Theologische Enzyklopädie seit ihrem Entstehen im 17. Jahrhundert oftmals - neben den oben geschilderten Primärfunktionen - auch die Aufgabe der literaturkundlichen Einführung in das Fach und seine Fächer zugewiesen wird; der quantitative Aspekt ihrer Erfüllung reicht von gelegentlichen Anmerkungen bis hin zu Gestaltungen, in welchen die *bibliographie raisonnée* das völlige Übergewicht erhält und die enzyklopädische Übersicht nur mehr als Gliederungskonzept für den Literaturüberblick dient.

9.2 DIE DISZIPLINGESCHICHTLICHE PERSPEKTIVE

Untersuchungen zur Theologischen Enzyklopädie bringen - gleichsam als notwendigen Nebeneffekt - Erkenntnisse über Entstehung und Entwicklungsstand einzelner theologischer Disziplinen mit sich. Dem zusammenfassenden Charakter der Gattung entsprechend wird dabei in den meisten Fällen mehr für die Bestimmung eines *terminus ad quem* als eines *terminus a quo* der jeweiligen Fachentwicklung zu gewinnen sein; des weiteren muß jedoch auch mit der Beschreibung von zur Abfassungszeit noch nicht - oder wenigstens so noch nicht - existierender Disziplinen gerechnet werden. Insgesamt ist auch hier - wie bereits erwähnt - von einem nicht unerheblichen Abstand von enzyklopädischer Skizze und akademischer Wirklichkeit auszugehen.

Somit geht es hier weniger um faktische Disziplin(en)geschichte, die zudem allererst die methodischen Differenzierungen innerhalb der Theologie seit altkirchlicher und mittelalterlicher Zeit darzustellen hätte. Allerdings kann auf bewußte Gliederungen vorenzyklopädischer Epochen zurückgegriffen werden, so v.a. auf die einzige eindeutig disziplinäre Unterscheidung des Mittelalters: diejenige von Theologie als Auslegung

der Folge werden Enzyklopädie und Methodologie teils in der üblichen Abfolge, teils auch nicht voneinander geschieden behandelt.

der Heiligen Schrift und Kirchenrecht; letzteres wird nach seiner Entstehung als akademisches Fach im Laufe des 12. Jahrhunderts der Wissenschaft vom Recht zugeordnet. Wiederaufnahmen dieser Unterscheidung, wie sie (klar erkennbar) bei Hyperius und (wenigstens ansatzweise) in der jesuitischen *Ratio studiorum* vorliegen, sind daher nicht als grundlegende Neuerungen auf disziplingeschichtlichem Gebiet anzusprechen; hier wird weder die Praktische noch die Moraltheologie geboren; man könnte höchstens die mittelalterliche Kanonistik selbst schon als Ort später in praktisch- und moraltheologischen Disziplinen verhandelter Gegenstände benennen, wobei jedoch zu beachten ist, daß die angesprochenen Disziplinen selbst erst durch eine bestimmte Fusion inner- und außertheologischer Materien zustande kommen, von der bei den genannten Entwürfen noch keine Rede sein kann, wie z.B. derjenigen theologischer Prinzipien moralischen Handelns mit den Detailproblemen spezieller Moral oder derjenigen der für die Gemeinde- bzw. Kirchenleitung nötigen Kenntnisse mit Fragen der Katechetik und Homiletik. Immerhin bleibt als gewisses Novum der hier behandelten Vorformen Theologischer Enzyklopädie bestehen, daß sie die zuvor in verschiedenen Fakultäten bzw. Ausbildungszusammenhängen beheimateten Sachbereiche - wohl aus vorwiegend kontingenten Gründen -[6] nun in die Theologie als Bildung für das kirchliche Amt integrieren.

Gleichfalls auf eine Unterscheidung des akademischen Alltags mittelalterlicher Scholastik - nämlich diejenige von *biblia* und *sententiae* - geht jene von Schriftexegese und scholastischer Theologie zurück, wie sie erstmalig terminologisch und normativ gefaßt in der jesuitischen *Ratio studiorum* begegnet. Wohl eher indirekt durch die humanistische wie reformatorische Kritik an der üblichen scholastischen Theologie angestoßen sowie an den praktischen Bedürfnissen des künftigen Predigers und Theologen im gegenreformatorischen Dienst orientiert, werden hier materiell, formell und institutionell klar voneinander getrennte Fächer *de scripturis* und *de scholastica theologia* präsentiert. Hiermit wird erstmals explizit die Fiktion aufgehoben, alle akademische Theologie sei nichts anderes als *sacra pagina*.

Die lutherische wie reformierte Theologie tut sich mit dieser Differenzierung verständlicherweise schwer und versucht, die letztgenannte Fiktion weitgehend aufrechtzuerhalten. Die Auswirkungen sind bis in das frühe 18. Jahrhundert hinein zu verfolgen: Die eigentliche Schriftexegese wird von der *loci-theologici*-Systematik zunehmend verdrängt, womit sich das Grundproblem der scholastischen Theologie des Mittelalters offen-

---

[6] Dabei wird im Falle des Hyperius und seines Marburger Umfelds die eher 'neuzeitliche' Bedingung ausschlaggebend gewesen sein, daß sich die Juristen weigerten, die kirchliche Abteilung ihres Faches weiterhin mitzubetreuen, während auf jesuitischer Seite mit der Nachwirkung des mittelalterlichen Verbotes des Kanonistikstudiums für Angehörige religiöser Orden zu rechnen ist.

kundig reproduziert. So kommt es zu dem erstaunlichen, allerdings höchst konsequenten Bild, daß sich eine von der systematischen Theologie emanzipierte biblische Exegese vor allem auf katholischer Seite etabliert, während sie als Grundbestandteil theologischer Ausbildung auf evangelischer Seite auffallend in den Hintergrund tritt.[7]

Ohne unmittelbare Erkenntnisse bleibt die Erforschung der Geschichte der Theologischen Enzyklopädie hinsichtlich der Entstehung der Moraltheologie; indirekt kann jedoch erschlossen werden, daß - solange man die bereits angesprochene Einschätzung teilt, dieses Fach liege als solches erst vor, wenn es sich von der Dogmatik gelöst und die Fragen spezieller Moral in sich aufgenommen hat - die Entwicklung zu echter Eigenständigkeit sehr zögerlich vor sich geht und in der evangelischen Theologie bis in die Gegenwart wohl nicht als eindeutig abgeschlossen betrachtet werden kann.[8] Eine bloß terminologische oder thematisch-literarische Abtrennung der moralbezogenen von dogmatischen Inhalten oder die Einrichtung eines kasuistischen Ausbildungsteils mit eigenem Lehrpersonal reicht hingegen keineswegs hin, um eine Fächertrennung zu postulieren, die über den im Mittelalter bereits erreichten Stand der Ausdifferenzierung entscheidend hinausginge. Interessant ist immerhin, daß das (weniger moraltheologische, sondern eher pastoralpraktische und eben auch nicht aus der Theologie, sondern aus der Kanonistik hervorgegangene) Fach Kasuistik bis ins 18. Jahrhundert einen Grundbestandteil der Ausbildung für das kirchliche Amt in allen hier einbezogenen konfessionellen Denominationen darstellt, während es eine grundsätzliche Kritik eigentlich nur auf katholischer Seite erfährt, nämlich in antienzyklopädisch gestimmten Schriften des 17. Jahrhunderts.

Ebenso wie die Kanonistik ursprünglich aus pastoralpraktischen Problemstellungen hervorgegangen ist, so fließen ab dem Zeitpunkt, da juristische Fakultäten den hiermit verbundenen Dienst nicht mehr leisten wollen oder Theologen in ihr Studium die juristische Abteilung bewußt und absichtsvoll nicht einbeziehen, namentlich aber in dem Moment, da die Ausbildung für das kirchliche Amt wesentlich als theologische Schulung begriffen wird, unverzichtbare kanonistische Elemente wieder in die Theologen- und vor allem Klerusausbildung ein. Diese gruppieren sich als 'technische' Fächer der Kirchenleitung und Seelsorge am Ende des Curriculums und verknüpfen sich nach und nach - unter dem zusammenfassenden Gesichtspunkt des kirchlichen oder genauer: kirchenleitenden Handelns -[9] mit den ursprünglich unabhängig hiervon entstandenen und

---

[7] Keinen Niederschlag findet in den gängigen Theologischen Enzyklopädien übrigens die sogenannte Biblische Theologie, die sich - als Modeerscheinung der zweiten Hälfte des 18. Jahrhunderts - zwischen Exegese und Dogmatik zu etablieren suchte.

[8] Vgl. hierzu PANNENBERG, 407 - 413.

[9] Lediglich bei einem so originellen Denker wie Alsted trat auch der nicht-leitende Teil der Kirche disziplinbildend ins Blickfeld.

mit einer eigenen Geschichte behafteten Abteilungen der Homiletik und
Katechetik zu einem praktischen Fächerverband. Diese sich, nicht zuletzt
wegen des Bildungsmonopols des jesuitischen Modells auf katholischer
Seite, vorrangig auf dem Gebiet evangelischer Theologie vollziehende
Entwicklung wird nach dem Ende dieses Monopols in der zweiten Hälfte
des 18. Jahrhunderts im katholischen Bereich nahezu unverändert übernommen. Allerdings wird dort eine im strengen Sinn kirchenrechtliche
Ausbildung der künftigen kirchlichen Amtsträger dann ebenfalls als nötig
erachtet (so etwa bei Oberthür), weshalb hier zwar eine sachliche, nicht
zugleich aber auch eine methodische Nähe zwischen den heute praktisch-
theologisch und kirchenrechtlich genannten Fächern gesehen wird. Dies
führt u.a. zu dem bis heute nicht definitiv geklärten Status der kanonistischen Disziplin im Rahmen des theologischen Fächerkanons, bei gleichzeitiger Unangefochtenheit ihrer Notwendigkeit,[10] während die evangelische Theologie bis heute zumeist auf ein streng kirchenrechtliches Fach
im Bereich der eigenen Fakultät verzichtet.[11]

Die Kirchengeschichte, die als Forschungsgebiet ihre Ursprünge in der
kanonistisch-pastoralpraktischen Quellenkunde sowie, seit dem 16. Jahrhundert, als Materialsammlung für die interkonfessionelle Polemik hat,
tritt aus diesen beiden, sich im übrigen überlappenden Schatten erstmals
und offenbar auch nur kurzfristig im Umfeld irenischer - in denunziato-
rischer Absicht als synkretistisch bezeichneter - evangelischer Theologie
des 17. Jahrhunderts, die der Kirchengeschichte als theologischer Disziplin eine Aufgabe in der Bestimmung des Inhalts christlichen Glaubens
zutraut (so v.a. bei Calixt); dies geschieht auf der Basis einer theologischen Erkenntnislehre, die sich in wenigstens sachlicher Nähe zum loci-
Konzept Melchor Canos befindet und in der katholischen Theologie der
Zeit durchaus ebenfalls Anhänger gefunden hat, nicht jedoch solche der
enzyklopädischen Richtung (z.B. Mabillon, Du Pin). Während in der
weiteren Geschichte der Theologischen Enzyklopädie auf katholischer
wie evangelischer Seite die Kirchengeschichte innerhalb des Theologiestudiums zunächst keinen systematischen Ort gefunden hat - meist wird
ihr, neben den o.g. traditionellen Aufgaben lediglich ein Platz im subsidiären Bereich nützlicher 'Gelehrsamkeit' zugewiesen -, findet sie erst im
fortgeschrittenen Entwicklungsstadium des späten 18. und frühen 19.
Jahrhunderts wieder zu ihrer Aufgabe in der geschichtlichen Selbster-
kenntnis des Christentums; hier erst gerät sie auch in die wesentliche
Nähe zur biblischen sowie gelegentlich auch zur dogmatischen Theologie,[12] wodurch eine übergreifende historische Fächergruppe entsteht.

[10] Vgl. hierzu KASPER, 272f.
[11] Vgl. etwa PANNENBERG, der das Fach Kirchenrecht im enzyklopädischen Kontext
überhaupt nicht behandelt.
[12] Wie gezeigt, geschieht letzteres durchaus unabhängig von Schleiermacher z.B. bei
Thanner.

Obwohl materiell bereits existierende Themengebiete aus biblischer Exegese, Dogmatik und namentlich Polemik in sie aufgenommen werden, ist die am Ende des 18. Jahrhunderts in Erscheinung tretende Apologetik alles andere als ein neu gebildeter Sammelbegriff für bereits Vorhandenes. Sie tritt von Beginn an im Bereich der Grundlegung der Theologie auf und wird von einem der ersten Autoren einer theologisch-enzyklopädischen Schrift, der sie als selbständige Disziplin behandelt (Kleuker), der 'fundamental-theologischen' Fächergruppe zugerechnet. Die durch die radikale aufklärerische Kritik an jeder 'positiven Religion' und ihren Prinzipien und Bezeugungsinstanzen (Offenbarung, Heilige Schrift, Kirche) unumgänglich gewordene systematische Konstruktion der Möglichkeit und Notwenigkeit von Theologie muß sich hiernach auf der Basis vernunftgemäßer Argumentation und historischer Beweisführung, nicht schon auf der Inanspruchnahme der Autorität des christlichen Glaubens selbst vollziehen. Dabei erweist sich die Apologetik seit der Zeit idealistischer Beeinflussung der Theologie - hier tritt sie gelegentlich auch unter den Namen 'philosophische Theologie', 'Philosophie der Theologie', 'Kritik aller Offenbarung' o.ä. auf - zwar als Gelenkstelle von universalem Wissen und dessen allgemeiner Theorie auf der einen und dem besonderen Wissen, wie es sich im geschichtlichen Phänomen des Christentums zeigt, auf der anderen Seite; damit steht sie aber nicht notwendig im vortheologischen Raum; vielmehr kann sie ihre Aufgabe nur erfüllen, wenn sie ihre eigenen Quellen dazu nutzt, eine Wesensbestimmung des Christlichen zu bieten, die die Besonderheit des im Christentum bewahrten Wissens und somit die materialen wie formalen Grundlagen der Theologie zum Tragen bringt.

In diesen Grundlegungskomplex der Theologie fügt sich nun - zwar kaum explizit, dafür von der Aufgabenstellung her um so eindeutiger - auch die Theologische Enzyklopädie als nunmehr weithin institutionalisierte theologische Teildisziplin selbst ein. Sie bietet ihrem Anspruch nach eine Grundlegung der Theologie als Wissenschaft sowie - das eine ist ohne das andere nicht möglich - eine Konstruktion des Christentums als eines dem Wissen und seinen Methoden offenstehenden Gehalts;[13] beides jedoch nicht in extenso, dies wäre ja die gesamte Theologie selbst, sondern eben 'im Grundriß'.

9.3 DIE PROBLEMGESCHICHTLICHE PERSPEKTIVE

Während sich die gattungsgeschichtliche Zusammenfassung weitestgehend an der Chronologie orientieren konnte und der Zusammenstellung

---

[13] Dieser Teil fällt quantitativ äußerst unterschiedlich aus: Die Formen seiner Realisierung reichen von knappen Andeutungen (z.B. Thanner) bis zu einem gerafften materialen Durchgang durch die gesamte Theologie (z.B. Kleuker).

der disziplingeschichtlichen Ergebnisse neben der zeitlichen naturgemäß auch die Gliederung nach einzelnen Fächern oder Fachgruppen vorgegeben war, stehen der nun anzuzielenden problemgeschichtlichen Perspektive keine derart präformierten Leitlinien zur Verfügung. Sie kann auch nicht im Sinne der Rekonstruktion eines zielgerichteten Ablaufes als 'Geschichte' beschrieben werden, sondern läßt sich nur im Hinblick auf zu unterschiedlichen Perioden und in unterschiedlicher Weise realisierte Grundtypen der Beschreibung und versuchten Lösung eines fundamentalen Problems neuzeitlicher Theologie umreißen.[14] Dieses besteht im wesentlichen aus drei Fragestellungen: a) Weshalb besteht die Theologie aus mehreren Disziplinen? b) Welche dieser material wie formal relativ selbständigen Einheiten sind hier zu nennen? c) Wie kann angesichts dieser Fächervielfalt von der Theologie als einheitlichem Unternehmen gesprochen werden? Erst mit dem expliziten Auftauchen wenigstens der ersten beiden Fragen kann von dem Phänomen gesprochen werden, das oben abgekürzt 'enzyklopädisches Bewußtsein' o.ä. genannt wurde. Erst dieses Bewußtsein schafft auch das literarische Faktum einer Theologischen Enzyklopädie. Von hierher ergibt sich zudem das Kriterium, das nicht allein vermeintliche von tatsächlichen Vorformen dieser Gattung unterscheidet, sondern eben auch Vorformen von tatsächlichen Vertretern. Solange an der Fiktion methodischer und materialer Einheitlichkeit der Theologie festgehalten wird, ist die Theologische Enzyklopädie auch dann noch nicht in Sicht, wenn literarische Modelle geschaffen oder benutzt werden, die sich für diese Gattung später als brauchbar erweisen (so bis zur Mitte des 16. Jahrhunderts); aber selbst dann kann noch nicht von einer Realisierung der theologisch-enzyklopädischen Aufgabe gesprochen werden, wenn die dieser zugrunde liegende Problemkonstellation schon sichtbar, diese aber als solche noch nicht erfaßt und zur Sprache gebracht ist (so etwa im Falle der jesuitischen *Ratio studiorum*); dies schließt aber nicht aus, daß sich bereits in diesem vorenzyklopädischen Bereich Ansätze zu Lösungstypen der spezifisch enzyklopädischen Fragestellungen zeigen.

Obgleich sich die ersten Bewegungen in Richtung eines Verständnisses der Theologie als Fach aus Fächern noch nicht in der Form Theologischer Enzyklopädie präsentieren und in ihren tatsächlichen disziplinären Ausdifferenzierungen im wesentlichen Vorgaben der Ausbildungsgänge mittelalterlicher Scholastik fortführen, erscheint in ihnen doch schon derjenige Typus der Argumentation, der trotz seiner prinzipiellen

---

[14] Nicht mehr eingegangen wird in diesem Zusammenhang auf die die disziplinäre Vielfalt wesentlich bestreitende Konzeption, die, auf dem *loci*-Konzept Canos aufbauend, sich der neuzeitlichen Fächerpluralität dadurch entgegenstellt, daß sie eine lediglich an unterschiedlichen Quellen und den diesen spezifischen hermeneutischen Methoden orientierte Gliederung der Theologie zuläßt. Dadurch entsteht jedoch - wenigstens nach der Absicht der historischen Verfechter dieses Modells - keine Theologie aus verschiedenen Disziplinen, sondern lediglich eine nach Bezeugungsinstanzen abgestufte Dogmatik.

Schlichtheit in der Lage sein wird, sowohl die - quantitativ anfangs noch sehr reduzierte - Fächervielfalt als auch deren übergreifende Einheit zu erfassen: Es handelt sich um die Ausrichtung auf die Ausbildung zu einem kirchlichen Amt, das in seinen beruflichen Erfordernissen Kenntnisse und den fachlichen Umgang mit diesen voraussetzt. Dabei konnte sich die früheste greifbare Form dieses Konzepts, die bereits angesprochene jesuitische Studienordnung, noch nicht zu einem einheitlichen Entwurf eines Studienganges durchringen, sondern hatte - auch hier auf erkennbar traditionellen Spuren wandelnd - noch die Ausbildung zum Theologen von derjenigen zum einfachen Priesteramt klar getrennt; Überschneidungen gab es lediglich dort, wo der künftige Theologe auch als Priester in den Blick kommt. Spätere, offenkundig von der jesuitischen Konzeption nicht völlig unberührte Entwürfe (so namentlich derjenige Calixts) lassen zwar immer noch eine interne Differenz zwischen der eigentlich theologischen und der spezifisch kirchenamtlichen Schulung erkennen, sehen jedoch keinen Anlaß mehr, die Ausbildungsgänge grundsätzlich zu trennen. Dieser Typus spiegelt somit die mit den Reformbewegungen des 15. und 16. Jahrhunderts einsetzende stärkere Einbindung der Theologie in die kirchliche Wirklichkeit, die umgekehrt verbunden ist mit einer zunehmenden Theologisierung der professionellen Schulung des Klerus. Während der gesamten Geschichte der Entstehung und Entfaltung der Theologischen Enzyklopädie bleibt dieses Begründungsmodell von fachlicher Vielfalt und intentionaler Einheit auf der Basis beruflicher Bildungsziele erhalten; es stellt sogar den am durchgängigsten präsenten Typus dar und erhält durch das aufgeklärte Bildungs- und Universitätskonzept, das die Funktionalität der Ausbildung wie der späteren Tätigkeit der Ausgebildeten in den Mittelpunkt stellt, eine nochmalige Verstärkung.[15]

Ein wenigstens scheinbar andersgeartetes Konzept verfolgt der in verschiedener Hinsicht bereits als origineller Einzelgänger gekennzeichnete Alsted. Bei ihm begegnet erstmals im Bereich der Theologie der konsequent verfolgte Versuch, die interne Fächervielfalt aus dem vorausgesetzten Wissenschaftsbegriff selbst zu entwickeln. Dies gelingt ihm über den seiner Bestimmung praktischen Wissens entnommenen Mittelbegriff des Subjekts unter jeweiliger Berücksichtigung seines intellektuell-informativen Bedarfs bzw. seines religiösen oder kirchlichen Interesses als primärer Zielbestimmung wie der spezifischen, dem jeweiligen *subjectum* und der entsprechenden *finis* angemessenen Mittel. Dies hat nun den Vorteil, daß die zur Theologie als Mischdisziplin zusammengewachsenen Teile spekulativer wie praktischer Art aus identischen formalen Oberbegriffen abgeleitet werden können; der eigentümliche und von der eindrucksvollen Stringenz der Konzeption beinahe verdeckte Nachteil liegt

---

[15] Allerdings darf nicht unterschlagen werden, daß hier der kirchliche Amtsträger nun als Funktionär im Kontext eines vereinheitlichten Staatsbegriffs in den Blick tritt.

jedoch an ebendieser wissenschaftstheoretischen Formalität der Grund-
begriffe, läßt sich aus ihr doch nur die Vielfalt der Disziplinen, nicht
jedoch die Einheit des Gesamtunternehmens Theologie begründen. Dieses kann lediglich in der Weise der Deskription als notwendig aus mehreren Teilen bestehendes Kollektivum, nicht mehr aber in der Weise der
Definition als notwendig zusammengehörendes Ganzes erwiesen werden.
Für letzteres müssen allenfalls erneut faktische akademische Praxis und
kirchliche Bedürfnisse herangezogen werden. Auf die Frage jedoch, ob es
sich hier um eine Schwäche des Alstedschen Entwurfs oder eine unumgängliche Aporie handelt, ist später nochmals kurz einzugehen.

Immerhin ist es der dritte Typus, der dem eben genannten Problem
auf den Grund zu gehen und dieses aufzulösen verspricht. Er knüpft in
seiner Einordnung theologischen Wissens in das Wissen allgemein an das
universalenzyklopädische Konzept, wie es etwa bei Alsted vorliegt, ebenso an wie an die in der Aufklärung vollzogene Zusammenfassung unter
dem Stichwort der 'Gelehrsamkeit'; will er dem ersteren durch die durchgängige Bestimmung der Einheit allen und so auch des theologischen
Wissens überlegen sein, so will er die letztere ihrer aggregathaften und
damit zufälligen Anordnung sowie ihrer funktionalistischen Überfremdung entkleiden. Dieser Typus, der sich in der katholischen wie evangelischen Theologiegeschichte generell an die Philosophie des Deutschen
Idealismus sowie in seinen ersten Ausformungen speziell an Schellings
Identitätsphilosophie anschließt, überbietet eine Entfaltung aus einer
formalen Wissenschaftstheorie durch eine wesentlich inhaltliche Bestimmung einer Weltformel, die in ihrer Dynamik ideale und reale Elemente
aus höherer, beide umgreifender Einheit hervorgehen und in ihr zugleich
auch wieder aufgehoben sein läßt. Hierdurch erhält die Theologie den
ihrer Natur gemäßen Ort an einer bestimmten Stelle der Skala der sich
notwendig und dennoch geschichtlich entfaltenden Gemengelage von
Idealität in Realität. Das ansonsten immer in letzter Konsequenz unver-
mittelte Nebeneinander von selbständigem Erkenntnisinteresse und
historisch oder praktisch an die Faktizität von Christentum und Kirche
gebundenem gelehrten wie funktionalen Wissen erscheint hier als systematisch begriffen und als das spezifisch Theologische, das sich in Fächervielfalt und Wissenseinheit zugleich präsentieren kann. Aus der Not der
bisherigen Spaltung von innerem Verstehensbedürfnis und äußerem
(Aus-)Bildungsbedarf wird unter der Voraussetzung der ursprünglichen
und letzten Einheit der sich geschichtlich in Unterschiedenheit und
bleibender Bezogenheit entfaltenden Dimensionen von Sein und Wissen,
Realität und Idealität, gleichsam eine Tugend gemacht. Die letzte und
bislang nicht überbotene Entfaltung der Gattung Theologische Enzyklopädie fällt daher nicht zufällig mit der Entwicklung dieses Typus der
Lösung des sie hervorbringenden Problems zusammen. Dennoch kann
diese theologiegeschichtliche Erkenntnis nicht in einen Ruf zur Rück-

kehr zu diesem einsamen Höhepunkt münden. Ist doch mit der *Entla*-stung von dem auf der Theologischen Enzyklopädie liegenden Problem-druck eine gleichzeitige und notwendige *Belastung* mit Voraussetzungen nicht allein wissenschaftstheoretischer, sondern vor allem metaphysischer Art verbunden, die schon seit der Mitte des 19. Jahrhunderts und noch viel mehr in der nachfolgenden Zeit bis zur Gegenwart kaum jemand mehr tragen wollte. Mit dem epochalen Scheitern der Philosophie des Deutschen Idealismus endet notgedrungen auch ein Projekt, das, auf diesem aufbauend, erstmalig und letztmalig zugleich das neuzeitliche Bewußtsein von der Theologie als Disziplin aus Disziplinen in einem argumentativ notwendigen Konzept meinte darstellen zu können.

9.4 AUSBLICK

Auf allen drei angesprochenen Gebieten, dem der Gattung, dem der Disziplinen wie dem der Erfassung des durch diese gegebenen und jener aufgegebenen Problemstellung, vollzieht sich nach den hier untersuchten Entwürfen keine substanzielle Neuerung mehr.[16] Es bleibt grundsätzlich bei der Aufgabenmehrheit einer Einordnung der Theologie in eine allge-meine Wissenschaftstheorie, der enzyklopädischen Darstellung der theo-logischen Disziplinen, methodologischer Erwägungen zur Theologie insgesamt wie zu deren Fachabteilungen sowie literaturkundlicher An-merkungen. Dabei ist es sekundär, ob diese Funktionen in getrennten Kapiteln oder ineinander verwoben vollzogen werden bzw. ob einzelne - v.a. die Literaturkunde - in den Hintergrund treten oder gänzlich ausfal-len. Desgleichen erhalten bleibt ein Grundbestand theologischer Diszi-plinen, die weder methodisch noch inhaltlich aufeinander reduzierbar sind, sowie deren grundsätzliche Einteilung in drei oder vier Fächergrup-pen, je nachdem, ob den in engerem Sinne geschichtlichen Fächern unter dem Etikett des 'Historischen' noch weitere, meist die biblischen, teils aber auch die Dogmatik, zugesellt werden. In der Problemorientierung

---

[16] Dies sollte die Erforschung der unbestrittenen Meisterwerke der Gattung, SCHLEIERMACHER (1811/30) und DREY (1819), m.E. stärker berücksichtigen; im Falle Dreys ist hier - etwa mit den grundlegenden Publikationen von KUSTERMANN (1988; 1994) - die richtige Richtung bereits eingeschlagen, könnte aber gerade im Blick auf die hier abschließend behandelten Autoren noch gewinnbringend weiterverfolgt werden; die Schleiermacher-Forschung hingegen nimmt - gerade auch in ihren anspruchsvollen neue-sten Publikationen - hiervon so gut wie keine Notiz; vgl. etwa GROOT; RÖSSLER; DINKEL. Ähnliches gilt auch für die immanent äußerst überzeugenden Studien von HINZE (1993; 1996).
   Zum Überblick über die Theologischen Enzyklopädien nach den hier behandelten Epochen vgl. neben den entsprechenden Abschnitten bei KUYPER (333 - 475) und HUMMEL (732 - 741) v.a. die ebenso kenntnisreichen wie polemischen Einlassungen bei ZYRO; dieser für die erste Hälfte des 19. Jahrhunderts einschlägigste Beitrag wird, soweit ich sehe, weder bei KUYPER noch bei HUMMEL erwähnt.

gehen die späteren Entwürfe Theologischer Enzyklopädie wieder hinter den Begründungsmonismus der kompromißlos idealistisch bestimmten zurück und wählen in ganz unterschiedlichen Ausprägungen gemischte Modelle, die sowohl formale wissenschaftstheoretische Erwägungen, allgemeine Theologiebegriffe und kirchliche Ausbildungsbedürfnisse ins Spiel bringen.[17] Es macht sich, um die Entwicklung auf einen knappen Nenner zu bringen, insgesamt ein gewisser Realismus breit, den man nicht sofort als resignativ deuten muß: Wie in den anderen Wissenschaften, so liegt auch in der Theologie eine eben nicht nur sachlich und methodisch, sondern zugleich funktional irreduzible Pluralität von Disziplinen vor, die ihr historisch aus unterschiedlichen Bereichen zugewachsen sind und die sowohl diese disparate Herkunft wie die divergierenden Zielsetzungen spiegeln. Theologie bleibt auf ihre in der Vergangenheit liegenden materialen Erkenntnisquellen ebenso bezogen wie auf die gegenwärtige Erkenntnis der in diesen bezeugten Wahrheit und die praktische Zukunftsausrichtung ihres kirchlichen Lebenskontexts aus dieser Wahrheit heraus. Die hierin angesprochene notwendige Verknüpfung empirischer, argumentativer und pragmatischer Orientierungen, die jedem dieser Bereiche, wenn auch in unterschiedlicher Gewichtung, eignen, führt jedoch nicht zu einem deduktiven Entwurf von Theologie als Wissenschaft aus Wissenschaften, sondern bescheidet sich mit einer Darstellung der „Wissenschaftspraxis der Theologie",[18] die die historische wie sachliche Relativität und Relationalität ihrer Bestandteile aufweist und in ihrer Sachgemäßheit und Funktionalität erschließt.

Abschließend bietet es sich an, nochmals den Blick auf den Status der Theologischen Enzyklopädie innerhalb der Theologie zu wenden. Auch hier bleibt der zu Beginn des 19. Jahrhunderts erreichte Stand der Dinge maßgeblich: Nicht nur von ihrer didaktischen Funktion der Einleitung in das Studium der Theologie her, sondern auch und gerade in bezug auf ihre die Theologie als Ganze in den Blick nehmende und sie als Fach aus Fächern begründende Funktion kommt ihr im Rahmen wissenschaftspraktischer Arbeitsteilung zweifellos fundamentaltheologischer Charakter zu.[19] Sie hat mit der Fundamentaltheologie zudem die Ausrich-

---

[17] Dies gilt für SCHLEIERMACHER, (1811/30; vgl. ebd., 249 - 255/325 - 337) ebenso wie für den ungeschlagenen Bestseller der Gattung: HAGENBACH (1833), hier: 1 - 60 (das Werk erlebte insgesamt 12 Auflagen; vgl. hierzu KUYPER, 340 - 345. 472 - 475), oder für die entsprechenden Publikationen jüngeren Datums, PANNENBERG (vgl. ebd., 225 - 298 u.ö.) und KASPER (vgl. ebd., 242 - 250).

[18] So die Titelformulierung bei KASPER. Dies ist dort verbunden mit einer lebensweltlich orientierten Sicht des Zusammenhanges von Wissenschaft und deren Theorie: „Wissenschaft ist also zunächst von ihrem 'Sitz im Leben' her zu betrachten. Wissenschaftstheorien kommen erst als nachträgliche Reflexion hinzu." (Ebd., 242)

[19] Hieraus folgt nicht notwendig, daß allein die Vertreter dieses Faches zu theologisch-enzyklopädischer Reflexion aufgerufen wären oder als Verfasser entsprechender Entwürfe in Frage kämen; dies ist schon historisch nicht der Fall: So war etwa Hagenbach Kirchengeschichtler in Basel (vgl. Art. „Hagenbach, Karl Rudolf", in: RGG, Bd. 3 [1959], 22 - 23)

tung auf das Gespräch mit nichttheologischen Wissensbereichen - hier vor allem in der Gestalt der Wissenschaftstheorie - gemeinsam, zugleich aber den explizit theologischen Charakter, der die Theologie als Wissenschaft aus ihrer Sache selbst zu erheben und zu begründen sucht. Auch hier ist somit dieselbe Tendenz wie bereits im vorhergehenden Abschnitt zu erkennen: Die Theologische Enzyklopädie kehrt in den Zusammenhang strikt theologischer Wissenschaftspraxis zurück[20] und enthält sich einer Begründung der Theologie und ihrer Arbeitsbereiche, die sachlich 'von oben', nämlich vom absoluten Indifferenzpunkt von Sein und Wissen, sowie methodisch 'von außen', nämlich in philosophisch-deduktiver Konstruktion, meinte argumentieren zu können.

So bestätigt der Ausblick nochmals den Rückblick wie die theologiehistorische These der vorliegenden Untersuchungen, daß die wesentlichen Momente der Theologischen Enzyklopädie in formaler wie materialer Hinsicht mit den am Deutschen Idealismus zu Beginn des 19. Jahrhunderts orientierten Entwürfen sämtlich vorhanden waren. Dies schloß und schließt jedoch keineswegs die erneute, unter Umständen intellektuell anspruchsvollere, argumentativ redlichere, sprachlich gekonntere und inhaltlich aktualisierende Wiederaufnahme dieses in seiner Entfaltung als Gattung wissenschaftlich-theologischer Literatur abgeschlossenen Projektes aus.

und Krieg, der Freiburger Verfasser einer Enzyklopädie, Praktischer Theologe (vgl. Art. „Krieg, Cornelius", in: LThK, Bd. 6 [1997], 479). Der theologisch-enzyklopädische Abschnitt, den das *Handbuch der Fundamentaltheologie* daher zu Recht in seine Gliederung aufgenommen hat, wurde einem Dogmatiker zur Ausarbeitung anvertraut (Kasper).

[20] Daß sich dieser Umschwung gerade bei Schleiermacher vollzieht, zeigt sein Schwanken zwischen dem idealistischen Konzept der Begründung aller Theologie aus der ihr übergeordneten 'Wissenschaft', hier namentlich der 'Ethik', und der die Theologie in ein eigenständiges Unternehmen verwandelnden Bezugnahme auf die praktische Dimension der 'Kirchenleitung' (vgl. DERS. [1811/30], 252 - 257/335 - 339; zu berücksichtigen ist zudem die vom Herausgeber in der historischen Einführung, ebd., XLIII, wahrscheinlich gemachte ursprünglich andere Reihung der drei Teilbereiche [Historische - Philosophische - Praktische Theologie, statt: Philosophische - Historische - Praktische Theologie] in den der Buchform vorausliegenden Vorlesungen). Es spiegelt sich erneut in der Unsicherheit seiner modernen Interpreten, die Theologische Enzyklopädie im Sinne Schleiermachers einem besonderen Fachbereich zuzuordnen; vgl. RÖSSLER, 68 - 71, der ihr „eine gleichmäßige Affinität und Äquidistanz zu allen drei Disziplinen der Theologie" (ebd., 71 Anm. 329) zuweisen möchte, während DINKEL, 197 - 199 dies dadurch widerlegt zu haben glaubt, daß er sie „durch ihren technischen Charakter" (ebd., 198) der Praktischen Theologie einordnet. Allerdings dürfte diese Frage mit einem Blick in die Geschichte der Gattung ebenso einer Klärung zuzuführen sein wie durch den Hinweis Schleiermachers selbst, daß „die Enzyklopädie ihrer Natur nach die erste Einleitung in das theologische Studium ist" (DERS. [1811/30], 333 [Text in dieser Form nur in der 2. Aufl.]), weshalb er den strikt formalen Charakter des Unternehmens hervorhebt (vgl. ebd., 252/333 und 247f./321f.), während er hinsichtlich der Praktischen Theologie betont, daß sie „sowol der Materie als der Form nach auf den beiden vorigen Zweigen (beruht)" (ebd., 301 [Text in dieser Form nur in der 1. Aufl.]).

ANHANG

1. ABKÜRZUNGSVERZEICHNIS

ADB	Allgemeine deutsche Biographie, 55 Bde., Leipzig 1875 – 1910
BLGNP	Biografisch Lexicon voor de geschiedenis van het Nederlandse protestantisme, hg. v. D. Nauta u.a., Bd. 1ff., Kampen 1978ff.
BRANDL	M. Brandl, Die deutschen katholischen Theologen der Neuzeit, Bd. 2: Aufklärung, Salzburg 1978
ContEras	Contemporaries of Erasmus. A Biographical Register of the Renaissance and Reformation, hg. v. P. G. Bietenholz u. Th. B. Deutscher, 3 Bde., Toronto-Buffalo-London 1985 – 1987
CR	Corpus Reformatorum, Bd. 1 - 28: Philippi Melanthonis Opera quae supersunt omnia, hg. v. C. G. Bretschneider u.a., Halle u.a. 1834 – 1860
DACL	Dictionnaire d'archéologie chrétienne et de liturgie, hg. v. F. Cabrol u. H. Leclercq, 15 Bde., Paris 1907 – 1951
DHEE	Diccionario de Historia Eclesiástica en España, hg. v. Qu. Aldea Vaquero u.a., 4 Bde. u. Supplement-Bd. 1, Madrid 1972 – 1987
DSp	Dictionnaire de Spiritualité, Ascétique et Mystique, Doctrine et Histoire, hg. v. M. Viller u.a., 17 Bde., Paris 1937 – 1995
EphU	Encyclopédie philosophique universelle, hg. v. A. Jacob, Bd. 3: Les Œuvres philosophiques. Dictionnaire, hg. v. J.-F. Mattéi, Tl. 1: Philosophie occidentale: IIIᵉ millénaire av. J.-C. - 1889, Paris 1992
FS	Festschrift
HWP	Historisches Wörterbuch der Philosophie, hg. v. J. Ritter u.a., Bd. 1ff., Basel 1971ff
LThK	Lexikon für Theologie und Kirche, 3. Auflage, hg. v. W. Kasper u.a., Bd. 1ff., Freiburg 1993ff.
MHSI	Monumenta Historica Societatis Iesu, Bd. 1ff., Madrid - Rom, 1894ff.
MPSI	Monumenta Paedagogica Societatis Iesu, neu hg. v. L. Lukács, 7 Bde., Rom 1965 – 1992
R	Ratio atque institutio studiorum Societatis Iesu (MPSI, Bd. 5)
RE	Realencyklopädie für protestantische Theologie und Kirche, 3. Auflage, hg. v. A. Hauck, 24 Bde., Leipzig 1896 – 1913

RGG	Die Religion in Geschichte und Gegenwart, 3. Auflage, hg. v. K. Galling, 6 Bde., Tübingen 1957 - 1965
S. th.	Summa theologiae
TRE	Theologische Realenzyklopädie, hg. v. G. Krause u. G. Müller, Bd. 1ff., Berlin-New York 1976ff.

2. QUELLENVERZEICHNIS

ALSTED, J. H., Methodus sacrosanctae theologiae octo libris tradita, Frankfurt/M.-Hannover 1614 - 1622
– Encyclopaedia, Faks.-Nachdr. der Ausg. Herborn 1630 mit einem Vorw. v. W. SCHMIDT-BIGGEMANN u. einer Bibliogr. v. J. JUNGMAYR, 4 Bde., Stuttgart-Bad Cannstatt 1989 - 1990

BULAEUS, C. E., Historia Universitatis Parisiensis, Bd. 6: Ab anno 1500 ad an. 1600, Paris 1673
BULLINGER, H., Studiorum ratio - Studienanleitung, ed. P. STOTZ (= H. BULLINGER, Werke. Sonderbd.), 2 Teilbde., Zürich 1987
BURMAN, F., Synopsis theologiae, Utrecht 1681

CALIXT, G., Werke in Auswahl, Bd. 1ff., hg. von der Abteilung für Niedersächsische Kirchengeschichte an den vereinigten Theologischen Seminaren der Universität Göttingen, Göttingen 1970ff.
CALOV, A., Isagoges ad ss. theologiam libri duo, de natura theologiae, et methodo studii theologici, pie, dextre, ac feliciter tractandi, cum examine methodi Calixtinae, Wittenberg 1652
CALVIN, J., Opera selecta, ed. P. BARTH u. W. NIESEL, 5 Bde., München 1952 - 1963
CANO, M., De locis theologicis, in: Melchioris Cani Opera, ed. H. SERRY, Venedig 1739, 1 - 457
CARVAJAL, L. DE, De restituta theologia liber unus, Köln 1545 (2. Aufl.: Theologicarum sententiarum liber unus, Antwerpen 1548)
CROCIUS, L., Instructio de ratione studii theologici, in: H. Grotii et aliorum dissertationes de studiis instituendis, Amsterdam 1645, 491 - 558

DAUB, C., Die Theologie und ihre Encyclopädie im Verhältnis zum akademischen Studium beider. Fragment einer Einleitung in letztere, in: DERS./F. CREUZER (Hg.), Studien, Bd. 2, Frankfurt/M.-Heidelberg 1806, 1 - 69
– Einleitung in das Studium der christlichen Dogmatik aus dem Standpunkte der Religion, Heidelberg 1810
DREY, J. S., Kurze Einleitung in das Studium der Theologie mit Rücksicht auf den wissenschaftlichen Standpunkt und das katholische System (1819), hg. u. eingel. v. F. SCHUPP, Darmstadt 1971
– Rezension zu: A. GENGLER, Enzyklopädie der Theologie, in: Theologische Quartalschrift 17 (1835), 195 - 210
DU PIN, L. E., Méthode pour étudier la théologie, Paris 1716
– Méthode pour étudier la théologie, hg. v. J.-A.-T. DINOUART, Paris 1768, wiederabgedruckt in: Theologiae cursus completus, hg. v. J. P. MIGNE, Bd. 26, Paris 1842, 1194 - 1296
– Methodus studii theologici recte instituendi, lat. Übers. v. J. M. CHRISTELL, Einl. v. J. FRICKIUS, Augsburg 1722

ERASMUS ROTERODAMUS, D., Opera omnia emendatiora et auctiora, ed. J. CLERICUS, 10 Bde., Leiden 1703 - 1706 (Nachdr.: Hildesheim 1961 - 1962)
— Ausgewählte Werke, ed. A. U. H. HOLBORN, München 1933 (Nachdr.: ebd. 1964)

FICHTE, J. G., Deducirter Plan einer zu Berlin zu errichtenden höheren Lehranstalt (1807), in: Fichtes Werke, hg. v. I. H. FICHTE, Bd. 8, Berlin 1846 (Nachdr.: ebd. 1971), 97 - 204
FRANCKE, A. H., Methodus studii theologici, Halle 1723
— Werke in Auswahl, hg. v. E. PESCHKE, Berlin 1969
— Handschriftlicher Nachlaß, Bd. 1: Der Briefwechsel Carl Hildebrand von Cansteins mit August Hermann Francke, hg. v. P. SCHICKETANZ, Berlin-New York 1972 (Texte zur Geschichte des Pietismus 3/1)

GAUSSEN, E., Dissertationes, Kassel 1697
GERBERT, M., Apparatus ad eruditionem theologicam (1754), St. Blasien ^{2}1764
GERHARD, J., Methodus studii theologici, Jena 1620
GERSON, J., Œuvres complètes, ed. P. GLORIEUX, 10 Bde., Paris u.a. 1960 - 1973
GESNER, C., Bibliotheca universalis, sive Catalogus omnium scriptorum locupletissimus, Zürich 1545
— Pandectarum sive Partitionum universalium libri XXI, Zürich 1548
— Partitiones theologicae, Zürich 1549
GMEINER, X., Schema encyclopaediae theologicae per terras Austriae haereditarias theologis primi anni primis hebdomadibus explanandae, Graz 1786
GUNDLING, N. H., Collegium historico-literarium, oder ausführliche Discourse über die vornehmsten Wissenschaften und besonders die Rechtsgelahrtheit, Bremen 1738
— Collegium historico-literarium. Anderer und letzter Theil: Die Geschichte der noch übrigen Wissenschaften, fürnehmlich der Gottes-Gelahrheit [sic!], Bremen 1742

HAGENBACH, K. R., Encyklopädie und Methodologie der theologischen Wissenschaften, Leipzig 1833 (12. Aufl. 1889)
HUGO V. SANKT-VIKTOR, The Didascalicon. A Medieval Guide to the Arts, engl. Übers. u. Einl. v. J. TAYLOR, New York-London 1961 (Records of Civilisation. Sources and Studies 64)
HYPERIUS, A., De recte formando theologiae studio libri IIII, Basel 1556 (2. Aufl.: De theologo, seu de ratione studii theologici libri IIII, Basel 1559; 3. Aufl.: ebd. 1582)
— Briefe 1530 - 1560, hg., übers. u. komm. v. G. KRAUSE, Tübingen 1988 (Beiträge zur historischen Theologie 64)

KANT, I., Gesammelte Schriften, hg. v. d. Akademie der Wissenschaften der DDR, Bd. 29, hg. v. G. LEHMANN, Berlin 1980
KECKERMANN, B., Opera omnia, 2 Bde., Genf 1614
KLEUKER, J. F., Grundriß einer Encyklopädie der Theologie oder der christlichen Religionswissenschaft, 2 Bde., Hamburg 1800/01

LATOMUS, J., De trium linguarum, et studii theologici ratione Dialogus, in: Primitiae pontificiae theologorum Neerlandicorum. Disputationes contra Lutherum inde ab a. 1519 usque ad a. 1526 promulgatae, ed. F. PIJPER, 's-Gravenhage 1905, 41 - 84

LEIBNIZ, G. W., Nova methodus discendae docendaeque jurisprudentiae (1667), in: DERS., Opera omnia, hg. v. L. DUTENS, Bd. 4, Genf 1768 (Nachdr.: Hildesheim u.a. 1989), III, 159 - 230

Le Livre du Recteur de l'Académie de Genève (1559 - 1878), Bd. 1: Le Texte, ed. S. STELLING-MICHAUD, Genf 1959 (Travaux d'Humanisme et Renaissance 33)

MABILLON, J., Traité des études monastiques (1691), Paris ²1692
— Tractatus de studiis monasticis, lat. Übers. v. U. STAUDIGL, Kempten 1702
— Tractatus de studiis monasticis, lat. Übers. v. J. PORTA, Venedig ²1745

MALDONADO, J. DE, De constitutione theologiae, in: TELLECHEA (s. Lit.), 226 - 255
— Miscellanea, ed. R. GALDOS, Madrid 1947

MELANCHTHON, PH., Opera quae supersunt omnia, 28 Bde., ed. C. G. BRETSCHNEIDER u. H. E. BINDSEIL, Halle - Braunschweig 1834 - 1860 (Corpus Reformatorum 1 - 28)
— Supplementa Melanchthoniana, 6 Bde., hg. v. d. Melanchthonkommission des Vereins für Reformationsgeschichte, Leipzig 1910 - 1929
— Werke in Auswahl, 7 Bde., ed. R. STUPPERICH, Gütersloh 1951 - 1971

Monumenta Paedagogica Societatis Iesu, neu hg. v. L. LUKÁCS. 7 Bde., Rom 1965 - 1992 (Monumenta Historica Societatis Iesu 92, 107, 108, 124, 129, 140, 141)

MOSELLANUS, P., Oratio de variarum linguarum cognitione paranda, Leipzig 1518

MURSINNA, S., Primae lineae encyclopaediae theologicae in usum praelectionum ductae (1764), Halle ²1784

NICOLAS DE CLÉMANGES, Liber de studio theologico, in: Spicilegium sive Collectio veterum aliquot scriptorum, ed. L. D'ACHÉRY. Neuausg.: ed. L.-F.-J. DE LA BARRE, Bd. 1., Paris 1723 (Nachdr.: Farnborough 1967), 473 - 480.

OBERTHÜR, F., Encyclopaedia et methodologia theologica, 2 Tle., Salzburg 1786
— Theologische Encyklopädie oder der Theologischen Wissenschaften Umfang und Zusammenhang, 2 Bde., Augsburg 1828

PERIZONIUS, A., De ratione studii theologici tractatus, Deventer o. J. (1659)

PLANCK, G. J., Einleitung in die Theologische [sic!] Wissenschaften, 2 Tle., Leipzig 1794/95
— Grundriß der theologischen Encyklopädie zum Gebrauche bey seinen Vorlesungen, Göttingen 1813

PÜTTER, J. ST., Entwurf einer juristischen Encyclopädie, Göttingen 1757
— Versuch einer academischen Gelehrten-Geschichte von der Georg-Augustus-Universität zu Göttingen, 2 Tle., Göttingen 1765/1788
— Neuer Versuch einer juristischen Encyclopädie und Methodologie, Göttingen 1767 (Nachdr.: Hildesheim u.a. 1998 [Historia Scientiarum])

SCHELLING, F. W. J., Vorlesungen über die Methode des academischen Studium, Tübingen 1803
— Sämmtliche Werke, hg. v. K. F. A. SCHELLING, Abt. 1, Bd. 5, Stuttgart-Augsburg 1859

SCHLEIERMACHER, F., Kurze Darstellung des theologischen Studiums (¹1811/²1830), in: DERS., Kritische Gesamtausgabe, hg. v. H. FISCHER u.a., Abt. 1, Bd. 6, hg. v. D. SCHMID, Berlin-New York 1998, 243 - 315/317 - 446

El Sistema Educativo de la Compañía de Jesús. La „Ratio studiorum", hg. v. E. GIL, Madrid 1992 (Publicaciones de la Universidad Pontificia Comillas Madrid. Serie I: Estudios 46)

SPENER, PH. J., Pia desideria (dt. 1675/lat. 1678)), in: Die Werke Philipp Jakob Speners. Studienausg., i. Verb. m. B. KÖSTER hg. v. K. ALAND, Bd. 1: Die Grundschriften, Teil 1, Gießen-Basel 1996, 85 - 257

— Consilia et iudicia theologica latina (1709), in: DERS., Schriften, hg. v. E. BEYREUTHER, Bd. 16, 2 Tlbde., Hildesheim u.a. 1989

— Letzte Theologische Bedencken und andere Brieffliche Antworten (1711), in: aaO., Bd. 15, 2 Tlbde., Hildesheim u.a. 1987

STAUDENMAIER, F. A., Encyklopädie der theologischen Wissenschaften als System der gesamten Theologie, Mainz 1834

SULZER, J. G., Kurzer Begriff aller Wißenschaften und andern Theile der Gelehrsamkeit, Leipzig ²1759

THANNER, I., Encyklopädisch-methodologische Einleitung zum akademisch-wissenschaftlichen Studium der positiven Theologie, insbesondere der katholischen, München 1809

— Versuch einer möglichstfaßlichen Darstellung der absoluten Identitätslehre; zunächst als wissenschaftliche Orientierung über die Höhe und Eigenthümlichkeit derselben, München 1810

Urkundenbuch der Universität Wittenberg, Tl. 1 (1502 - 1611), bearb. v. W. FRIEDENSBURG, Magdeburg 1926 (Geschichtsquellen der Provinz Sachsen und des Freistaates Anhalt. Neue Reihe 3)

VILLAVICENCIO, L. DE, De recte formando theologiae studio libri quatuor, Antwerpen 1565 (2. Aufl.: De recte formando studio theologico libri quatuor, Köln 1575)

WIEST, ST., Praecognita in theologiam revelatam, quae complectuntur specimen encyclopaediae ac methodologiae theologicae sive institutionum theologicarum tomus I, Ingolstadt 1788

WILL, G. A., Nürnbergisches Gelehrten-Lexicon oder Beschreibung aller Nürnbergischen Gelehrten beyderley Geschlechtes nach Ihrem Leben, Verdiensten und Schrifften, Tl. 1, Nürnberg-Altdorf 1755

3. LITERATURVERZEICHNIS

ALBERIGO, G., Sviluppo e caratteri della teologia come scienza, in: Cristianesimo nella storia 11 (1990), 257 - 274

ALEXANDRE, M., De la lecture et de l'étude des pères de l'église. Rancé, Bonaventure d'Argonne, Mabillon, in: Les pères de l'église au XVIIᵉ siècle, hg. v. E. BURY u. B. MEUNIER, Paris 1993, 297 - 335

ALTHAUS, P., Die Prinzipien der deutschen reformierten Dogmatik im Zeitalter der aristotelischen Scholastik, Leipzig 1914 (Nachdr.: Darmstadt 1967)

ANDRÉS, M., La teología española en el siglo XVI, 2 Bde., Madrid 1976 (Biblioteca de Autores Cristianos. Series maior 13/14)

- u.a. (Hg.), Historia de la Teología Española, 2 Bde., Madrid 1983/1987 (Fundación Universitaria Española. Monografías 38)

ANGELOZZI, G., L'insegnamento dei casi di coscienza nella pratica educativa della Compagnia di Gesù, in: BRIZZI, 121 - 162

ANSELMI, G.-M., Per un archeologia della Ratio: dalla 'pedagogia' al 'governo', in: BRIZZI, 11 - 42

APPENZELLER, B., Die Münsterprediger bis zum Übergang Ulms an Württemberg 1810. Kurzbiographien und vollständiges Verzeichnis ihrer Schriften, Weißenhorn 1990 (Veröffentlichungen der Stadtbibliothek Ulm 13)

ASCHOFF, F., Der theologische Weg Johann Friedrich Kleukers (1749 - 1827), Frankfurt/M. u.a. 1991 (Europäische Hochschulschriften. Reihe 23: Theologie 436)

ASZTALOS, M., Die theologische Fakultät, in: W. RÜEGG (Hg.), Geschichte der Universität in Europa, Bd. 1: Mittelalter, München 1993, 359 - 385

AUGUSTIJN, C., Erasmus von Rotterdam. Leben - Werk - Wirkung, München 1986

BARRET-KRIEGEL, B., Les historiens et la monarchie, Bd. 1: Jean Mabillon, Paris 1988 (Les chemins de l'histoire 25)

— La querelle Mabillon - Rancé, Paris 1992

BATAILLON, M., Le Docteur Laguna auteur du „Voyage en Turquie", Paris 1958

— Erasmo y España. Estudios sobre la historia espiritual del siglo XVI, Mexico ²1966 (Fondo de Cultura Económica. Sección de obras de historia)

BAYER, O., „Die Kirche braucht liberale Erudition". Das Theologieverständnis Melanchthons, in: Kerygma und Dogma 36 (1990), 218 - 243

— Theologie, Gütersloh 1994 (Handbuch systematischer Theologie 1)

BÉNÉ, C., Érasme et Saint Augustin ou l'influence de Saint Augustin sur l'humanisme d'Érasme, Genf 1969 (Travaux d'Humanisme et Renaissance 103)

BEYREUTHER, E., Geschichte des Pietismus, Stuttgart 1978

BRECHT, M., Philipp Jakob Spener und die Reform des Theologiestudiums, in: Pietismus und Neuzeit 12 (1986), 94 - 108

— (Hg.), Geschichte des Pietismus, Bd. 1: Der Pietismus vom siebzehnten bis zum frühen achtzehnten Jahrhundert, Göttingen 1993

BRIZZI, G. P. (Hg.), La 'Ratio studiorum'. Modelli culturali e pratiche educative dei Gesuiti in Italia tra Cinque e Seicento, Rom 1981 (Biblioteca del Cinquecento 16)

BROWN, D. C., Pastor and Laity in the Theology of Jean Gerson, Cambridge 1987

BURGER, CHR., Aedificatio, Fructus, Utilitas. Johannes Gerson als Professor der Theologie und Kanzler der Universität Paris, Tübingen 1986 (Beiträge zur historischen Theologie 70)

BURROWS, M. S., Jean Gerson and De Consolatione Theologiae, Tübingen 1991 (Beiträge zur historischen Theologie 78)

CAIGER, B. J., Doctrine and Discipline in the Church of Jean Gerson, in: Journal of Ecclesiastical History 41 (1990), 389 - 407

CASPER, B., Die theologischen Studienpläne des späten 18. und frühen 19. Jahrhunderts im Lichte der Säkularisierungsproblematik, in: A. LANGNER (Hg.), Säkularisation und Säkularisierung im 19. Jahrhundert, München u.a. 1978 (Beiträge zur Katholizismusforschung, Reihe B: Abhandlungen), 97 - 142

CATTO, J. I., Theology and Theologians 1220 - 1320, in: DERS. (Hg.), The History of the University of Oxford, Bd. 1: The Early Oxford Schools, Oxford 1984, 471 - 517

CHANTRAINE, G., „Mystère" et „Philosophie du Christ" selon Érasme. Étude de la lèttre à P. Volz et de la „Ratio verae theologiae" (1518), Namur-Gembloux 1971 (Bibliothèque de la Faculté de philosophie et lettres de Namur 49)

— The Ratio verae Theologiae (1518), in: R. L. DeMOLEN (Hg.), Essays on the Works of Erasmus, New Haven-London 1978, 179 - 185

CHAUSSY, Y., Les Bénédictins de Saint-Maur, 2 Bde., Paris 1989/1991 (Études Augustiniennes. Série Moyen Âge et Temps Modernes 23/24)

CHILDS, B. S., Biblical Scholarship in the Seventeenth Century. A Study in Ecumenics, in: Language, Theology and the Bible (FS J. BARR), hg. v. S. E. BALENTINE u. J. BARTON, Oxford 1994, 325 - 333

CHOMARAT, J., Grammaire et rhétorique chez Érasme, 2 Bde., Paris 1981 (Les classiques de l'humanisme. Études 10)

COLISH, M., Systematic theology and theological renewal in the twelfth century, in: Journal of Medieval and Renaissance Studies 18 (1988), 135 - 156

— Peter Lombard, 2 Bde., Leiden u.a. 1994 (Brill's Studies in Intellectual History 41/1 - 2)

CONRAD, E., Die Lehrstühle der Universität Tübingen und ihre Inhaber (1477 - 1927), masch., Tübingen 1960

COURTENAY, W. J., Theology and Theologians from Ockham to Wyclif, in: J. I. CATTO/R. EVANS (Hg.), The History of the University of Oxford, Bd. 2: Late Medieval Oxford, Oxford 1992, 1 - 34

DE BOOR, F., A. H. Franckes paränetische Vorlesungen und seine Schriften zur Methode des theologischen Studiums, in: Zeitschrift für Religions- und Geistesgeschichte 20 (1968), 300 - 320

DE JONGE, H. J., The Study of the New Testament in the Dutch Universities, 1575 - 1700, in: History of Universities 1 (1981), 113 - 129

DE JONGH, H., L'ancienne faculté de théologie de Louvain au premier siècle de son existence (1432 - 1540), Löwen 1911

DE RIJK, L. M., Enkyklios paideia. A study of its original meaning, in: Vivarium 3 (1965), 24 - 93

DEISSLER, A., Fürstabt Martin Gerbert von St. Blasien und die theologische Methode. Eine Studie zur deutschen Theologiegeschichte des 18. Jahrhunderts, München 1940

(Studien und Mitteilungen zur Geschichte des Benediktiner-Ordens und seiner Zweige. Ergänzungsheft 15)

DIBON, P., Le fonds néerlandais de la bibliothèque académique de Herborn, Amsterdam 1957 (Mededelingen der Koninklijke Nederlandse Akademie van Wetenschappen. Afd. Letterkunde. Neue Folge, Tl. 20, 14)

DIERSE, U., Enzyklopädie. Zur Geschichte eines philosophischen und wissenschaftstheoretischen Begriffs, Bonn 1977 (Archiv für Begriffsgeschichte. Supplementheft 2)

DINKEL, CHR., Kirche gestalten. Schleiermachers Theorie des Kirchenregiments, Berlin-New York 1996 (Schleiermacher-Archiv 17)

DOMÍNGUEZ REBOIRAS, F., Gaspar de Grajal (1530 - 1575). Frühneuzeitliche Bibelwissenschaft im Streit mit Universität und Inquisition, Münster 1998 (Reformationsgeschichtliche Studien und Texte 140)

EBEL, W., Der Göttinger Professor Johann Stephan Pütter aus Iserlohn, Göttingen 1975 (Göttinger rechtswissenschaftliche Studien 95)

EBELING, G., Erwägungen zu einer evangelischen Fundamentaltheologie, in: Zeitschrift für Theologie und Kirche 67 (1970), 479 - 524

ENGEL, P., Die eine Wahrheit in der gespaltenen Christenheit. Untersuchungen zur Theologie Georg Calixts, Göttingen 1976 (Göttinger theologische Arbeiten 4)

ÉTIENNE, J., Spiritualisme érasmien et théologiens louvanistes. Un changement de problématique au début du XVIe siècle, Louvain-Gembloux 1956 (Universitas Catholica Lovaniensis. Dissertationes ad gradum magistri in Facultate theologica vel in Facultate iuris canonici consequendum conscriptae 3, 3)

EVANS, G. R., Old Arts and New Theology. The Beginnings of Theology as an Academic Discipline, Oxford 1980

FARGE, J. K., Orthodoxy and Reform in Early Reformation France. The Faculty of Theology of Paris. 1500 - 1543, Leiden 1985 (Studies in Medieval and Reformation Thought 32)

FARLEY, E., Theologia. The Fragmentation and Unity of Theological Education, Philadelphia 1983 (²1989)

FATIO, O., Hyperius plagié par Flacius. La destinée d'une méthode exégétique, in: Histoire de l'exégèse au XVIe siècle, hg. v. O. FATIO u. P. FRAENKEL, Genf 1978 (Études de philologie et d'histoire 34), 362 - 381

— Méthode et théologie. Lambert Daneau et les débuts de la scolastique réformée, Genf 1976 (Travaux d'Humanisme et Renaissance 147)

FOLGADO FLÓREZ, S., Fray Lorenzo de Villavicencio y los estudios teológicos, in: La Ciudad de Dios 177 (1964), 335 - 344

FRANK, M., Eine Einführung in Schellings Philosophie, Frankfurt/M. 1985

FRIELINGHAUS, D., Ecclesia und Vita. Eine Untersuchung zur Ekklesiologie des Andreas Hyperius, Neukirchen-Vluyn 1966 (Beiträge zur Geschichte und Lehre der Reformierten Kirche 23)

GARCÍA ORO, J., El Cardenal Cisneros. Vida y empresas, 2 Bde., Madrid 1992/93 (Biblioteca de Autores Cristianos 520/528)

GARCÍA VILLOSLADA, R., Storia del Collegio Romano dal suo inizio (1551) alla soppressione della Compagnia di Gesù (1773), Rom 1954 (Analecta Gregoriana 66)

— San Ignacio de Loyola. Nueva Biografía, Madrid 1986 (Biblioteca de Autores Cristianos. Series maior 28)

GAWTHROP, R. L., Pietism and the Making of Eighteenth-Century Prussia, Cambridge 1993

GIARD, L., La constitution du système éducatif jésuite au XVIe siècle, in: O. WEIJERS (Hg.), Vocabulaire des collèges universitaires (XIIIe - XVIe siècles), Turnhout 1993 (Études sur le vocabulaire intellectuel du moyen âge 6), 130 - 148

— (Hg.), Les Jésuites à la Renaissance. Système éducatif et production du savoir, Paris 1995 (Bibliothèque d'histoire des sciences)

— , L. DE VAUCELLE (Hg.), Les jésuites à l'âge baroque. 1540 - 1640, Grenoble 1996 (Histoire des jésuites de la Renaissance aux Lumières 1)

GIELIS, M., Scholastiek en Humanisme. De kritiek van de Leuvense theoloog Jacobus Latomus op de Erasmiaanse theologiehervorming, Tilburg 1994 (Publikaties van de Theologische Faculteit Tilburg. TFT-Studies 23)

GLORIEUX, P., L'enseignement universitaire de Gerson, in: Recherches de théologie ancienne et médiévale 23 (1956), 88 - 113

— Notations biographiques sur Nicolas de Clémanges, in: Mélanges offerts à M.-D. Chenu, Paris 1967 (Bibliothèque thomiste 37), 291 - 310

GOETERS, J. F. G., Der reformierte Pietismus in Deutschland 1650 - 1690, in: BRECHT (1993), 241 - 277

GRES-GAYER, J., Un théologien gallican, témoin de son temps: Louis Ellies Du Pin (1657 - 1719), in: Revue d'histoire de l'Église de France 72 (1986), 67 - 121

— Théologie et pouvoir en Sorbonne. La faculté de théologie de Paris et la bulle Unigenitus. 1714 - 1721, Paris 1991 (Collection des Mélanges de la Bibliothèque de La Sorbonne 22)

GROOT, N., Wetenschap en theologie bij Friedrich Schleiermacher. Een interpretatie van de Kurze Darstellung des theologischen Studiums, Diss. theol., Leiden 1994

GROSSMANN, M., Humanism in Wittenberg 1485 - 1517, Nieuwkoop 1975 (Bibliotheca Humanistica et Reformatorica 11)

GUELLUY, G., L'évolution des méthodes théologiques à Louvain d'Érasme à Jansénius, in: Revue d'histoire ecclésiastique 37 (1941), 31 - 144

HADOT, P., Les divisions des parties de la philosophie dans l'Antiquité, in: Museum Helveticum 36 (1979), 201 - 223

— Qu'est-ce que la philosophie antique?, Paris 1995

HAENDLER, K., Wort und Glaube bei Melanchthon. Eine Untersuchung über die Voraussetzungen und Grundlagen des melanchthonischen Kirchenbegriffes, Gütersloh 1968 (Quellen und Forschungen zur Reformationsgeschichte 37)

HALKIN, L. E., Erasmus von Rotterdam. Eine Biographie (Frz. Orig.: Paris 1987), Zürich 1989

HAMM, B., Frömmigkeit als Gegenstand theologiegeschichtlicher Forschung. Methodisch-historische Überlegungen am Beispiel von Spätmittelalter und Reformation, in: Zeitschrift für Theologie und Kirche 74 (1977), 464 - 497

HELL, L., Reich Gottes als Systemidee der Theologie. Historisch-systematische Untersuchungen zum theologischen Werk B. Galuras und F. Brenners, Mainz 1993 (Tübinger Studien zur Theologie und Philosophie 6)

— Die eine Theologie und ihre Teile. Martin Gerberts Beitrag zur Geschichte der Theologischen Enzyklopädie, in: Freiburger Diözesan-Archiv 114 (1994), 7 - 20

HENKE, E. L. TH., Georg Calixt und seine Zeit, 2 Bde., Halle 1853 - 1860

HINSKE, N. (Hg.), Zentren der Aufklärung, I: Halle. Aufklärung und Pietismus, Heidelberg 1989 (Wolfenbütteler Studien zur Aufklärung 15)

HINZE, B. E., Narrating History, Developing Doctrine. Friedrich Schleiermacher and Johann Sebastian Drey, Atlanta, Georgia 1993 (American Academy of Religion. Academy Series 82)

— Johann Sebastian Drey's Critique of Friedrich Schleiermacher's Theology, in: Heythrop Journal 37 (1996), 1 - 23

HISSETTE, R., Note sur la réaction 'antimoderniste' d'Étienne Templier, in: Bulletin de Philosophie Médiévale 22 (1980), 88 - 97

HÜBENER, W., Der theologisch-philosophische Konservativismus des Jean Gerson, in: Antiqui und Moderni. Traditionsbewußtsein und Fortschrittsbewußtsein im späten Mittelalter, hg. v. A. ZIMMERMANN, Berlin-New York 1974 (Miscellanea Mediaevalia 9), 171 - 200

HUMMEL, G., Art. „Enzyklopädie, theologische", in: TRE, Bd. 9 (1982), 716 - 742

JACOBS, W. G., Gottesbegriff und Geschichtsphilosophie in der Sicht Schellings, Stuttgart-Bad Cannstatt 1993 (Spekulation und Erfahrung. Abt. 2: Untersuchungen 29)

KALB, H., Überlegungen zur Entstehung der Kanonistik als Rechtswissenschaft. Einige Aspekte, in: Österreichisches Archiv für Kirchenrecht 41 (1992), 1 - 28

KASPER, W., Die Wissenschaftspraxis der Theologie, in: Handbuch der Fundamentaltheologie, hg. v. W. Kern u.a., Bd. 4, Freiburg 1988, 242 - 277

KISCH, G., Die Anfänge der Juristischen Fakultät der Universität Basel 1459 - 1529, Basel 1962 (Studien zur Geschichte der Wissenschaften in Basel 15)

KNAPE, J., Philipp Melanchthons 'Rhetorik', Tübingen 1993 (Rhetorik-Forschungen 6)

KÖPF, U., Die Anfänge der theologischen Wissenschaftstheorie im 13. Jahrhundert, Tübingen 1974 (Beiträge zur historischen Theologie 49)

KÖRNER, B., Melchior Cano. De locis theologicis. Ein Beitrag zur Theologischen Erkenntnistheorie, Graz 1994

KRAUSE, G., Andreas Hyperius in der Forschung seit 1900, in: Theologische Rundschau 34 (1969), 262 - 341

— Andreas Gerhard Hyperius. Leben - Bilder - Schriften, Tübingen 1977 (Beiträge zur historischen Theologie 56)

KUSTERMANN, A. P., Die Apologetik Johann Sebastian Dreys (1777 - 1853). Kritische, historische und systematische Untersuchungen zu Forschungsgeschichte, Programmentwicklung, Status und Gehalt, Tübingen 1988 (Contubernium 36)

— Theologische Enzyklopädie als 'prima primae' der Fundamentaltheologie, in: Fides quaerens intellectum (FS M. SECKLER), hg. v. M. KESSLER u.a., Tübingen 1992, 618 - 626

— (Hg.), Revision der Theologie - Reform der Kirche. Die Bedeutung des Tübinger Theologen Johann Sebastian Drey (1777 - 1853) in Geschichte und Gegenwart, Würzburg 1994

KUYPER, A., Encyclopaedie der heilige godgeleerdheid. Deel een: Inleidend deel, Amsterdam 1894

LAPLANCHE, F., L'écriture, le sacré et l'histoire. Erudits et politiques protestants devant la Bible en France au XVIIe siècle, Amsterdam-Maarsen 1986 (Studies van het Instituut voor Intellectuele Betrekkingen tussen de Westeuropese Landen in de zeventiende eeuw 12)

LECLERCQ, H., Dom Mabillon, 2 Bde., Paris 1953/1957

LECLERCQ, J., Naming the Theologies of the Early Twelfth Century, in: Mediaeval Studies 53 (1991), 327 - 336

LEINSLE, U. G., Das Ding und die Methode. Methodische Konstitution und Gegenstand der frühen protestantischen Metaphysik, 2 Bde., Augsburg 1985

LESCH, K. J., Oberthürs Polemik gegen die Jesuiten und seine Bemühungen um eine Reform des Theologiestudiums, in: Kirche und Theologie in Franken (FS TH. KRAMER) [= Würzburger Diözesangeschichtsblätter 37/38], Würzburg 1975, 57 - 69

LEU, U. B., Conrad Gesner als Theologe. Ein Beitrag zur Zürcher Geistesgeschichte des 16. Jahrhunderts, Bern u.a. 1990 (Zürcher Beiträge zur Reformationsgeschichte 14)

LOHR, CH., Ramon Lull: „Christianus arabicus", in: Randa 19 (1986), 7 - 34

MAESSCHALCK, M., Philosophie et révélation dans l'itinéraire de Schelling, Louvain-la-Neuve u.a. 1989 (Bibliothèque philosophique de Louvain 13)

MAGER, I., Georg Calixts theologische Ethik und ihre Nachwirkungen, Göttingen 1969 (Studien zur Kirchengeschichte Niedersachsens 19)

— Georg Calixt, in: Gestalten der Kirchengeschichte, hg. v. M. Greschat, Bd. 7, Stuttgart u.a. 1982, 137 - 148

MANCIA, A., La controversia con i protestanti e il programma degli studi teologici nella Compagnia di Gesù 1547 - 1599, in: Archivum Historicum Societatis Iesu 54 (1985), 3 - 43. 209 - 266

— L'opera del Bellarmino nella riorganizzazione degli studi filosofici e teologici, in: G. GALEOTA (Hg.), Roberto Bellarmino. Arcivescovo di Capua, teologo e pastore della riforma cattolica, Capua 1990, 271 - 281

— Il concetto di „dottrina" fra gli Esercizi Spirituali (1539) e la Ratio Studiorum (1599), in: Archivum Historicum Societatis Iesu 61 (1992), 3 - 70

MARINO, L., Praeceptores Germaniae. Göttingen 1770 - 1820, Göttingen 1995 (Göttinger Universitätsschriften. Serie A: Schriften 10)

MARRANZINI, A., De theologica methodo Maldonati, in: Problemi scelti di teologia contemporanea, Rom 1954 (Analecta Gregoriana 68), 133 - 141

MICHEL, W., Die Theologie des Herborner Professors Johann Heinrich Alsted als systema harmonicum, in: Archiv für mittelrheinische Kirchengeschichte 22 (1970), 169 - 186

MILT, B., Conrad Geßners theologische Enzyklopädie, in: Zwingliana 8 (1944/1948), 571 - 587

MOORE, E., Los jesuítas en la historia de la teología moral, in: Historia: memoria futuri. Mélanges L. VEREECKE, hg. v. R. TREMBLAY u. D. J. BILLY, Rom 1991 (Quaestiones morales 5), 227 - 249

MÜLLER, B., Vernunft und Theologie. Eine historisch-systematische Untersuchung zum Verhältnis von Denken und Glauben bei Stephan Wiest (1748 - 1797), Regensburg 1988 (Eichstätter Studien. Neue Folge 26)

MULLER, R. A., Vera Philosophia cum sacra Theologia nusquam pugnat: Keckermann on Philosophy, Theology and the Problem of Double Truth, in: Sixteenth Century Journal 15 (1984), 341 - 365

O'MALLEY, J. W., The First Jesuits, Cambridge, Mass.-London 1993

O'MEARA, TH. F., Romantic Idealism and Roman Catholicism. Schelling and the Theologians, Notre Dame 1982

O'ROURKE BOYLE, M., Erasmus on Language and Method in Theology, Toronto-Buffalo 1977 (Erasmus Studies 2)

PANNENBERG, W., Wissenschaftstheorie und Theologie, Frankfurt/M. 1977

PESCHKE, E., A. H. Franckes Reform des theologischen Studiums, in: August Hermann Francke. Festreden und Kolloquium über den Bildungs- und Erziehungsgedanken bei August Hermann Francke aus Anlaß der 300. Wiederkehr seines Geburtstages - 22. März 1963, Halle-Wittenberg 1964 (Hallesche Universitätsreden), 88 - 115

— Studien zur Theologie August Hermann Franckes, Bd. 2, Berlin 1966

— Das Collegium Pastorale August Hermann Franckes 1713, in: Reformation und Neuzeit. 300 Jahre Theologie in Halle, hg. v. U. SCHNELLE, Berlin-New York 1994, 157 - 193

PLAZAOLA, J. (Hg.), Ignacio de Loyola y su tiempo, Bilbao 1992

PRAT, J. M., Maldonat et l'université de Paris au XVIe siècle, Paris 1856

QUASTEN, J., Patrology, 3 Bde., Utrecht-Brüssel 1950 - 1960 (Nachdr.: Westminster 1983)

Repertorio de historia de las ciencias eclesiásticas en España, hg. v. Instituto de Historia de la Teología Española, 6 Bde., Salamanca 1967 - 1979 (Corpus Scriptorum Sacrorum Hispaniae. Estudios)

RÖSSLER, M., Schleiermachers Programm der Philosophischen Theologie, Berlin-New York 1994 (Schleiermacher-Archiv 14)

RUMMEL, E., Erasmus and his Catholic Critics, 2 Bde., Nieuwkoop 1989 (Bibliotheca Humanistica et Reformatorica 45)

— Et cum theologo bella poeta gerit. The Conflict between Humanists and Scholastics Revisited, in: Sixteenth Century Journal 23 (1992), 713 - 726

— The Humanistic-Scholastic Debate in the Renaissance and Reformation, Cambridge (Mass.)-London 1995

SANDKAULEN-BOCK, B., Ausgang vom Unbedingten. Über den Anfang in der Philosophie Schellings, Göttingen 1990 (Neue Studien zur Philosophie 2)

SCHÄFER, PH., Wissenschaft und Glaube. Das Theologieverständnis Ignaz Thanners, in: Münchener theologische Zeitschrift 21 (1970), 313 - 326

SCHEIBLE, H., Melanchthons Bildungsprogramm, in: H. BOOCKMANN u.a. (Hg.), Lebenslehren und Weltentwürfe im Übergang vom Mittelalter zur Neuzeit. Politik - Bildung - Naturkunde - Theologie, Göttingen 1989 (Abhandlungen der Akademie der Wissenschaften in Göttingen. Philosophisch-Historische Klasse. Folge 3, 179), 233 - 248

SCHINDLING, A., Humanistische Hochschule und Freie Reichsstadt. Gymnasium und Akademie in Straßburg 1538 - 1621, Wiesbaden 1977 (Veröffentlichungen des Instituts für Europäische Geschichte. Abt. Universalgeschichte 77)

Schleiermachers Bibliothek. Bearbeitung des faksimilierten Rauchschen Auktionskatalogs und der Hauptbücher des Verlages G. Reimer, besorgt von G. MECKENSTOCK, Berlin-New York 1993 (Schleiermacher-Archiv 10)

SCHMIDT-BIGGEMANN, W., Topica universalis. Eine Modellgeschichte humanistischer und barocker Wissenschaft, Hamburg 1983 (Paradeigmata 1)

SCHMITT, P., La réforme catholique. Le combat de Maldonat (1534 - 1583), Paris 1985 (Théologie historique 74)

SCHNEIDER, J. R., Philip Melanchthon's rhetorical construal of biblical authority. Oratio sacra, Lewiston u.a. 1990 (Texts and Studies in Religion 51)

SCHOECK, R. J., Erasmus of Europe. The Making of a Humanist 1467 - 1500, Edinburgh 1990

— Erasmus of Europe. The Prince of Humanists 1501 - 1536, Edinburgh 1993

SCHRÖDER, J., Wissenschaftstheorie und Lehre der „praktischen Jurisprudenz" auf deutschen Universitäten an der Wende zum 19. Jahrhundert, Frankfurt/M. 1979 (Ius commune. Texte und Monographien 11)

SECKLER, M., Die ekklesiologische Bedeutung des Systems der 'loci theologici'. Erkenntnistheoretische Katholizität und strukturale Weisheit, in: DERS., Die schiefen Wände des Lehrhauses. Katholizität als Herausforderung, Freiburg 1988, 79 - 104

SERRAI, A., Storia della bibliografia, Bd. 2, Rom 1991 (Il bibliotecario. Nuova serie 4)

SMOLINSKY, H., Johannes Gerson (1363 - 1429), Kanzler der Universität Paris, und seine Vorschläge zur Reform der theologischen Studien, in: Historisches Jahrbuch 96 (1976), 270 - 295

STOLLEIS, M., Die Geschichte des öffentlichen Rechts in Deutschland, Bd. 1: Reichspublizistik und Policeywissenschaft 1600 - 1800, München 1988

STÜBINGER, E., Spekulativer Idealismus. Carl Daub (1765 - 1836), in: F. W. GRAF (Hg.), Profile des neuzeitlichen Protestantismus, Bd. 1, Gütersloh 1990, 156 - 172

— Die Theologie Carl Daubs als Kritik der positionellen Theologie, Frankfurt/M. u.a. 1993 (Beiträge zur rationalen Theologie 1)

TELLECHEA, J. I., Metodología teológica de Maldonado. Estudio de su „De constitutione theologiae", in: Scriptorium Victoriense 1 (1954), 183 - 255

THEINER, J., Die Entwicklung der Moraltheologie zur eigenständigen Disziplin, Regensburg 1970 (Studien zur Geschichte der kath. Moraltheologie 17)

THOLUCK, A., Das akademische Leben des siebzehnten Jahrhunderts mit besonderer Beziehung auf die protestantisch-theologischen Fakultäten Deutschlands, nach handschriftlichen Quellen, Erste Abtheilung: Die akademischen Zustände, Zweite Abtheilung: Die akademische Geschichte der deutschen, skandinavischen, niederländischen, schweizerischen Hohen Schulen, Halle 1853/1854

TILLIETTE, X., Schelling: Une philosophie en devenir, 2 Bde., Paris 1970 (Bibliothèque d'histoire de la philosophie)

L'Université de Louvain 1425 - 1975, Louvain-la-Neuve 1976

VALENZIANO, C., La ratio studiorum di Jean Mabillon. Un ordinamento che esclude la liturgia?, in: G. FARNEDI (Hg.), Traditio et progressio (FS A. NOCENT), Rom 1988 (Studia Anselmiana 95), 575 - 596

VAN 'T SPIJKER, W., Principe, methode en functie van de theologie bij Andreas Hyperius, Kampen 1990 (Apeldoornse Studies 26)

VAN ZUYLEN, W. H., Bartholomäus Keckermann. Sein Leben und Wirken, Borna-Leipzig 1934

VASOLI, C., Logica ed 'enciclopedia' nella cultura tedesca del tardo cinquecento e del primo seicento: Bartholomaeus Keckermann, in: V. M. ABRUSCI u.a. (Hg.), Atti del convegno internazionale di storia della logica, San Gimignano, 4 - 8 dicembre 1982, Bologna 1983, 97 - 116

VEREECKE, L., De Guillaume d'Ockham à Saint Alphonse de Liguori. Études d'histoire de la théologie morale moderne 1300 - 1787, Rom 1986 (Bibliotheca Historica Congregationis SSmi Redemptoris 12)

WAGNER, F., Auf dem Weg in eine säkulare Welt. Theologie im Zeichen spekulativer Rechtfertigung, in: Heidelberg im säkularen Umbruch. Traditionsbewußtsein und Kulturpolitik um 1800, hg. v. F. STRACK, Stuttgart 1987 (Deutscher Idealismus: Philosophie und Wirkungsgeschichte in Quellen und Studien 12), 466 - 497

WALLMANN, J., Der Theologiebegriff bei Johann Gerhard und Georg Calixt, Tübingen 1961 (Beiträge zur historischen Theologie 30)

— Philipp Jakob Spener und die Anfänge des Pietismus, Tübingen ²1986 (Beiträge zur historischen Theologie 42)

— Zwischen Reformation und Humanismus. Eigenart und Wirkungen Helmstedter Theologie unter besonderer Berücksichtigung Georg Calixts, in: Zeitschrift für Theologie und Kirche 74 (1977), 344 - 370 (zitiert nach: DERS., Theologie und Frömmigkeit im Zeitalter des Barock. Gesammelte Aufsätze, Tübingen 1995, 61 - 86)

WALTER, P., Theologie aus dem Geist der Rhetorik. Zur Schriftauslegung des Erasmus von Rotterdam, Mainz 1991 (Tübinger Studien zur Theologie und Philosophie 1)

WEISHEIPL, J. A., Classification of the Sciences in Medieval Thought, in: Mediaeval Studies 27 (1965), 54 - 90

— Thomas von Aquin. Sein Leben und seine Theologie (Amerikan. Orig.: New York 1974), Graz 1980

WIEDENHOFER, S., Formalstrukturen humanistischer und reformatorischer Theologie bei Philipp Melanchthon, 2 Bde., Frankfurt/M. u.a. 1976 (Regensburger Studien zur Theologie 2/1 - 2)

WOLF, TH., Die Landshuter Romantik und Schelling, in: Philosophisches Jahrbuch 98 (1991), 133 - 160

ZANARDI, M., La „Ratio atque institutio studiorum Societatis Iesu": tappe e vicende della progressiva formazione (1541 - 1616), in: Annali di storia dell'educazione 5 (1998), 135 - 164

ZEDELMAIER, H., Bibliotheca universalis und Bibliotheca selecta. Das Problem der Ordnung des gelehrten Wissens in der frühen Neuzeit, Köln u.a. 1992 (Beihefte zum Archiv für Kulturgeschichte 33)

ZYRO, F. F., Versuch einer Revision der christlich theologischen Enzyklopädik, in: Theologische Studien und Kritiken 10 (1837), 689 - 725

4. REGISTER AUSGEWÄHLTER HISTORISCHER AUTOREN

WEITERE VERÖFFENTLICHUNGEN DES INSTITUTS FÜR EUROPÄISCHE GESCHICHTE

Abteilung Abendländische Religionsgeschichte

Beiheft 49

LEIF GRANE

Reformationsstudien
Beiträge zu Luther und zur Dänischen Reformation

1999. VIII, 261 Seiten; kartoniert
ISBN 3-8053-2599-1   DM 68,–

Die hier vorgelegten reformationsgeschichtlichen Studien des renommierten Luther-forschers Leif Grane stellen wesentliche Ergebnisse seines Lebenswerkes dar. Mehr als die Hälfte der 13 Beiträge befaßt sich mit den theologischen Grundlagen der lutherischen Reformation, ihren Neuansätzen sowie der Abgrenzung von der scholastischen Theologie.

Ein weiterer Schwerpunkt der Studien ist in den Auswirkungen der Reformation in Dänemark zu sehen. Leif Grane, der über dreißig Jahre Kirchenhistoriker an der Universität Kopenhagen war, darf als der kompetenteste Autor für diese Frage-stellungen angesehen werden. Vervollständigt werden die Beiträge durch eine aus-führliche Bibliographie. Zunächst handelt es sich um eine Zusammenstellung der Arbeiten von Leif Grane, sodann werden alle in den Aufsätzen benutzten Quellen und Literaturangaben bibliographisch erfaßt. Abgerundet wird der Band durch ein ausführliches Personenregister. Die hier zusammengestellten zentralen Beiträge ermöglichen dem Leser einen raschen und leichten Zugang zu den weiterführen-den Forschungsansätzen Leif Granes zu Martin Luther und den Auswirkungen sei-ner Reformation vornehmlich in Dänemark.

VERLAG PHILIPP VON ZABERN · MAINZ AM RHEIN